四川省普教科研资助金课题"新津县融合教育支持系统可持续发展研究"
（川教函〔2015〕310号）研究成果

涧底苔花
——融合教育实践研究文集

主　编◎杨键君
副主编◎李　敏　张林智
编　委◎刘春胜　宋红艳　岳　丽
　　　　陈启迪　杨小琴

西南交通大学出版社
·成都·

图书在版编目（CIP）数据

涧底苔花：融合教育实践研究文集 / 杨键君主编
. 一成都：西南交通大学出版社，2020.4
ISBN 978-7-5643-7318-4

Ⅰ.①涧… Ⅱ.①杨… Ⅲ.①特殊教育–文集 Ⅳ.
①G76-53

中国版本图书馆 CIP 数据核字（2020）第 004445 号

Jiandi Taihua——Ronghe Jiaoyu Shijian Yanjiu Wenji

涧底苔花
——融合教育实践研究文集

主编 / 杨键君　　　　责任编辑 / 梁　红
　　　　　　　　　　封面设计 / GT 工作室

西南交通大学出版社出版发行
（四川省成都市金牛区二环路北一段 111 号西南交通大学创新大厦 21 楼　610031）
发行部电话：028-87600564
网址：http://www.xnjdcbs.com
印刷：四川森林印务有限责任公司

成品尺寸　170 mm × 230 mm
印张　23.25　　字数　412 千
版次　2020 年 4 月第 1 版
印次　2020 年 4 月第 1 次

书号　ISBN 978-7-5643-7318-4
定价　128.00 元

图书如有印装质量问题　本社负责退换
版权所有　盗版必究　举报电话：028-87600562

序

在2013年晏阳初教育思想研讨会上,四川新津县丰田希望小学校长杨键君同志就《学校应用晏阳初的平民教育思想,推进全纳教育的实证研究》做了发言,顿时给了我不同寻常的启迪和鼓舞,也引起了我对新津县推进全纳教育的浓厚兴趣和强烈关注。今时,他们出版《涧底苔花》,全面展现了新津县的特殊教育,这对于助推新时代特殊教育深化改革和高质量发展具有特殊意义。

教育是一种以人民为中心,以人为本、启迪心智、开发民力、全面发展、改造社会、强国富民的基础工程,必须具备爱国为民、崇教尚文、大爱至上、精心育才、造福人类和人、社会、自然相互依存、相互吸取、相互作用、和谐发展的价值观和大融合观,一定要坚持面向现代化、面向世界、面向未来,全党重视、国家主导、全民努力、世代善为、人类共进。全纳教育作为21世纪出现的新理念,从1994年萨拉曼卡宣言后,许多国家已开展普通教育与特殊教育改革,促进全纳教育的发展。2008年,联合国教科文组织召开第48届国际教育大会,主题为"全纳教育:未来之路"。全纳教育主张人人都有平等的受教育权。这也是世界平民教育之父、联合国教科文组织顾问、国际平民教育促进会主席晏阳初教育思想的灵魂。我国出台的《义务教育法》《残疾人教育条例》,以及《国家中长期教育改革和发展规划纲要(2010—2020)》等教育法律法规、政策文件有力地推进了我国全纳教育的发展。

随班就读是全纳教育理念下,结合我国特殊教育实际情况所进行的一种教育创新,在中国普及残疾儿童少年义务教育中发挥着非常重要的作用。四川省新津县从全心全意为人民服务和维护人权、保障人权、共享幸福的高度,以改善残疾儿童的命运为己任，矢志不移地保持对残疾儿童未来高度负责的责任心和使命感，始终致力满足残疾儿童、家长、社会和国家对特殊教育的期望，坚持特事特办、特人特教、改革开放、创新方式，切实保障他们受到应有的教育。早在2001年，新津县率先以优质资源开展残疾儿童随班就读工作。2003年，新津县成为全国100个随班就读实验县之一。实验县工作结束后，新津一直坚持不懈地强力开展随班就读工作。2008年，新津县把随班就读工作从义务教育学校向学前段和高中段延伸，满足了残疾儿童从幼儿园到小学、初中，以及高中阶段的教育需求。2014年，新津县实现了全县残疾儿童教育全覆盖，全面普及特殊教育。为了使全纳教育稳步健康地推行实施，新津努力建设普通学校残疾儿童少年支持保障体系，形成的经验对四川省，乃至全国的农村随班就读教育工作具有可借鉴、可参考和可推广的价值。2006年，其在全国特殊教育大会上做经验报告；2011年，在教育部召开的《关于开展残疾儿童少年随班就读工作的试行办法》修订会上做经验交流；2011年，我国《残疾人教育条例》立法组到新津县做专题调研。新津因此吸引了北京、西藏、云南等省区市特殊教育专家、教师参观考察，进行经验介绍；还与捷克、挪威、美国等国的访问学者、专家开展国际交流，研讨融合教育工作。

  初看文集，是新津县保障残疾儿童少年接受合适的教育，推进全纳教育工作的研究和经验集锦，汇集了数十篇研究报告、教师论文、教书育人案例、因材施教叙事等。文集作者有县教育局和县特教中心的工作者，但更多的是全县各类学校，既有条件好的学校，也有条件差的学校的校长和教师，从而真实深刻地反映了新津县全面实施全纳教育的全貌，是特殊教育工作实践积累的宝贵经验和工作多年辛勤耕耘的丰硕成果，很值得研读。细读文集，其涵盖学前、小学、初中和两类高中不同阶段的教育教学精心育人的收获，内容包含了教师培养、教师协作、课程建设、伙伴支持、能力培养、转衔教育、家庭社区社会认真努力等各个方面，并总结了实在、有效、管用的操作策略，是教育工作者在近二十年基层一线实践中呕心沥血、坚忍不拔、克难攻坚、因材施教、精准育人、面向未来、砥砺前行的斐然成就。

全纳教育的发展趋势对我们的教育制度是一种巨大的挑战。普通学校如何实施全纳教育提倡的接纳所有学生、满足学生不同需求的理念，迫切需要我们认真思考和奋力应对。四川新津县在开展全纳教育实践过程中，是扎扎实实地具体落实在兴教、办学、教书、育人行动上，钉到了学校教育、教学、育人的第一线和最前沿。特别是融合教育支持保障体系的构建和持续发展，提出加强领导，坚持行政支持、技术支持、基层实施、家庭和社区支持、全社会齐心尽力，对相似背景县域随班就读有很好的借鉴和参考价值；论文、案例和叙事对开展融合教育的学校及老师有一定的学习和借鉴意义！新津宝贵经验启示我们：实施融合教育，提高特殊教育质量是中国教育优质、公平、均衡发展的必然要求；是每个人都应享有民主、自由、公平、尊严的理念在教育中的体现；融合教育高质量可持续发展，党政加强领导是关键，学校、家庭、社区、社会合力因人施教几大环节缺一不可，高素质的教师队伍是最根本的力量，现代文化科技信息有效应用是重要因素，宣传教育大力开展是有力的支持和保证。

本文集是新津县多年推进全纳教育成果的真实展示，凝聚了新津县教育工作者的心血和辛勤付出。虽然普通学校接收特殊儿童的教育形式不是全纳教育思想的全部，却为全纳教育打下了良好的发展基础，有利于全纳教育的进一步发展。

回顾过去诗篇辉煌，展望未来任重道远。勇于开拓进取的新津县定能牢记初心使命，不断深化教育改革发展，继续发挥优势，全力推进全纳教育，使特殊教育越办越好，为残疾儿童教育公平、优质发展贡献更大力量！

中共四川省委宣传部原副部长、四川省晏阳初研究会会长　扈远仁
2019 年 7 月

目 录

研究报告篇

"新津县融合教育支持系统可持续发展研究"研究报告
………………………………………… 杨键君　张林智　李　敏　003

"农村学校融合教育中伙伴支持研究"研究报告
………………………………………… 李　敏　韩娜鹏　曾小斌　029

学前融合教育健康课程建设与实施研究
　　——以新津县幼儿园大班幼儿融合教育为例
………… 杨云秀　苏　珠　杜　燕　杨晓华　胡　蓉　鲍　秋　058

普通中学听障生小学初中转衔教育研究………… 新津县五津中学课题组　074

学前融合教育支持服务实践研究…… 杨云秀　杜　燕　杨晓敏　苏　珠　089

"农村学校融合教育教师协同支持"研究报告
………………………………………… 新津县花桥镇中心小学课题组　099

"教师进修校融合教育师资培养研究"研究报告
………………………………………… 新津县教师进修学校课题组　108

"融合教育中职高听障生社会适应能力的培养"研究报告
………………… "融合教育中职高听障生社会适应能力的培养"课题组　125

理论篇

新津县特殊教育资源中心的运作实践………………………… 张林智　147

融合教育背景下的教师专业成长
　　——基于一名唐氏综合征幼儿的融合教育个案…… 苏　珠　潘俊菊　150

浅谈农村小学随班就读资源室工作的实践与探索…………… 李　敏　158
特殊教育中心教师师德建设浅谈 ……………………………… 宋红艳　163
浅谈学前融合教育中的同伴交往 ……………………………… 胡玉洁　167
在综合实践活动中提高特殊儿童的社会交往能力………周泽英　刘春胜　171
浅谈如何有效开展送教上门工作 ……………………………… 杜模君　174
为特殊儿童搭建成长的"脚手架"
　　——谈谈在随班就读班级开设朗读课程的收获 ……… 李　萍　181
农村小学融合教育背景下送教上门的实践与思考 …………… 李　岚　185
借助多媒体提高小学数学随班就读课堂教学效率的一些感悟
　　………………………………………………… 王　滢　彭　爽　190
培养聋生的主体精神　促进主体能力的发展
　　……………………………………… 岳　丽　王文娟　闵晓岚　194
浅述随读儿童自我概念的形成 ………………………………… 雷　忠　198
融合教育应尊重残障学生的心理需求 ………………………… 岳　丽　201
浅谈初中听障生随班就读家庭支持的重要性及原则……刘光明　付元春　205
对情绪障碍症学生心理危机干预的实践和思考 ……………… 晏　清　210
戏剧教学法在听障随读生心理健康教育中的应用初探
　　………………………………………………… 杨小琴　岳　丽　216
现代信息技术促进随班就读听障生的高效学习 ………张林智　杨　静　221
整合资源　教康结合　促进学生发展 ………………张林智　李　敏　224
智力障碍儿童注意力的培养 …………………………… 田　玮　郭星平　227

案例篇

绘本带你去"散步"——洛洛观察日记 ……………………… 杨茗媛　233
中学生心理危机干预实施案例 ………………………………… 谢思明　237
普通高中如何实现融合教育
　　——以特殊学生小英融合教育为例 …………… 何伯芳　袁建伟　244
轻度智力障碍儿童融合教育个案研究报告
　　……………………………………… 张林智　杨小琴　岳　丽　247

设置个性课程　提高随读生生活质量 …………王　英　刘　曾　樊艳丽　253
携手扬帆　共做幸福的领航人
　　——农村小学伙伴支持个案研究 ……………………王　陶　李碧霞　259
浅谈如何与特殊孩子融洽相处 ……………………………郭小燕　祝　虎　263
随班生的教育个案 …………………………………………………何孟艺　267
特殊儿童随班就读案例分析 ………………………………………何咸悦　269
特殊的"她"——特殊教育案例分析 ………………………………张小芳　272
我要上小学 …………………………………………………苏　珠　杨晓华　274
整合资源成合力　共同努力见成效
　　——小美个案启示 ……………………………………韩娜鹂　杨　洁　278
关爱特殊儿童　拥抱太阳花开 ……………………………何　敏　谢　彬　281
中职学校特教学生心理健康教育案例 ……………………………徐琴廷　284
特别的爱给特殊的你——随班就读教育案例 ……………侯仕萍　谭凌斐　287
用爱点燃随读生的希望——随班就读教育案例 …………徐亚莉　张洪燕　289
智障儿童融合教育案例报告 ………………………………宋秀芬　冷　佳　293
特殊教育中教师协作的力量 ………………………………………侯仕萍　297
没有爱就没有教育 …………………………………………………陈启迪　299

叙事篇

花开虽美，但过程更耐人寻味——我的特教故事 …………………冯志净　303
你不傻，你只是很特别 ………………………………………………罗　艳　306
从特教生点滴进步中寻找自信 ………………………………………杨小琴　309
孩子，你并不"特殊" ………………………………………方絮枫　沈　瑶　311
遇见"慢天使" …………………………………………………………杨　娇　313
为特殊儿童筑梦 ……………………………………………卢　艺　方　飞　316
阳光总在风雨后——记我和随班就读生的教育故事
　　………………………………………………………………………周　鸥　318
精准帮扶是给孩子特别的爱 …………………………………………周泽英　321
信心对特教儿童成长的助力 …………………………………………汤　宇　323

让阳光住进随读孩子的心田	才玲玲 伍晓丽	326
特殊儿童教育叙事——在点滴中成长	程　林	328
留住他脸上憨憨的笑	王　雅	331
你变了　我变了　我们都变了	樊艳丽	333
美丽的谎言	李　政	335
爱，让每一粒种子都开花——随班就读教育叙事	李　岚　蒋志英	339
难忘的特教往事	徐万清	342
爱是最好的钥匙	杨丽萍　郭　燕	345
一方剪纸种信心	龚建蓉　彭　婷	348
让随班就读学生扬起自信的风帆	张　燕	351
我想抱你摘"桃子"	周　静　罗继伟	355
陪伴花开	殷玉萍	357
难忘的圣诞夜	蔡明尚　曹照琪	359
后　记		361

研究报告篇

"新津县融合教育支持系统可持续发展研究"
研究报告

杨键君　张林智　李　敏

摘　要： 新津县长期坚持县域内残疾儿童少年随班就读支持系统的研究、构建和实践，建立了融合教育行政支持、技术支持、基层学校支持三大支持系统，促进了特殊教育与普通教育的深度融合。经实践研究，随着融合教育的深化，新津县大力推进支持系统可持续发展，完善了行政、技术、基层学校三大支持系统并增建了家庭和社区支持系统，最终构建了四大支持系统的残疾儿童少年支持服务体系，保障了系统运行的可持续性，促进了残疾儿童少年的有效学习与健康成长，使县域内的融合教育整体质量得以提高，最终实现县域内残疾儿童少年从幼儿到小学、初中再到两类高中（普高、职高）的融合教育支持系统的完善性和可持续性，使之贯穿残疾儿童少年基础教育的全过程，实现全县残疾儿童少年有质量的生涯发展教育。

关键词： 融合教育，支持系统，可持续

一、问题的提出

20 世纪 80 年代末，我国为了寻找一条适合中国国情的普及残疾儿童少年义务教育的办学之路，众多教育工作者开始了研究探索特殊儿童少年在普通学校融合教育实验工作。

我国特殊教育工作者吸取了西方回归主流观念，结合中国社会、经济、文化等情况，让轻度特殊儿童少年进入普通学校随班就读，分别在 1989 年和 1992 年开展三类残疾儿童少年随班就读实验。1989 年国家教委委托北京、山东、浙江等省市，分别进行视觉障碍和智力落后儿童少年随班就读试验（试点）。1992 年国家教委又委托北京、江苏、黑龙江和湖北等省市，进行听觉、语言障碍儿童少年随班就读实验。1994 年国家教委颁发了《关于开展残疾儿

童少年随班就读工作的试行办法》，指导全国残疾儿童少年随班就读工作。

为了让残疾儿童受到有质量的教育，教育部基础教育司将各地做法整合，要求各地建立和完善随班就读支持系统，决定从2003年开始在全国100个县进行建立随班就读支持系统的实验。

新津县从2001年开展随班就读研究工作，2003年成为全国随班就读支持保障系统实验县，并以课题"普通学校特殊儿童支持系统建立与运作"进行研究，建立了行政管理、技术指导、基层实施三大支持系统。实验工作结束后，新津县随班就读研究对象从三类残疾扩展到动作障碍、情绪障碍等特殊要求儿童，研究范围从小学向幼儿教育和初中、高中延伸。10多年来，支持系统不断完善，形成了"体系完备、专家引领、课题支撑、项目推动"的特殊儿童随班就读支持保障"新津模式"，起到了良好的示范、推广作用，先后多次在全国和省、市随班就读研讨会上做经验交流，并于2011年应邀参加教育部修订《关于开展残疾儿童少年随班就读工作的办法》第三次研讨会。教育部基础教育司周德茂调研后认为，"新津模式"可资借鉴。

作为全国随班就读实验县，我们一直坚持对随班就读支持保障体系的探索实践并取得了一些经验。我们认为支持系统可持续发展还有待进一步探索。例如，在行政支持方面需要与普通教育进一步融合，从"特教特办"转化为工作常态、持续开展；在技术指导方面，随着特殊教育的发展，对师资队伍要求不断提高；在基层实施中，学校、教师、家长的理念和认识需要进一步增强，学校与社区、家庭、专业机构合作有待加强等。为了解决这些问题，拟从行政、技术、基层学校、家庭和社区四方面深入研究支持系统建设，形成更为完善的融合教育可持续发展支持系统。

二、核心概念的界定

（一）融合教育

融合教育是指在普通学校和普通班内教育所有学生，包括以下两个方面的内容：（1）所有儿童都需要进入本学区的普通学校，并在与特殊儿童年龄相当的普通班接受教育。（2）应对有特殊需要的所有儿童，无论是已被确定的特殊儿童，还是那些学业不良或有其他问题的普通儿童，提供适宜的教育服务。所提供的任何教育体系且应在普通班内实施。本研究的融合教育则指教育应当满足所有儿童的需要，我县每一所普通学校都必须接收服务区域内的所有儿童入学，也就是"应进全进"，并为这些儿童都能受到自身所需要的教育提供条件，建立融合教育支持系统。

（二）支持系统

融合教育支持系统是指残疾儿童、少年在融合教育过程中获得的一切辅助性资源和服务的总和。它的基本功能是在行政、师资、教学、家庭与社区等多方面形成支持网络，为残疾学生提供全面的支持与持续的扶助，以解决其在接受教育过程中遇到的各种问题，促进他们学会学习、学会生活、学会生存，使他们获得充分发展。借鉴中外研究成果，结合新津县十多年的实践经验，本课题研究只涉及在县域范围内建立四个系统，即融合教育可持续发展行政支持系统、技术支持系统、基层学校支持系统、家庭与社区支持系统，使它们构成县域融合教育可持续发展支持系统。

（三）可持续发展

可持续发展是要求人们有高度的知识水平，明白人的活动对自然和社会的长远影响与后果，要求人们有较高的道德水平，认识自己对子孙后代的崇高责任，自觉地为人类社会的长远利益而牺牲一些眼前利益和局部利益。这就需要在可持续发展的能力建设中大力发展符合可持续发展精神的教育事业。可持续发展的教育体系应该不仅使人们获得可持续发展的科学知识，也使人们具备可持续发展的道德水平。这种教育既包括学校教育这种主要形式，也包括广泛的潜移默化的社会教育。本课题中的可持续发展，是指既满足特殊需要学生的需求，又不损害普通生所需能力的发展。换句话说，就是指行政、技术、基层学校、家庭社区支持协调发展，形成强有力的、多方力量支持的、密不可分的系统，为我县的融合教育的可持续发展起到了极大的推动作用。支持系统得到良好的持续发展是提高融合教育质量的关键所在。

本研究重在实现支持系统可持续发展，是通过构建政府、技术、基层学校、家庭社区四个支持系统，贯穿于残疾儿童从幼儿到小学、初中，再到两类高中的基础教育全过程，实现县域融合教育支持系统的建立并保障系统运行的持续性。

三、研究综述

融合教育支持系统的研究已经得到各国研究者的重视，国外研究者普遍认为，融合教育的顺利实施，需要强有力的支持系统持续地从多个方面为其提供充足的资源（Malmin，1999；Berverich，1995；Salend，1998，OECE，2009；UNESCO，2003；etc.）20世纪80年代末，为了寻找一条适合中国国情的普及残疾儿童少年义务教育的办学之路，众多学者进行了研究和实践探索，开始了残疾儿童少年随班就读（融合教育）实验工作。

我国特殊教育工作者在长期的实践工作中，汲取了西方回归主流的观念，结合中国经济、文化等具体情况，让轻度特殊儿童进入普通学校学习，即"随班就读"特殊教育模式。新津县从2001年开展随班就读工作，2003年成为全国随班就读实验县，并以县级课题"普通学校特殊儿童支持系统建立与运作"进行研究，对特殊教育资源室建设、课堂教学、师资培训等方面进行探索，建立了行政管理、技术指导、基层实施、家庭与社区四大支持系统，初步形成了县、校两级特殊儿童随班就读支持体系。

我国的随班就读是融合教育的浅层融合模式，它的产生背景有别于西方的融合教育，并且随着发展有待完善。国内融合教育支持系统的建设研究主要集中在建立融合教育支持系统的模型、开展残疾儿童融合教育效果评估研究、提出融合教育支持系统的要素模型等方面。我国分别在1994年和2003年开展随班就读支持保障实验县工作，但是在这个实验工作结束后，不少地方放弃了对随班就读支持保障问题的进一步探索，政策持续推动的乏力直接导致不少地方随班就读工作停滞不前。

四、研究意义

（一）选题价值意义

融合教育是中国教育公平和均衡发展的必然要求，融合教育可持续发展支持系统的建立是融合教育实施的前提和保证。支持系统成功建立并有效运行，对融合教育的未来发展具有重要的深远意义。

实践意义：通过研究提炼出的实践策略，可用于新津县融合教育可持续发展支持系统的建设，也适用于相同或相似背景的地区。

理论意义：本课题的研究人员中包含高校融合教育理论工作者，他们能为中国融合教育可持续发展支持系统建设提供实证经验，促进西部地区融合教育可持续发展支持系统建设的理论研究发展。

本研究符合《国家中长期教育改革与发展规划纲要（2010—2020年）》

精神，能促进教育体制的改革和发展，有利于有特殊教育需要学生的健康成长，体现教育公平。

（二）课题创新点

1. 研究视角上的创新

从社会生态系统角度出发，动态观察研究县域融合教育可持续发展的行政、特教中心、基层学校、家庭社区、个人四大支持系统的相关性，从而让全县融合教育事业健康发展成为常态。

2. 支持系统上的创新

在县域范围内集合行政、技术、基层学校、家庭与社区四个方面的力量，构建新津县融合教育可持续发展的关联支持系统。

3. 研究成效上的创新

本研究实现了县域内残疾儿童从幼儿到小学、初中再到两类高中（普高、职高）的融合教育支持系统的完善和持续，使之贯穿随班就读学生基础教育全过程，实现生涯发展教育，促进随班就读学生的有效学习和健康成长。

五、研究目标

充分借鉴国内外融合教育支持系统建设研究经验，分析新津县融合教育支持系统运行现状，找出面临的困难和问题；结合融合教育实践，探索解决问题的有效途径；构建行政、技术、基层学校、家庭社区四个支持系统，逐渐形成新津县融合教育可持续发展支持系统，达到"完善特殊教育体系""健全特殊教育保障机制"、促进有特殊教育需要学生健康成长的目标。

六、研究内容

（1）对前期融合教育支持系统运行情况的调查。

（2）融合教育可持续发展的支持系统的构建。

第一，融合教育可持续发展政府支持系统的建立（行政人员观念和态度、政策和经费保障等）。

第二，融合教育可持续发展技术支持系统的建立（特殊教育技术管理机制、特殊教育专家引领机制、特教中心教师巡回指导机制、特殊教育技术指导机制）。

第三，融合教育可持续发展基层学校实施支持系统的建立（基层学校管理、资源教室支持、早期融合教育研究、融合教育管理干部和教师培训研究、融合教育转衔研究、融合教育背景下伙伴支持的研究）。

第四，融合教育可持续发展家庭、社区支持系统的建立（学生家长的观念、态度和行为，相关医疗康复机构、残联、志愿者和义工等资源的利用）。

（3）融合教育可持续发展支持系统的运行策略。

七、研究方法

本课题采用文献研究、行动研究、个案研究等研究法，分析和验证融合教育支持系统对特殊需要学生发展的支持程度，通过对行政、技术、学校、社区与家庭支持各系统的运行机制进行行动研究，形成可持续发展的支持保障体系。

（一）文献研究法

文献研究贯穿整个研究的始终。在研究初期，了解国内外研究的现状，为本课题研究打下基础。在研究的过程中，在第一时间掌握国内外研究的动态，以保证本课题的先进性。

（二）行动研究法

对行政、技术、基层学校、家庭与社区支持系统的建立进行行动研究，找出融合教育支持系统运行的构成要素。从实践过程中，筛选、修正并形成合理的融合教育支持系统运行模式。

（三）个案研究法

为了保证研究的可实施性，在研究的过程中坚持进行个案研究，先由活动的实施者进行个案实施，再由课题组成员一同进行个案分析、个案研究，撰写案例。

八、研究过程

本课题研究主要分为三个阶段来构建行政、技术、基层学校、家庭与社区四大支持系统，并确保四大系统的良性运作。具体的研究程序如下。

（一）准备阶段

（1）组建课题组。
（2）制定研究方案。
（3）设计调查问卷和访谈提纲。
（4）进行文献资料整理。

（二）实施阶段

（1）研究初期。融合教育可持续发展行政支持系统的建立（行政人员观念和态度，政策和经费保障等）。

（2）研究中期。融合教育可持续发展技术、基层学校支持、家庭与社区支持系统的建立。

具体包括以下子课题研究："早期融合教育研究""融合教育转衔研究"，探索幼儿园、小学、初中、高中（职业高中）进入高一级学校或社会各阶段间转衔教育；"融合教育管理干部和教师培训研究""融合教育背景下伙伴支持的研究"是融合教育可持续发展机制的保障。

（3）研究后期。
融合教育可持续发展家庭支持系统的建立（学生家长的观念、态度和行为）。
融合教育可持续发展社区支持系统的建立（相关医疗康复机构、志愿者和义工等资源的利用）。

（三）总结提炼阶段

（1）收集整理研究资料和数据。
（2）撰写研究报告。
（3）完成相关成果整理。
（4）申请结题鉴定。

九、研究成果

通过实践研究，新津县进一步完善了支持服务体系，强化了行政支持、技术指导、基层实施为主的三大支持系统，开展了社区支持、家庭支持的深入探索，推进支持保障体系的可持续发展。

本课题研究，通过构建政府、学校、家庭与社区四个方面的支持系统，形成县域内残疾儿童从幼儿到小学、初中，延伸到两类高中，贯穿学生生涯教育的整个过程的融合教育支持系统，保障系统运行的持续性。课题实践策略，可用于指导新津县融合教育可持续发展支持系统的建设，能为融合教育可持续发展支持系统建设提供实证经验，有利于特殊教育学生的健康成长，进一步体现教育公平。

（一）建立融合教育可持续支持系统（人、财、物）

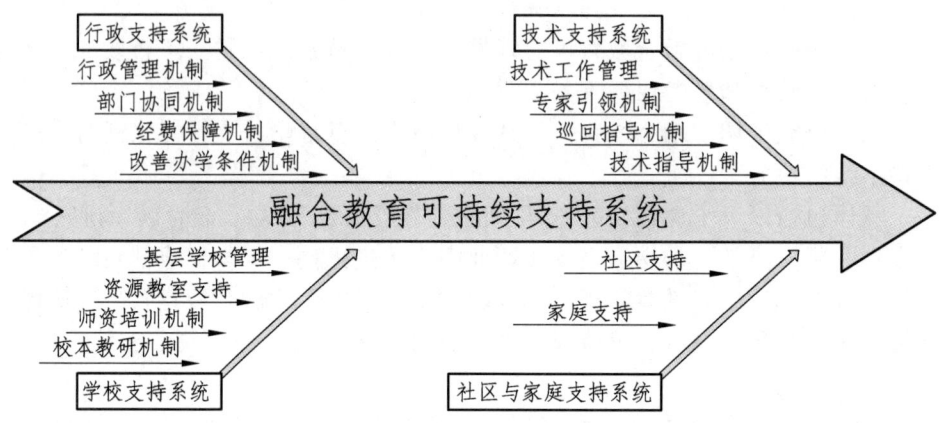

图 1　融合教育可持续支持系统

1. 建立行政支持系统

（1）建立行政管理机制。

新津县将特殊教育纳入全县经济社会发展总体规划和"十三五"教育发展规划，把特殊教育作为教育事业的重要组成部分，不断完善残疾人教育体系，全面提高残疾人特殊教育水平，推进特殊教育事业的健康发展。

成立了以县政府分管领导任组长，县教育局主要负责同志、县政府办分管负责同志为副组长，相关部门为成员的新津县特殊教育工作领导小组，领导小组办公室设在县教育局，负责特殊教育日常工作。建立了由县教育局牵头，县财政局、县民政局、县卫计局、县人社局、县残联等多部门参加的联席会议制度，每年召开1~2次联席会议，研究、协调、解决特殊教育工作开展中存在的相关问题，为特殊教育发展提供强有力的组织保障。

（2）建立部门协同机制。

制定并印发了《新津县特殊教育提升计划（2014—2016年）实施方案》

（新津府办发〔2015〕3号），明确各部门职责分工，按照《新津县特殊教育提升计划（2014—2016年）实施方案工作任务分解表》，落实牵头单位和协助单位，进一步明确任务和具体目标，细化工作内容，规定完成时间，按照职责分工，协调配合，齐抓共管，完成各项目标任务，促进了特殊教育事业的全面发展。

进一步完善特殊儿童少年学前教育、义务教育、普通高中和职业高中教育相互衔接的融合教育支持体系，全县义务段残疾儿童少年做到"应进全进"。针对重度及多重残疾儿童少年实施"送教上门""送康上门"，印发了《新津县教育局重度及多重残疾儿童少年"送教上门"实施方案》（新教发〔2015〕23号）和《关于组织开展残疾儿童少年"送康上门"服务工作的指导意见》，形成了以特殊教育中心为骨干、随班就读为主体、送教上门为补充的特殊教育工作格局。

将特殊教育纳入街道、镇（乡）政府和部门工作目标，加强对残疾儿童少年接受教育的督导评估，形成完善的奖惩机制和问责机制。每年组织对特殊教育中心和普通学校融合教育开展专项评估考核，依据考核结果进行表扬和奖励。

（3）建立经费保障机制。

每年都坚持特殊教育经费以政府投入为主，把特殊教育所需经费纳入财政预算，建立稳定的投入机制，并随着教育事业费的增加而逐步增加。义务教育阶段学校（含随班就读、送教上门学生）生均公用经费标准为2015年5000元，2016、2017年6000元。设立特殊教育发展专项经费并逐年提高标准：2015年50万元，2016年60万元，2017年70万元。专项经费主要用于特殊教育事业发展，主要包括：特殊教育中心完善教学设施、特聘专家、课题研究、教师培训、常规管理、送教上门等。

多渠道筹措资金，鼓励社会力量支持和兴办教育、康复机构，武阳医院、花源医院购置康复器材。教育经费附加一部分用于发展特殊教育。每年征收的残疾人就业保障金中至少3%用于特殊教育（含职业教育和就业培训）。

严格按国家标准执行特殊教育津贴，县特教中心和随班就读学校资源室教师按基本工资15%的标准计发特殊教育岗位津贴，对普通中小学随班就读班级的教师实行岗位绩效奖励，计划对特教中心教师核增20%绩效工资总额。完善残疾学生教育资助政策，全面落实了义务教育和高中阶段残疾学生免除杂费、书本费、住宿费，补助在校残障儿童少年生活费的政策。县残联按照每人每年600元的标准给予生活补贴。

加强经费的监督和管理，规范合理使用省、市支持特殊教育发展的项目经费，切实提高资金使用效率。

（4）建立改善办学条件机制。

按照《特殊教育学校建设标准》和《特殊教育学校暂行规程》，于2010年建成一所集融合教育、培智教育、康复教育为一体的综合性特殊教育中心，提供了"双网"、无障碍设施，配备了教学仪器、多媒体等现代化教学设备，添置了康复和活动器材，引领和指导全县特殊教育工作。

建立了县特教资源中心和32所特殊教育资源室（新建资源室16个），覆盖学前教育、义务教育和高中教育三个学段，义务教育阶段公办学校特殊教育资源室建设率100%，基本满足残疾儿童少年随班就读需要。在新平镇新建一所残疾儿童学前教育康复中心。

2. 建立技术支持系统

（1）建立特殊教育技术工作管理机制。

新津县政府成立了特殊教育工作领导小组，县教育局成立了以局主要领导为组长的特殊教育工作小组和新津县融合教育中心组、随班就读"融合教育"课题研究指导小组。县教育局有兼职特殊教育管理干部3名，县研培中心有专（兼）职教研员2名，加强普通中小学随班就读的行政管理、教研指导。通过融合教育和送教上门普及特殊教育，三年来，全县义务段残疾儿童少年入学率均达95%以上。县教育局和县残联积极开展"送教上门""送康上门"工作，教育局统一安排送教上门责任单位，送教服务学生全部建有学籍，并制订了个别化教育计划，定期开展送教服务。

（2）建立聘请特殊教育专家引领机制。

特聘专家追踪国际前沿理念、信息，指导实际操作。一是聘请技术顾问，县教育局局长期聘请从事聋教育、培智教育多年的特教专家曹照琪、蔡明尚和四川师范大学博士彭燕担任技术顾问。二是高校技术支持，作为重庆师范大学特殊教育学院科研基地，已接待重庆师范大学研究生100余人次，从高校研究生实践中得到技术支持。三是邀请专家指导，邀请国内知名特教专家，如华国栋、叶立言、许家成、张文京、杨希洁等多次到新津县指导或举办讲座，从政策上、思想上、信息上、专业知识和专业技术上促进新津县特殊教育事业可持续发展。

（3）建立特教中心教师巡回指导机制。

配齐配强特教中心师资力量，按照1:3.5的师生比例确定教职工编制，特教中心配备 2 名巡回指导教师，每个资源室配备 1 名资源室教师。组建了以特教中心、特教资源中心、研培中心教师、成都市特教学科带头人、资源室骨干教师为成员的 8 人巡回指导组，为特殊教育教学提供服务和指导。

将特殊教育干部教师培训纳入继续教育培训计划，加强特教教师师德师风建设。开展随班就读学校校长、教师的岗位培训。县特教中心主任、随班就读学校校长、特教资源室教师持证上岗。组织了特教中心教师、资源室教师、随班就读教师的分层培训，全面提升特殊教育教师队伍的整体素质，促进专业发展。

建立并完善了对随班就读学校、特教资源室和随班就读教师的考核评价制度。从 2008 年开始，每年由教育局组织人员对学校特殊教育工作专项考核，纳入学校年度考核，权重占 2 分。在评先、晋级方面对从事特教的干部教师给予政策倾斜。近两年，资源室教师有 3 人成为市、县级名师。

（4）建立特殊教育技术指导机制。

一是建立分级指导机制。建立资源中心、一级资源室（15 所）、二级资源室（16 所）三级支持服务模式，实行分级指导和技术支持，县特教资源中心对全县提供技术支持，指导一级资源室工作，一级资源室教师指导二级资源室工作。二是选优配强指导队伍。巡回指导小组成员由成都市特教学科带头人牵头，由特教中心、研培中心业务教师和学校优秀资源室教师组成，巡回指导融合教育工作，做到技术支持和规范管理并行，力争巡回指导高效率。三是巡回指导形式多样。资源中心根据全县融合教育需要明确任务，确定时间，巡回指导，指导方式为现场指导和网络指导。现场指导一般为学校资源室的建设、学生档案管理、特殊儿童筛查鉴定、个案分析会的召开、个别化教育计划的制订实施、课题研究与个案研究等。对巡回指导中出现的问题做到及时发现、及时处理。网络指导，即资源中心建立全县融合教育的电子网络，全县资源室重要会议、情况交流、问题反映、信息资源均运用电子网络进行沟通和指导。

3. 建立学校支持系统

（1）基层学校管理。

新津县融合教育基本做到规范化、制度化、常态化。特教中心编写了《融合教育支持服务手册》《融合教育管理手册》《融合教育家庭支持服务手册》，指导各学校开展并规范融合教育工作。学校制定和完善融合教育管理制度，包含组织领导、人员编制、经费保障、转介入学、学生安置、教学要求以及相关人员职责、考核评价等。学校加强普特融合，学校将特殊教育各环节融入各部门活动中，班级活动、学校集会、课堂教学、学习辅导等都兼顾特殊学生，做到完全融入。

（2）资源教室支持。

资源室教师在融合教育中提供业务和专业技术支持，为学生提供直接或间接服务。一是做到组织健全、职责明确。学校有分管领导、工作小组，以资源室教师为主、融合教育骨干教师为辅的师资团队，明确资源室教师职责、随班就读教师职责，保障融合教育顺利开展。二是做到师资优选、教师稳定。资源室教师由各校推荐、教育局认定，享受特殊教育津贴。三是支持服务各具特点。各校积极探索资源室支持服务，随着学生年龄的增长、个人能力的提高，不同年段资源室服务呈现不同的特点（见表1）

表1 新津县小学、初中、职高资源室的服务特点

项目	小学资源室	初中资源室	职高资源室
服务目标	义务教育个别化教育计划目标	义务教育、自我管理、自我学习的能力	选择式教育，根据未来就业与升学去向确定学习目标。全面培养社会适应能力
服务课程	实行全融合、部分融合课程	按课表上课	课程安排具有弹性
服务形式	施以直接服务和间接服务	施以管理服务、间接服务	施以心理、行为管理为重点的直接服务与间接服务
学业评价	① 按个别化教育目标要求评价。② 以统一试卷考核评分③ 档案袋评价	① 按统一试卷考核评分② 设置单项鼓励奖③ 档案袋评价	综合评估、档案袋评价
师生关系	如同师生、父母、朋友关系具有较强的依赖性	师生关系密切	师生接触较少

（3）建立学校融合教育师资培训机制。

为了全面提升教师的专业技术水平，县教育局鼓励教师参加特殊教育培

训学习和学历提升，从事特殊教育的小学、初中教师分别达到大专甚至本科以上学历。一是分层培训：全员教师培训、骨干教师培训、专业技术培训。全员培训是对所有参与融合教育工作的管理人员和教师每两年轮训一遍；骨干教师培训是开办骨干教师培训班，开展专业培养；专业技术培训针对资源室教师，培养专业技术团队。二是培训形式多样，如邀请专家举办讲座、选派教师外出培训、现场交流、观摩研讨、实际操作等。2016年、2017年分别开展新建资源室教师专题培训8次，达400多人次。

（4）建立基层学校校本教研机制。

教研活动由资源中心组织安排，从常规教研入手，与新课程同步，与新理念同行，坚持以人为本、以合作为本的教研之路，形成常态，促进专业发展。一是中心教研活动。每学期至少一次，资源室教师和骨干教师参加，主要内容为工作交流、专业技术学习、个案研讨、课堂教学研讨等。二是校本教研活动。由学校资源室牵头，提升特殊教育"学校教研"和"专题教研"品质。

4.建立社区和家庭支持系统

家庭、社区支持是特殊儿童支持服务系统中重要的自然支持系统。家庭和社区资源能为特殊儿童生涯发展提供良好环境。一是需要改变观念，传递技术，整合家庭与学校力量，保持良性互动，更新家长观念，传递教育技术，提高家庭支持度，弥补学校教育资源的不足。二是需要整合资源、合作参与，建立合作关系，整合社区、医疗康复机构、志愿者和义工等资源，为特殊儿童教育、康复、社会适应提供大力支持。

（1）社区支持。

在残疾儿童社会性发展的关键时期，社区活动能够为其提供亲历生活实践的机会，创设生命互动的情境，展现生活的现实情景，帮助他们在与他人、社会环境的相互适应中，发展积极的社会认知、社会情感与社会行为。因此，建立一个良好的社区支持环境尤为重要。本支持系统中建立了联席会议制度（会议制度文件、会议纪要、医院支持），残工委牵头制度（开展助残日和送温暖活动，到医院保健院免费体检、康复），残联资金支持，与残联建立信息共享机制（摸清残疾学生人数、保障残疾人受教育的权利，教康结合）。

例如，教育局与残联密切合作，推进"教康结合"。残联康复中心协助学校对特殊儿童进行康复训练，教育局协助残联在康复中心开展教育教学。三年来，每年都联合开展了资源室教师、康复人员、学生家长参与的培训活动。

教育局协助残联完成了中国残联/挪威协力会脑瘫儿童康复与教育促进项目，共同承办了2016年中国残联/挪威协力会脑瘫儿童康复与教育促进项目评估融合教育新津培训班。新津一小代表新津县参加了成都市残联组织的艺术节。

教育局和残联共同建设学前教育康复中心。由教育局完成学前教育康复中心的房舍建设，通过验收合格后，再由残联投入康复训练器材，最后联合开展教育与康复训练。

（2）家庭支持。

在孩子成长的过程中，家庭是最早向孩子传授人类社会生活经验的场所，它关系到少年儿童是否能健康成长。在家庭教育中，父母扮演了举足轻重的作用。他们是孩子第一任乃至终身的老师。对于特殊儿童，尤其是残疾儿童而言，家庭教育更显重要。因为在残疾儿童发展的各个关键期，他们主要是在与父母的接触中度过的，所以家庭教育开展的好坏及家庭是否和谐对残疾儿童的发展具有举足轻重的作用。本支持系统建立教师走访制度，深入家庭，一对一地指导家长的教育方式，转变家长的教育理念和态度。主要采用电话交流、教师走访和举办家长会的形式。建立家校联系卡，随时电话联系掌握孩子在家庭生活中的情况，及时了解学生在家庭中的表现，让家长成为融合教育中的又一支持力量。建立家长学校，定期召开家长会，对家长进行培训，并汇报学生在校的表现情况。最终形成家庭支持服务手册。

（二）建立特殊儿童基础教育个别化持续服务机制

1. 评估安置

开展残疾儿童随班就读工作是深入贯彻《中华人民共和国义务教育法》《中华人民共和国残疾人保障法》的需要，是对残疾儿童少年进行义务教育行之有效的途径，也是提高民族素质的有力措施。残疾儿童少年随班就读有利于残疾儿童就近入学，有利于提高残疾儿童少年的入学率，有利于普教带特教、特教促普教，使二者相互结合，共同提高。学校教师必须高度重视并积极开展残疾儿童少年随班就读工作，逐步完善评估安置机制，确保能够随班就读的残疾儿童少年顺利入学。

新津县的残疾儿童少年随班就读的对象，主要是指智力、视力、听力语言、肢体等类别的残疾儿童少年。视力残疾儿童少年随班就读的条件是：双眼最佳矫正视力等于或优于0.05而低于0.3，而且没有其他残疾的低视力儿童少年。听力语言残疾儿童少年随班就读的条件应是：双耳听力损失，其中听力损失轻的一耳听力损失程度在 41~70 分贝，而且没有其他残疾的重听儿童少年。智力残疾儿童少年随班就读的条件应是：智商（IQ）值在 50~70，而且没有其他残疾的轻度智障儿童少年。招收残疾儿童、少年随班就读，应当对其残疾类别和程度进行检测鉴定和筛查，未经鉴定的儿童不得视为随班就读对象。

视残儿童、听残儿童、肢残儿童都应经医院鉴定或以残疾证为准。对智残儿童少年的确认一定要慎重，一般先由家长或教师提出申请，经学校批准，由学校特教资源室筛查。智残儿童少年的鉴定或筛查结论，仅作为对其采取特殊教育方式的依据，不得移作他用。其姓名和档案材料应该严格保密，由有关管理人员和任课教师掌握，不得在学生中扩散。对经过鉴定的残疾儿童由学校确定，并报上级批准作为随班就读对象。智残儿童少年凡经过复查，智商达到正常值时，不得再视为随班就读对象。

学校依法接收本校服务范围内能够在校学习的残疾儿童少年随班就读，不得拒收。每年 9 月份各学校要将残疾儿童名册和接收教育情况上报小教科审批，对新增的随班就读学生一律要交验有关证明的复印件。随班就读学生一经确认，资源室必须为其建立个人档案，

其内容包括：（1）残疾证明。（2）基本情况登记表。（3）个别化教育计划和个别教育实施方案。（4）学生发展性评价（包括思想品德、行为习惯、缺陷补偿、适应能力、各科成绩等）。

安置随班就读学生，每班 1 至 2 人为宜，最多不超过 3 人，且属于同类残疾，学校可根据班级实际适当减少正常学生的人数。安置座位时应考虑残疾学生的需要和老师照顾方便。随班就读任课教师应当选择热爱残疾学生，思想、业务素质较好的教师担任，并保持相对稳定。

2. 个别化教育计划的制订与实施

每学年制订随班就读儿童个别教育或训练计划及个别教育计划。个别化教育计划的主要项目如下。随读生基本情况分析：健康状况、运动机能、社会适应能力、学习成绩现状分析、主要缺陷等；教育或训练目标（年度目标、短期目标）、具体措施、起止日期、负责人等。个别教学计划的主要项目有：随读生基本情况及学习情况、安置建议、教学目标、教学内容、教具、起止日期、教学评估。

个别化教育计划的制订和实施（部分）示例如表 2 所示：

表 2　基本资料

1. 个人资料							
学生姓名	廖××	性别	女	出生	2002 年 8 月 15 日	身份证号	略
户籍地址	新津县花源镇白云渡						
居住地址	新津县花源镇白云渡						
家长或监护人	陈××			关系			母女
鉴定类别：脑积水+脑颅外伤修复+轻度智障　　鉴定文略							
2. 家庭现况及背景环境							
家长教育程度	父：初中　　母：高中				主要照顾者		父母
家长职业	父：个体经营户　母：个体经营户				主要学习协助者		母亲
家庭经济状况	一般		父母婚姻状况	良好		民族	汉
家长期望	希望孩子能够健康快乐地成长，生活能够自理，将来能够自力更生						

3. 个别化教育计划的课堂教学实施

每学期开始时，随班就读教师要和资源室教师一起针对所在班的随读生的特殊需求制订个别化教育计划，它是做好随班就读的课堂教学工作的关键。

随读教师要将个别化教育计划认真落实到课堂教学中。具体表现在如何正确处理好整体与个别的关系。一是教学程序上，从开始到结束，都要给随读学生以充分参与的机会；二是课堂提问时，将备课时设计好的问题按难易程度分别对正常学生与随读学生提问；三是课堂训练中，有一定难度的题要求普通学生做，基础题、容易题可让随读学生做。随班就读的残疾学生使用的教材一般与普通学生相同，特殊情况可对教材内容做适当调整。对视力、听力语言残疾学生的教学一般要求与普通学生相同。对轻度智力残疾学生的教学要求，低、中年级与普通学生基本相同，高年级可适当降低要求。对随班就读的残疾学生应当贯彻因材施教的原则，制订和实施个别教育计划。教学过程中教师应当采取多种形式和方法，激发残疾学生的学习兴趣，挖掘其学习潜力。在教授文化科学知识的同时，注重对残疾学生进行适应社会生活能力的培养，心理、生理缺陷的矫正、补偿。教师备课时，教案设计应着重在教学目标、教学过程的各个环节中体现对残疾儿童的教学要求和特殊照顾。上课时，应注重健残兼顾，运用集体教学与个别教学相结合，以及伙伴教学、协作教学、分层教学的方法，促进残疾学生积极主动地学习。教师辅导时，要针对残疾学生实际采取课前铺垫辅导、课中及时辅导、课后强化辅导、小单元针对性辅导的方式加强个别辅导。布置作业时，教师要针对每一个残疾学生实际留作业，区别对待，不搞一刀切。如表3所示：

表3 随班就读语文活动教学设计案例（部分）

教学目标	
普通生	随读生
1. 学会本课生字词，能有感情地朗读诗歌，背诵诗歌。 2. 通过自读自悟，能理解诗句中词语的意思，体会作者表达的思想感情。 3. 通过学习诗歌，体会"借物喻人"的表现手法。 4. 凭借古诗诗句，感受古诗美的意境，使学生受到自然美和艺术美的熏陶。	1. 会写简单的字，如个、人。 2. 认识梅花，能较准确地表达出梅花的颜色。 3. 能够较流利地跟读诗歌
教学重点	
普通生	随读生
自读自悟，通过对重点词的理解来理解诗句的意思	能够较流利地跟读诗歌
教学难点	

4. 融合教育工作的评估机制

新津县的融合教育工作的评估机制主要分为三个层次：第一个层次是县教育局将特殊教育资源中心独立为县教育局直管的下属单位，赋予其相应的行政职权，因此，县特教中心有权对在普通学校建立的各个资源室进行评估考核；第二个层次是学校资源室对随班就读教师的工作进行检查评估；第三个层次是资源室教师和随班就读教师一起对随班就读学生评估考核。

（1）资源中心对资源室的评估。

在每学年度的第二学期期末，资源中心按照《新津县特殊教育工作考核细则》对全县各中小学、幼儿园资源室的特殊教育工作进行考核评估。评估采取自评和现场查看相结合的形式，学校先进行自查自评，完成自查报告（总结）和自查评分表，再由教育局组织特教中心、研培中心老师进行现场查看、量化评分（见表4）。

表4 《新津县特殊教育工作考核细则》（部分）

A级目标	B级目标	C级目标	分值	自查	考核	备注（考核评分标准）
组织领导（20分）	学校职责（12分）	学校将特殊教育纳入学校规划（计划），努力提高学校接收残疾儿童的能力，积极开展送教上门，保障残疾儿童学校接受教育	4			特教工作纳入学校工作、教务工作、德育工作的计划、总结，有资源室工作计划、总结，各0.5分
		强化职责，加强对特殊教育的领导，健全组织机构，职责明确	4			有学校特殊教育领导小组，配备资源室教师，成立特教教研组和送教工作小组，各1分
		建立健全督导检查、考核奖惩和问责机制，加强对特殊教育工作的督导检查，将特殊儿童教育纳入学校各部门责任目标	4			有学校特殊教育工作的督查制度、考评机制，各1分；有督查、考评，2分
	制度保障（8分）	完善学校对特殊儿童的支持服务体系，建立健全特殊教育工作制度	8			有学校特殊教育工作制度，或在学校制度中含特殊教育工作，8分

（2）对随班就读教师的管理评估。

融合教育工作是一种探索性的工作，资源室要充分发挥科研导向的作用，加强实践研究，及时总结经验，并把在实践探索中得到的有效经验、具体做法很好地落实到实际工作中。资源室在运作过程中，通过制度化管理、规范化操作、简易化文案，逐步实现融合教育工作常态化、规范化、系统化。

制度化管理依靠制度规范化体系，构建具有客观有效的管理机制，如《随班就读管理工作细则》《随班就读研究工作制度》《随班就读教学工作细则》。明确随班就读的岗位职责，如《随班就读领导小组工作职责》《随班就读教师职责》《资源室教师职责》等。这些职责制度的建立确保了随班就读工作科学、客观、规范、稳定持续地开展。

规范化操作指按照一定的方式，遵循一定的原则，按统一标准来进行。学校编制了《资源室工作手册》和《随班就读教师工作手册》。内容包括：随读学生的基本情况、教育起点、个别化教育计划、学生发展性评价、助学伙伴、个别辅导、家校联系、普特联系以及随班就读教师的工作评价等。在学生个人档案和资料收集整理上也进行了规范操作，使之充分发挥了档案资源的作用。

随班就读工作的落实，实际表现在教师与学生的交流活动中，简易化的文案尽可能减轻教师的工作量，减少教师烦琐的记载工作，让教师把更多的精力投入到对学生的教育教学活动中。例如，把随班就读学生每学期的学科个别化教育计划的实施过程，融入教师们平时的备课本中，在备课本中另辟一栏标注随读生的教学目标，教学过程中对随班就读学生的兼顾，以及目标达成度；对随班就读教师工作手册进行简化、调整，使手册内容完备，方便教师填写。一本两用，既不增加教师工作负担，又能促使教师有效开展随班就读工作。

融合教育工作常态化。每学期开学初发放《随班就读工作手册》，资源室教师定期对随读教师工作的开展情况和个别化教育计划的具体实施进行督促检查，期末时收集资料、对随班就读学生进行评估，整理资料归档。学校在布置这项工作时，资源室教师以教导处的名义安排布置随班就读工作，在教学常规检查中一并检查随班就读工作，随着教师的教育观念和思维方式的转变，老师们会很快地接受并认同融合教育工作是教学常规工作，逐步让融合教育工作常态化。

（3）对随班就读学生的评估。

如何对有特殊教育需求的儿童进行教学质量检测，是新津县随班就读融合教育急需解决的一个问题。把所有特殊教育需求儿童纳入全县学生的检测评估，没有充分尊重儿童的个体差异，是对特殊教育需求儿童的不公平，也不利于有特殊教育需求儿童的安置，影响随班就读教师的工作积极性。因此，建立和完善特殊需求儿童教学质量检测体系，对于落实《中华人民共和国义务教育法》，保障有特殊教育需求的儿童能够享受适合其发展的教育，巩固融合教育成果，以全纳教育的思想，以融合教育的模式，遵循教育规律，实现以人为本的教育，充分尊重儿童的个体差异，真正体现融合教育以人为本的理念，促使随班就读教师更加关爱有特殊教育需求的儿童，从而推进新津县融合教育工作发展，都有重要的现实意义和推动作用。

随班就读学生教学质量检测成绩不计入普通学校的教学质量考核，实行单独分类评估，将随班就读学生单独评估的学业发展状况纳入学校随班就读考核工作中。教育教学质量考核由教育局小教科牵头，县教研室具体实施，随班就读学生首先与普通学生统一检测、阅卷，然后以学校年级学科为单位对随班就读学生单独分类别评估、测试。将随班就读学生的学习成绩检测纳入《新津县随班就读工作考核评估细则》。

5. 建立转衔机制（幼到小，小到初，初到高，职业规划）

学段间衔接，由特教中心组织协调，要升学的随班就读学生由资源室教师统一上报到特教中心，中心协调保障随班就读学生得以升学。中心教师协调安排幼小、小初、初高资源室教师之间的联系，转介学校资源室教师将升学的随班就读学生的基本情况、学业情况、学习能力等向升学意向或接受学校的资源室教师介绍，接收学校资源室教师为即将升学的随班就读学生提供1~2次到接收学校参观的机会，让即将升学的随读生能够提前适应学校的环境和生活。通过学段间的无缝衔接，新津县的残疾儿童少年能够和普通孩子一样顺利且有质量地完成15年基础教育，并且在每一个学习阶段都能够得到个别化持续服务。

在高中随班就读的学生，有的能考入高一级的学校学习，更多的学生将进入社会。新津县职业高中以听障生为对象，通过课题研究的方式，探索残疾学生适应能力的培养（见表5），总结了三项适应、六项技能的有效途径和方法。

表5 职高听障生社会适应能力培养目标

社会适应能力	具 体 能 力	
生活适应能力	独立生活能力	人际交往能力
学习适应能力	专业学习能力	继续学习能力
工作适应能力	岗位体验能力	基本职业能力

6. 资源整合机制

在普通学校，教师、同学能够给予随班就读儿童身心各个方面的帮助，但是要让他们更健康快乐地成长，离不开专业技术人员的支持。所以，应建立教康融合形式，资源室教师与县残联康复员、社区医生联系，将学生康复训练融入教学活动中，把康复训练师引入课堂，帮助学生进行康复训练，给学校教师、家长提供正确的康复训练方法指导。残联康复员每月至少两次到学校对随班就读儿童进行康复训练。有具体需求的随班就读儿童每周至少到残联进行 1 次康复训练。社区医院每半年对随班就读儿童体检一次，并对家长进行康复、营养指导（见表 6）。

表 6　资源整合康复服务个案教学设计案例

项目	地点	频率	时间	起止时间	负责人	备注
动作训练	新津县残联	1周1次	星期五	16:00—17:30	朱××	
体检	花源社区医院	1月1次	每月1日	10:00—11:00	王×	
理疗	花源社区医院	1周1次	星期三	17:00—18:00	王×	
动作训练	家里	每天	每天	19:00—20:00	父母	需专业指导
动作训练	学校	每周2次	星期一星期四	体育课	任××	资源教师协调

建立以普通学校随班就读为主体，送教上门为补充的残疾儿童少年义务教育体系，做到全覆盖、零拒绝，不断提高残疾儿童少年义务教育普及程度。从早期的三类残疾拓展到所有残疾类别轻度、中度障碍，实现全县残疾儿童少年"应进全进"，做到轻度残疾学生和有基本学习能力的残疾学生进入普通学校随班就读。与残联、医院、家庭协同，做到教康结合。残疾学生有的到医院治疗或到残联康复中心进行康复训练后，再进入学校参加教育教学活动；有的是上午在学校上课，下午到残联康复。更好的形式就是上述案例中的康复形式，将残联康复教师邀请到学校、家庭给孩子做康复训练，并指导教师和家长甚至同学小伙伴协助随班就读孩子进行康复，将康复训练融入平时的教育教学活动以及家庭生活中。

（三）常态化专业技术培训机制

1. 资源中心教师培训

将特殊教育干部、教师培训纳入继续教育培训计划，加强特教教师师德师风建设，开展随班就读学校校长、教师的岗位培训。县特教中心主任、随班就读学校校长、特教资源室教师持证上岗，组织特教中心教师、资源室教师、随班就读教师的分层培训，全面提升特教干部、教师队伍的整体素质，促进专业发展。

2. 资源室教师培训

资源室主要发挥教研、科研、培训、康复、咨询、简易筛查以及职教等方面的作用，资源室教师承担随班就读教育教学的指导工作，因此，培训资源室教师尤为重要。

（1）成立培训领导机构。

领导机构由教育局分管特殊教育的局领导、人事科领导、县教育研究培训中心领导组成领导小组，负责对整个工作的组织、管理、协调、指挥工作。

（2）周密制订培训计划。

成人教育的实效性在于计划的周密程度，县特教中心对整个培训计划进行了认真分析，反复论证，进行了充分的人性化设计，让资源室教师学有所成。

（3）精心组建培训者团队。

根据这个培训项目的特殊性，在调研的基础上，充分考虑了培训者的筛选工作，对于县特教中心来说这是一个全新的项目，成功与否关键在培训者队伍各方面的专业水平。我们聘请了全国一流的特教专家，整个工作在较高的起点、较高的水平状况下运行。

（4）认真挑选培训学员。

融合教育教师培训班，我们从这几个方面考虑培训班的学员组成：一是有特殊教育的情结，二是所在学校的教学或管理骨干，三是所教教学班原则上有特殊需求的学生，四是学校积极支持。

（5）制定一系列学习组织培训、考核制度。

由于培训时间长、内容多、任务重，培训的成败关系着随班就读儿童的前途命运，同时还关系着国家特殊儿童普及九年义务教育政策的制定，所以我们对培训班的管理高度重视，认真挑选班主任，进行耐心细致的培训教学管理。

3. 随班就读教师培训

新津县根据实际情况，抓好随班就读教师的在职培训，定期组织随班就读教师学习特教知识，开展专业知识竞赛、教学基本功比赛等。在选配随班就读师资时，要重视随班就读教师的素质，在制定教师工作量、评优、晋级制度等方面向随班就读教师倾斜，在舆论上和实际工作上给予大力支持和帮助，为随班就读教师创造一个良好的工作环境，充分调动他们的积极性。

培训采取以邀请专家讲座和校本培训为主、以单独指导交流为辅的形式。其中专家讲座每期2次，校本培训每月2次。内容包含对个案的评估，个别化教育计划的制订和修改，教师指导家长、志愿者，同学伴帮扶的态度和方式。除此以外，学校资源室还提供专业的融合教育书籍，让随班就读教师自主学习，为课题研究提供智力支持。

4. 家长培训

主要采用电话交流、家庭走访和举办家长会的形式。建立家校联系卡，随时电话联系掌握随班就读学生在家庭生活中的情况和表现。建立走访制度，一对一地指导家长的教育方式，转变家长的教育观念。课题组利用家长学校，定期召开家长会，对家长进行培训，并汇报随班就读学生及学生伙伴在校的表现情况。

5. 志愿者培训

主要采用座谈交流、小组培训和单独交流指导的形式。学校资源室教师每期召开 2 次志愿者培训会，让他们深入了解伙伴支持活动的意义，掌握伙伴支持的方法策略，提高他们伙伴支持的专业性。

十、研究效益

（一）普及残疾儿童少年义务教育

目前，新津县已经形成以特殊教育中心为骨干、以普通学校随班就读为主体、以送教上门为补充的残疾儿童少年义务教育体系，做到全覆盖、零拒绝，不断提高残疾儿童少年义务教育普及程度。一是随班就读，"应进全进"。新津县从早期三类残疾拓展到各类轻度、中度障碍，全县残疾儿童少年"应进全进"，轻度残疾学生和有基本学习能力的残疾学生都能进入普通学校随班就读。二是部门协同，"教康结合"。县教育局与县残联协同，在县康复中心试点开展中重度残疾儿童少年教育，有的上午在校上课，下午在康复中心训练；有的在康复中心训练后，开展教育教学活动。三是到宅服务，"送教上门"。以资源室为主要师资和基层技术支持，实施针对重度及多重残疾儿童的"送教上门"工作。新津从送教上门工作 2015 年全面实施，全县重度及多重残疾儿童也能接受合适的教育，切实提高了义务教育阶段特殊教育普及水平。各校也立足实际，创新工作，如邓双学校副校长带队送教上门；万和小学丰富送教活动，组织特殊儿童到花舞人间、亚特兰蒂斯主题公园活动；新津幼儿园与残联合作探索集中送教；顺江学校退休教师参与送教。

（二）发展非义务段特殊教育

为实现残障学生学习生涯阶段的平稳过渡，新津县在残疾学生小学升初中的衔接教育基础上，进一步向两端延伸，发展非义务段特殊教育。一是普通高中随班就读。华润高中于2009年建立特教资源室，开展听障生随班就读，支持残疾学生学习。该校残疾学生顺利考入高一级学校就读或进入社会工作。二是残疾学生职业教育。新津职高提出"三有三能"培养目标，开展"三项适应六种能力"训练，培养社会适应能力，该校毕业的学生有的升入高一级学校，有的进入社会，有的进入企业就业，拓展了生存发展的空间，提升"获得感"。三是残疾儿童学前教育。新津县学前教育集团营造良好环境，开办"启音实验班"，开展了"学前融合教育支持服务实践"课题研究，接收脑瘫儿童。幼小衔接让孩子得以健康发展，促进了幼儿教师教育理念和专业技术提高。

（三）基层实施各具特色

近几年，基层学校结合自身实际开展行之有效的操作实践，包括学校管理、教育教学、环境建设、班级支持、校本研培等，呈现出鲜明特色。如：新津幼儿园以课题研究为抓手，促进教师发展、开展健康课程建设；花源小学整合资源开展伙伴助学，并拓展到送教上门工作；泰华学校发挥教师专业特长，提升学生教育质量；丰田小学特殊学生全员参加学校艺体活动；金华学校、顺江学校把特殊教育与爱心教育相结合；龙马小学坚持全员参与特色；万和小学、文井小学、邓双学校等结合学校特色开展生活教育、孝道教育、剪纸活动；五津中学创设积极的接纳环境，资源室支持服务经验丰富；新津职高对特殊学生坚持"三个适应，六项技能"的培养，同时把融合教育理念应用于藏区学生"9+3"工作中，成效显著。

（四）送教上门从试点推广到全面实施

新津县"送教上门"起步早，分层实施，逐步推进。2013年，在五津幼儿园和花源小学开展试点。2014年，在总结经验的基础上在15所资源室学校推广并进一步积累经验。2015年，特教中心制定送教上门《实施意见》，在全县学校实施。2015年9月，根据成都市送教上门实施意见，对《实施意见》进一步修订完善，印发了《新津县教育局重度及多重残疾儿童少年"送教上门"实施方案》（新教发〔2015〕23号），召开了送教上门工作经验交流会。2016年，将所有"送教上门"学生纳入义务教育学籍管理，安排相应经费，保障"送教上门"工作的顺利开展。

（五）教育残联"教康结合"

教育局与残联密切合作，推进"教康结合"。残联康复中心协助学校对特殊儿童康复训练，教育局协助残联在康复中心开展教育教学。3年来，每年都联合开展了资源室教师、康复人员、学生家长参与的培训活动。

教育局协助残联完成了中国残联/挪威协力会脑瘫儿童康复与教育促进项目，共同承办了2016年中国残联/挪威协力会脑瘫儿童康复与教育促进项目评估融合教育新津培训班。特教中心组织学生代表新津县参加了成都市残联组织的艺术节。

（六）经验推广和市级以上获奖

新津县坚持融合教育的实践性探索，形成了"体系完备、专家引领、课题支撑、项目推动"的融合教育"新津模式"，在全市乃至全国推广。融合教育"新津模式"受到国内外广泛关注，新津县先后接待了教育主管部门领导和国内外专家，迎来了北京、西藏、广州等同行、学者，曾应邀参加教育部在中央教科所召开的修订《关于开展残疾儿童少年随班就读工作的办法》第三次研讨会。在脑瘫儿童康复与教育促进项目培训班上做经验交流，在中国残联/挪威协力会脑瘫儿童康复与教育促进项目历年考察中介绍新津融合教育经验，接待了广州等特殊教育考察团，交流融合教育实践经验。

多篇学校和教师实践经验论文在各级各类评奖中获奖或发表。《农村学校融合教育中伙伴支持研究报告》被评为四川省第五届特殊教育优秀教育教学成果二等奖；《学前融合教育背景下健康课程建构与实施》被评为四川省第五届特殊教育优秀教育教学成果三等奖。在2016年成都市第五届特殊教育优秀教育教学成果评选中获得一等奖2个、二等奖3个、三等奖4个。

新津通过融合教育可持续发展政府支持系统、技术支持系统、基层学校支持系统、家庭与社区支持系统，确保县域融合教育支持系统的可持续发展，提升特殊教育品质，促进有特殊教育需要的学生在健康成长道路上奋力前行。

参考文献

[1] 王洙. 残疾儿童随班就读支持体系的研究与实践[M]. 大连：辽宁师范大学出版社，2014.

[2] 刑同渊. 特殊儿童随班就读教育[M]. 北京：中国轻工业出版社，2015.

[3] 邓猛. 融合教育理论反思与本土化探索[M]. 北京：北京大学出版社，2015.

[4] M.C.王. 特殊需要儿童教育[M]. 肖非，译. 重庆：西南师范大学出版社，2011.

[5] 张文京. 融合教育与教学[M]. 桂林：广西师范大学出版社，2013.

[6] 朱永新. 新教育[M]. 桂林：漓江出版社，2014.

[7] 吕雯慧. 论随班就读的政策调适[J]. 现代特殊教育，2014（11）.

[8] 雷江华. 融合教育导论[M]. 北京：北京大学出版社，2012.

"农村学校融合教育中伙伴支持研究"研究报告

李 敏　韩娜鹂　曾小斌

摘　要：本研究通过整合和应用自然支持的相关资源，在西部农村学校资源匮乏的环境中，建立伙伴支持系统，营造了特殊儿童与普通儿童共同成长的健康环境，探索了伙伴支持的运作策略与方式，促进了随班就读儿童学业进步和社会适应能力方面的成长、伙伴（教师、同学、家长、社区志愿者）态度和行动上的转变、教师的专业成长、国内外交流的增加和学校校园文化内涵的提升。

关键词：农村学校，融合教育，伙伴支持

一、研究背景及意义

21世纪初，随着普通学校特殊儿童随班就读工作在全国的推广，新津县于2005年初步建立起行政管理与专业技术的支持系统，出现了普通学校残障儿童进得来、坐得住、跟得上的局面。2008年，新津县以成都市"十一五"教育科研课题"普通学校特殊儿童支持系统的建立与运作研究"为导向，开始了自下而上、自上而下的实践研究。

我校地处新津县花源镇串头村，是一所典型的农村小学。校内留守儿童较多，行为失常、情绪极端、学业低下及残疾孩子占全校学生的6%。花源镇作为成都市优先发展小城镇，外来随迁子女较多。汶川大地震发生后，我校又接收了20多名来自灾区的学生，无形中增大了学校有特殊教育需要的群体。随着随班就读工作的不断深入开展，一些问题逐步显现出来，并制约着随班就读工作的开展。最初的问题主要表现在：（1）特殊教育观念迟滞，仍然是阻碍随班就读工作向前发展的主要障碍。大多数教师虽然在行动上接纳了残疾孩子进入普校，但为随读孩子提供支持性服务却表现出不理解。他们

怀疑："为这些人数很少的残障孩子建立支持服务系统，投入那么多的人力、财力、物力，值得吗？""在普通学校实施残疾儿童的随班就读的意义何在？"因此，在开展此项工作时，一些教师常常表现出对工作的动摇和应付，一些随读学校也把此项工作当作临时任务去完成。（2）教师工作量大是制约随班就读工作开展的又一重要因素。由于师资缺乏，班额过大的现象在新津城镇和农村学校普遍存在，中小学校义务教育阶段的班级人数一般在50人左右，教师工作的担子十分沉重（一般一位语文科教师兼班主任，数学科教师承担两个班的数学教学并兼任其他科教学，语文数学教师还存在没有计入课时的早、中、晚辅导课），因此，对随班就读的儿童关注有限，个别辅导不力。（3）家庭、社区对随班就读儿童诸方面发展支持困难。广大农村残障儿童的家长整体文化素质不高，观念相对落后，缺乏对残障儿童的正确认识，更加谈不上指导、教育残障儿童。许多家长为了生计，常年外出务工，无法与学校配合。家庭、学校、社区中的自然支持资源未得到充分调动，不能发挥出整体的支持效应。

  2005年前后，为了达到"一个都不能掉队"，学校退休老师自发组织起来，义务为困难学生辅导，学校周边的大学志愿者定期来到学校，为困难学生服务。利用此契机，我校于2009年开展了新津县"十一五"教育科研课题"融合教育农村学校伙伴助学活动研究"。通过开展伙伴助学活动，基本解决了教师教育观念迟滞的问题，教师们都积极主动投入到这项工作中。但是，由于缺乏融合教育专业教学技能，教师们常常觉得力不从心。教师负担沉重、班额过大，仍是我校比较突出的问题，志愿者积极参与伙伴助学活动虽然减轻了教师的一些负担，但由于师资缺乏，这一问题并没从根本上解决。家庭、社区由于缺乏正确的教育方法，仍然难以与学校密切配合，不能很好地发挥出整体效应。伙伴助学活动的设计与开展，对我校的具体问题解决有一定效果，但是缺乏系统科学规范的操作。在伙伴助学活动中，由于缺乏专业技术的支撑，资源整合的作用不能发挥，随班就读孩子获得的支持有限。

  因此，我们认为，在融合教育中，对随班就读学生开展支持服务，并建立伙伴支持系统，是我校融合教育伙伴支持研究中需要解决的核心问题。伙伴支持应用了学校、家庭、社区中的自然资源，解决了农村学校资源缺乏的困难，对农村学校开展融合教育意义重大。而要让伙伴支持研究能有效持久地开展下去，必须寻求和整合自然资源，同时获取专业的支持，既保证伙伴支持的质量又能促使所有的参与者都能从中获得有益的价值和成长的空间。通过社会的支持，促使伙伴支持系统逐步常态地、持久地运作下去。为此，我们提出了在融合教育中开展伙伴支持的课题研究。以解决前期研究中出现的主要问题，推动融合教育的发展。

二、核心概念界定

伙伴。泛指共同参加某种组织或从事某种活动的人。在本课题中，伙伴指的是能与有特殊需求儿童之间建立平等、友好、互助关系的人。本课题中的伙伴特指：校园伙伴（教师、同学）；家庭伙伴（家庭成员）；社区伙伴（大学生、退休教师、社区工作人员、社区医院医生、残联康复员等）。

伙伴支持。"支持"一词在美国智力障碍协会对智力残疾的界定里解释得非常清楚：一些资源与策略，可以增进一个人的利益，帮助他人从工作与生活环境中获得资源、信息和关系，进而使得一个人的独立性、生产性、社区整合性与满足感都得到提高。在本课题中，支持来源于伙伴，不仅仅局限于同龄伙伴的支持，还涵盖了学校环境下的教师伙伴支持，家庭环境下的家长伙伴支持，社会环境下的志愿者伙伴支持；通过来自伙伴的资源、信息及帮助等，使随读生在学习、生活、社会适应能力等方面持续发展。

融合教育。融合教育思想直接起源于美国 20 世纪 50 年代以来的民权运动（civil rights），更远可以追溯到文艺复兴、法国启蒙运动时期西方对平等、自由追求的一系列社会运动。融合教育是基于满足所有学生多样（diverse）需要的信念，在具有接纳（acceptance）、归属（belongings）和社区感（community）文化氛围的邻近学校内的高质量（high quality）、年龄适合（age-appropriate）的班级里为特殊儿童提供平等接受高效的教育与相关服务的机会。

随班就读。根据《关于开展残疾儿童少年随班就读工作的试行办法》，随班就读是指特殊儿童在普通教育机构中和普通儿童一起接受教育的一种特有形式，是我国残疾儿童少年义务教育的一个主要办学形式。融合教育直接起源于 20 世纪 60 年代美国的民权运动，而随班就读则是建立适合我国国情的残疾儿童少年义务教育新格局的需要。随班就读虽反映了实用主义的模式，却属于世界融合教育的范畴。

三、国内外研究综述

（一）国外伙伴教学发展的历史

伙伴教学的形式早在古罗马时期就已经出现。第一次系统地研究与使用伙伴教学则始于贝尔—兰卡斯特制：18世纪90年代在印度马德拉斯负责一所慈善学校的安德鲁·贝尔和在伦敦的约瑟夫·兰卡斯特几乎同时创立的一种教学组织形式——贝尔—兰卡斯特制（也被称为"导生制"）。贝尔—兰卡斯特制的产生就当时而言确实在很大程度上解决了教育经费匮乏、教师资源短缺等一系列问题，在某种程度上扩大了劳动人民子女受教育的范围，充分发挥了学生学习的主动性，提高了学生的学习成绩。但随着英国初等教育的普及和工业革命的完成，其在英国时兴30多年后转入低谷。

20世纪60年代，随着美国教育对公立学校学困生的关注，伙伴教学再次引起了教育界的兴趣。梅兰拉格和纽马克在其"辅导社区"中将伙伴教学的方法广泛应用到一项为少数民族低收入家庭的学生所专门设计的课程中，其中囊括了对伙伴教学的培训和评价体系。加德纳将伙伴教学在美国的复兴看作新时期对抗贫困的补偿性教育的重要措施，并将研究的视角转向伙伴教学对学生情感和态度领域的影响。近年来，美国有关伙伴教学的研究如雨后春笋，研究成果不断涌出。

1979年，古德莱德的《以教促学：伙伴教学导论》出版，标志着英国教育对伙伴教学兴趣的复苏。1998年，苏格兰邓迪大学心理学系对学习中心的主任基思·托宾教授出版了《伙伴辅助学习》一书，该书收录了20世纪末有关伙伴教学研究的优秀论文，标志着有关伙伴教学研究已经发展到一个新的阶段。

（二）我国伙伴助学发展历程

《学记》中记载"相观而善之谓摩"，"独学而无友，则孤陋而寡闻，燕朋逆其师，燕辟废其学"。从中已见伙伴助学思想的发端。孔子虽没有直接阐发伙伴教学的问题，但他非常注重伙伴之间相互纠错和学习的必要性，《论语》载曰："益者三友，损者三友"；又曰："三人行，必有我师焉：择其善者而从之，其不善者而改之。"到了汉代，伙伴教学逐渐成为一种比较普遍的教学现象，据《汉书·董仲舒传》记载："董仲舒，……下帷讲诵，弟子传以久，次相授业，或莫见其面。"这一时期文献中所记载的此类教学形式可以表明，我国古代社会伙伴教学已见雏形，由于教育一开始是与政治合为一体的，因而以平等和信任为特征的伙伴教学很难发展，所以在古代社会，伙伴教学从思想的发端到成为被记载的教学现象，还只是出于一种自发的状态，只能或隐或显地存在于其他的教学法中。

20世纪30年代，我国伟大的人民教育家陶行知先生推行"小先生"制，即采取"教知即传人"的原则,动员全国的学校学生做小先生,努力推行全民教育。虽然"小先生制"在实施的形式上和英国 18 世纪的"导生制"是相似的,但二者存在着明显的差别。导生制是在资本主义工业革命中为解决技术工人短缺而产生和发展起来的;而小先生制是为挽救民族危亡、谋求强国之路、普及平民化教育的条件下产生与发展起来的。导生制只限于学生教学生,而小先生制则不仅限于学生去教自己的同龄人,他们还担负着去教社会这所学校中所有需要受教育的人。小先生制是伙伴教学在中国第一次真正意义上的自觉自为的行动研究。

21 世纪初,随着我国随班就读工作的开展,我国著名特殊教育专家华国栋在他的著作中提道:"帮助学生学习成功的一个重要方法就是运用'伙伴力量'。换言之,就是鼓励学生互相帮助。这种方法对有困难或残疾的学生尤为重要。随班就读学生与正常学生共同学习、活动,既有利于随读学生交往能力的培养,学习成绩的提高,又有利于正常学生助人为乐品质的形成。同时,在思想品德、知识与技能等方面,能够互相学习,取长补短。"这一理念的提出,既丰富了我国普通学校长期以来开展的"一帮一"结对助学活动的内容,也为随班就读开展伙伴支持指明了方向。

综上所述,国外的伙伴助学形式萌芽较早,理念比较先进,主要是因为它们有成熟的社会保障制度、较完善的社区服务和义工制度,对有需求的孩子及家庭能给予及时的帮助。基于我国的实际情况,这些先进经验并不能完全解决我国农村学校的实际困难。而国内"一帮一"的助学形式大都局限于优等生对学困生的学习帮助上,也不能真正解决随班就读儿童各方面的问题。据 2010 年人口普查,我国居住在农村的人口有 6 亿多人,占全国人口的 50.32%,而农村的随班就读儿童也占相当大的比例,基本上一个普通班就会有 1 至 2 名随读生。因此,本课题立足于师资紧张、资源缺乏的农村学校开展随班就读工作的背景,突破了伙伴互助中传统意义上的"伙伴即同龄儿童"的理念桎梏,从同龄小伙伴拓展到学校教师伙伴、家庭伙伴、专业伙伴、社区伙伴,扩展了伙伴的类型,极大地创新了对伙伴的理解。整合和运用了生态环境中的自然资源,抓住了融合教育"支持"与"支持系统"的核心理念,从支持的内涵(资源、策略、信息、关系)出发,探索伙伴支持的运行机制与策略,并通过专业支持探索教康融合中伙伴支持的途径和策略,建立伙伴支持系统。伙伴支持系统的建立,有利于充分调动学校、家庭、社区的力量,整合校内校外资源,发掘学校、家庭、社区教育的潜能,把农村学校的融合教育工作向前推进,对提高有特殊需求孩子的学习和生活品质有着重大意义。

四、研究对象、目标和内容

（一）研究对象

本着促进农村学校随班就读工作的初衷，本课题最主要的研究对象是花源镇中心小学的随班就读学生，以及以随班就读学生为中心的各类伙伴，如普通教师、志愿者、家长等。

（二）研究目标

在前期伙伴助学活动研究基础上，建立学校伙伴、社区伙伴、家庭伙伴的支持系统，整合与充分运用自然资源，探索伙伴支持的策略、措施和评价。通过伙伴支持的运作，提高随读学生适应学校、社会生活的能力，同时在学生的互动中，促进全体学生良好品质的提升。通过课题研究的具体实施，促进教育工作者、家长等广大参与人员在教育理念和专业技术领域获得成长。

（三）研究内容

（1）构建农村学校融合教育中伙伴支持系统。
（2）探索农村学校融合教育中伙伴支持的运行方式。
（3）形成农村学校融合教育中伙伴支持的评价。

五、研究总体设计

（一）研究思路

本课题研究遵循"调查研究——构建体系——操作实践——总结反思——实践提升——总结提炼"的行动技术路线。研究的总体思路是：通过调查研究、个案实践，总结规律，群体推广，实践验证初步构建支持系统。从农村学校伙伴支持系统建设的个案研究，透视农村学校伙伴支持系统建设的实现过程，包括随班就读儿童获得伙伴支持前后的发展过程，以及伙伴支持中各类伙伴资源（家庭、学校、社区）协调、整合的过程，从这两方面分析农村学校伙伴支持系统构建的相关因素，探索融合教育农村学校伙伴支持的运行方式。在此基础上，进行实验对象的扩大与拓展，运用个案研究总结的规律，在更大范围内（选取障碍类别不同的随班就读儿童）进一步实践、验证、积累，形成最终研究成果。

（二）研究方法

根据上述研究思路，采用文献研究、行动研究、个案研究等研究法。

1. 文献研究法

文献研究贯穿整个研究的始终。在研究初期，本研究团队大量梳理了国内外相关的文献，了解国内外研究的现状，为本课题研究打下基础。文献主要来源于 CNKI 数据库，重庆师范大学提供了书籍和论文资料，在其资源中心购买的相关书籍等。在研究的过程中，时刻关注国内外研究的动态，以保证本课题的先进性。

2. 调查法

为了确保本课题研究的科学性和可行性，了解调查对象的需求以及活动进展的效果，在课题活动开展之前，课题组根据学校、家庭、社区不同的环境制定普通学生问卷调查表、普通家长问卷调查表、随班就读学生问卷调查表、随班就读家长问卷调查表、教师问卷调查表、社区问卷调查表。通过调查，课题组获取到了学校随班就读孩子对伙伴的需求，以及在活动中伙伴的态度、方法和伙伴可能会遇到的困难等资料。在课题研究活动中，课题组对前期六类调查问卷做了相应的调整修改，制定出伙伴支持研究信息反馈调查表及假期活动信息反馈表。通过调查，课题组总结了课题实施一段时间后产生的效果及课题研究中的不足，根据这一调查结果对课题研究方案做了相应的调整，确保了课题研究的顺利进行。课题研究实施后，课题组成员利用信息反馈调查问卷及访谈提纲对前、中期参与课题研究调查的教师、家长、学生、社区志愿者再次做了调查，总结出了伙伴支持研究的作用与效果。

3. 访谈法

针对调查问卷中出现的比较突出的问题进行访谈。先制定访谈提纲，进行有目的的分类访谈并进行详细的访谈记录，以便于对访谈记录进行分析，修订出合理的研究计划。

4. 行动研究法

对学校、家庭、社区支持的建立进行行动研究，找出伙伴支持运行的构成要素。从实践过程中，筛选、修正形成科学的伙伴支持运行模式。

5. 个案研究法

为了保证研究的可实施性，我们在研究的过程中坚持进行个案研究，先由活动的实施者进行个案叙事，再由课题组成员一同进行个案分析、个案研究，撰写案例。

六、研究过程

本研究分为三个主要阶段进行。计划阶段：课题组通过问卷调查和访谈，分析情况，了解对象的态度和需求，为实施计划做准备。实施阶段分两步走。第一步：选择伙伴，制定出各类伙伴的选择标准，实施培训，建立伙伴管理制度，形成伙伴支持体系；第二步：总结与反思前期的实施情况，应用跨学科的专业支持，针对个案的具体情况深入探索，开展教康融合的伙伴支持研究，进一步完善伙伴支持体系。需要特别强调的是，个案研究贯穿本课题的始终。成效评估阶段：形成标准化和非标准化的评估方法，汇集课题所有研究对象的情况资料，进行动态的、多元化的效果评估。具体的研究程序如图1所示：

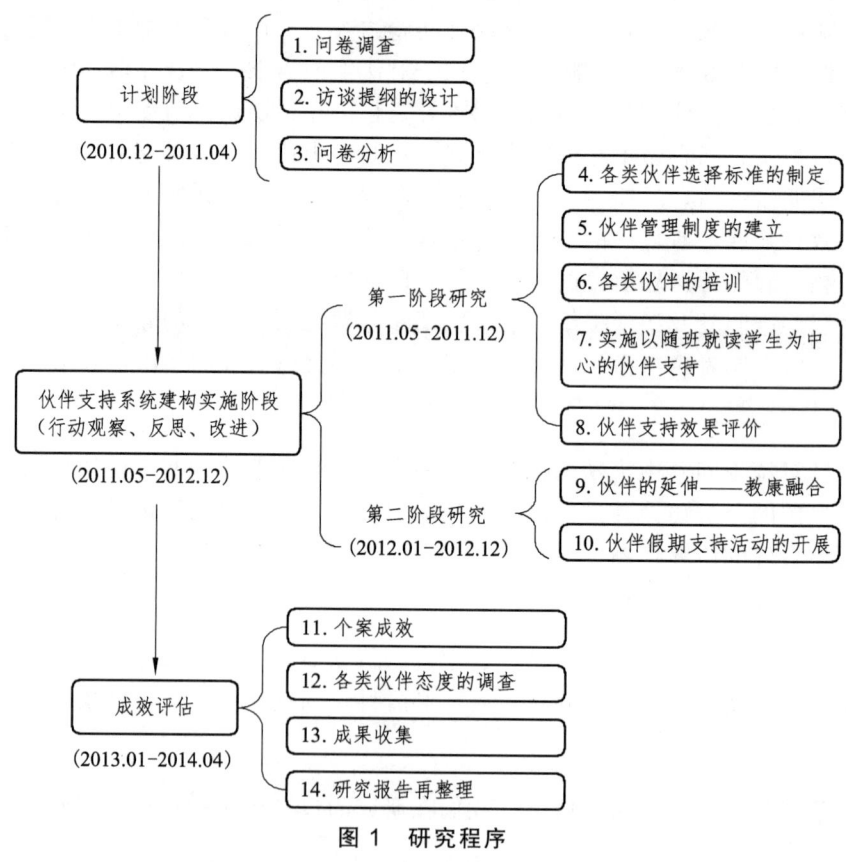

图1 研究程序

（一）伙伴支持状况和需求的调查

为了了解学校随班就读孩子对伙伴的需求，以及在活动过程中，伙伴的态度、方法、伙伴可能会遇到的困难，探索出有效的伙伴支持策略，根据学校、家庭、社区不同环境制定出相应的调查问卷、访谈提纲。对学校的教师、学生、普通学生家长，针对他们态度、认识、需求，课题组制定了调查问卷。对随班就读儿童的家长、社区志愿者制定访谈提纲，特别是针对随班就读儿童的家长，通过走访调查，了解他们家庭环境（家庭成员、家庭的收入、受教育情况、教育能力等）及周边情况（邻居的态度、是否有小伙伴或同学、是否有社区志愿者、是否有社区活动室等），更进一步了解他们的实际困难以及他们最迫切的需求，以便课题活动的开展对他们起到更积极的作用。社区志愿者包括社区工作人员、退休教师志愿者、大学生志愿者，他们是课题研究不可缺少的力量。针对他们居住分散、时间不一致的特殊情况，课题组对他们制定了访谈提纲，以了解他们的居住地址、实际困难和需求，确定互助名单和辅导时间。

课题组成员共发放各类问卷调查、访谈提纲 1100 份，收回 1055 份。调查结果显示：普通学生普遍愿意参加到伙伴支持活动中来，但是他们对伙伴支持的方式比较单一，不会合理地利用时间，在辅导过程中缺乏耐心；随班就读学生迫切渴求得到伙伴的支持，但是他们往往性格内向，胆子较小，不敢主动寻求同学的帮助；普通学生家长对伙伴支持有一定的了解，也积极支持自己的孩子参加伙伴支持活动，但他们都很担心影响自己孩子的学习；随读学生家长迫切希望自己的孩子能够在伙伴的帮助下健康快乐成长，自己迫切需要得到教育方法的指导；社区志愿者们愿意为随班就读学生及家庭提供力所能及的帮助，但因缺乏专业知识而感到信心不足。一系列的调查访谈，为伙伴支持研究提供了第一手的基础数据。

（二）伙伴支持系统的建立

1. 选择伙伴

自然支持资源是伙伴支持研究的一个重要资源，包括校园伙伴（教师、同学）、家庭伙伴（父母、亲人）、社区伙伴（退休教师、大学生、社区医生、残联康复员等）。在选择伙伴的过程中，需要根据随班就读学生的教育需求制定相关选择标准。为此，课题组制订了学生、老年志愿者、青年志愿者、社区伙伴选择标准。例如《花源小学伙伴支持研究大学生志愿者选择标准》：

（1）在校大学生，能保证每周两次志愿者活动。

（2）有良好的思想品德和个人生活习惯。

（3）心理健康，能与随读儿童愉快交流。

（4）有较强的工作责任心，愿意积极帮助随班就读儿童。

（5）愿意配合学校随班就读工作，理解并支持伙伴支持活动。

2. 伙伴管理制度的建立

由资源室教师统筹管理，建立伙伴资源库，根据伙伴的特点、特长，对伙伴进行合理分工。建立伙伴联系卡，了解伙伴支持的实施情况，及时反馈信息，并做好记录（见图2）。

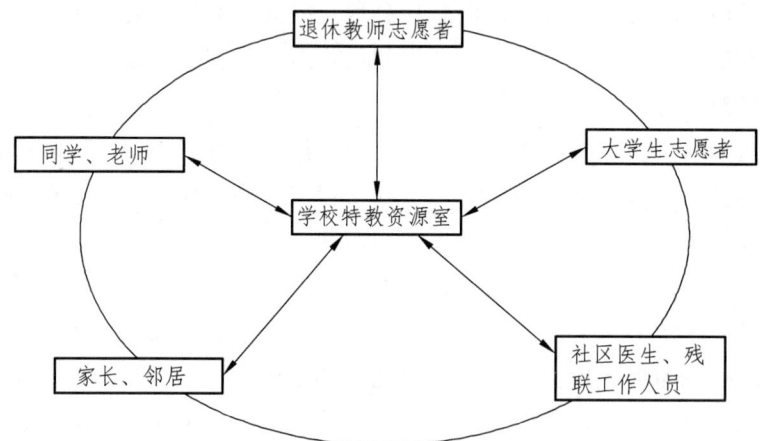

图2　花源小学伙伴支持志愿者管理关系图

（三）伙伴支持系统的运作

1. 培训伙伴

（1）学生伙伴培训。

主要采用小组培训和单独指导相结合的方式。小组培训每月2次，主要内容涵盖助学职责、支持对象特点、支持方法、支持技巧、需要注意的问题。让学生们明白自己在小伙伴助学活动中的作用和帮助伙伴的方法。在伙伴支持活动中，发现个别问题，则采用单独指导方式。

（2）教师伙伴培训。

主要以邀请专家讲座、校本培训为主，单独指导交流为辅。其中专家讲座每期2次，校本培训每月2次。内容包含选择小伙伴的原则、教师指导小伙伴帮扶的态度和方式、对个案的评估、个别化教育计划的制订和修改等。除此以外，学校资源室还提供专业的融合教育书籍，让随班就读教师自主学习，为课题研究提供智力支持。

（3）家长伙伴培训。

主要采用电话交流、教师走访和举办家长会的形式。建立家校联系卡，随时电话联系掌握随班就读学生在家庭生活中的情况和表现。建立教师走访制度，一对一地指导家长的教育方式，转变家长的教育观念，让家长成为伙伴支持中的又一力量。课题组利用家长学校，定期召开家长会，对家长进行培训，并汇报随班就读学生及学生伙伴在校的表现情况。

（4）志愿者伙伴培训。

主要采用座谈交流、小组培训和单独交流指导的形式。学校资源室教师每期召开2次志愿者培训会，让他们深入了解伙伴支持活动的意义，掌握伙伴支持的方法策略，提高他们伙伴支持的专业性。

2. 实施以随班就读学生为中心的伙伴支持

通过前期的准备，课题组利用社区、家庭、学校的自然支持资源建立了学校的伙伴支持体系。为了验证支持体系的实效性，课题组教师在随班就读学生的学业能力、社会适应能力及康复治疗等方面为他们选择适合的伙伴，然后以随班就读学生为中心实施伙伴支持活动。

（1）个案教育和支持计划的制订。

经过前期的调查、伙伴的选择、培训、制度的建立，课题组成员完成了伙伴支持体系建构的初步工作。为了保证伙伴支持的科学性和有效性，课题组根据随班就读学生的情况进行了具体分析，确定以桢桢、阳阳、祥祥3个孩子为个案研究对象，分别开展个案教育诊断和评估，进而拟订个别化教育计划和以个案为中心的支持计划。

案例一：个别化教育和支持计划

一、教育诊断

1. 学习优劣势

优势：各学科有一定基础，有一定的听读能力、表达能力、理解能力，强化训练后，有一定的短时记忆，模仿能力较强，对感兴趣的事物能持续一定的注意时间。精细动作有一定的发展，手指和手掌的合作动作有一定的发展。

劣势：注意以无意注意为主，注意的广度明显低于同龄同学，逻辑思维能力发展水平不高，记忆力质量不高，特别是长时记忆较差。在粗大动作方面，身体动作的协调能力不够好，现在的粗大动作以训练走路为主。精细动作的发展较同龄人滞后，协调性不够，灵活性不够。

2. 障碍及影响

有意注意、长时记忆、逻辑思维能力较低，比较影响她的课堂学习，精细动作发展滞后，影响她的动作，导致作业完成速度较慢。

3. 未来发展潜能

模仿能力较强，可以通过模仿学习相关内容。有一定的听读能力、表达能力、理解能力。可以适当训练有关这些方面的学习技能。强化精细动作的训练，培养动手能力。

二、身体障碍评估

1. 动作优劣势

优势：能基本生活自理，如能吃饭、洗漱、穿衣、如厕。粗大动作基本能进行，能独自站立，独立步行3步左右，右手精细动作稍强。

劣势：左手力量差，左手精细活动差，躯干前倾，四肢协调性差，双下肢肌力和肌张力差，平衡能力差。

2. 障碍及影响

行走障碍，独自行走比较困难，基本无法跨越台阶、楼梯等障碍。书写有障碍，写字无法入格，速度比同学缓慢。动作障碍导致心理障碍，比较自卑。

3. 未来发展潜能

经过五年左右动作训练，能够依靠辅具独立行走，并且完全能够生活自理。

三、支持策略

1. 社区支持

1.1 社区医院医生对桢桢进行定期体检，对健康情况进行追踪。

1.2 县残联康复员对桢桢进行定期康复训练，并对桢桢父母进行康复训练方法的指导。

2. 家庭支持

2.1 父母在家进行康复训练。

2.2 父母在家进行生活能力培养。
3. 伙伴支持
退休教师伙伴、大学生伙伴、同学小伙伴对桢桢进行伙伴支持。
3.1 各学科教师的协同整合：各学科教师根据桢桢具体情况制订教育支持计划
3.2 资源室的统一协调：
（1）把桢桢纳入学校资源室的服务对象。（2）为桢桢设置了无障碍环境，如在厕所第二个蹲位安装扶手和坐便器，方便她如厕。随着年级的升高，教室需要调整到楼上，为了方便她进出，该班一直固定在一楼离校门、操场、厕所最近的那间教室。（3）资源室教师对各学科教师、各类伙伴进行培训支持。

（2）个案支持计划的实施。

围绕随读生的个别化支持计划，课题组本着以"随班就读儿童为中心""自然资源支持"为原则（见图3）对各类伙伴进行分工展开支持活动。社区伙伴中的社区医生为随班就读学生提供身体健康检查和营养指导；大学生志愿者到学校为随班就读学生进行心理疏导和学业补偿；退休教师志愿者则到家庭为随班就读学生进行学业补偿，同时，指导家长教育孩子的方式方法；家庭伙伴中的家长则在家里督促孩子的学习和康复训练；学校伙伴中的教师和同学主要协助随班就读学生完成学校里的学习任务，培养其在学校里的生活适应能力。

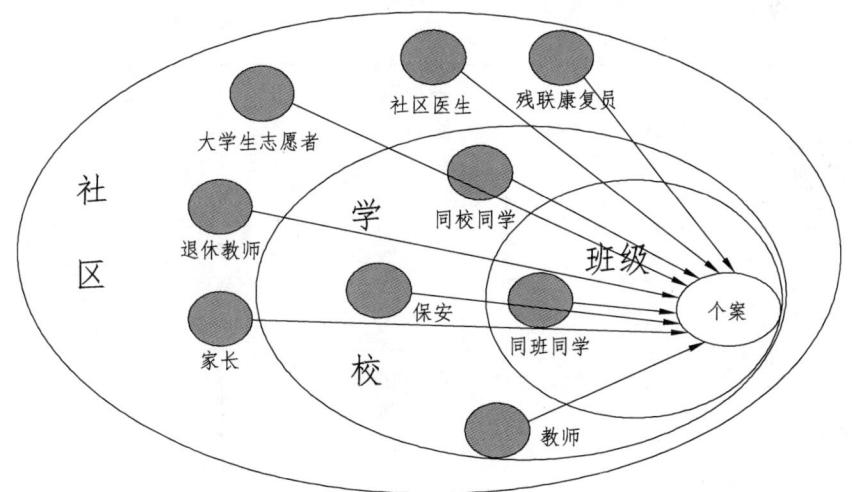

图3 以个案为中心的伙伴支持

具体而言，课题组以随班就读儿童课堂教学支持和社会适应能力为主线，整合随班就读儿童三个主要空间的自然资源，安排伙伴支持的具体内容，协助伙伴设计支持策略。

第一，学业能力方面的伙伴支持。

课题组指导教师制订学科支持计划，帮助学生伙伴进行分工，在课堂内进行学习支持。如脑瘫儿童桢桢，课题组成员先对她的前期学习能力及学习情况进行了学科评估，根据各学科的评估结果，为她设计了各学科支持计划。课题组进行综合研判，了解个案需求，确定各学科支持计划和结对学生伙伴（见表1）。

表1　学业能力方面的伙伴支持计划表（以个案桢桢为例）

支持对象：桢桢（化名）		班级：2016级2班	障碍类别：脑瘫
学科	个案学习需求	伙伴支持	地点
语文学科	识字量少，朗读不连贯、声音偏小，书写不能入格，会写的字很少，作业习惯差，速度慢，无法及时完成语文作业	语文老师、学生伙伴、大学生志愿者、退休教师志愿者、资源室教师	教室、资源室、家庭
数学学科	多位数加减法容易出错，乘除法的方法还未完全掌握，数学知识的应用和空间想象能力有待进一步提高，作业速度慢，书写不够工整，不能及时完成数学作业	数学老师、学生伙伴、大学生志愿者、退休教师志愿者、资源室教师	教室、资源室、家庭
体育学科	能独立行走几步，能做部分手部动作，不能跑跳，脚步动作不能顺利完成。可以在伙伴的支持下，锻炼四肢力量，纠正走路的姿势和站姿	体育老师、学生伙伴、资源室教师	操场、资源室
音乐学科	做动作创编活动时，不能跟着音乐做动作，不敢大声唱歌	音乐老师、学生伙伴、大学生志愿者、资源室教师	音乐室、资源室
美术学科	缺乏构图和造型的整体意识，作品比例失调。观察无法注意细节，相似的色彩不能区分。画面色彩随心所欲，不够协调	美术老师、学生伙伴、大学生志愿者、资源室教师	美术室、资源室

第二，社会生活适应能力方面的伙伴支持。

为各类伙伴分工，从孩子的社会适应能力培养方面进行分类支持。例如，个案之一的阳阳患有进行性肌营养不良，造成肢体障碍，无法像普通学生一样自主如厕、取餐。课题组成员根据阳阳的实际情况，充分发挥了学生伙伴和本校保安的作用，为阳阳在就餐、如厕方面提供必要的支持。阳阳的社会生活适应支持计划如表2所示。

表2 社会生活适应支持计划表

支持对象：阳阳（化名）　　班级：2016级2班　　障碍类别：进行性肌营养不良

项目	个案需求	支持方式	支持伙伴	地点
交通	不能自己上学、放学，需要辅助	家长接送	家长	社区
辅具	需要康复训练器材	添置轮椅、定制支架、泡沫垫	家长 残联康复员	家庭 学校
无障碍设施	无法自行如厕、上下楼梯、独立行走，靠轮椅行动	增设厕所扶栏、坐便器和无障碍通道，将教室安排在底楼	学校后勤	学校
如厕	不能自行如厕	专人护理	学生伙伴 老师 学校保安	厕所
午餐	无法自行取放餐盘	专人协助	学生伙伴 老师	教室
课间活动	无法自己到操场活动	专人协助	学生伙伴 老师	教室 操场
肢体康复	需要康复训练和营养指导	社区医生负责身体检查和营养指导，残联康复员负责康复训练和康复指导，资源室教师、家长、学生伙伴、体育教师协助和督促康复训练	学生伙伴 资源室教师 社区志愿者	操场 教室 资源室 家庭

3. 伙伴支持效果评价

为了验证伙伴支持实施以后个案是否有所进步，课题组制定了个案的学科课程评价量表和综合评价量表，通过两个评价量表对个案的学业水平和社会适应能力作了评估，量表反映随班就读学生通过伙伴支持后的变化，体现个案的进步（见表3、表4）。

表3 随读生课程评量工具

北师大版小学数学二年级下册课程评价量表

学生姓名：_____ 出生年月：_____ 性别：_____ 所在班级：_____

评量时间：_____ 评量人：_____

序号	课程目标		课程评价	备注
1	数与代数			
1.1	能掌握除法竖式的书写			
	（1）认识除号			
	（2）了解除法竖式各部分的名称			
	（3）了解除法竖式的书写格式			
	（4）掌握除法竖式的书写格式			
1.2	能掌握除法的计算			
	（1）掌握表内除法的计算			
	（2）掌握一位数整除两位数的计算方法			
	（3）认识有余数的除法			
	（4）能掌握有余数的除法的计算方法			
1.3	除法的应用			
	（1）能正确地说出情境			
	（2）能找出情境中的数学信息			
	（3）根据数学信息列式			
	（4）掌握有余数除法的生活应用			
1.4	能掌握混合运算的运算顺序			
	（1）掌握加减混合运算和乘除混合运算顺序			
	（2）掌握加、减、乘、除混合运算顺序			
	………			

表4 花源小学随班就读学生综合评价量表

学生姓名：

目标	序号	评估标准	分值	自评	考核	方法
自理能力	1	会整理学习用具及书包，家里整理床铺及寝室用具、会折叠被子和衣裤	5			观察了解
	2	会穿衣和行走，会识别交通标志	5			观察
	3	会识别货币、时间、重量和长度单位，并能购物	5			测量
	4	会自行脱换衣裤鞋袜、洗澡、梳洗刷牙，大龄少女学会料理个人生理卫生	5			观察
	5	能参加大扫除，打扫教室及校园卫生，完成老师分配的任务	5			观察
劳动技能	6	积极参加力所能及的公益劳动	5			观察
	7	会烧饭、拖地、抹桌椅，洗红领巾、手帕和衣裤，会择菜、洗碗	5			调查
	8	会简单的手工制作	5			看作品
	9	学习简单的田间种植和校园花木管理				观察
知识考核	10	能正确朗读和默读课文	5			测查
	11	在老师和同学的帮助下课前预习课文，课堂中参与小组学习并发表意见	5			测查
	12	独立完成作业，正确率达60%的，计4分；随普通生考核达平均分的60%者评为优，计6分	10			测查
	13	给随班生单独命题检测及格者计3分，超过及格分5分者加1分，以此类推	5			测查
	14	体育成绩合格	5			测查
社交	15	遵守行为规范，尊敬家长，友爱同学，对人有礼貌，学会接待客人	5			观察
	16	团结同学，学会相互交流，学习时能说出自己的意见，碰到困难主动向老师同学请教	5			观察访谈
能力	17	能和正常学生一起参加各种活动，随读生能学会1~2项技能	5			观察了解
	18	遵守课堂纪律，认真听讲，说话先举手，不影响老师的讲解和同学的听讲	5			观察
	19	遵守交通规则，学会自己乘坐交通工具，不做危险举动，不玩火弄电，发现别人做坏事、被欺负时要报告老师和家长	5			观察访谈
小计						

4. 伙伴支持的延伸——教康融合

通过前期课堂教学和社会适应能力的支持，个案均取得一定程度的进步。但课题组在总结经验和反思的过程中发现，由于个案障碍的复杂性，前期的支持计划并未满足个案在肢体康复方面的需要，因此，课题组成员主动寻求新津县残联的支持，这为本课题探索教康融合以及拓展伙伴支持提供了新的思路。

教育康复融合是指本课题针对普通学校动作障碍程度较重的随读学生，在康复专业人员的支持下，使他们获得有尊严、有质量的生活，同时，通过康复训练，逐步降低其障碍程度，促进身心康复。学校在伙伴支持的实践探索中，针对患有脑瘫和"进行性肌营养不良"的孩子，利用县残联康复中心的资源，开始尝试教康融合的伙伴支持。学校与县残联康复员、社区医生联系，把康复训练融入随读学生学习活动中。康复专业人员为学校师生、家长、志愿者进行正确的康复训练技能培训，定期到学校对残障孩子进行评估，提供新的训练计划。在教康融合的伙伴支持下，学生既能参与正常的学习，又能获得康复训练（见表5）。

表 5　康复员制定的课程表

时间	训练内容	地点	协助者	备注
个体动作训练每日时间安排表（阳阳）				
第一节课课间休息十分钟	踢球（下肢训练）	教室座位上	学生伙伴	
第二节课课间操二十五分钟	坐轮椅上厕所（上肢训练）	教室、厕所	学生伙伴 学校保安	
第三节课间	踢球（下肢训练）	教室座位上	学生伙伴	
午饭后半小时	坐轮椅活动	操场、走廊	学生伙伴	
下午离校前半小时	双手肘支撑高跪	资源室教室	资源教师 学生伙伴	
晚上7~8点	双手肘支撑高跪半小时挂高物，双膝放筒上，双脚推拉拉滚筒	家中	家长（父母）	
个体动作训练每周时间安排表（阳阳）				
周一第六节课体育课	坐姿下，向外踢小腿；俯趴姿，手肘支撑左右倾斜	操场	体育教师	
周四第三节课体育课	坐姿下，向外踢小腿；俯趴姿，手肘支撑左右倾斜	操场	体育教师	
周五第四节课体育课	坐姿下，向外踢小腿；俯趴姿，手肘支撑左右倾斜	操场	体育教师	
每周六、日	按摩、针灸	社区、医院	医务工作者	

5. 假期伙伴支持

随班就读儿童中以留守儿童居多，即使父母在身边，他们也忙于工作，对孩子疏于管理，大多孩子在假期都以放羊式的方式玩耍，无人照看。因此，课题组制订了假期支持计划，鼓励随班就读学生积极参加假期支持活动。假期支持活动中，退休教师和大学生志愿者被分为作业辅导、社会实践、课外阅读、兴趣活动四个假期支持小组。

通过各个支持小组活动的开展，我们发现普通学生和随读学生都乐意参加此项活动，家长也支持学生积极参与。在活动中，孩子们在学习上有了进步，阅读能力有了较大的提高，与人交往的能力也得到了增强，同学间的关系更加融洽了。

假期伙伴支持活动的开展，拓宽了伙伴支持的时间、空间和形式。通过学习、游戏活动，孩子们得到了进步。在以后的活动中，我们更应该以多元化的方式来促进随读学生进步。

七、课题研究成果

本课题自立项研究以来，始终立足于学校融合教育的实践，既注重对理论的学习与运用，更重视对实践的探索和总结。围绕"伙伴支持"的课题研究核心，课题组成员经过深入系统的研究与实践，圆满完成了各项研究任务，总结出了伙伴支持的新思路、新观点和新模式，形成了认识性成果和操作性成果。

（一）认识性成果

课题组依据支持系统中的伙伴入选标准为学校随班就读学生选择了合适的教师伙伴、学生伙伴、退休教师伙伴和大学生志愿者伙伴。通过问卷调查、访谈提纲了解随读生和伙伴们的实际需求，开展各级各类的伙伴培训活动，便于各类伙伴能够为随班就读学生的学习、生活提供适合甚至专业的支持。课题组教师还把残联康复员、社区医生引入学校，为随班就读学生提供专业的肢体康复训练指导、身体健康检查、营养指导。通过以上方式，课题组整合与充分利用学校、社区、家庭的自然资源构建了伙伴支持系统。为了验证伙伴支持系统的有效性，课题组教师就三个随班就读学生的学业能力、社会适应能力及康复治疗等为他们选择适合的伙伴，然后以随班就读学生为中心实施伙伴支持活动。最后，用制定出的伙伴支持评价系统对随读生评价，用效果调查问卷、访谈提纲对各类伙伴及家长进行调查回访。通过评价和回访了解到伙伴支持系统的运作提高了随班就读学生的学习、生活能力，促进了全体学生的身心发展，使教师、家长等广大参与人员在教育理念和专业技术领域获得了成长。

在认识层面上，本研究一方面以资源缺乏的农村学校开展随班就读工作为背景，整合和运用了自然环境中的资源开展伙伴支持研究，突破了传统伙伴互助中"伙伴即同龄儿童"的认识，从同龄小伙伴拓展到学校教师伙伴、家庭伙伴、专业伙伴、社区伙伴，扩展了伙伴的类型，创新了对伙伴的认识。

另一方面，本研究抓住了融合教育"支持"与"支持系统"的核心理念，整合与充分运用学校、社区、家庭的自然资源构建了伙伴支持系统。从支持的内涵（资源、策略、信息、关系）出发，探索伙伴支持的运行机制与策略，并通过专业支持探索教康融合中伙伴支持的途径和策略，建立了"专家引领，同伴互助，多方支持，教康融合"的伙伴支持运作模式。研究成果力求对广大农村实施公平教育、均衡教育产生积极的推动作用。

（二）操作性成果

1. 制定了各类调查工具、选择、评量标准

在研究的前期制定了六类调查问卷，通过调查活动，了解了教师、学生、家长、社区的需求，使课题研究更有针对性。具体包括随班就读学生调查问卷、随班就读学生家长调查问卷、普通学生调查问卷、普通学生家长调查问卷、教师调查问卷、社区调查问卷。

研究过程中首先确定了一系列伙伴选择的标准和职责，保障了伙伴支持的质量。具体包括学生伙伴选择标准、大学生志愿者伙伴选择标准、退休教师志愿者伙伴选择标准、随班就读教师职责。

在伙伴支持体系实施后，制定了后期的效果调查问卷及访谈提纲。效果调查问卷包括普通学生篇、普通学生家长篇、教师篇、大学生志愿者篇；效果访谈提纲包括随班就读学生家长篇、老年志愿者篇。通过对调查结果的分析，了解了随班就读学生、家长、教师、学生伙伴、志愿者伙伴在参与伙伴支持活动后发生的变化。

2. 建立了较为完善的伙伴支持运作机制

根据各班教师和同学对随班就读学生各方面的评价，按照标准选择支持伙伴，组建伙伴支持活动小组，明确支持活动的目的、内容及开展方式。整合学校、家庭、社区自然资源对伙伴提供支持与补偿，开展支持活动（见图4）。

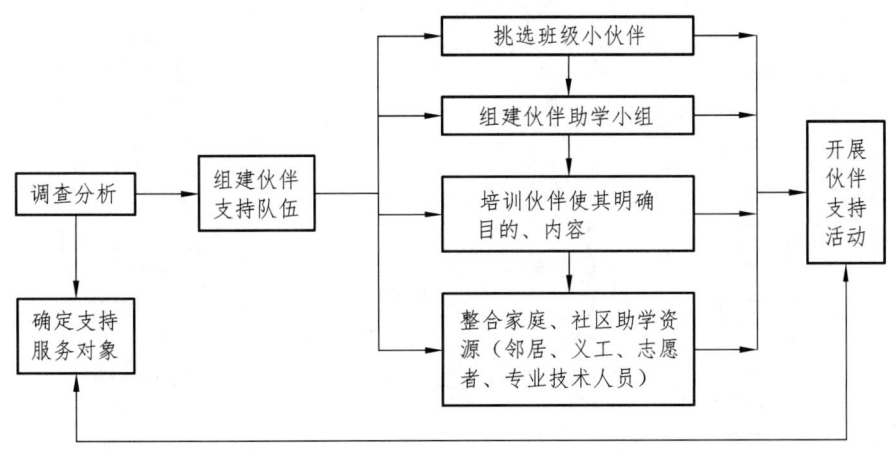

图 4 伙伴支持体系运行流程图

3. 形成了系统的专业团队的合作

课题在研究过程中,形成了系统的随班就读专业团队合作。包括由省级特教专家、大学特教博士、残联康复员、社区医生组成的专业团队,由语文教师、数学教师和其他学科教师组成的学科团队,由退休教师、大学生志愿者组成的社区团队。在资源室的统筹协调下,各团队间相互合作,形成合力,为随班就读学生提供最优质的服务支持(见图5)。

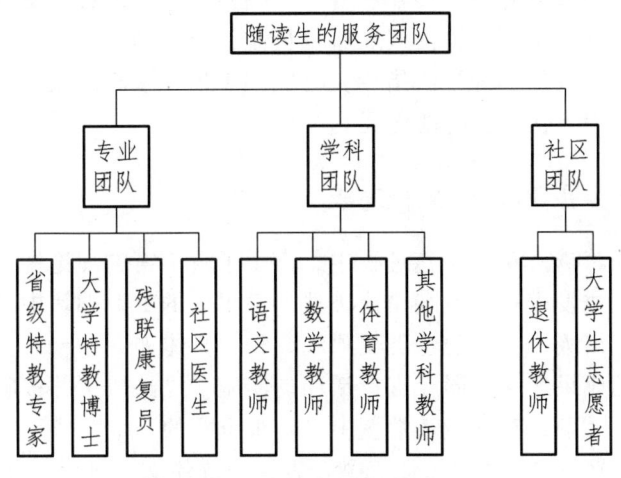

图 5 随班就读专业团队合作图

4. 丰富和创新了学科个别化教育计划和伙伴支持计划（见图6）

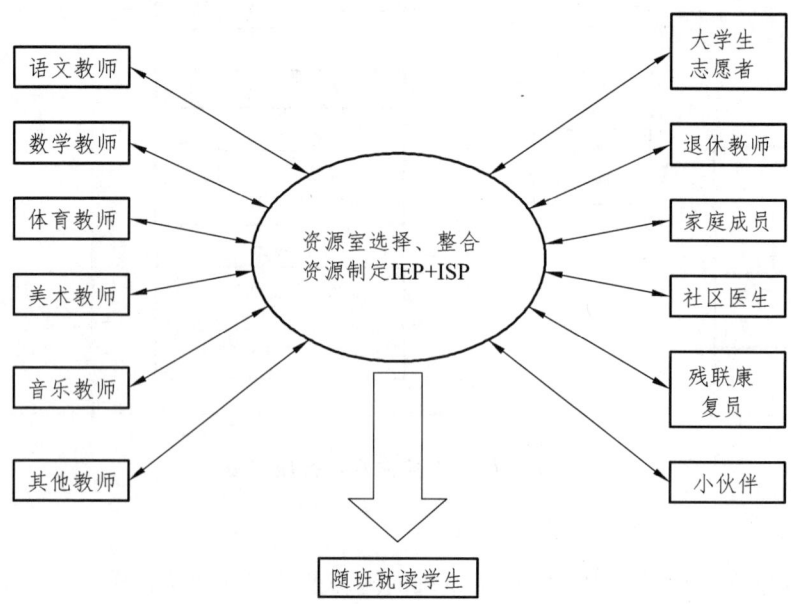

图6 资源室整合、协调模式图

在课题研究过程中，课题组进行了个案分析，对个案制定了学科个别化教育计划（IEP）和伙伴个别化支持计划（ISP）。学科个别化教育计划由各学科教师针对个案的学习起点、学习能力和学科发展潜能来制订。伙伴个别化支持计划，是根据随班就读学生各方面的需求设计的各类支持计划。特别是有肢体康复需求的孩子，由残联康复员制订康复训练计划，为学校教师、家长提供正确的康复训练方法指导，落实到学校、家庭的康复训练中。教康融合的引进拓展了伙伴支持的途径。

（三）部分成果的获奖和发表

本研究在跨越三年的实施过程中，产生了较丰富的理论性成果。这些成果部分已经正式发表在专业刊物或被选入已出版的专业书籍中。部分成果已经获得省级、市级、县级的各类奖项和荣誉。具体如下：

（1）课题成果之一《同伴支持活动的实施》已经成文并被收录进入张文京教授出版的《融合教育与教学》中，是很重要的一个章节。

（2）课题成果之二《农村学校融合教育中伙伴支持研究》约3000字的报告，被《关于随班就读支持系统的建立》一书收录。

（3）课题组成员其他论文的发表：王陶老师的论文《浅谈资源室教师与随班就读教师的合作》发表在国家级刊物《特殊教育》杂志上。学校课题组教师的四篇特教论文发表在省级刊物《西部特教》杂志上，分别是：雷忠校长撰写的论文《普特融合——助推随班就读质量提升》、李敏老师撰写的《农村学校资源室工作的实践与探索》、王陶老师撰写的论文《携手扬帆，共做幸福的领航人》、韩娜鹂老师撰写的论文《整合资源，填补空缺》。

（4）课题组成员在新津县融合教育培训会上做经验交流。

2012年，课题组主研李敏老师、王陶老师在新津县进修校融合教育骨干教师培训会上分享了部分研究成果，以《农村学校资源室工作的实践与探索》和《携手扬帆，共做幸福的领航人》为主题做专题讲座。

（5）课题组成员所撰写的融合教育论文获得省、市、县级奖项。

课题组负责人雷忠校长撰写的特教随笔《在融合教育中找寻教育的缺陷——随读儿童自我概念的形成》获新津县随笔一等奖；课题组主研李敏老师的论文《农村学校资源室工作的实践与探索》获省级二等奖、市级一等奖；课题组李敏老师和王陶老师合著的论文《普通学校特殊儿童支持体系的建立与运作研究——浅谈农村学校伙伴助学活动的开展》获省、市级一等奖；课题组胡毅老师论文《用赏识的目光伴他一程》获市级二等奖；课题组韩娜鹂老师的论文《"伙伴·同行"活动后记》获县级一等奖。

八、课题研究的效果

（一）个案的成效

通过伙伴支持研究活动的开展，本课题所选择的三个个案在学业和社会生活适应能力方面进步显著。（1）脑瘫孩子桢桢，刚开始时不能独立行走，需要在别人的搀扶下才能走出教室活动，生活基本不能自理。现在大家看到的桢桢是一个乐观开朗、积极向上的女孩，有时还能主动帮助别的同学。桢桢行走已经完全不再需要同学的搀扶，能够积极参与课间活动和某些体育项目。桢桢的学习成绩有了很大的进步，以数学为例，由之前的20分左右提升到课题实施后的及格水平。（2）进行性肌营养不良的阳阳，由于下肢已瘫痪，在复学之前，担心自己如厕和行动问题，在伙伴支持活动中，学校为他配备了学习、生活小伙伴和专业康复训练教师伙伴。有了这些伙伴的支持，孩子随班就读的困难迎刃而解，他从原来复学时的沉默寡言、不愿意出教室玩耍、不愿与人交流，变得乐观向上了。经常积极主动地让小伙伴们推他出教室晒太阳，和同学在操场上嬉戏、玩耍。阳阳的学习成绩也有所提升，以语文为例,由原来的不及格水平到课题实施后的优良水平。(3)中度智力障碍及多动症的祥祥,原来一上课就跑出教室东游西荡,老爱欺负别班的小同学,现在整节课都能待在教室里上课,不再欺负小同学了。班上打扫卫生时,他特别积极,扫地、拖地、倒垃圾样样都行,成为班上的劳动之星。在行为问题改善方面,祥祥可以将更多的注意力放在学习上,学习成绩有一定的提高。

(二)伙伴态度的转变

本课题的伙伴包含教师、学生、家长和社区志愿者。为了了解在课题实施后各类伙伴的态度是否有所转变,是否真正从观念上、行动上融入了伙伴支持,课题组成员再次对课题初期调查过的伙伴们进行问卷调查和访谈,并结合课题实施过程中发生的轶事进行分析,结果显示他们在观念、态度上发生了根本转变。

1. 教师伙伴的转变

通过《伙伴支持效果之教师调查问卷》结果分析,学校的各科教师由原来保持观望的态度转变为积极参与伙伴支持课题研究,并且认真学习伙伴支持的相关专业知识。教师对随班就读儿童的态度也发生了变化,不再觉得随班就读儿童是一个特殊的群体,他们和普通学生一样,在学校应享有平等接受教育的权利,而不是特殊的对待,只是在需要帮助时,教师才为他们提供帮助。除此以外,教师还积极地与资源室教师以及各类伙伴充分合作,共同探讨帮助随班就读儿童进步的最好方法。教师在认识上、行动上都产生了积极的变化。

案例二:教师随笔

北京西城区融合教育参观团到花源小学交流,听了学校王老师的一节公开课。上课前,参观团的领队,悄悄走到王老师面前,对王老师说:"老师,请问你们班的随班就读儿童是哪一位呢?"王老师笑了,回答道:"你猜?"参观团的领队看了几圈,硬是没有看出来。等下了课,细心的领队才观察出来,当王老师在训练朗读的时候,总会站在一个特别瘦小的女孩旁边,没有特别的提示,只是在指导朗读时特别大声,特别用力。下课后,王老师向领队介绍了这个孩子的情况。原来,她有语言障碍,智力发育迟缓,但她很认真,很努力。她和别的孩子没有什么不同,在老师的眼里所有的孩子都是一样的。参观团的领队对王老师竖起了大拇指,高兴地说:"今天,我在花源小学看到了真正的融合教育,在这个班,在老师眼里,在同学眼里,每一个孩子都一样。"

2. 学生伙伴的转变

《伙伴支持效果之普通学生调查问卷》结果显示：通过学校伙伴支持活动的开展（如学生伙伴培训，参与伙伴活动），学生在对随班就读学生的态度和帮助的方式方法上都有了很大的转变，他们愿意和随班就读学生做朋友，愿意主动帮助随班就读学生，愿意分享随班就读学生的进步，愿意向随班就读学生学习。

案例三：学生日记

桢桢是我们班上的一个同学，最近一段时间，她的进步好大，老师都表扬她三回了：一次是她自己端餐盘，一次是她去帮助阳阳，还有一次是写字进步了。我好高兴啊，因为老师让我和她做小伙伴。我们是好朋友。今天桢桢去上厕所，都不要我们扶她了，她说她自己去，老师让我们在后面跟着她，免得她摔倒了。我好喜欢桢桢，她每天都在笑。我也要向她学习，天天都笑，这样老师和同学才喜欢。

3. 家长伙伴的转变

《伙伴支持效果之随班就读学生家长访谈提纲》分析结果显示：通过学校伙伴支持课题的开展，随班就读学生家长不仅得到了专业的培训，而且亲自参与自己孩子的教育支持建构。通过参与伙伴支持活动，家长看到自己孩子在获得支持后在学习和生活上的进步，他们的观念也发生了很大的变化。实施伙伴支持前，大多随班就读学生的家长很悲观，对孩子在普通学校读书期望不高，认为孩子能读一天书算一天，任其自然发展。现在随班就读学生家长开始关注孩子的生活、学习质量，并且积极配合学校有方法、有策略的对孩子进行辅导、教育，对孩子有了更高的期望和更大的信心。

案例四：随班就读教师记录

2010年　桢桢入学

桢桢妈妈哭着将孩子送入学校，她的期望是：孩子能够体验学校的生活。

2012年9月　桢桢三年级

桢桢妈妈笑着来到学校参加桢桢的个案分析会。她的期望是：五年后，桢桢可以借助辅具独立行走。

2013年6月　桢桢三年级

桢桢妈妈笑着来到学校参加桢桢的个案总结会，不到一年，桢桢已能慢慢地独立行走。她的期望是：长大后桢桢可以自力更生，能够到超市当营业员。

4.社区志愿者伙伴的转变

《伙伴支持效果之社区志愿者访谈提纲》分析结果显示：社区志愿者积极参与到学校的课题工作中来，他们对于随班就读儿童的态度，由刚开始出于怜悯、同情的帮助转变为平等支持，甚至开始佩服他们的乐观坚强。通过一系列的支持活动，他们的支持方式更加科学合理，行之有效。

（三）教师专业成长

教师通过培训、学习转变了传统的教学观念，改变了对伙伴支持的认识，提高了教学的专业技能，学校形成了良好的融合教育研究氛围。课题组的教师不仅积极投入到伙伴支持的研究中，还将自己的心得记录下来，写成论文，形成经验，进行推广。全校教师特殊教育论文获得各级各类奖项的有20余篇，发表7篇。课题组教师成长显著：课题组主研李敏老师在县级融合教育IEP交流活动中荣获一等奖，并在2012年新津县融合教育十周年庆中获得"融合教育特殊贡献个人"荣誉称号，2012年9月被评为"新津县青年优秀教师"。课题组主研王陶老师2012年9月被评为"新津县教坛新秀"。学校课题组教师韩娜鹂、伍晓丽、周鸥分别在2010年、2011年、2012年县级融合教育赛课活动中荣获县级一等奖。其中，伍晓丽老师的课被选送到市上参加市级特教赛课活动。

（四）国内外交流的增加

学校融合教育的实践得到了社会广泛关注，国内外特殊教育专家十分重视。2010年年底，中央教科所和英国儿童救助会的专家先后两次到学校调研指导。2011年年初，美国哈佛大学崔凤鸣博士应邀来到学校考察，学校的教育理念和融合教育的实践效果让她十分感动。2011年3月，英国救助儿童会组织四川、云南两省"项目"县的教育工作者来新津学习融合教育的经验，花源小学取得的成绩让他们赞叹不已。他们深受鼓舞，纷纷表示要把学到的理念和做法带回去，在本地开花结果。2011年3月，重庆师范大学特教专家张文京教授和研究生一行十余人，到我校参观、调研融合教育工作。张文京教授一行纷纷感叹，新津县花源小学作为一所地处西部地区的农村学校，居然能够很好地应用融合教育的先进理念，结合学校实际成功开展随班就读工作，实属不易，让特教工作者们更有工作的热情。2012年10月23日上午，在省级特教专家蔡明尚，县特教中心晏学成、张林智的陪同下，北京西城区融合教育参观团一行20余人来到新津县花源小学参观、交流，这是对花源小学随班就读工作的又一次鞭策和激励。2013年5月，我国香港教育学院徐素琼博士到花源小学进行为期一年的融合教育课程研究。2013年6月和12月，西藏融合教育参观团两次到花源小学参观学习。2013年10月，中残联—挪威脑瘫儿童协力会到花源小学进行脑瘫儿童经验交流。

（五）学校校园文化内涵的丰富

课题的实施促进了本校校园文化内涵的提升。首先，伙伴支持促进了孩子们的互动，有力提升了孩子们的宽容大度、互助友爱的优秀品质。其次，在本课题中，教师们组成个案专业教学团队共同完成随班就读学生的评估、诊断及支持实施。团队的合作协调，不仅形成了良好的融合教育研究氛围，也促使教师们互相帮助、共同成长。最后，学校形成了对个别差异尊重和包容的氛围，关注每一个孩子的进步，照顾每一个孩子的需要，这正是对新课改所提倡的"关注每一个孩子的成长"的回应。所有的教师都认识到：开展随班就读学生的伙伴支持活动，不仅可以提高随读学生的生命质量，也可以促使所有学生形成关爱他人、团结互助、感恩社会的优秀品质。学校从伙伴支持中看到了新的教育力量，对"留守儿童""灾区孩子"也给予了不同程度的帮助，学校教育呈现出一片朝气勃勃、健康快乐的景象，产生了良好的教育效果。

近三年来，在省级课题的推动下，经过学校全体老师的共同努力，学校融合教育工作取得了一系列突出成绩。自2008年起学校连续五年荣获特教年终专项检查一等奖，2011年荣获特教年终专项检查特等奖，2012年学校获得"新津县融合教育工作突出贡献单位"荣誉称号。为了肯定和推广农村学校随班就读工作经验和做法，学校多次承担了县级融合教育活动：先后举办了随班就读观摩课教学活动、特殊教育培训会、融合教育个别化计划交流会、融合教育工作会、个案分析会。以花源小学为例，2011年4月13日，《成都日报》第13版刊登了《残疾儿童随班就读还能自己选择老师和伙伴——新津县将残疾儿童少年纳入随班就读范围受到教育部关注》；2011年5月5日，《教育导报》第01版刊登了《新津县残疾儿童随班就读自选老师和伙伴》；2011年5月29日，《中国教育报》第01版刊登了《开展"融合教育"实践和探索——新津县残疾儿童随班就读自选老师和伙伴》。

九、总结与反思

本研究运用专业技术的支持，整合和运用了学校、家庭、社区的自然资源开展伙伴支持，促进了融合教育的发展。随着研究的深入，学校的主导作用突显出来，成为资源的集结者和汇聚场域，保障了特殊需要学生在普通学校中的充分发展。与此同时，参与研究过程的领导及教师也是本研究的受益人，在资源统筹与管理、资源作用的发挥以及专业能力等方面都有很大提升。因此，基于以随班就读儿童为中心的宗旨，本研究最大化了一个普通学校在教育育人、公平参与、社区融合等方面的功能和职责。期待本研究的成果能为同类学校在整合资源、关注差异、教育公平的探索中提供些许参考和借鉴。

然而，秉持传统普通学校功能观念的研究者或实践者可能会产生这样的质疑：普通学校是否有必要去耗费如此大力气去照顾少数学生？如何在照顾多数学生的情况下，又能更好地照顾少数有特殊需要的群体？在资源匮乏又缺乏整合的现实条件下，普通学校能否更好地照顾好这些少数群体？这些正是本研究所要呼吁和唤醒的众多普通学校需要进一步思考的地方。

除此之外，基于本研究的结果提出进一步研究和探索的方向有两个。一是自上而下：在随班就读工作中，普通学校层面的运作固然重要，如何从更高一级教育、卫生、医疗等层面搭建一个资源整合、服务、运作的平台是更深层次的问题及研究方向。二是自下而上：教师是伙伴支持的重要力量，教师需要提高对课程内容调整、学习过程评价的能力以提升支持服务的质量，进一步完善课堂教学中的伙伴支持，这是本课题还需深入研究的重要内容。

参考文献

[1] 邓猛，朱志勇. 随班就读与融合教育——中西方特殊教育模式的比较[J]. 华中师范大学（人文社会科学版）学报，2007，46（4）：7.

[2] 靳杰. 融合教育中的同伴支持：一个未被利用的资源[D]. 重庆：重庆师范大学，2011.

[3] 张文京. 特殊儿童班级管理[M]. 重庆：重庆出版社，2007.

[4] 张文京. 特殊儿童个别化教学设计与实施[M]. 重庆：重庆出版社，2008.

[5] 牟东棋. 特殊教育在宣武[M]. 北京：华夏出版社，2006.

[6] 华国栋. 残疾儿童随班就读师资培训用书[M]. 北京：华夏出版社，2006.

学前融合教育健康课程建设与实施研究
——以新津县幼儿园大班幼儿融合教育为例

杨云秀　苏　珠　杜　燕　杨晓华　胡　蓉　鲍　秋

一、问题的提出

融合教育是对教育公平的追求，是民主与平等的理念在教育中的体现。近年来，学前融合教育理念日益得到社会大众的关注。当前，学前融合教育已经成为国际学前特殊教育的发展趋势。我国一些地区已经进行了学前融合教育的尝试。

融合教育的基本理念就是要接纳所有学生，满足所有学生的需求。2001年，新津县幼儿园开始接纳听力障碍儿童。随着融合教育的不断开展，几年时间，我园接纳的残障儿童开始增多，服务对象也逐步拓展。在融合教育的实践中，我们也做了很多有效的探索，但"随班混读"的现象依然存在。课程建设是幼儿园教育的核心工作，为了让所有儿童都接受高质量的、适合他们独特学习需要的教育，必须重视构建、调整课程的形式、内容与实施策略，使特殊儿童能够和他们的同伴一起充分平等地参与幼儿园的生活学习和课程活动。

研究表明，3~6岁是儿童动作发展的关键期，儿童早期动作的良好发展会鼓励幼儿参与体育活动，促进其身体健康，以及认知、情绪和社会性等多方面的协调发展，为个体未来的全面发展打下良好的基础，否则就会影响或者阻碍个体的发展。经过对我园在读特殊孩子的调查发现，特殊幼儿在动作发展上普遍存在动作不协调、不灵活，发展滞后的现象，严重影响他们在群体生活中的自信心、融合感和在群体活动中的参与度、快乐感，影响其未来的学习与发展。可见，动作发展对于普通儿童和特殊儿童同等重要。

因此，本课题以健康领域中的"动作发展"主题作为切入点，探讨学前融合教育健康课程的建设与实施，旨在为学前融合教育课程的建构提供参考。

二、课题研究的目的、意义

（一）促进幼儿动作发展的需要

《3—6岁儿童学习与发展指南》指出："幼儿阶段是儿童身体发育和机能发展极为迅速的时期，也是形成安全感和乐观态度的重要阶段。发育良好的身体、愉快的情绪、强健的体质、协调的动作、良好的生活习惯和基本生活能力是幼儿身心健康的重要标志，也是其他领域学习与发展的基础。"本研究旨在"以儿童学习与发展为中心"作为考量，以"身姿训练、动作训练、体育游戏活动"为体育活动内容，建设融合教育健康课程，促进普通幼儿和特殊幼儿动作发展。

（二）改善普通教育课程的需要

《全纳教育指导方针》指出，所有人都能使用的、灵活的课程是建设"能为所有人提供教育的学校"的关键。我园在融合教育实践中有随班"混读"问题，在课程上主要存在如下不足：课程设计上，对特殊孩子身心发展特殊性考虑不够；在课程实施上，特殊孩子有时会被边缘化；在课程评价上，缺乏有效反思和对个别化教育的改进，致使融合教育效果不稳定。因此，迫切地需要构建一种新的融合教育课程，让一般儿童与有特殊需要的幼儿身心发展都能在我园教育中获得更大的满足。本课题探讨的是健康课程的建设和实施，将逐渐扩展到其他领域的课程研究。

（三）促进幼儿园融合教育质量提高

课程建设是幼儿园融合教育的核心工作，而课程是校园教学的科目和进程通过教学目标、内容、方法、实施、评价来规范和实现的。适宜的课程是让特殊幼儿"融得进、动得宜、合得来"，提高学前融合教育质量的根本保障。所以，本课题对此问题的研究旨在使一般儿童和特殊儿童在融合教育中都能获得健康发展。

三、文献综述

日渐增多的关于学前融合教育的研究中，研究者们从其理念到实施方法及成效都进行了大量的研究和论证，研究内容主要集中在三个方面：一是实施学前融合教育的必要性；二是学前融合教育的安置模式；三是融合教育的教学策略。总的来说，学前融合教育对普通儿童和特殊儿童的发展都具有很好的促进作用，同时能够优化教育资源配置，减轻财政开支。但实践表明，学前融合教育的实施还举步维艰，难以推进。

在融合教育课程方面的研究成果目前为数不多，如邓猛（2004）认为，全纳学校的课程"应该具备弹性，应该体现学生学习能力的多样性，反映不同学生的不同特点与学习需要"；陈莲俊（2006）对学前融合教育的课堂教学原则进行了论述；于松海等（2006）对课程的选择进行了探讨；钱文（2004）论述了学前融合教育课程评价的有效方法"课程性评估"；邓猛（2015）从概念体系、内容框架以及实施过程三个方面对当下西方国家融合教育课程进行了系统描述和分析。而在学前健康教育课程方面的研究仍然不足，所以本课题对此问题的研究具有一定的价值。

本课题以新津县幼儿园大班幼儿融合教育为研究对象，以"身姿训练、动作训练、体育游戏活动"为体育活动内容，探索学前融合教育健康课程的开发与实施，发展普通幼儿和特殊幼儿的身体动作，促进融合教育实现"有教无类"。本研究重在探索健康领域中"动作发展"这个目标的融合教育课程建设，今后在本研究的基础上，进而逐步构建健康领域中其他目标的课程，最后扩展到其他领域课程的研究。

四、课题研究对象、目标、主要内容

（一）研究对象

融合教育大班 3 个班，共 148 人，年龄 5~6 岁。其中，男生 78 人，女生 70 人，特殊幼儿 5 人，普通幼儿 143 人。

（二）研究目标

（1）探索融合教育健康课程构建。
（2）检验融合教育健康课程成效。

（三）主要内容

1. 融合教育健康课程建设研究

本研究以"身姿训练、动作训练、体育游戏活动"为体育活动内容，包括坐、卧、站、蹲、转等身姿训练和走、跑、跳跃、投掷、摆动、滑动、推举、牵拉、平衡、钻爬、攀登等基本活动技能；头颈部动作，上肢的动作，下肢动作、躯干动作及全身性动作训练和游戏活动。通用"一套方案两种策略"的方式分别从活动目标、活动材料、教育方法、评价方式、活动环境进行调整，探索融合教育健康课程建设。

2. 融合教育健康课程实施研究

通过对普通幼儿与特殊幼儿活动参与情况及动作能力发展的评估和对比，分析课程实施的适宜性和有效性。

五、课程研究思路与方法

（一）研究思路

我们设想，本课题研究分三步走。

第一步：以健康课程中的体育课程为突破口，探索学前融合教育体育课程的构建，以便积累课程研究及实施的经验。

第二步：在体育课程开发基础上，完善健康课程领域里的其他课程。

第三步：在健康领域课程构建的基础上，逐步形成五大领域园本课程体系。

（二）研究方法

本课题研究主要采用行动研究法，辅之以调查法、实验法、文献研究法、个案研究法。为使研究尽量地靠近目标，我们采用"讨论—行动—反馈—调整"，即边研究边行动、边反馈边改进、边实践边总结、边收集资料边完善方案的做法。

行动研究法：通过各种体育教学研讨活动，加深对科研课题的理解，使科研课题与体育教学实践有机地整合；通过课程实施中的案例、反思、论文等撰写，实现科研课题研究的综合价值；通过幼儿在游戏活动和动作发展上的评估数据，以及各种活动习惯、态度变化与能力形成情况，检验科研课题研究的实效性。

六、课题研究的难点和重点

提高动作训练活动参与度，增强自信心，满足身心发展需求，用适宜的进度推进，快乐游戏，提高融合度。

七、学前融合教育健康课程建设

（一）学前融合教育健康课程建设的理论依据

1. 通用课程设计理念

全方位通用性，是教育教学无障碍的普适性，将全方位通用课程设计观运用到普通教育课程，依据普通教育课程标准在为普通学生服务的同时，通过对课程的分解、细化和处理面向特殊教育，从而让课程有更多的通适性与融合性，普通生和特殊生均可使用，这一理论同样适用于幼儿教育。

据此，在本研究中，我们认为融合教育课程是兼容普通幼儿和特殊幼儿的实用课程，用兼容并包的观念及方法，将共性与个性、普遍性与特殊性整合为一体，去服务普通幼儿和特殊幼儿，而不是片面地对个性、特殊性关照。

2. 儿童动作发展的相关理论

《3—6岁儿童学习与发展指南》首次将动作发展列为幼儿健康领域目标之一，此目标的确立将给幼儿健康教育带来深远的影响。《3—6岁儿童学习与发展指南》中健康领域"动作发展"目标有：培养幼儿"具有一定的平衡能力，动作协调、灵敏；具有一定的力量和耐力；手的动作灵活协调"。学前时期（3~6岁）是幼儿动作发展的关键时期，人在童年的早期至中期，即3~8岁期间，会形成多种基本动作技能，能为后续发展打下良好基础。

（二）普通幼儿与特殊幼儿动作发展基本情况

1. 特殊幼儿基本情况

研究之初，我们采取了跟班观察和深入访谈的方法，了解特殊幼儿动作发展的真实情况。跟班观察，即在特殊幼儿所在融合班级连续观察并真实记录，观察重点是幼儿在一日生活活动特别是在体育活动中的动作发展情况，包括粗大动作、精细动作和同伴互动。深入访谈，即对班级教师和幼儿家长进行访谈，访谈内容主要是关于幼儿的动作发展的情况，包括生活自理、粗大动作、精细动作和社会性发展情况（见表1）。

表 1　融合教育班级特殊幼儿动作情况描述

姓名	年龄	残障类型	发展情况
小雷	7 岁	唐氏综合征	不能连续跳跃和拍球。在动作协调性和灵活性上，平衡力和耐力与普通幼儿有明显差别，做操的时候能跟着老师做简单的动作。具有基本的生活自理能力，只是有些时候需要老师帮助和提醒，具备基本的安全知识和自我保护能力
奥奥	6 岁	唐氏综合征	在早操锻炼时，能跟着老师做动作。在户外活动时，能自己走平衡木、跳竹竿、扔球。能自己握勺子吃饭，能握笔画圆圈、线条。在吃饭这方面，不能做到细嚼慢咽，只是吃进去，嚼两口即吞下。但不挑食，不偏食。每天能喝充足的水。在穿脱这方面，还需要老师帮助完成
小邓	7 岁	智力障碍	脚不怎么站得稳，走路或上楼梯的时候都需要人扶着走。不爱活动。生活上需要人来照顾，解便后无法自己整理裤子，需要老师帮忙，具备基本的安全知识和自我保护能力
鑫鑫	6 岁	脑瘫	能独立行走，并可以慢跑，喜欢参加早操和体育活动，能自己扶着栏杆慢慢上下楼梯，双腿力量、耐力和协调性差于普通幼儿，能生活自理，偶尔需要老师的帮助，具备基本的安全知识和自我保护能力
小秋	6 岁	脑瘫	能独立站立，并迈步走路，在别人的帮助下慢慢扶着栏杆上下楼梯。生活不能自理，需要别人的帮助和提醒，精细动作较差，如不能自己倒水，不能穿脱衣物。喜欢参加体育活动，只能慢走或进行简单的上肢活动

2. 动作发展测评情况

我们采用蔡蕾主编的《学前儿童教育发展评量手册》健康领域的"体育锻炼 H6"评量表。该量表主要针对幼儿平时在体育锻炼的表现计分，根据表现从 0～4 计分，0 为完全做不到，4 为能完全做到。依据之前的跟班观察和教师访谈情况，对 5 名特殊幼儿以及所在班级进行了动作发展评量，通过对比了解普通幼儿与特殊幼儿健康发展的差异。为了更深入地分析特殊幼儿的动作发展优劣势，我们将"体育锻炼 H6"评量表按"走、跑、跳、钻爬、投掷、平衡、全身协调动作、其他"进行分类统计，"全身协调动作"是指跳绳、滚铁环、玩球等需要全身协调的活动，"其他"是指体育兴趣、早操活动和健康卫生习惯方面，统计情况如表 2 所示。

表 2 特殊幼儿各动作发展得分

（满分）	走 12 分	跑 16 分	跳 36 分	钻爬 8 分	平衡 28 分	投掷 4 分	全身协调动作 40 分	其他 28 分	总分 172 分
小雷	6	5	5	2	0	1	2	9	30
奥奥	2	0	3	2	1	0	0	6	14
小邓	1	1	3	3	0	1	4	1	14
鑫鑫	1	2	0	2	0	0	0	15	20
小秋	0	0	0	0	0	0	0	5	5

从表 2 可以看出，特殊幼儿"体育锻炼"得分总分不超过 30 分，而普通幼儿总分在 150 分以上，可见普通幼儿与特殊幼儿在动作发展上的差异非常大。另外，特殊幼儿在体育活动兴趣方面和活动中对健康常识的掌握方面（如擦汗、隔毛巾）表现较好，但在动作训练指标中表现出明显差距，如在 H6-88"双脚交替跳"，普通幼儿几乎都能做到，而这 5 名特殊孩子都不能做到。在身体的平衡能力、动作协调性、灵敏性和灵活性的动作训练指标上，特殊幼儿表现出困难最大。

（三）学前融合教育健康课程建设

1. 课程目标

特殊幼儿与普通幼儿能力差距较大，要提高融合教育工作质量，就必须对普通健康教育的课程与教学在一定程度上进行调整。在教学活动中，用"一套方案两种策略"的方式分别兼顾特殊幼儿和普通幼儿。

依据《3—6 岁儿童学习与发展指南》中健康领域在"动作发展"的三个目标，以及特殊幼儿的动作发展情况，在普通幼儿的动作发展目标的基础上进行了调整。调整策略如下：（1）简化。降低健康教育活动的难度或者减少部分活动目标内容。如普通幼儿目标为"匍匐通过障碍"，特殊幼儿目标简化为"能通过障碍"。（2）替代。用另外一种活动方式来达成活动目标，如在玩夹球跳的活动中，对无法完成夹球动作的特殊幼儿，用"愿意参与集体体育游戏活动"的目标代替。（3）补充。补充特殊幼儿 IEP（个别化教育计划）中的补救性、矫治或补偿性的目标。如脑瘫宝宝在投掷动作上有障碍，目标偏重于对于投掷动作的训练（见表 3）。

表3 融合教育健康活动目标调整（大班）

动作项目	普通幼儿目标	特殊幼儿目标
走	排队走步时能较好地保持队形，节奏一致	能听信号，注意模仿同伴保持队形，节奏一致
跑	1. 听信号改变方向走、跑、快跑。 2. 能绕障碍快跑	1. 在协助下能跟着同伴做力所能及的走、跑、快跑等动作。 2. 在协助下能跟着同伴做力所能及的绕障碍走、跑等动作
跳	1. 从高处向下自然跳落，落地轻稳。 2. 两脚行进跳和单脚行进跳	1. 在协助下能跟着同伴从适量高度跳下。 2. 在协助下能跟着同伴做力所能及的两脚行进跳和单脚行进跳
全身协调动作	1. 会肩上挥臂投掷，能注意全身协调用力，有一定准确度。 2. 提高上肢协调性和灵活性。 3. 能用手推球走或者用物体赶球走	1. 能和大家一起玩活动器械。 2. 在协助下能挥臂投掷。 3. 在协助下能跟着同伴用手推球走或者用物体赶球走
钻爬	1. 能熟练协调地侧身或缩身钻过障碍物。 2. 全身协调地从障碍下爬过	1. 尽量侧身或缩身钻过障碍物。 2. 在协助下能从障碍下爬过
平衡	1. 能在板凳或者轮胎等物体上平衡走。 2. 尝试自主组合竹梯和轮胎进行平衡运动练习，并探索两人合作走的平稳方法，发展幼儿身体的平衡能力	1. 在协助下能在板凳或者轮胎等物体上平衡走。 2. 能和大家一起玩一种或者多种器械，并尝试与同伴合作平稳地在器械上走

2. 课程内容调整

健康教育内容的调整要把握以下原则：需要原则、效用原则、实用原则、功能性原则、兴趣原则、弹性原则、完整原则、细步化原则。选择课程内容时，要使之与班级整体发展水平相符，内容难度处于"最近发展区"，与儿童生活相关，并不能只考虑普通儿童或者特殊儿童，以兼顾为宜。如活动"蜘蛛宝宝真能干"，内容选择上考虑到大班幼儿喜欢挑战、喜欢合作竞争的心理特点，同时唐氏宝宝小雷也具备参与这个游戏的能力。活动中依据幼儿表现可降低难度，允许在活动范围内以他喜欢的方式参与活动。活动内容渗透到一日生活中，更重视特殊儿童自理能力方面的动作发展。以幼儿园主题活动形式制定了活动课程表（见表4）。

表 4 活动课程表

时间	主题		时间	主题	
上期	走	螃蟹运豆	下期	爬	爬竹梯
					乌龟爬
		我是毛毛虫			小青虫的梦
					勇敢的蜘蛛侠
	跑	卫星绕着地球转		平衡	轮胎船上练本领
		去动物家做客			我和板凳玩游戏
		太空旅行			小小消防员
		我和星星做朋友			
	跳	母鸡生蛋		下肢力量	赶小猪系列活动
		圈圈乐			和喜羊羊玩球
		我和板凳玩游戏			我是小小兵
	钻	圈圈乐			勇敢小兵
		好玩的轮胎			

3. 融合教育健康课程的教学方法与策略

（1）创设生活化情景，激发幼儿主动锻炼。

情景教学是幼儿园教学中最常用的教学方法之一，教师依据教育目标进行有计划有目的的情景创设，可以让增强幼儿的学习兴趣，提高学习效率。在学前融合教育健康活动实践中，教师精心设计教学情景，形成一种贴近生活的活动氛围，让所有幼儿置身其中收到感染与暗示，自觉地模仿学习。特殊幼儿在其中能不知不觉地参与到活动中，并得到快乐的情感体验。如在活动"小小消防员"中，教师创设了"小小消防员要练好本领，通过消防通道解救小动物"的情景，在活动"喜羊羊"中，以"喜羊羊被抓走，需要大家去狼堡解救"为情景。情景丰富多样，贴近幼儿生活，切合幼儿兴趣，让幼儿愿意锻炼，喜欢锻炼。

（2）注重教学游戏化，让活动快乐起来。

游戏教学在普通教育和特殊教育中都被广泛采用。在健康教育活动中，作为一种教学手段，游戏融入各个环节。福禄贝尔认为："儿童早期各种游戏是未来一切生活的胚芽。"可见，游戏对于幼儿未来生活的准备性和发展性很重要。健康活动游戏以发展基本动作为主，如游戏"赶小猪"，将球当小猪，用竹竿赶着小球走，将小球赶到固定的地方就完成了任务。这个游戏发展了幼儿的上肢动作以及手眼协调能力。如"小猫玩球"游戏中，幼儿学小猫的样子，顶球前进，练习了幼儿爬的动作。在实践中，通过游戏让所有幼儿在愉悦的情绪中进行身体锻炼。对于特殊幼儿，无论动作发展的情况怎样，都应积极参与到游戏中，即使不能完全完成与普通幼儿同样的动作，也要通过自己的方式参与游戏。如在活动"喜羊羊"中，鑫鑫不能与同伴一样完成投掷的动作，但是他主动帮助小朋友捡起掉落的纸球，并且乐在其中，看到小朋友们终于解救了喜羊羊，他高兴地拍起手来。

（3）重视合作和互助，同促进共成长。

合作学习让幼儿相互指导，相互学习，分享经验。在融合教育中，合作和互助能让普通幼儿带动特殊幼儿，让特殊幼儿通过模仿达到活动目标。例如，在"蜘蛛宝宝真能干"这个活动中，教师鼓励小雷找到自己的好朋友，然后组成合作小组，像蜘蛛宝宝一样用身体将泡沫条运到了对面，尽管小雷的动作稍显迟钝，但是在大家的鼓励下，他同样完成了任务。在这个过程中，小雷完全没有觉得自己特殊，而孩子们也把小雷看作自己无差别的朋友，这是小雷自信心建立和融入集体非常重要的途径。

对于残障程度较大的特殊幼儿，尽管他不能与同伴合作游戏，但普通幼儿积极帮助他们，如小邓在跑步时有困难，班级孩子们无须老师提醒，会主动搀扶他，牵着他的手一起慢跑，这个过程也是普通幼儿亲社会性增强的表现。

（4）及时个别化指导，不抛弃不放弃。

教师在组织活动时，往往会把精力放在活动过程的组织上，或关注大多数幼儿的表现，而特殊幼儿常会处于一种被忽略状态。在融合教育中教师应做到"兼顾差异"。在健康活动组织上，教师可以通过目标调整、补充活动材料、及时鼓励引导去支持不同能力层次幼儿发展，而特殊孩子动作发展能力水平过于显著，在需要的情况下，教师应给予个别化指导。指导方式可以是 A：一对一指导动作，如手把手指导如何正确投掷；B：设置单独游戏通道，如匍匐前进对于脑瘫宝宝难度太大，那么允许其单独从旁边穿过；C：及时评价和鼓励，在活动中，对于普通幼儿而言轻而易举的动作，对于特殊幼儿而言却是难以逾越，老师应关注他们的情绪，鼓励幼儿积极尝试，当其取得进步时，要及时表扬和鼓励。

不抛弃不放弃是指肯定所有孩子都是积极发展的个体，决不放弃任何儿童，在融合教育健康活动中，我们正积极践行这一点。

（5）保教协同配合，保证活动质量。

研究实践之初，为了让特殊儿童能跟上班级活动，保育老师成为特殊儿童的专职教师，随时关注，随时搀扶。这反而减少了同伴间互动，限制了幼儿自由探索，忽略大多数孩子的保育需求，这绝不是融合教育要的效果。在融合教育健康活动中，保教配合同样是教学质量的关键，需要明确保育老师的职责，考虑如何与老师协作配合让活动达到最好的效果。在健康活动中，保育老师的职责是关注每名幼儿的身体情况，如出汗、衣物增减，以及配合教师组织活动。

在融合教育中，特殊孩子并不需要教师随时帮扶，但是要关注特殊幼儿的特殊需求，如脑瘫儿童小秋站不太稳，身体免疫力差，不能长时间剧烈活动，因此保育老师要提醒其休息，及时为其隔汗。而小雷有时会游离到活动之外，保育老师可以及时提醒引导。

（6）家长参与支持，满足发展需求。

在融合教育中，家长参与教育评估，制订和实施个别化教育计划，家园配合促进幼儿健康发展，如家长表达出特殊需要幼儿发展的需求，并与教师一起设计健康课程计划，按课程要求鼓励幼儿，协助幼儿进行动作练习，家长应作为有效的支持者参与到教学活动中。

八、学前融合教育健康课程构建经验

1. 形成了课程建构研究技术流程（见图1、图2）

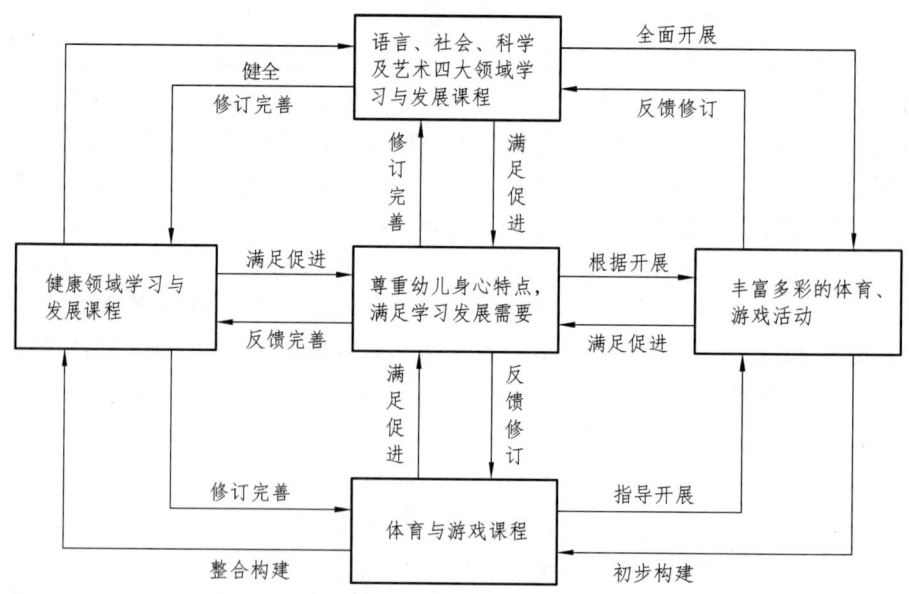

图1　融合教育五大领域课程构建研究流程图

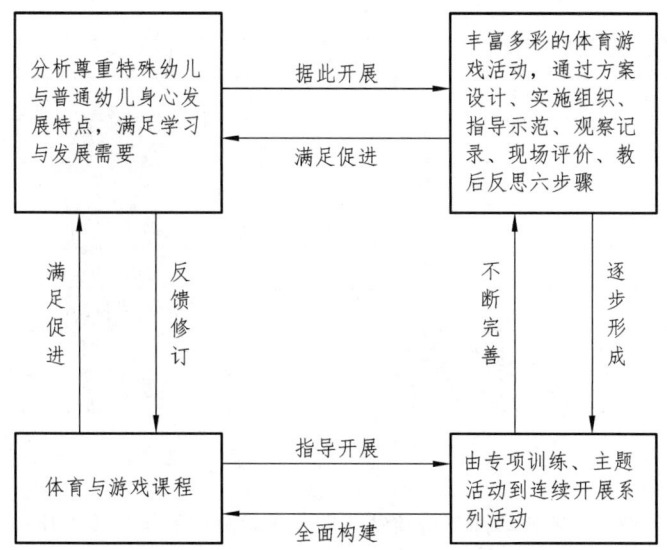

图 2　融合教育健康领域课程研究流程图

2. 建立了课程研究管理流程（图 3）

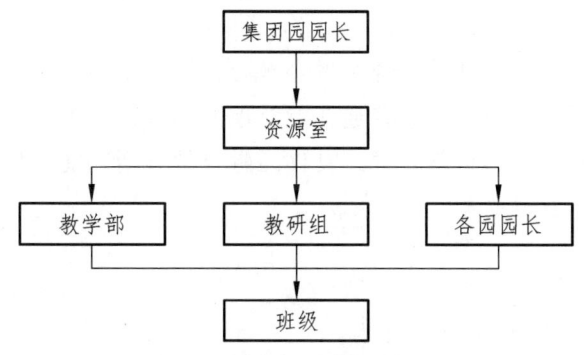

图 3　课程研究管理流程

九、学前融合教育健康课程的实施成效

（一）融合班级幼儿的变化

1. 动作发展

我们采用蔡蕾主编的《学前儿童教育发展评量手册》健康领域的"体育锻炼 H6"评量表对特殊幼儿及普通幼儿进行了测评，通过研究前测量和研究后测量的结果对比，具体结果见图 4。

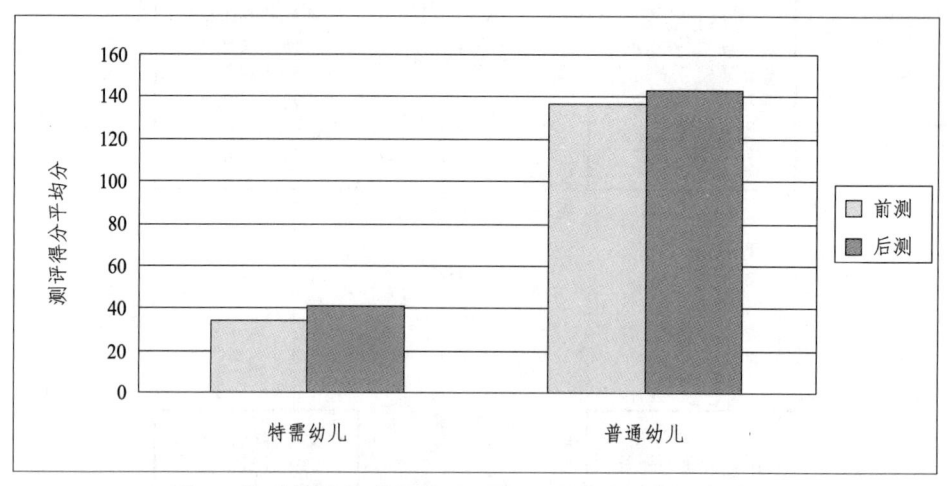

图 4　特殊幼儿与普通幼儿测量平均分前测与后测对比

图 4 说明，经过一年融合教育健康课程，特殊幼儿和普通幼儿动作发展均有提高，能力差距有减小趋势。

2. 亲社会性提高

许多学者通过研究证实：通过融合教育，提高了特殊幼儿将来回归主流社会的能力。同时，也促进了普通儿童对他人的接纳和关注，促进幼儿主动帮助别人，关心弱小。也就是说，良好的融合教育活动能使特殊幼儿和普通幼儿互利互惠，各自受益。

案例一：

奥奥，男，唐氏综合征患儿。

入园时，奥奥从不和老师打招呼，不跟小朋友说话。但从奥奥刚来到大一班开始，慢慢地，班上的小朋友似乎都长大了。在老师的引领下，孩子们从最初的奇怪到接受，再到高兴地陪着奥奥玩。游戏中，孩子们手拉手，边笑边跳。活动中，孩子们主动帮助他。喝水时，孩子们总是主动让出位置让他先喝；看书时，总有小朋友和他共同看一本书，并津津有味地给他讲书中的内容……

——2014 年 3 月摘自胡玉洁老师工作手册

学前融合教育能够促进幼儿对他人的接纳和关注，强化幼儿的主动帮助行为。

（二）教师儿童观和教育观的变化

课题开展促进了教师儿童观、教育观的转变，儿童观、教育观的核心是如何处理教师与学生的关系。不同的儿童观、教育观在教育活动中反映出的师生关系是不同的，并将对幼儿的发展产生不同的影响。

案例二是一篇教师随笔的摘录，从中可以看到一些观念的变化：

生活中，总有像生生这样的孩子，他们是一个个"折翼的天使"，却也想挣脱老师的双臂，自由飞翔。虽然他们的身体功能发育不够好，可小朋友玩的，他也想玩；小朋友做的事情，他也想做。一天，生生终于鼓起勇气，对我说："老师，我也要出去玩。"作为教育工作者，我们在照顾他的身体的同时，也要试着放开手，在他需要的时候给予及时的帮助。这样既促进了他的身体动作的发展，又能帮他逐渐融入集体，形成归属感和自信心。

——2014年4月摘自林盈老师工作手册

这个案例中，老师们发现特殊孩子同样是一个独立的个体、发展的个体，同样需要自主的发展空间。

现代化的儿童观认为：儿童是社会的人，是正在发展的人，是具有主体性的人，实现全面发展是每个儿童的权利。培养"完整儿童"是现代幼儿教育的新观念，所谓"完整儿童"，是指一个全面发展、和谐平衡的儿童，是指其身体、社会性、情感、认知和道德等方面得到整合性发展。在融合教育实践探索中，幼儿教师逐渐领悟现代儿童观和教育观，且这些观念已内化。在教育教学中，幼儿教师会给孩子们创造更好的教育环境，采取更适宜的教育策略，促进所有孩子得到最大的发展。

（三）幼儿园的成长

1. 保教质量提高

通过本研究，教师更善于关注每个孩子的不同需求与差异，观察幼儿的语言、行为、情绪等变化，增强家园互动，并进一步明确保教职责。课程是保证幼儿园保教质量的关键因素，通过本研究，幼儿教师有了初步的融合教育课程构建经验，为今后融合教育五大领域课程构建积累了重要的经验。

同时，幼儿园特殊幼儿的接纳类型增多，教育服务范围扩大，从之前的接纳听力障碍、视力障碍、唐氏综合征幼儿，扩展到能够接纳脑瘫幼儿、自闭症幼儿、智力障碍幼儿。让更多幼儿能接受高质量的学前教育服务，不能因为他们的身体原因而使他们失去与同龄人共同学习的权利，我们希望同一片蓝天下的所有孩子都能快乐健康地成长。

2. 影响力扩大

研究实践促进了幼儿园自身发展和进步，保教质量的提高让家长对我园教育服务的满意度提高，特别是融合教育班级。在访谈中，特殊幼儿家长非常满意幼儿园教育，同时认为自己的孩子在幼儿园得到了最好的帮助和教育。入园后幼儿的成长有目共睹，如小邓来幼儿园之前没有朋友，而在班上他有了很多好朋友，性格也开朗了很多；奥奥入园前自理能力很差，不能自己喝水，现在已经几乎可以生活自理。普通幼儿家长同样认可融合教育对于孩子成长的意义。

同时，研究扩大了我园在全市乃至全国的影响力。2014年6月，资源室老师苏珠代表我园参加了"第二届四川省学前教育发展论坛"，并分享了研究经验；10月，广州市海珠区融合教育考察团到新津县新平镇中心幼儿园考察幼儿园课程建设，融合教育班级孩子们灿烂的笑容给在场的老师们留下了深刻印象。

十、研究反思

（1）在研究实施的过程中，仍然感到教师们的实践不足，普通教师对自己的专业能力的发展缺乏信心，资源室作用凸显不足。

（2）资源室教师需进一步加强与普通幼儿教师的沟通与合作。

（3）幼儿教师需进一步提高沟通能力、发现问题并解决问题的能力，以及良好的教育反思能力。

（4）课程建构的系统性仍有待提高。

参考文献

［1］张文京，高喜刚，曹照琪，蔡明尚. 融合教育与教学[M]. 桂林：广西师范大学出版社，2013.

［2］徐素琼，谭雪莲，向有余. 浅谈随班就读中课程与教学的调整[J]. 南京特教学院学报，200（6）.

［3］何幼华. 幼儿园课程[M]. 北京：北京师范大学出版社，2001.

[4] 蔡蕾. 学前儿童教育发展评量手册[M]. 开封：河南大学出版社，2012.

[5] 于素红. 普通学校随班就读学生的课程建设[J]. 中国特殊教育，2005（4）.

[6] 王诛，杨希洁，张冲. 残疾儿童随班就读质量影响因素的调查[J]. 中国特殊教育，2006（5）.

[7] 钟启泉. 新课程师资培训精要[M]. 北京：北京大学出版社，2002.

[8] 刘敏. 近年来我国学前融合教育研究综述[J]. 重庆文理学院学报（社会科学版），2012（7）.

[9] 徐素琼，谭雪莲，向有余. 浅谈随班就读中课程与教学的调整[J]. 南京特教学院学报，2008（6）.

普通中学听障生小学初中转衔教育研究

新津县五津中学课题组

一、课题提出

（一）课题背景

随着时代的发展、社会的进步，越来越多的有特殊教育需要的学生走进了普通学校的大门。接纳他们，为他们提供特殊教育需要的服务，这是人权、教育公平权的重要体现，是社会文明进步的需要。早在1986年9月国务院转发的《关于实施义务教育法若干问题的意见》中首次提出特殊教育的"办学形式要灵活多样，除设特殊教育学校外，还可在普通小学或初中附设特殊教学班。应该把那些虽有残疾，但不妨碍正常学习的残疾儿童吸收到普通中小学上学"。1988年，全国第一次特殊教育工作会议进一步明确"要在办好特殊教育学校的同时，有计划地在一部分普通小学附设特殊教育班或吸收能跟班学习的残疾儿童随班就读，逐步形成以一定数量的特殊教育学校为骨干，以大量特教班和随班就读为主体的残疾儿童少年教育的格局"。这么多年来，我国广大普通中小学校开始接纳盲、聋和轻度智障的残障学生随班就读，积极开展融合教育的实践。接收服务区域内的所有儿童入学，并让每一个有特殊教育需要的儿童都能获得自身发展所需要的支持，这已成为我国教育向着和谐、均衡发展的大趋势。

由于医学和科技的进步，越来越多的听障生通过早期康复教育走出了无声世界，他们希望进入普通学校学习，融入主流社会。但在广大经济不发达地区，因教育观念落后，教育资源缺乏，许多听障生被拒之普通学校门外。即使进了校门的听障生，由于得不到特殊教育的需求服务，只能"随班混读"，使有的听障生不仅完不成学习任务，身心也受到伤害，成为"多重障碍"的学生，给学生及其家庭带来更大的痛苦。近年来我们还看到，已经从小学升入初中的听障生学习困难增大，十分无助，加之身心不断发展，进入青春期的他们，在心理、行为习惯上需要更多的关注和引导，而普通中学缺乏相应的支持与服务，使得许多听障生又重新回到特殊教育机构或中断学业。

新津一小于2001年开始进行的国家级课题"普通学校特殊儿童支持系统建立与运作"的研究于2004年6月通过验收，取得了丰硕成果。该校先后接纳46名听障生随班就读，其中12名听障生先后升入我校学习。小学初中转衔教育研究引起了广大听障生家长的关注，有关教育专家、上级教育主管部门和我校领导高度重视，开展本课题研究成为听障儿童教育工作的现实需求。

（二）研究依据

1. 全纳教育思想

1994年的"世界特殊需要教育大会"正式提出了"全纳教育"这一概念。全纳教育的主要内容是教育应满足所有儿童需要，每一所普通教育学校都必须接受服务区域内的所有儿童入学，不能将有特殊教育需要的儿童拒之门外。全纳教育，不仅是20世纪90年代各国教育所面临且迫切需要解决的一个重要问题，也是21世纪国际基础教育改革和发展的趋势。

2. 国务院办公厅转发《关于实施〈义务教育〉若干问题的意见》（1986）

《意见》提出办学形式要灵活多样，除设特殊教育学校外，还可以在普通小学或初中附设特殊教育班，应该把那些虽有残疾，但不妨碍正常学习的儿童吸收到普通中小学上学。1994年，国家教委印发了《关于开展残疾儿童随班就读工作的试行办法》。

3. 现代教育心理学理论

现代教育心理学理论认为，聋童由于听力损伤，语言、思维发展迟缓，主要借助于视觉、触觉、运动觉等各种感官的协调活动认识世界，视知觉在聋童的心理活动中占优势地位。聋童由于听觉障碍，语言发展迟缓，思维发展的特点是：（1）思维具体化，多以形象性的内容为对象。（2）他们依赖感知的特点、生活情景或物体功用分类。（3）概念的扩大化和缩小化。聋童的性格表现为：（1）脾气倔强，好冲动。（2）好动好奇。语言教育是聋人教育的核心问题。这些理论和观点，是我们开展课题研究和教育工作的重要依据。

（三）课题完成条件和保证

（1）参与本课题的研究人员具有一定的教育教学理论和教育教学研究经验。

（2）有一定的特殊教育模式理论和操作模式供借鉴。

（3）有学校领导、上级主管部门和有关特殊教育专家的关心和指导。

（4）参研人员有热情、有信心，有强烈的责任感和事业心。

二、课题界定

（一）课题假说

本课题根据听障生在转衔期出现的种种不适应，在教育内容、方法、规律等方面进行研究探讨，一方面扩展听障生融合教育研究的领域，另一方面为中学时期听障生随班就读教育工作，在教育环境、管理措施、课堂教学、人际交往、缺陷补偿等方面提供方法指导和理论依据。在实践上，课题通过普校听障生转衔教育研究，总结出初中阶段促进听障生健康发展的可操作性方法和策略，同时也激励教师们投身教育研究，从而提高教师业务素质和道德素质。

（二）关键术语

（1）听障生。本课题中指年龄在义务教育学龄段的，经检测有明显听力障碍的学生。

（2）转衔教育。本课题指义务教育小学段转衔至初中段的教育与服务。

听障生小学初中转衔教育，旨在通过研究听障生由小学到初中的转衔过程中，学校管理、教学目标的确定、教师教学方法的改进、学生心理调整、和谐的人际交往、青春期健康过渡等方面问题，使他们顺利完成由小学生到初中生的角色转换，为以后正常的学习生活打下坚实的基础。

三、研究目标、内容、方法和过程

（一）研究目标

（1）转衔教育中的学校管理制度的建立健全，为该项工作的顺利开展提供制度保证，使听障生转衔教育工作有序有效地展开。

（2）探索听障生转衔教育中，资源室的支持服务功能、服务方法与途径。

（3）听障生转衔教育中学生心理调适的策略和方法、学习习惯、品质能力的培养途径和方法探求。

（4）使转衔教育中教师教育教学研究能力和理论素养得以提高。

（二）研究内容

（1）制定有利于提高听障生随班就读教育教学活动实施的管理制度。包括学籍管理制度、任课教师职责管理制度、资源室管理制度、学生学业综合评价标准。

（2）听障生新环境适应能力的培养，听障生学习习惯、能力品质的培养方法和途径。

（3）实验教师在融合教育的新环境下，教育教学方法的相应改进和完善。

（三）研究方法

本课题拟主要运用个案研究法，即对随班就读听障生实行个体跟踪研究。研究在初中学习阶段对听障生如何施以比较科学合理的教育措施，以及其学习习惯、行为习惯和心理变化过程。同时，采取调查法、文献研究法等研究方法。

（四）研究过程

实验周期为三年，即 2005 年 4 月至 2008 年 12 月。实验分三个阶段进行。

1. 准备阶段（2005 年 4 月至 2006 年 1 月）

（1）组织相关人员学习教育科研理论，提出听障生转衔教育中亟待解决的问题，并派有关领导和实验教师到重庆师范大学取经，为实验研究做好较充分的理论准备。

（2）组建课题领导小组、技术指导小组和研究小组。

（3）建立资源室，做好随班就读的支持准备。

（4）设计了《五津中学听障生学习调查表》《五津中学听障生融入度调查表》等。通过对调查活动中收上来的表格信息进行分析，我们发现，随班就读听障生在学习中对课堂知识掌握存在较大问题，学习效率较低。随班就读学生最喜欢语文，而数学则普遍学得差；部分听障生学习习惯不好，基本上不预习、不复习；普遍缺少稳定的学习伙伴；听障生胆怯，不喜欢与人交往，课堂注意力不持久，听障生易与同学发生冲突；作业完成情况不好；个别听障生对自己要求不严，存在随班"混"读现象。

（5）根据已有的经验和掌握的学生现状，我们写出了《调查结果分析》，并制订了《普通中学听障生小学初中转衔教育研究方案》。

2. 实施阶段（2006年3月至2008年7月）

（1）进行课题论证，完善实验方案。

2006年，我们多次组织本校实验教师讨论实验方案，探讨实验方案的可操作性。同时，邀请有关特教专家对实验方案提出宝贵的建议，然后，我们组织专人对实验方案反复修改，不断完善。

（2）课题组讨论并制定出《五津中学随班就读管理制度》《五津中学随班就读研究工作制度》《五津中学资源室实施方案》《五津中学随班就读班级工作细则》《五津中学随班就读教师职责》《五津中学随班就读课堂教学评价意见》《五津中学特教生资源室管理细则》《五津中学特教资源室评估标准》等一系列管理措施，派专人落实，加强督查。

（3）不定期组织实验教师进行理论培训，探讨教育教学中遇到的新情况、新问题，并要求实验教师积极撰写教学心得和教研论文。

（4）实验中，我们特别强调个案研究。针对每个听障生，我们每期制订个别教育计划，设计了《教师联系本》《家校联系本》《特教生沟通记录本》，以期建立实验班任课教师与资源室教师相互沟通、教师和家长相互沟通、教师与学生相互沟通的立体沟通模式，提高教育教学的针对性和实效性。在日常工作中，我们加强对实验教师课堂教学、课外辅导、资料填写的检查和督促，每期进行工作评比。

（5）实验教师队伍不断壮大，有不少年轻教师加入实验队伍。我们接收的听障生也由最初的4名增加到13名，实验年级由原来的七年级扩展到七、八、九三个年级。每个实验班安置的听障生不超过3人。我们在全校上下开展尊重残疾人教育，倡导建设和谐班级、和谐校园，为每个孩子（特别是听障儿童）创设一个健康、向上、温馨的学习成长环境。教育部和中央教科所有关领导、专家视察我校后，对我校的随班就读工作给予高度评价，称赞我校听障生很阳光。

（6）不断完善资源室工作。在上级领导部门和县特教资源中心的指导和帮助下，我们对学校资源室教师工作不断规范，对资源室设施不断完善，多次接受上级领导部门的工作检查，受到好评。

3. 总结阶段（2008年7月至2008年12月）

（1）撰写研究报告、工作报告、大事记等。

（2）汇总搜集有关资料、教师论文。

（3）为结题做好准备。

四、研究成果

（一）建立资源室，开展特殊需要的支持服务

1. 初中资源室的服务功能

（1）教育诊断。对特殊需求的学生通过正式和非正式的测量、访谈、跟踪观察形式，全面了解学生的心理生理特点、适应能力、学习能力等，为制订个别教育计划和教育安置提供依据。

（2）教学辅导。听障生由于自身的生理缺陷，在完成教学任务方面与普通儿童相比困难较大，资源室教师针对随读生课堂中未消化的内容给予个别辅导，选择适应的内容进行巩固训练，并教给随读生必要的学习方法。

（3）行为矫正。对听障生行为习惯等方面存在的问题进行纠正教育，帮助听障生认识自己的缺点，培养他们良好的心理品质和行为习惯。

（4）咨询和培训。资源室组织教师、家长学习特殊儿童教育的理论知识和教学策略、教育手段，向普教老师、家长提供相关的信息、资料，并为家长和普教老师提供教育咨询服务。

2. 初中资源室的服务原则

（1）动态安置原则。

随班就读听障生各自的教育起点不同，同一个孩子在接受教育的过程中也还存在着阶段性差异，所以应根据听障生在学习中出现的障碍情况和特殊需求，调整辅导时间、内容及方法，采取全融合、部分融合、多数时间在资源室的安置方式，使听障生保持良好的学习状态。

（2）阶段性原则。

融合教育中的听障生，不应视特殊教育的支持为长久的依赖，而是阶段性行为。资源室在辅导学生时应注意规范听障生的学习行为，教会他们掌握正确的学习方法，培养良好学习习惯，逐步达到独立完成学习任务的要求。对于完全融入普教中的听障生，如果遇到新的障碍需要特教支持时，资源室应随时接纳，帮助其排除障碍，使融合教育中的听障生能得到及时持久的帮助。

（3）辅助性原则。

资源室的服务不能代替普教开展个别化教育的全部功能。在融合教育中始终应贯彻普教为主、特教为辅的教学原则，否则听障生不仅难以完成学习任务，甚至身心也会受到伤害，致使融合教育达不到应有的目的。

（4）直观性原则。

直观性原则反映着听障生认知规律，符合他们的思维特点，能丰富他们的直观经验和感性认识，为他们的智力发展、掌握要领和抽象知识创造条件。

（5）补偿性原则。

听障生由于听力障碍，在语言、思维、沟通等方面发展都受到了不良影响，在初中教育教学中必须重视听障生口语、唇读、书面语的能力培养，不断加强其与正常人的交往。

（6）个别化原则。

听障生在身心特点、个性等方面存在很大差异，要针对特点，区别对待，科学制订个别教育计划并认真执行，使每一个听障生在语言发展、心智活动、情感意志及交往能力等方面得到充分发展，满足个体需要。

（7）巩固性原则。

听障生由于记忆慢、遗忘快、理解能力差，对所学知识掌握往往不深刻、不全面，因此在指导他们训练的过程中，要加强理解性指导，通过多层次、多形式、新颖多样的指导，反复练习，使听障生记住、记牢，避免厌倦情绪。

3. 初中资源室直接服务听障生的途径（见图1）

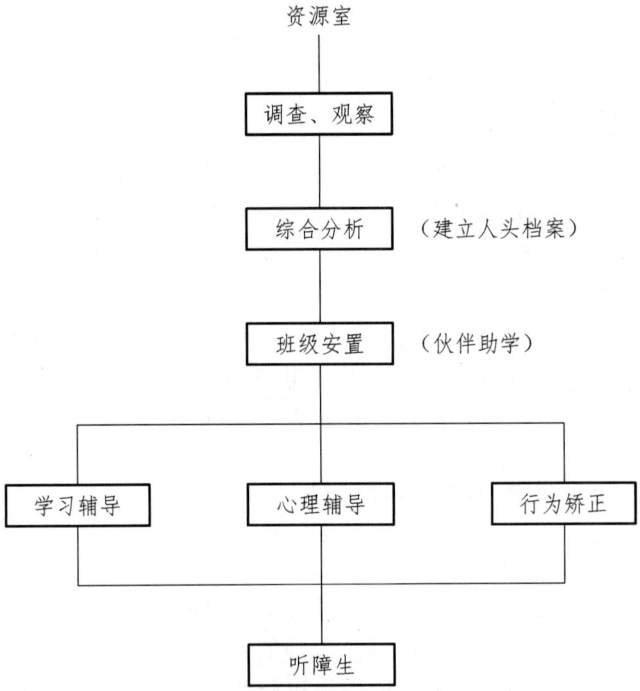

```
            资源室
              │
          ┌───────┐
          │调查、观察│
          └───────┘
              │
          ┌───────┐
          │综合分析│  （建立人头档案）
          └───────┘
              │
          ┌───────┐
          │班级安置│  （伙伴助学）
          └───────┘
              │
      ┌───────┼───────┐
   ┌─────┐ ┌─────┐ ┌─────┐
   │学习辅导│ │心理辅导│ │行为矫正│
   └─────┘ └─────┘ └─────┘
      └───────┼───────┘
          ┌───────┐
          │ 听障生 │
          └───────┘
```

图 1 资源室直接服务途径

4. 初中资源室听障生学习辅导的方法和策略

对听障生开展学习辅导是初中资源室十分重要的工作。

（1）组织学科老师开展学习辅导。听障生在融合教育中由于听力存在缺陷会产生学习困难，需要根据他们的身心特点提供特殊需求的支持服务。资源室应根据听障生在学习过程中出现的问题，组织学科教师对听障生展开个别辅导，最大限度保证其学习效果，树立其学习信心。对辅导教师，资源室加强教育教学方法指导，经常组织培训、研讨活动。

（2）资源室在对听障生实施课外学习辅导时，应动态安置，充分利用学校自习课或学生自由活动时间，从听障生学习中的特殊需求出发，有计划、有层次地对听障生开展辅导。

（3）资源室对听障生实施学习辅导中，应充分考虑学生的学习基础和认知特点，运用演示法、分类教学法、操作法、电教法、综合训练法等多种方法，激发学生学习兴趣，强化学习效果。

（4）资源室在运作过程中，坚持立体开放原则，不断吸收最新特教科研成果，开展学校资源室之间的多向联系，共享研究成果，形成研究合力。同时构建资源室、特教专家、上级主管部门、学校、教师、学生家长共同参与的主体教育系统。

（5）在初中听障生学习辅导中，学科辅导应根据学年课程的安排逐年增加，由于存在辅导时间短、被辅导对象的差异大的现象，为了达到辅导效果，辅导老师通过书面和直接交流随时掌握每个听障生的课堂学习状况，有针对性地开展学习辅导，尽量让听障生参加学习过程，通过个别与小组辅导的形式，进行特殊教育需要服务。

有专家指出：融合教育的本质——一个包容、平等、客观的心态，突破自我，善待自己，学到勇气、耐心和毅力。特教资源室的服务不能为听障生包办一切，而应以平等的态度，让听障生获得自信和实践能力。否则，会使听障生身心俱损，结果与我们的教育初衷背道而驰。

（二）营造平等和谐的接纳环境

1. 建立友爱互助的班级环境

环境对人的成长起着重要作用。良好的班级环境的建立，需要一系列班级制度来保证，也需要班主任和科任老师的正确引导。每个学期，特教专家和我校资源室教师都要到随班就读班级进行培训，宣讲随班就读的意义，介绍听障生的特点。各班建立了助学小组，为每位听障生安排了助学伙伴。班主任对助学伙伴加强指导，教给方法，并制定了相应的奖励办法，形成了爱残助残的良好班风。如2008级的听障生高××，常拿同学的钱物。班主任在了解情况后，一方面加强对该生的教育，另一方面也教育全班同学不要歧视高××，禁止同学们用"小偷"等字眼给高××贴标签。在老师和同学的帮助下，高××改掉了小摸小拿的恶习。一旦高××生活上、学习上有了困难，老师和同学就给予帮助，让高××融入整个集体。

2. 营造平等向上的校园环境

在听障生随班就读教育过程中，学校重视营造全校参与的氛围，宣讲随班就读的意义，培育听障生助学伙伴，创建和谐积极的教育氛围，充分发挥各种支持因素的作用，并不断加以优化，最大限度地为听障生成长创造良好的校园环境和有利条件。

2005年8月，我校接纳我县首批听障生随班就读后，即在全校师生中开展了"尊重残疾人、帮助残疾人"的活动。通过主题班会、全校集会、黑板报宣传、演讲比赛等形式，结合构建和谐社会、和谐校园的大背景，让全校师生发自内心地尊重、关心他们，平等相待，正确看待听障生表现出的各种行为，为听障生营造一个和谐发展的环境。2005年9月，教育部和中央教科所有关领导视察我校听障生随班就读工作，评价我校听障生很阳光，并勉励我校在听障生随班就读的研究工作中继续努力。为了增强听障生信心，我校专为听障生增设单科学习奖、进步奖。在每次全校性的表彰会的领奖台上，都可以看见听障生的身影。2010级7班的听障生表演的舞蹈《感恩的心》在校2007年艺术节中获一等奖；2008年9月，2010级2班听障生朱××参加市第6届残运会，获得两枚游泳银牌。学校号召全校师生学习听障生身残志坚、勇于拼搏的精神。

3. 形成推动随班就读的家庭环境

家庭教育在听障生随班就读中起着不可低估的作用。通过家校联系、邀请家长校访、召开家长座谈会等形式，对家长进行孩子教育方面的指导培训，帮助家长正确看待听障孩子，正确处理听障孩子出现的问题。

如听障生王×升入我校后，学校资源室与家长共同商讨、制订了个别教育计划。在特教专家和资源室老师指导下，王×的家长和学校老师一道针对王×聪明、身心发展正常、口语和书面语表达得比较清楚，但意志薄弱、易骄傲等特点，正确引导，适度提高目标要求，取得了明显的教育效果。该生参加2008年中考，取得434分的好成绩，顺利升入我县一所普通高中。

（三）课堂教学的支持服务

1. 重视调查分析，实施个别化教育

在教育过程中，我们注重调查和分析听障生的学习状况和融入程度，并及时采取措施，调整教育教学策略，及时与听障生沟通，帮助其改进学习方法。2005年12月，我们对2008级的4名听障生进行了调查分析。

（1）五津中学听障生学习调查表主要从听障生的学习兴趣、学习习惯、学习方法、学习结果四个方面进行调查。2005年12月，我们对听障生进行问卷调查，结果发现：听障生中有75%喜欢语文，25%喜欢数学，10%喜欢英语。学生普遍感觉数学、英语难学。这也从某种程度上说明听障生在16岁以前，仍主要以具体形象思维为主。因而在学习过程中，教师要根据听障生的实际发展水平，予以正确引导和有效辅导。

（2）我们通过对听障生进行融入程度调查，发现听障生100%喜欢自己就读的五津中学，100%的听障生都参加集体活动。听障生中有75%觉得老师、同学对他们的态度好，有25%的人觉得一般。

（3）我们对听障生所在班任课教师进行问卷调查，了解听障生的课堂学习、作业完成情况、请教老师情况，掌握了听障生在学习纪律、学习态度、课堂参与度、作业完成等方面的情况，为帮助听障生改进学习方法、端正学习态度提供有力的现实依据，从而使个别教育计划更具有针对性、实效性。

（4）每学期开学，我们还依据听障生的身心发展水平、现有学习能力水平、存在的问题等，制订五津中学特教生个别教育计划。个别教育计划涉及听障生的个性心理辅导、学习目标、学习诊断、检查等方面的内容，做到了有的放矢，一把钥匙开一把锁。比如听障生朱×在读七年级的时候，因为语言障碍，在交往中经常误解同学，好几次主动攻击同学。实验老师便为他制订长期的教育计划来矫正他的心理行为。班主任经常与他笔谈，教给他与普通同学交往的方法，并在生活中给予无微不至的关心和照顾，使他感受到浓浓的爱意。经过一个学期，朱×改掉了打人的缺点，并且结交了许多好朋友。

（5）在日常教学过程中，我们要求参研教师加强听障生思想教育，帮助他们树立学习信心。通过发现听障生的闪光点来培养他们的学习兴趣。如听障生黎××喜欢田径运动，立定跳远成绩居全班第一。老师就抓住他这一特点经常表扬他，并号召全班同学向他学习。后来他在校运会上取得了好名次，在成功的快乐体验中，他的学习兴趣和信心也大大增强。我们经常鼓励听障生多质疑、提问，多与老师、同学沟通交流。为促使听障生主动学习，我们要求听障生人人准备问题记录本，任课教师统计听障生每月提问次数，对表现好的，我们颁发"勤学好问奖"；对表现不够好的，予以批评指正。为了帮助听障生融入集体，我们把听障生划入学习小组，指定能力强、品质好的学生作为他们的学习伙伴，在生活上、学习上、思想上，相互交流、沟通，帮助听障生尽快融入学校集体生活。

2. 纪律严格要求，精心设计课堂教学

在对听障随读生的管理要求上，应考虑其身心特点，但犯了错误决不姑息迁就。要求听障生和普通学生一样严格遵守班规、校规，在处罚上可采取灵活机动的方法，逐步让听障随读生养成良好的行为习惯。课堂学习是听障随读生接受知识、发展能力的主要渠道，在安置有随读生的课堂教学中，应注意以下几点。

（1）营造和谐的课堂氛围。只有在和谐、愉悦的学习氛围中，学生具有安全感，才能大胆地思考，大胆地表现自己。

（2）明确教学目标。教师通过板书提示，让听障生明白本节课的教学目标，能大大提高他们的学习效率，增强他们学习的成就感。

（3）恰当运用教学媒体。因听障生在听力方面有缺陷，教师可适当多运用一些挂图、多媒体等直观形象的教学手段，让听障生更好更快地接受新知识。

（4）及时反馈。在教学中，教师可有意识地关注听障生课堂知识掌握情况，通过查看他们的笔记，请他们上黑板演练习题或查看他们的课堂练习作业本等形式，当堂给予评价，及时帮助他们纠正错误。

（5）鼓励合作交流。在课堂学习自由探讨的环节中，要鼓励听障生大胆地与同桌交流讨论。听障生由于口头语言存在障碍，因此，要引导他们通过书面形式与同学交流。同时，也要求普通学生热心帮助听障生，以达到共同提高的目的。

（四）建立随班就读管理和评价制度

课题组研究制订了《五津中学随班就读管理制度》《五津中学随班就读研究工作制度》《五津中学资源室实施方案》《五津中学随班就读班级工作细则》《五津中学随班就读教师职责》《五津中学随班就读课堂教学评价意见》《五津中学特教生资源室管理细则》《五津中学特教资源室评估标准》等系列管理措施，保障研究过程的科学化。

评价具有激励、导向、检查、反馈功能。评价制度的建立和完善对随班就读工作起着极大的推动作用。参考有关资料，我们制定了《特教生资源室管理细则》，主要从行为习惯、学习方面进行相关的规定，明确奖惩制度，做到有章可循、奖罚分明。另外，我们还制定了《五津中学特教资源室评估标准》，由学校领导组成检查小组，对我校特教资源室工作进行检查，以便及时发现问题，限期改正。对特教资源室的辅导老师，我们也制定相应的《五津中学特教资源室辅导教师工作考核表》。一方面，可以起到检查、督促工作的作用；另一方面也可以指导资源室老师工作，让他们把工作做细做实，使资源室真正发挥其应有的作用。每期我校拨出专项费用作为实验教师的津贴。在学校教师评优晋级中，我校政策向实验教师倾斜，其工作积极性有所增强。对随班就读学生，学校每期使用《学生综合评价表》，对学生从行为习惯、思想品质、学习效果等方面进行较全面的定性定量评价。对随读生还进行阶段性诊断评估，为调整教学目标提供依据和参考。同时，使用综合诊断，较全面反映学生学习情况，以便查漏补缺，有效进行个别辅导。

（五）建立联系沟通机制

为加强实验老师与听障生、实验教师之间，实验教师与家长之间的沟通联系，形成立体教育系统，我们实行"两本""一卡"联系制度。

1."两本"即《教师联系本》和《家校联系本》

《教师联系本》记录每周听障生在语文、数学、英语等科目方面的学习情况，由普教老师和资源室老师共同填写。这样，就可以让资源室老师了解听障生本周学习内容及存在的问题，以便在资源室辅导中有的放矢；也利于班主任老师全面了解听障生学习状况，从而提出恰当的建议，给予有效辅导。

《家校联系本》由听障生所在班班主任和学生家长每周填写，以利于老师和家长及时了解听障生在校或在家情况，老师与家长间互通信息，交流看法，形成教育合力，促进听障生健康成长。

2."一卡"即特教生沟通记录卡

由于与听障生口头交流不便，当教师针对一些具体问题要对听障生展开教育时，我们就通过与听障生书面交流的形式进行。此卡主要包括沟通主题、沟通过程、沟通效果三方面的内容。实践证明，这种形式既有利于教育学生，又利于收集教育素材，为教师以后的教育教学提供借鉴。

综上所述，我们为听障生构建了较完善的学校支持服务网络，如图 2 所示：

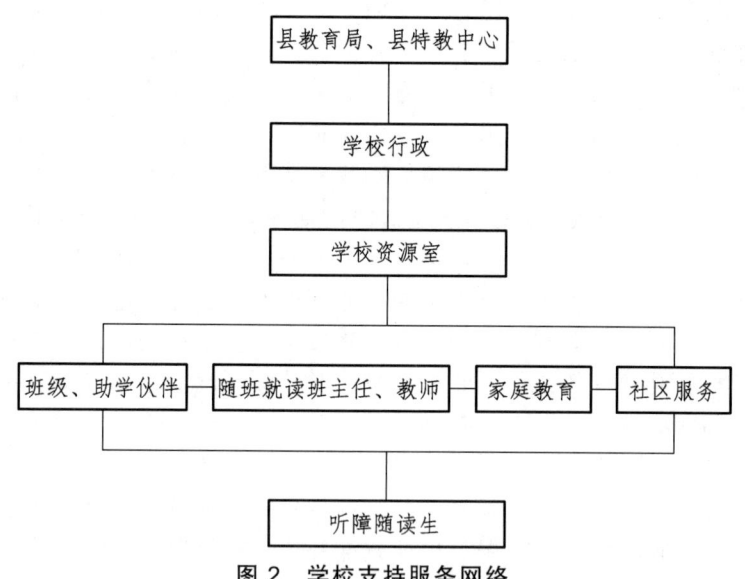

图 2 学校支持服务网络

在为听障生提供支持与服务的过程中我们认识到：要为听障生提供他们最需要、最适度的支持，鼓励听障生自主、自强、自信，力争使他们平等融入集体生活中，而不至于因获得过度的支持与服务，阻碍听障生潜力的发掘和能力发展。在对听障生的教育效果评价中，我们不以"分数"论英雄，而是尽力看到他们的进步和闪光点，特别是关注他们良好行为习惯和健全人格的培养，采取多元评估的思路，也让听障生在成功的喜悦中去创造新的成功。

（六）实践成果及效益

三年来，课题组老师撰写了 30 余篇论文，收集了个案并写出了教学心得，罗成刚老师的特教论文在全国第三届现代特殊教育论文大赛中被评为三等奖，教师们的科研能力和教育理论水平大大提高。我校形成了较浓厚的科研氛围。老师们通过课题研究，教育理论知识更加丰富，教育观念不断更新，使用现代教育技术手段的能力得到增强，课题研究也成为老师们交流思想的重要平台。同时，听障学生进入我校学习（我校接收的听障生由原来的 4 人增加为 13 人），提升了我校学生宽容、大度、友爱、互助的品质，推动了学生心理和谐健康发展，促进学校良好班风、校风、学风的形成。经过实验教师的精心培育，听障生都能较好地融入集体生活。他们的不良行为习惯基本得到矫正，心理得到健康发展，听障生的学习成绩明显提高。2008 年有 5 名听障生从我校顺利毕业，升入高一级学校学习。其中王×同学以中考总分 434 分的好成绩被我县华润高中统招录取。

经过三年的发展与求索，我校听障生随班就读工作得到学生、家长的一致好评。《成都日报》、四川电视台等新闻媒体对我校随班就读工作进行报道，引起了社会各界的关注。2008 年 7 月，"英助会"项目领导到我校调研，对我校随班就读工作表示赞赏。

五、课题研究的结论及问题思考

三年的研究试验结果表明，构建的普通中学听障生小学初中转衔教育模式是较为实用和成功的。它符合全纳教育的先进思想，是随班就读工作在初中这一阶段大胆而有益的尝试，促进了听障生在初中学习阶段的健康成长。听障生转衔教育模式具有一定的推广价值和借鉴意义。

由于此课题本身具有创新性，以及研究时限和研究水平所限，我们认为还有以下问题尚待进一步思考和探索：

（1）随班就读听障生在初中阶段的心理健康教育问题。

普通初中的教师只能依据一般的心理学原理，结合自己的经验来做出分析、判断、处置，有时候适得其反。应该加强特殊教育心理学培训，最好是配备专职的心理教师。

（2）随班就读课堂中，教师对听障生的兼顾和辅导问题。

该问题涉及随班就读教学的考核力度问题、工作量问题、经费保障问题和现代教学设施的配备与使用问题，需要整合政府、社会、学校等多方力量共同解决。

学前融合教育支持服务实践研究

杨云秀　杜　燕　杨晓敏　苏　珠

摘　要：学前融合教育让有特殊教育需求的儿童与其他正常发展的儿童共同接受学前教育。文章从行政管理、资源室建设、环境建设、班级活动和家庭支持等方面探讨学前融合教育支持服务系统的建立。

关键词：学前，融合教育，支持服务

一、研究背景

在我国，义务教育阶段的残疾儿童随班就读工作方兴未艾，然而"全国约数十万有特殊需要的婴幼儿大都还被拒于托幼机构之外；专门从事特殊儿童融合保教的研究人员和实际工作者寥若晨星；仅有一些民间组织和部分幼儿园（所）在进行尝试。早期融合教育在观念、理论和方法上都存在着迫切需要全面探索的新领域。而极少数对特殊需要的婴幼儿实施融合教育的机构和实际教育工作者也很难获得家长、社会等方面的理解和支持[1]。"

新津县是我国西部地区最早开展融合教育研究的实验县，2001年新津县五津幼儿园开始接纳听力障碍儿童。随着融合教育的不断开展，五津幼儿园接纳的残障儿童逐渐增多，服务对象也开始拓展，从接纳听障儿童，扩展到脑瘫、智障、自闭症儿童。但在融合教育的实践中，我们看到有特殊需要的孩子虽然进了幼儿园，但由于缺乏专业技术的支持和合理管理，他们难以获得有质量的支持服务，"随班混读"的现象仍然存在。

为了研究解决学前融合教育中出现的问题，五津幼儿园决定开展"学前特殊儿童融合教育支持服务实践研究"的课题研究，旨在通过研究提升支持服务的理念，完善支持服务的策略，提升支持服务的质量，推动特殊儿童早期融合教育实践活动，积累学前融合教育支持服务的实践经验。

二、研究目的与内容

本课题通过研究，探索学前融合教育中幼儿园在特殊教育专业支持、环境建设、班级活动、行政管理、家庭和社区支持中的有效策略与途径，促进学前融合教育中的残障儿童能获得良好的发展。

三、研究方法

本课题主要应用文献研究法、行动研究法和个案研究法。参与课题的幼儿园管理者与教师既为研究者，也为实践者，在对已开展的学前特殊儿童融合教育实践进行反思、总结、深化，最终形成有特色的园本研究成果。

四、研究的理论依据

（1）教育的平等观。教育平等观主张教育的公正与公平，提倡教育对个别差异的尊重。

（2）生态教育观。主张人与环境、人与人、人与物的关系，强调自然、平等状态下的生存、生命与生活。

将融合教育视为教育常态，追求教育的平衡与和谐、多元化、弹性发展，为个别差异提供自由、丰富、更新的资源服务，提倡教育的合作、互助、共存、共荣、共进、共享，建立相互理解与接纳的、相互欣赏与激励的共赢机制。

五、研究过程

（一）加强幼儿园行政管理支持

我园从 2001 年起，先后接收了 20 多名特殊儿童就读，通过长期的研究，建立了融合教育的管理机制，将融合教育纳入常规管理（见图1）。

幼儿园领导重视融合教育，将资源室作为单独的教研组，与五大领域（健康、科学、语言、社会、艺术）中心教研组并列，由副园长直接分管。每月组织随读教师开展教研活动，由资源教师主持，领导参与，内容包括培训学习、随读情况讨论、教研分析。

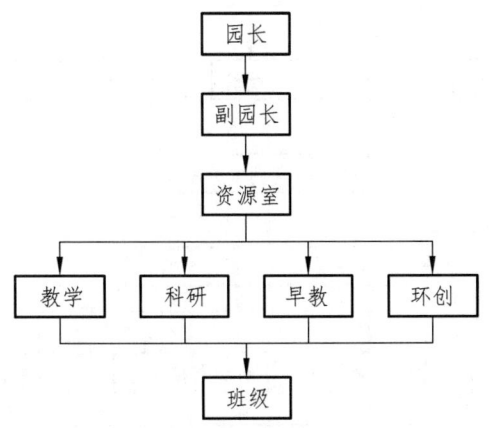

图 1 融合教育行政管理示意图

（二）建立资源室，形成学前资源室的支持策略和途径

我园接收特殊儿童入园开展融合教育，首先，需要特殊教育的专业技术支持，借鉴我县义务教育阶段的融合教育实践经验，我园建立了特殊教育资源室。在资源室运作中努力探索与形成资源室的支持策略与途径。

开展融合教育中的技术支持一般来自三个方面：一是来自如县特教中心等的专业技术人员的培训指导和专业机构的协助；二是本园教师实践与操作；三是相关专业的书籍资料与信息。资源室集此三方面为一体：把资源室作为一个单独的部门，给予专门的场地，配置了相应的器材，购置了特殊教育、融合教育的书籍与资料；资源教师是资源室开展融合教育的专业技术人员；资源室教师根据幼儿园中特殊儿童的教育需求，开展专业技术的支持，是普教与特教的桥梁和纽带。我园从思想觉悟、工作能力、基本素质等方面对资源教师进行推荐任命，保障了我园资源室的有效运作和融合教育的技术支持。

1. 形成学前融合教育的资源室支持服务流程

融合教育的开展需要资源室的有效运作，我们参考新津县义务教育段资源室的经验，明确了资源室的功能和资源室教师的职责，在实际工作中不断总结和改进，在工作开展中形成幼儿园融合教育的资源室支持服务流程（见图 2），融合教育成为幼儿园的常规工作。

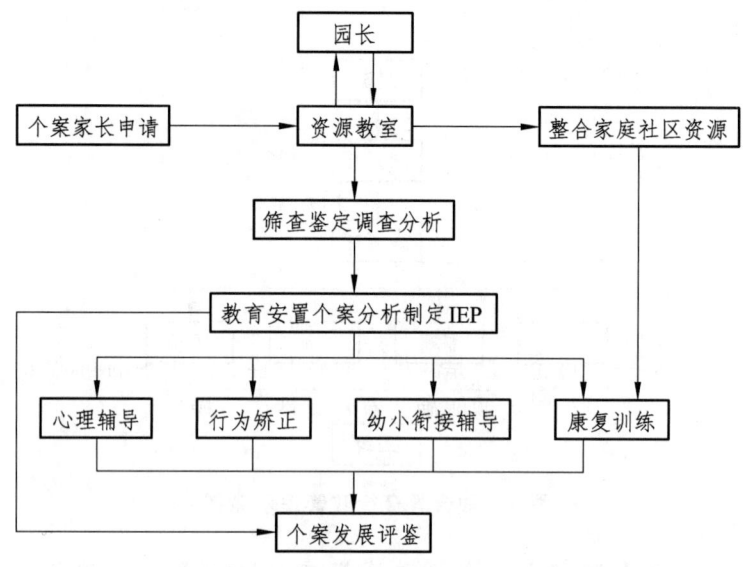

图 2　幼儿园资源室支持服务流程示意图

2. 明确资源室支持服务内容

资源室支持服务流程也明确了资源室支持服务的主要内容，包括以下几个方面：

（1）宣传融合教育信息，制定工作规划，提供建议、评估、教育安置。

（2）为幼儿教师提供咨询与技术支持。协助制定和实施 IEP。在课堂教学、补救教学、特殊儿童的心理与行为训练方面提供支持服务。[2]

（3）为家长提供咨询、培训，保持与特殊儿童家长的信息沟通与反馈。

（4）宣传社区，争取社会资源的支持。

（5）对有特殊教育需求的儿童提供筛查、鉴定、教育诊断、康复训练、发展性评估等专业技术的支持。

3. 提高资源室教师能力

在融合教育开展过程中，资源室教师承担了重要角色。根据我园资源室建设与运作情况，资源室教师应该具备以下几方面的能力。

（1）组织协调能力。

资源室作为幼儿园一个部门需要独立开展各项工作，资源室教师需要具备良好的组织协调能力。如个案研判会是整合教育资源、组织幼教人员共同参与的重要形式。个案研判会前，资源室教师要安排布置并指导班级教师、医务人员、护理人员按照本服务专业要求了解个案身心特点、存在的问题和发展潜能。在个案研判会中，根据到会人员、家长、资源室教师对个案的教育诊断和特殊教育的需求，组织教师进行支持策略的讨论，明确工作中对个案支持服务的目标和策略，主持完成个别教育计划。

（2）沟通和宣导能力。

沟通宣导是资源室教师在融合教育中的重要工作方式。资源室教师在与普通教师的沟通中进行信息传递，开展咨询服务。沟通宣导的内容涉及面极广，一切与学前融合教育相关问题均可作为沟通宣导内容。沟通宣导的内容和任务常常通过讨论来实现，我园的讨论一是要求有例行讨论会，每周或每月按规定的时间进行讨论。二是讨论要有针对性，对出现的问题和遇到的问题随时讨论。三是讨论时议题明确，有针对性和可操作性，同时通过讨论应形成方案和方法。

在学前融合教育中资源室通过与普通幼教工作者的沟通宣导，不仅传递了信息与技术，还避免了教育各方独居一隅，不见面、不对谈、不关心、不了解、不合作的现象，促进融合教育的健康开展。

（3）进行教育与康复训练的能力。

幼儿期是人体生长发育的最佳期，也是对身心障碍儿童开展教育康复的最佳期。我园资源室在对残障儿童教育康复中，一是建立康复训练的场地；二是根据康复训练要求调整个案课程，让有特殊需要的孩子既能融入普通儿童课程中，又能单独康复训练；三是资源室教师根据康复训练的需要调整支持服务时间；四是康复训练是专业性较强的服务，资源室教师在整合家庭、社区、医院、康复资源的同时，掌握相关专业的知识与技术，让特殊儿童的康复训练得到专业支持。

（三）创设融合教育的环境建设支持

我园接受特殊儿童后，由于孩子们能力、水平各不相同，儿童间个体差异大，环境的安排显得尤为重要。我园教师在安排游戏和活动空间时，为了让有特殊需要的孩子较容易、较自然地参与，环境建设适合所有孩子在一起玩、一起享受快乐，促进真正的融合，以利于促进普通儿童和特殊儿童的发展，注意了以下几个方面。

（1）减少噪声。对有听觉障碍的儿童，噪声会给他们带来更大的伤害。

（2）安全的移动使每个孩子都感到安全和信赖，如整洁、不打滑的地板、楼梯或平整的地毯等。

对视障或有肢体障碍的孩子，没有障碍的环境能避免他们再次受到伤害。

（3）教室环境布置避免杂乱无章，环境布置让所有幼儿在完成学习任务时，能最大限度地集中注意力。特别是注意力有缺陷或存在学习障碍的儿童，减少分心也是促进他们学习的最佳方式。

（4）提供良好的户外活动环境和生态学习环境，不仅是普通幼儿的需要，而且是特殊幼儿学习、成长的需要。户外环境建设要尽量贴近大自然，做到无污染、无障碍、安全、阳光。

（四）营造有效的班级活动支持

特殊儿童的学校活动都以班级形式进行，在班级活动中提供积极有效的支持，能保障融合教育中特殊儿童活动得到高质量完成。

1. 班级活动中坚持公平原则

在幼儿班级活动中，每一个孩子都能参与活动，分享和使用喜爱的学具、玩具。在开展班级活动中，教师应为每个孩子提供展示自己的机会，那些对残障儿童过多给予机会或不闻不问的做法都是对班级所有儿童的不公平。同时，对孩子的要求也应一视同仁，如对一些行为问题如儿童摔打玩具、撕毁图书、浪费材料、干扰其他伙伴的活动等不做要求和管理，听之任之，影响其他孩子利益，也是教育不公平的表现。

2. 组织同伴互动

在室内外教学活动中，教师可以根据孩子们的兴趣、性情或能力水平分设小组，或加强小伙伴的互动，帮助特殊儿童通过模仿学习社会技能，同时也促进问题儿童在与正常孩子的互动中获得快乐，建立开心、满意的伙伴关系。

在与同伴的互动中，教师要随时提供支持策略，指导普通儿童用特殊的方式与有特殊需要的孩子进行互动，让有特殊需要的孩子有机会与普通儿童一起玩耍、一起练习技能，为互助的孩子提供支持和强化，形成良好的人际环境。在对特殊需要的孩子所在班级的幼儿访谈调查中发现，90%以上的幼儿表示喜欢特殊需要的孩子，并且愿意与他们玩耍。

3. 教学活动支持

班级支持中最主要的是在教学活动中根据特殊儿童的不同需求，给予特殊的支持服务。如对于听力障碍的儿童，要合理安排座位和活动方位。需安置在易于观察到的教师与伙伴交流沟通的位置上。将有注意力障碍的孩子安置到靠近教师活动的地方，便于老师提示和掌控。

（五）争取家庭支持的策略和途径

随着融合教育的深入，我们越来越认识到家庭教育的重要意义。儿童的大部分时间是在家庭中度过的，家庭是帮助儿童延续学校教育的重要场所，家庭支持质量的强弱直接关系到障碍儿童发展的优劣。家长是儿童社会化的主要推动者，比教师或医务工作者更了解自己的孩子，有着不可替代的信息资源。在幼儿教育中，亲情教育是促进幼儿发展不可缺少的重要因素。

对于障碍儿童家庭来说，家庭支持是一场马拉松长跑，而不是一时的冲刺。我们在早期支持家庭的关键是帮助他们采取应对策略以完成抚养子女的整个过程。这是融合教育中教师们艰巨而光荣的职责。在支持家庭教育中我们主要采取以下方法。

1. 与家长沟通

教师对待家长的方式与教师对待儿童的方式应是一致的：尊重和欣赏他们在文化、价值观、态度、风格上的个别差异。教师与家长如果达成认识与行动上的一致，儿童就会有良好的教育环境。我园教师在与家长沟通中常采用：（1）非正式交流。可利用家长接送孩子的时间与其进行简短的意见交换，交换的信息可涉及儿童的许多方面，但要注意在公开场合中尽量避免谈论不适合儿童或其他儿童与家长听到的事情。对家长提到的某些敏感问题，教师应注意倾听。（2）指导家长观察。在融合教育中，残障儿童的家长有权利与义务观察自己孩子的一切表现。指导家长配合教师有目的、有方向地观察，这是家长支持的较好方式。家长通过观察，可以更深入地了解孩子的问题，与教师共同讨论、分析所观察到的情况，从而获得教育上的成长。（3）书面反馈。这是融合教育中家园联系普遍使用的方法。（4）使用电子邮件。在通信发达的今天，家园沟通中使用电子邮件进行沟通也是比较方便的手段。

2. 家长会

在融合教育中，资源室教师、班级教师还应根据儿童发展中的问题，有针对性地召开家长会。家长会议形式多样，可做家长交流体会、讨论问题、信息沟通、技术传递。

3. 家长反馈

我园设置了《家园联系本》，在 IEP 的实施中，不仅要填写家庭应配合完成的教育目标和内容，而且通过联系本及时反馈家庭支持信息，以便更好地了解个案的发展情况，完成 IEP 任务。家长问卷调查在开展融合教育科研方面有着十分重要的作用，通过调查反馈可以获得家长的教育观念、教育需求、教育选择等信息。

4. 家　访

家访是以家长为核心的早期教育的一种重要策略和反映。在学前融合教育中，为了对残障儿童进行科学的教育诊断，开展有效的家庭支持，对障碍儿童进行家访，可获得儿童情况分析的第一手材料。家访前应对个案需要了解问题草拟提纲，家访时间、家访方式应考虑家长的实际情况和接纳态度。家访后应及时对访问记录进行归纳整理。

六、研究成效

较为传统的早期特殊教育的效果：儿童参与班级日常活动的情况变化、社会沟通行为的变化、功能性技能的变化，以及入学前的准备技能变化，其他包含儿童的个别化教育计划（IEP）或个别化家庭服务计划中的内容[3]。通过实践研究，我园从儿童与群体的互动、同伴关系、儿童发展三个领域对融合教育的效果进行了评估，均达到或超过预期的效果。

（一）儿童与群体的互动效果

根据文献，该领域的界定标准是群体的其他成员都愿意为有障碍的儿童提供适应性服务，支持融合教育项目的开展，让有障碍儿童获得成员资格。例如《听障儿童早期融合教育案例报告》（新津一幼　朱晓芹）。

一、儿童基本情况

小杰，男，6岁，家住新津县龙马石埂村，父母均为农民，小学文化程度。2岁时因药物中毒而致听力损失，未接受任何语言康复训练，佩戴有单耳耳背式助听器，发音含混不清，与人沟通困难。

1. 心理情况

自尊心强，不愿服输。受到同伴攻击时，眼中便透露出强烈的不满和憎恨；当受到批评和委屈时，便陷入孤独、抑郁中。

2. 生活卫生习惯

无良好的生活卫生习惯，不能将小便尿到池里；洗手不抹肥皂，胡乱搓一下就完事，老师不注意时还不洗；喝水时从不排队，拿着杯子乱敲，常惹排队的小朋友生气；吃饭时常常会将饭洒在桌上，还常常把菜丢在地上；午睡时常发出响声或弄出响动影响周围的小朋友。

3. 行为和学习习惯

好动,常常是以"自我为中心",争强好胜,与人发生争执,常争抢别人的玩具、欺负弱小的小朋友。如果有小朋友惹恼他,他多以"拳脚相待";上课时,由于不能用语言表达自己的意愿,只能用手势,注意力不集中,常任意下座位,随意走动。无课堂纪律和学习意识,智力无障碍、反应快,在计算与绘画方面表现较好。

二、矫正目标和措施

在集体活动中与同伴交往时进行不良行为的矫正,培养良好的卫生习惯与学习习惯,采用整体教学、个别语训、家庭配合"三结合"方式进行听力和言语的康复。

(1)师生互动,融入集体,养成良好的生活卫生习惯。(2)采用"自评"和"他评"的方法,形成自我意识,促进良好行为习惯的养成。(3)在游戏活动中,学会与同伴、老师交流,培养团结互助的精神和良好的学习习惯,促进"自律"能力的形成。(4)开发潜能、发展智力,增强自信心,培养表现力。(5)整体教学与个别语训相结合,家长配合,求得"三合一"的康复训练模式。

三、效果

通过学前融合教育的支持策略,小杰发生了较大的变化。集中体现在:(1)乐观、开朗、积极向上。(2)热爱集体,喜欢集体活动,在活动中能用简单的词语和句子。能使用辅助手势与同伴、老师交流。(3)小朋友们乐意与他交往、接触,关系融洽。(4)不再"以自我为中心",学会谦让、克制,自我意识有所增强。(5)已形成一定的卫生习惯,不良行为有所克服。(6)能画出一些想象画,喜欢表演,能将人和事物的动作、表情和造型模仿得惟妙惟肖,能根据自己的想法自我表演,表现出一定的故事情节。

四、存在的问题

小杰已经错过儿童语言形成的最佳时期,语言发展迟缓。由于家庭经济困难,父母文化素质不高,无精力和能力对小杰进行家庭支持,因而其语言发展过程进展缓慢。

(二)同伴关系效果

根据文献,这一领域关注的是儿童在与同伴的关系中,有障碍儿童在与同伴的互动中,是否大部分时间都接受帮助,是否对其他儿童有所帮助,融合教育是否达到互利互惠的效果。我园在融合教育的支持服务中,开展伙伴互助的教育活动,不仅让有残障的孩子获得了快乐学习的空间,在互动中也让普通儿童获得互助学习的教育环境,提升了儿童宽容大度、互助友爱的整体品质。在众多的课堂教学的案例中,我们摘选一堂课的实录来反映同伴关系已经达到的效果。

《找春天》课堂教学实录

2006年春暖花开的时节,新津一小学前二班的孩子们在老师的组织下准备到室外参加"找春天"的游戏活动。当孩子们欢呼雀跃离开座位时,坐在教室前排的一位女孩却难以起身,她叫露露,患有脑性麻痹症、动作严重障碍。这时,两位走在后面的男孩子回过头来看到了她,毫不迟疑地跑回她身边。他们扶着露露慢慢地站起来,向情景中的"小桥"走去。孩子们一个个顺利走过了"小桥",露露也勇敢而兴奋地踏上了"小桥"。这时,孩子们中间响起了"露露,加油!"的欢呼声。

没有老师的要求和引导,这搀扶、这欢呼来得那么自然,那么和谐。这是幼小的心灵中绽放出来的友爱互助的美丽之花,此情此景让在场所有的老师热泪盈眶。

(三)我园早期融合教育特殊儿童的发展

近十年来,我园先后接纳听障、智障、脑瘫、自闭症等有障碍的儿童近20名。这些儿童在我园的全面支持服务下获得了健康发展。其中90%以上的儿童已经顺利进入当地普通小学就读。

在融合教育中,教师观念、教育技术得到了提升,残障孩子均获得健康发展。调查发现,教师认为融合教育对特殊幼儿有积极意义,接纳和关心特殊孩子,积极与家长沟通,并积极引导同伴与特殊孩子交流,鼓励同伴互动,在活动中面向全体的同时兼顾特殊孩子,认为特殊幼儿在融合教育中有明显进步和发展,特别是在自理能力、交往能力、心理品质和语言能力方面。

参考文献

[1] 张文京. 特殊儿童早期干预理论与实践[M]. 重庆:重庆出版社,2010.

[2] 许家成. 资源室的建设与运作[M]. 北京:华夏出版社,2006.

[3] 方俊明. 特殊儿童的早期融合教育[M]. 上海:华东师范大学出版社,2005.

"农村学校融合教育教师协同支持"
研究报告

新津县花桥镇中心小学课题组

第一部分　课题简介

一、课题背景

随着国家推广残疾儿童义务教育工作力度的加大，在特殊教育机构中接受教育的特殊儿童数量激增，特殊教育的质量成为关注的焦点。根据《新津县教育局关于进一步深化特殊教育工作的意见》精神，学校积极探索融合教育中为特殊儿童提供高质量的学习生活支持、促进特殊需求学生健康地成长的有效途径。结合学校实际和学生情况，我们提出开展融合教育中教师协同支持的研究。从学生的现实生活经历与体验出发，开展教师协同支持，加强课程内容与学生生活以及现代社会和科技发展的联系，各学科知识互为基础、相互联系，通过学科间的整合、知识的整合，为学生适应社会生活打好基础。

二、课题意义

协同教学主要是引入教学的一个方面，强调教学系统内在的协同作用。协同教学方法还有另一层含义，即"完全不同的学科之间的协作、碰撞"。课题以特殊教育个别支持计划为主要途径和方法开展协同支持，个别支持计划是以个人为中心建立的服务，依据心智障碍者个人的支持需求和发展计划，提供服务与支持，逐步满足个人的需求。

开展教师协同支持，发挥各教师的优势，整合各学科的资源，最大限度地为随班就读学生提供高质量的学习生活环境，同时探索服务于特殊需求学生的有效教育途径，促进特殊需求学生健康地成长。

三、研究对象、目标、内容和方法

（一）研究对象

以夏××所在的五年级一班各学科教师的协同支持为研究对象。

（二）研究目标

在充分借鉴国内外融合教育协同支持研究的基础上，分析学校当前融合教育协同支持运行的现状，找出面临的困难和问题；开展融合教育协同支持实践，探索以协同支持解决问题的有效途径和方法；构建以个别支持计划为统领的协同支持的学校运行机制，形成学校教师协同支持，促进特殊教育需要学生高质量发展。

（三）研究内容

（1）分析学校当前融合教育协同支持运行的现状。
（2）融合教育理念的培训与学习途径、机制建设研究，重点探索转变教师观念、提高教师协同支持服务能力的途径、方法。
（3）以该班夏××同学为个案，开展教师协同制订和实施个别支持计划（ISP）研究，以个别支持计划为核心，探索各学科教师协同的有效方法与途径。

（四）研究方法

主要运用文献资料法、调查研究法、个案研究法、行动研究法、经验总结法。

第二部分　课题实施

课题组成员在对国内外融合教育基本理论及协同支持服务相关研究成果梳理的基础上，特别是针对新津县开展普通学校特殊儿童支持服务研究的具体情况，以有随读学生的五年级一班各学科教师协同支持为研究对象，从策略探索和机制建立入手，采用文献研究、调查研究、行动研究、个案研究等研究方法，对课题内容做了全面系统的研究。在课题研究实施过程中，边研究、边实践，边实践、边反思，以理论指导实践，以实践创建经验。

一、深入开展课题调研，科学制订研究方案

一是对相关特教课题研究的调查。学校资源室教师多次到新津职高和花源小学取经，了解他们开展特教课题研究的思路和方法，熟悉他们研究的内容，以尽可能让我们的研究和他们对接，形成我县比较完整的融合教育课题研究经验。

二是对农村学校融合教育教师协同支持的调查。

三是对融合教育中随读学生及所在班级学生基本情况的调查。我们发放了调查问卷，对随读学生的学习情况、家庭情况、社会适应情况等做了调查分析，对学生所在班级的学习情况、班队建设情况进行了调查分析，掌握了大量第一手材料，形成了《家庭访谈报告》《学生访谈报告》和《教师访谈报告》等三个调研报告。

四是对教师协同支持现状及影响因素的调研。我们从学校、教师等方面对各学科教师协同支持的现状和影响因素做了调查，进行了分析。

二、建立课题研究机制，有序推进课题研究

1. 组建课题研究队伍

学校分别成立了课题领导小组、指导小组和研究小组。成员组成原则如下：

（1）课题领导小组。

组　长	由学校校长担任
副组长	由学校教导主任担任
成　员	包括德育处、教务处、总务处、科研室负责人

（2）课题指导小组。

组　长	由特教中心副主任担任
成　员	包括：特教专家（2人）、教研室课题管理负责人（1人）、县特教中心资源室副主任（1人）、资源室教师（1人）

（3）课题研究小组。

组　长	由学校教导主任担任
副组长	由资源室教师、五年级一班班主任担任
成　员	包括科研室负责人、随读学生班主任、随读教师等

2. 建立课题研究制度

为保障课题研究得以顺利进行，课题领导小组组织制定了本课题的研究工作制度、课题管理制度、研究人员工作职责等制度文件。

3. 按计划组织开展好研究工作

课题组重点做好了准备阶段、实施阶段和总结阶段三个阶段的相关研究工作。

第一阶段：准备阶段（2011.3—2011.6）

在准备阶段，我们成立了研究领导组和课题组，专家引领课题研究方向；完成了课题调研工作，写出了调查分析报告；开展了课题研究人员培训和随读班级教师培训；形成了课题研究方案。在研究准备阶段，我们重点开展了两个方面的工作：

一是课题调研。针对学生各学科的知识水平和行为习惯进行了调研评量，我们设计了《融合教育教师协同访谈提纲》和《儿童情况调查表》，进行了相关调查，写出了分析报告，进一步明确和深入认识了研究的目标和研究内容。

二是教师培训。在学校的领导下，由资源室负责，组织教师学习特教一般理论和课题研究方法。同时，学校还请特教专家曹照琪、蔡明尚及特教中心来校指导和开展教师队伍培训专题讲座，努力提高课题组成员的理论素养和实践能力。

第二阶段：实施阶段（2011.9—2012.6）

经过一学期的筹备和专家论证，我们明确了课题内涵，明确了研究目标和研究方法。学校采取了相应的保障措施，专家就有关研究工作进行了方向性引领和技术性指导。课题申报并通过县教研室审批立项。

课题开题后，课题组成员明确了自己的任务，课题组根据研究的目标任务按计划实施。

第一，教师协同进行教育教学诊断。

课题组组织随班就读班级各学科教师先从本学科角度对随读学生的学习情况、家庭情况、社会适应情况和学生所在班级学生的学习情况、班队建设情况、教师教学情况进行了分析，召开所有学科教师参加个案分析会。让随班就读教师对随班就读学生和全班的情况有全面的了解，增进了各学科教师的沟通，加强了资源的利用。

第二，教师协同研判制订各教育教学计划和随读学生个别支持计划。

资源室教师组织各学科教师对随班就读学生进行分析，写出研判报告，制订了个别支持计划。班主任组织各学科教师针对随班就读学生进行分析，制订了班队教育计划、课堂教学协同支持计划。

第三，进行课堂教学协同支持的探索研究。

各学科教师协同支持实施班队教育计划，根据协同制定的班级教育目标，结合学科特点在教学活动中实施。在教学中，各学科教师协同支持，整合各学科资源，打破学科界线，对不同学科的同一知识点，发挥优势教师的作用。班主任和资源室教师分别组织安排进行教师协助课堂教学的尝试。

第四，教师协同对学生进行综合评量分析。

在融合教育思想的引领下，我们注重对学生进行发展性评价。各学科教师协同评量学生，不单纯以学习成绩为标准，而根据学生的综合能力和发展情况进行评量。同时，对学生存在的问题进行分析，提出下一步的改进措施。

第三阶段：总结阶段（2012.9—2012.10）

开展融合教育协同支持的实践，构建以个别支持计划为统领的协同支持的学校运行机制，进行教师协同支持实践。研究中注重资料的收集与整理，总结研究经验，形成了教师协同支持的途径和方法。教师协同支持，不仅促进了特殊教育需要学生高质量发展，而且促进了班级教育教学质量的大幅度提升。

第三部分 研究成果

一、研究的主要结论

（一）促进了教师观念的改变和教师的专业发展

通过课题研究，融合教育中教师间合作探究的教育观念得到增强，在教师自身专业素质获得长足发展的同时，学校内部尤其是各学科教师之间的各种教育力量、教学资源充分发挥应有的作用，形成教育合力，从而促使融合教育教学、师生素质等方面得到全面提升。随读学生得到发展，主体地位得以确立，综合素质得到提高，师生关系和谐发展。

1. 教师形成了协同支持的观念，加强了对融合教育的认识

在课题研究过程中，我们开展了多种形式的培训和教研活动，提高了教师对融合教育的认识。通过对协同支持的学习和实践，教师改变了传统的教

学观念，梳理新的教师观、学生观、教学观和课程观。教师越来越关注学生的个体差异，发掘和整合学校、师生、家庭、社区等教育资源。教师对融合教育的认识更加深入，更加尊重学生的个体差异，更加重视学生能力的培养和综合素质的提高。

2. 教师协同支持实践，提高了教师专业技术水平

协同支持是教师互相帮助的协同合作过程，增进了教师之间的沟通，促进了教师之间的互动，使各学科教师对本学科教材的研究更加深入，更加关注其他学科的教学内容，教师间的交流更加广泛。在协同支持中相互学习，互补不足，取长补短，提高了教师的专业技术水平。个别支持计划的实施，进一步提高了教师对学生的调查、分析、研判能力。有针对性地制定教育教学策略，教育教学效果会更好。

（二）形成了教师协同支持的工作机制

1. 形成教师协同支持机制

长期以来，学校以相同学科教师为教研组开展教研活动，为增进学科间的协同支持，学校构建了以班级各学科教师为成员的教研组。

教研组由课题领导小组统一管理，课题组具体负责教研组的活动，资源室在课题研究中侧重于学生个别支持计划的制订与实施指导。班级教研组由语文、数学、音乐……所有学科教师组成，班级教研组根据个别支持计划实施协同支持，定期向资源室反馈协同支持与个别支持计划的实施情况，资源室根据反馈意见与教研组协同调整个别支持计划，做出协同支持的具体安排，由班级教研组实施（见图1）。

班级教研组成员仍然参加各学科的教研组活动，提高自身的教育教学能力水平。班级教研组的教研活动以协同支持直接指向学生，促进学生的全面发展。

2. 学校建立了促进教师协同支持的制度和措施

学校采取措施保障教研活动顺利开展，学校领导负责教研组活动的组织安排，课题组组长担任教研组长，以教师协同支持为主题开展教研活动。在协同进行教育诊断、制订个别教育计划后，学校制定了教研活动的相关制度。在工作安排上，合理安排教研活动，保障教研组全员参与。教研组每月开展一次教研活动，对学生个别教育计划的达成情况进行分析，共同提出个别教育计划的调整意见和支持策略。每周由班主任组织一次教研组的交流会。资

源室教师根据个别教育计划和教师交流情况,具体负责协同支持的具体安排。每学期由学校组织,课题组对教研组活动进行总结和分析,对教师协同情况进行考核和奖励。同时,分析学生个别支持计划目标的达成情况,制订下一阶段的个别支持计划。

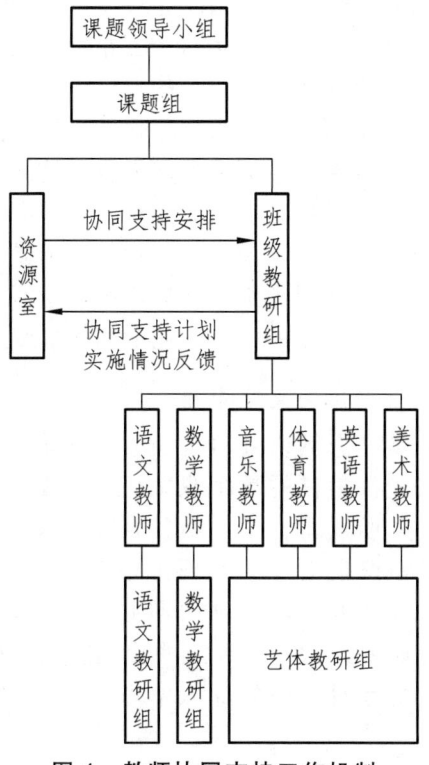

图1 教师协同支持工作机制

(三)形成了各科教师协同支持课堂教学的策略

协同支持结合融合教育和协同教学的特点,根据具体情景的需要加以调适。在协同支持中注重教师之间的合作关系、协同程度和协同方式,在实施中协同进行教育诊断,形成了综合研判,协同制订个别支持计划,协同支持课堂教学,形成了有效的支持策略。

1. 辅助人员进入教学课堂协助教学的支持策略

由于我校地处西部农村地区,班额大,随班就读学生个体差异性大。在开展融合教育时,随读学生表现出更大的差异性。在课堂教学上教师无法全面兼顾，辅助教学人员进入课堂对随读学生进行辅助很有必要。

通过对学生的教育诊断分析，制订出差异性大的学生个别化支持计划，安排其他学科教师或资源室教师进入课堂辅助教学。

例如，在上体育课时，学习投篮，其他学科有空的教师在上体育课时可以助教的角色进入班级。体育教师在教学生一些基本动作时，不能兼顾到全班每一位同学，助教就可以到随读学生身边去帮助、指导随读学生的动作，这样，随读生就能够更快地达到教师教学的目标，完成学习任务。

值得一提的是，这样的形式不止可以用在随读学生身上，对于班级中存在个体差异的学生，或者在某一方面接受能力较弱的同学也适合。

例如在数学课上，学习购物策略时有各种方法，老师给时间让学生想出怎么买东西最划算，有一些学生可能就不太理解。但是老师不可能为了一小部分同学而放慢上课进度，还是会继续往后讲解。这时，辅助教师可以到这一部分学生身边，给予他们一定的指导，让他们尽快跟上老师的进度。

2. 学科间教师的教学协同支持策略

长期以来，小学课程仍然以分科为主。在分科课程中，不同学科之间知识重复现象严重，各学科的教师只关注完成自己学科的教学目标，学生重复学习，学习兴趣减弱，学习负担加重。学生的思维方式常常局限在具体学科的书本知识学习中，表现出思维的片面性、凝固性，难以抽象出普遍的思维方式、方法。教师协同制定总体教育目标，共同制订教学计划和个别支持计划，对不同学科中的相同知识，发挥教师或学科的优势进行教学。这既是对知识的深入学习，也是对相关科目教学的协同支持。

3. 协同进行教学辅导和知识补偿策略

随读学生个体差异的存在，决定其难以达到普通学生的要求和进度，仅仅依靠普通班的融合教育，还不能完成个别教育计划要求，需要资源室对学生的课外支持服务。在课题研究中，资源室组织各学科教师协同对这部分学生进行个别化教学或辅导。个别化教学侧重于学习知识的补偿和为课堂学习做铺垫，降低课堂学习的难度。

在个别化教学中，充分发挥教师或学科的优势进行辅导。

例如，在今后的生活中，孩子们的生活自理能力尤为重要，一部分孩子在学习上确实特别困难，一些理论化的知识吸收不了，那么，我们必须在生活处理上给予他们一定的帮助。数学老师可以教会他们买东西算账，语文老师可以教他们一些经常在生活中碰到的字。例如，在生活中，数学老师可以让他们到超市去查找某样商品的价格；语文老师教他们这种商品包装上所出现的字，然后让他们利用平时空闲时间或者老师规定的时间到超市抄商品价格，回来之后，数学老师再教他们算法……这样在生活中学习语文或数学，能有效提高他们的学习能力，也能让他们的生活能力提高得更快。

教师协同程度的提高，使个别化教学更加合理、科学地实施。学科教师根据教学内容和学生个别教育计划实施对学生的抽离或附加式教学。

例如，在对个体差异太大的学生制订支持计划时，课本中的有些内容相对于这些学生来说比较困难时，老师就不会把这部分内容纳入支持计划。在学习这段课本内容的时候，我们可以把这部分学生抽离到资源室，或者教师办公室，针对其应该掌握而没有完全掌握或没有掌握的内容进行辅导。

二、问题和反思

课题对在农村学校开展融合教育中各学科教师协同支持研究进行了协同支持的实践尝试，总结了协同支持的运行机制和协同支持的有效策略。协同支持促进课程的统整，使课程成为教师展示课程能力、学生探究未知世界的充满活力的过程，体现了以学生为本位，体现了对学生个体差异的支持需求。发挥教师的优势，为学生（包括随班就读学生）提供了高质量的教育。

在实施中，存在一些影响教师协同程度和协同支持活动开展的因素。协同教研组的组织和活动安排具有明显的优越性，但是，活动的开展，特别是人员的参与率，活动时间的安排方面有一定难度。我校在实施中多数是占用教师的休息时间来开展的。

教师进入班级辅助教学的策略方面，我们进行了尝试与实践，但由于教师工作量大、负担重，在实际运行中，进入课堂的协同时间安排困难，有待进一步的探索。

今后，我们将进一步进行协同支持的深入探索。坚持开展班级教研组的活动，协同开展对班级和学生个别支持的研判，结合实际开展协同支持教学。资源室对特殊教育需求学生的支持拓展了支持的途径和策略，教师的协同支持为学生的个别化教育提供了保障。

"教师进修校融合教育师资培养研究"研究报告

新津县教师进修学校课题组

摘 要：今天，我国已普及普通儿童的义务教育，特殊儿童的义务教育普及工作，教育部已列为工作要点。根据医学统计，在人类尚无法根本控制残疾的今天，总有10%的人摆脱不了残疾的厄运。教育是残疾人最强有力的支柱。联合国教科文组织主办的第48届国际教育大会倡导和传播"全纳教育"的思想和理论，形成了影响广泛、意义深远的国际教育思潮。在我国，自1988年全国第一次特殊教育工作会议上提出我国特殊教育"以一定数量的特殊教育学校为骨干、以大量特教班和随班就读为主体"的发展格局以来，随班就读不断发展。《2006世界儿童状况》报告表明：中国残疾儿童义务教育率偏低。《中国儿童福利政策报告2011》发布：截至2010年年底，全国未入学适龄残疾儿童少年总数为14.5万人。制约"特殊需要"儿童受教育普及和质量的主要原因是师资问题。我们开展该课题的研究就是从培训融合教育师资的角度解决特殊儿童的义务教育普及和质量提高的问题。本文介绍了课题研究的背景和意义，界定了课题研究的方向和内容，翔实地记述了研究的具体过程，总结了研究的成果，并提出了继续研究的一系列问题。

关键词：融合教育，师资，培养

一、本研究的背景及意义

自1989年国家教委试行在全国开展随班就读工作以来，随班就读工作得到大力发展。1994年国家教育委员会颁布了《关于开展残疾儿童少年随班就读工作的试行办法》，进一步推动了随班就读工作。2001年新津随班就读工作开始起步，为了解决专业技术的支持问题，新津县聘请了四川省长期从事特殊教育的两位老校长作为技术指导和师资培训的主要力量，并以课题"普通学校特殊儿童支持系统的建立与运作研究"为科研导向，从点到面开始了专业支持网络的建设。服务对象主要集中在听障、视障、智障三类障碍儿童，被培训的师资为部分小学资源室老师，培训内容为：对"三类"残障儿童的初步筛查与鉴定，残障孩子的教育诊断与个别化教育计划的拟订，资源室的建设与运作，课堂上的差异性教学。培训方式主要以现场指导和开展课堂教学研究的方式进行。随着新津随班就读工作的不断推进，有特殊教育需要的孩子数量和类别增多，逐步从"三类"障碍扩展到脑瘫、自闭症、情绪障碍、行为问题、学习困难、多重障碍等。而随班就读支持服务的年龄段也从小学向两头延伸到幼儿园、初中、职高、普高。随着支持群体的增大和服务内容的增多，新津县目前在册的特殊教育学生有 270 多人，而一线的兼职资源室教师还不足 20 人，他们不仅没有接受过较为系统的专业知识培训，同时，繁重的教育教学工作，难以让他们获得继续学习和发展的空间。在这些资源室教师中，仅有 1 人为特殊教育师范专业毕业。全国 20 多年的实践证明，制约随班就读工作发展的主要原因是师资培养问题。县教师进修学校作为教师在职培训和进修的重要基地，过去在提升普通教育的在职教师专业技能和素养方面发挥了重要作用，但对随班就读师资职后培养方面开展较少。2012 年，教育部把研究制定"普通学校接受残疾学生随班就读的政策措施"和"基本普及残疾儿童少年九年义务教育攻坚计划"列入了工作要点。这充分说明了我们开展此课题研究的必要性和及时性。

二、课题界定

（一）核心概念界定

1. 融合教育

融合源于英国对回归主流（mainstreaming）的意译，是实施特殊教育的一种思想体系，始于 20 世纪 70 年代后期，其核心内容是：让残疾儿童在最少受限制的环境中受教育，依据残疾程度的不同，设置各种类型的特殊教育形式，制订个别化教育计划；主张使大多数残疾儿童尽可能在普通学校或普通班中与健全儿童一起学习和生活，改变以往主要将残疾儿童集中到特殊教育学校，将他们与健全儿童隔离开的传统教育方式，达到让特殊教育的"支流"回归到普通教育"主流"中，将特殊教育与普通教育融为一体的目的。

全纳教育（inclusive education）是 20 世纪 90 年代初期特殊教育领域出现的一种新思想和做法，于 1994 年 6 月由联合国教科文组织通过的《萨拉曼卡宣言》中提出，其核心内容是：教育要满足所有儿童的需要，为普通儿童设立的教育机构亦应接受所在区域内的各类有特殊教育需求的儿童少年，并提供适宜其需求的以儿童为中心的教育活动；在一切可能的情况下，所有儿童应在一起学习，而不论他们有无或有何种困难和差异。

随班就读（learning in regular class），即在普通教育机构对特殊学生实施教育的一种形式，其在中国特殊教育体系中起主体作用。

而本研究方案中所指的"融合教育"即指在受融合（回归主流）、全纳教育思想潮流影响下，结合随班就读的国情衍生出来的一个概念，即特殊儿童在普通教育环境中和普通儿童一起接受教育。因此，在本研究中，"融合教育"是对回归主流、全纳教育、随班就读的一种综合性概括，包含上述几种教育理念或模式的核心意义。因此，本方案中将融合教育、全纳教育视为等同的意义。

2. 融合教育师资培养

本研究方案中融合教育师资培养主要指在融合教育教学环境中所涉及的在职教师对相关知识、技能的继续学习，即普通学校的教育教学工作者能顺利从事融合教育工作而接受所需的专业知识与技能的学习。这种知识与技能的学习主要通过教师进修学校这一平台和途径加以实施、落实，即教师进修学校承担融合教育师资的培养任务。

3. 教师进修学校

教师进修学校作为教师在职进修学习的教育机构，为区域内教师教育和教师专业发展提供规划指导、专业引领、资源开发、协调整合、调查评估、业务统领等服务。教师进修学校的职能主要是负责所辖区域教师的在职培训和教师、校长的继续教育工作；为辖区中小学开展校本培训和日常教学提供信息技术和教育技术服务；指导中小学教师在教学实践中的学习和研究。

（二）课题的界定

本课题研究探索如何发挥教师进修学校这个师资培养基地的优势来培养融合教育师资的方法、途径，从而担负起系统地、持续地培养随班就读师资的任务，以解决基本普及残疾儿童义务教育的师资缺乏问题。主要解决被培训者的选择、培训者的组织、培训教材的开发、培训过程的组织管理以及培训效果的检测等问题。

三、我国融合教育师资培养的研究现状及研究的必要性

（一）融合教育的社会需求情况

据有关报道，国内外残疾儿童接受义务教育情况如下：第一，国外情况。苏联特殊儿童的比率占 5%～8%；美国学习方面有"特殊需要"的学生占总数的 8%～12%；英国"特殊教育需要"儿童的检出率为 20%；荷兰报告问题儿童的患病率为 26%；波兰特殊儿童的比率为 30%。这些发达国家较好地解决了特殊儿童接受义务教育服务的问题。第二，国内情况。1987 年 4 月 1 日，第一次残疾人抽样调查结果显示，我国残疾人约 5 164 万，其中 6～14 岁义务教育段的残疾儿童约 625 万。1998 年，我国残疾人约 6 200 万，6～14 岁义务教育段的残疾儿童约 750 万。《法制日报》2010 年 6 月 2 日发表的文章《我国残疾儿童绝对人数为世界最多》指出：我国共有残疾儿童大约 817 万人（指 0 至 14 岁儿童），6～14 岁义务教育段的残疾儿童约有 500 万。《2006 世界儿童状况》报告：中国残疾儿童义务教育率偏低。《中国儿童福利政策报告 2011》发布：截至 2010 年年底，全国未入学适龄残疾儿童少年总数为 14.5 万人。2012 年 1 月，教育部《2010 年教育统计数据》公告显示：全国义务教育段学校 312 233 所，专任教师 9 141 473 人，特殊教育学校 1 706 所，专任教师 39 650 人，特殊教育学校 2010 年招生 64 869 人，在校 425 613 人。按 2010 年各方面公告的数据推算：在义务教育段，普通学校的特殊儿童大约有 443 万在普通学校的特教班或在普通班随班就读。

（二）融合教育师资情况

第一，职前培养数量少。据汪海萍对 137 所师范学校的调查，仅有 19 所师范院校已开设特殊教育课程，而这些学校中大多只是偶尔开设或曾经开设过这类课程，坚持常年开设的很少，特教本、专科招生较困难。第二，职后培养不到位。据华国栋等人对西部六省区部分地区的调查发现，承担特殊教育的教师中有 81.4%未经过培训；杨希杰、徐美贞对北京市 4 所随班就读学校资源室的调查发现，需要加强资源室教师的专业教学知识和技能培训；郝传萍对北京 400 名随班就读体育教师进行调查发现，几乎每一位接受调查的教师都提出希望得到随班就读体育教育的专业培训。我们课题组对新津县 50 名担任随班就读教师调查后发现：接受培训的类型最多的是公共基础课程（如教育学、心理学、班级管理等），20 人；专业基础（如特教概论、特殊儿童

诊断与评估等），15人；专业课程（如手语、盲文、感统训练、定向行走等），3人；没有参加培训的有12人。他们希望接受培训的形式是：特教专业理论讲解（2人）、特教技能操作示范（10人）、特教专业理论+操作（38人）。新津县目前在册的特殊需求学生有270多人，而一线的兼职资源教师还不足20人，他们都没有接受过较为系统的专业知识培训。

（三）融合教育师资培养情况

我国随班就读师资目前绝大多数都是进行职后培训。随班就读师资职后培训一般采取三级培训，即国家级培训、省（市）级培训、县（区）级培训。四川省在随班就读的师资培训工作方面和全国大致相同。随班就读师资培养现有研究有两个特点：一是研究者重视普通学校教师对随班就读学生态度的研究，参与这些研究的主要是教育行政官员、特教专家、各级残联的专家等。研究表明：普通学校有多数教师认同特殊儿童在受教育问题上，他们的权利和义务与普通学生是平等的，同意将他们安置在普通班接受教育。但一旦把特殊儿童安置在自己的班上，一些教师的态度和行为就会发生很大变化。另外，现在全国三级培训主要是以会代训，以传播随班就读的理念为主，但是，由于培训时间短，系统性不强，被培训者学习随班就读的操作性知识不连续、不深入，所以也就无法形成系统的专门知识和操作技能。二是注重随班就读教师的培训内容的研究较多，参与者主要是高等院校和教育科研院所的专家，这方面的研究形成了许多教师读物，这些成果都是教师培训的具体内容。由于没有一整套培训的具体措施，各地虽投入了大量的物力和财力，但收效甚微，以至于造成现在部分随班就读学生成了事实上的随班就"混"的现状。目前就县级教师进修学校参与随班就读师资职后培养的系统研究工作情况看，四川省内只有2011年3月新津县教师进修学校申报了"教师进修校融合教育师资培养研究"的县级课题，该课题又被中国陶行知研究会列为重点课题，已取得阶段性成果。本课题主要研究县级教师进修学校如何解决在一个县域内全面推进随班就读工作，完成基本普及残疾儿童少年九年义务教育的师资培养任务。

（四）本研究的必要性

从社会对教育的特殊需求看，有大量的特殊儿童需要特殊教育的服务；从现有融合教育师资资源看，无论是数量还是质量都不能满足社会需求；从现有融合教育师资职前和职后的培养现状看，职前培养数量不多，职后培养质量不高、规模不大、措施不力；从国家政策看，儿童接受义务教育是法律赋予的权益，不满足这部分儿童的教育权利是违法行为。特殊儿童参与随班就读是国际大趋势，我国实现基本普及残疾儿童少年九年义务教育的最大困难是随班就读师资缺乏的问题。这个问题的解决涉及全国大约31万所义务段学校的数百万专任教师，对他们的随班就读专业知识与操作技能的培训任务能否在不太长的时间内落实和完成，这是一个需要探索的问题。所以本研究非常有必要。

四、本课题研究内容、依据、方法、过程

（一）研究内容

1. 研究对象

本研究以县教师进修学校在开展融合教育师资培养过程中所选择的骨干班学员58名教师为研究对象。

2. 研究目标

在实现基本普及残疾儿童少年九年义务教育的工作过程中，探索适合教师进修学校的融合教育师资培养方法、课程、教材以及教师培养成效、评价机制等，从而形成培养机制与培训专业师资力量。探索融合教育师资职后培养规律，使培训后的教师能较好地适应特殊儿童特殊需求的教育教学工作。通过课题的实施，使从事融合教育的教师通过学习特殊教育基本理论，形成基本理念，掌握基本方法；学会对残疾学生做初步的教育评估和诊断；能根据残疾学生自身发展和实际需要制订教学计划、提供恰当的支持；能参与实施融合教育科研工作。

3. 研究内容

探索新津县教师进修学校对融合教育师资职后培养的管理策略、新津县教师进修学校在融合教育师资培养中的服务职能；总结融合教育师资职后培养的方法与途径；融合教育教师培养的课程与教材开发；融合教育师资成长的评价机制；培训团队专业师资的建设与成长。具体就是被培训者的选择、培训者的组织、培训教材的开发、培训过程的组织管理以及培训效果的检测等。

（二）研究依据

1. 理论依据

本课题是在普通学校全面实施因材施教、特殊儿童"回归主流"的融合教育思想指导下展开研究的。从融合教育的发展历程来看，最近30年来，国际特殊教育界在办学思想以及对有特殊教育需要的学生所采取的安置形式上都发生了很大的变化。由于受丹麦、挪威等北欧国家所倡导的正常化原则的影响，从20世纪六七十年代起，美国特殊教育界掀起了一场"回归主流"运动。20世纪90年代以后，在对"回归主流"运动进行反思的基础上，全纳教育的思潮开始兴起，其主张是：无论儿童有何困难和差异，在一切可能的情况下，让全体儿童在一起学习。

2. 政策与法律依据

20世纪80年代末，根据国际特殊教育发展大趋势并结合我国国情，政府把残疾儿童进入普通学校随班就读作为发展特殊教育的一项重要措施，并在若干重要文件中明确提出，同时还通过立法，把这种做法确定为特殊教育中的主要安置形式之一。《国家中长期教育改革和发展规划纲要（2010—2020年）》指出："各级各类学校要积极创造条件接收残疾人入学，不断扩大随班就读和普通学校特教班规模。全面提高残疾儿童少年义务教育普及水平。加强特殊教育师资队伍建设。" 总之，本课题是根据教育部已有的随班就读和即将出台的政策展开的研究，具有较强的前瞻性。

（三）研究方法

本研究采用单组实验法进行，以在各学校选拔的58名融合教育骨干教师组成骨干教师培训班。

（四）研究假设及变量

1. 研究假设

通过一年半对义务教育学校在岗老师进行融合教育的专业理论和操作技能的业余培训，他们能基本掌握特殊儿童在义务教育阶段所需求的特殊服务的知识与技能。

2. 自变量

第一，集中学习专业理论（96学时），学习材料系本研究开发的教材，是本研究成果之一；第二，实践技能操作（半年），根据骨干教师所任班级特殊儿童具体情况由特教专家进行个案辅导。

3. 因变量

骨干班学员掌握特殊教育基本理论，形成基本理念，掌握基本方法；学会对残疾学生做初步的教育评估和诊断；能根据残疾学生自身发展和实际需要制订教学计划、提供恰当的支持；能参与实施融合教育科研工作。

（五）研究过程

1. 前期调查

课题组从 2011 年 3 月 4 日到 2011 年 5 月 13 日进行了为期 50 天的调研工作，召开了 5 次调研总结工作会议。主要以教师、干部个人背景资料 10 项，教师态度 10 项，专业发展 22 项三大板块为调查内容，采取开放式问卷进行调查、座谈，采访了花园小学、一小、新津幼儿园、泰华学校、龙马小学、邓双学校、五津中学、黄渡小学、顺江学校、华润高中等 42 所学校的 100 多位班主任和学科教师并进行了座谈，发出调查问卷 70 份，收回 58 份。研究分析的结果表明：第一，新津县教师对特殊儿童随班就读基本上持接受态度，近一半多的教师认为要视学生的残疾种类和程度来确定特殊儿童是否随班就读；第二，在多数教师看来，特殊儿童与普通儿童之间的交往势必顺利，特殊儿童的社会融合经常出现在课外活动、集体活动、游戏的场合，而在课堂学习的情况下较难产生；第三，从社会融合的可利用资源中，社区、学校、家庭之间的相互支持、协作的桥梁并未建立起来；第四，教师对随班就读工作的建议是希望得到特殊教育知识技术的系统培训。

2. 形成课题

课题组经过多次反复研究并请专家多次论证、10 次修改方案，从问题的提出、概念界定、国内外研究综述、研究设计（研究对象、研究方法、研究具体内容及提高随班就读教师素质的策略）、研究流程的安排、预期研究成果、课题研究的组织与管理、课题研究保障等方面制订了课题实施方案。课题于 2011 年 6 月被新津县教育局批准立项为"新津县十二五教育科研规划课题"，并划拨 8.7 万元科研经费，表明新津县教师进修学校融合教育师资培养研究进入具体实施阶段。

3. 课题实施

（1）培训教材的准备，2011年6月至9月课题组邀请了重庆师范大学特殊教育学院教授张文京组织专家组结合新津教师培训实际情况，量身定做教材，培训教材包含教师教育观念的更新、融合教育理论和知识技能等共计18章。

（2）2011年10月14日，新津县融合教育骨干教师培训班开班典礼在新津县进修学校举行，来自全县各中小学、幼儿园和两类高中的融合教育骨干教师和资源室教师58人，特教专家张文京、曹照琪、蔡明尚，教育局、教研室、进修学校部分领导以及课题组全体成员参加了会议，进修学校梁庭武校长主持了会议，课题负责人王友强做了开题报告，课题领导小组组长、教育局李富才副局长做了动员讲话。课题正式开题。

（3）培训时间及内容。

理论培训部分：

2011年10月14日至15日：学员参加了前测，张文京教授讲了"融合教育总论"和"融合教育中的教师团队"（16课时）。

2011年11月17日至18日：向友余教授主讲"狭义特殊需求儿童的教育与训练"、曹照琪主讲"资源室功能作用"、蔡明尚主讲"课堂服务支持"（16课时）。

2011年12月17日至18日：曹照琪主讲"班级支持"和"融合教育中的重要概念：自我决定"、蔡明尚主讲"班级服务"、徐博士主讲"特殊儿童的基本学习能力"（16课时）。

2012年3月16日至17日：郫都区特教教师袁红梅主讲"残障儿童家庭支持系统建设的实践研究"、严小琴"个别化教育及个别化教育计划"（16课时）。

2012年4月20日至21日：张文京主讲"融合教育课程调整""融合教育教材编选与作业考试调整"，何伯芳等学员发言谈感受（16课时）。

2012年5月17日至18日：徐静主讲"融合教育的辅助技术""语言治疗概述"（16课时）。

实践操作培训部分：

2011年3月至2012年6月，课题组与专家蔡明尚、曹照琪巡回指导、检查、培训了新津县中小学、幼儿园42所学校中教师所需的具体技能，先后指导了62次，其中指导、检查42次，专家针对重点个案进行研究、培训教师20次。

4. 实施研究的技术路线图

组织领导：

情况反馈：

第一阶段（2011.03 至 2011.06）

第二阶段（2011.08 至 2012.08）

5. 课题总结

2012 年 7 月至 9 月，课题领导小组、课题组、专家指导组进行了工作总结。课题组从 2011 年 3 月启动到 2012 年 9 月结束，一共开展了 100 余次集体研究活动，有学员作业、论文 60 余篇。

经自查认为：课题组按时完成了研究预期计划，成效明显。

6. 课题组在研究过程中聘请专家

重庆师范大学特教系特教专家张文京教授负责理论指导、教材开发和专题讲座；四川省资深教育专家、原成都师范学院科研处处长杨志俊教授，四川师范大学特殊教育专业博士彭燕老师，四川省教科所特殊教育教研员黄汝倩老师，成都市教科院教育专家刘敏，新津县教研室副主任伍崇建负责科研指导；长期从事特殊教育的两位四川省特教专家蔡明尚和曹照琪老师做教学现场技术指导。

五、研究成效

课题组历时 20 个月，对 58 名教师进行了 96 课时的集中培训。我们的研究有以下成果。

（一）58 名教师初步掌握了融合教育的理论知识和操作技能

1. 参加培训的教师转变了对融合教育认识的态度

第一，学员知道我国有特殊教育相关政策法规（如《中华人民共和国残疾人保障法》等）：前测 15 人"知道"、30 人"知道一些"、13 人"不知道"，后测 58 人全部"知道"；第二，随班就读方式对残疾儿童是有益的：前测 28 人"赞成"、10 人"不赞成"、20 人"不清楚"，后测 58 人全部"赞成"；第三，随班就读对特殊儿童的社会交往能力有积极的影响：前测 30 人"赞成"、12 人"不赞成"、16 人"不清楚"，后测 58 人全部"赞成"；第四，普通教师的教学效果会因为特殊儿童的加入而受到积极影响：前测 30

人"赞成"、12 人"不赞成"、16 人"不清楚",后测 58 人全部"赞成";第五,愿不愿意接纳有特殊需求的学生:前测 30 人"愿意",28 人"不愿意",后测 58 人全部"愿意"。

新津县泰华学校樊艳丽老师的论文《你变了 我变了 我们都变了》中这样讲:记得我从事教育事业以来第一次听到"特教"这个词语时,满脑袋的问号:特教?什么意思?经人一解释,才知道特教是针对特殊儿童的教育。意思倒是明白了,但是总感觉事不关己,我一个一线语文教师,怎么也不会和特教有联系吧?直到某一个新学期的报名日,学校教导处通知我有一个学生转学到我班。像往常一样,我拿着单子去见她。一个皮肤白白净净的孩子出现在我的面前。当我和她四目相对的那一刻,她眼睛里充满了兴奋和喜悦,她用含糊不清的声音向我问好。我知道她叫清清,同时也感觉到了她的与众不同。对,她就是一个特教生,先天性的大脑发育不全。面对这样特殊的一个孩子,我的脑袋一片空白:以后的日子我该怎么办呢?这样的孩子我该怎么教啊?我满脑袋的疑惑。之后,我带着问题学习,通过学习,我对"特教生"这个词有了更深入的理解,因为我知道:我们都变了!

花源小学雷忠老师在论文《在融合教育中找寻教育的缺陷》中这样写道:融合教育工作者应"拥三心,持三关,给三资(支),达三融",促使普特教相融整合,充实教育内涵。第一,"拥三心"。在随读儿童教育界,教师应更具童心,与随读儿童一道走进学习,走进生活;更具爱心,走进随读儿童内心;更具耐心,要诲人不倦,百事不厌,静下心来,蹲下身子,扶起随读儿童的心与身。第二,"持三关"。关注随读儿童的生活与学习的细节,是发现随读儿童成功的放大镜;关心随读儿童的一举一动、一言一行,是随读儿童群体环境的监控器;关爱随读儿童,是随读教师对完整教育和全纳教育的践行风标。第三,"给三资(支)"。给随读儿童教育资源,解放随读儿童的手、脑,让体验生活成为必然,给随读儿童支持——家庭支持、教师支持、同伴支持,让随读儿童动力十足;给随读儿童资助——学校资助、社会资助、同伴资助,让随读儿童快乐,学会感恩。第四,"达三融"。"融入":让随读儿童融入班级、学校,抛开自己固有的特殊性,与普通儿童共同成长;"融合":让特殊教育与普通教育互融互补,形成全一的教育整体;"融化",让随读儿童成为教育的有效资源,成为普通教育必不可少的一部分,解决普通教育的实际问题与困难。58 名教师通过两年较完整系统的综合培训学习,对融合教育有了深刻认识:由培训前不了解到基本了解;由培训前对融合教育认识不清,到对其有全面的认识;由培训前的漠然消极态度,到培训后的积极热爱态度的转变。

新津县邓双学校李卓琼老师在培训后写道:"我现在深深地体会到特殊学生也有独特的内心世界,有着丰富的情感体验。要真正做好特殊学生的教育,要付出更多的努力,但只要方法得当,特殊学生不仅是可教的,而且可以像普通学生一样能成长、成才。特殊教育在指导思想、教育目标、教学训练方法、教育的设施和手段方面都应与普通教育有一定的区别。"

新津万和小学的王雅老师,在接受特教培训后谈道:"特殊教育面对的是残疾儿童这个特殊群体,对残疾儿童要从生理、思想、心理、学习等方面分析原因,并实施相应的关爱教育。""关爱教育是特殊教育的前提,是特殊教育的基础。我们每个人都希望得到别人的关爱,这是正常的,对于接受特殊教育的残疾儿童来说,关爱是他们生存的希望,是他们理想的火花,是他们成长的阶梯。""我们深信:残疾儿童在生理机能上是一方面的残疾,必然会在生理机能的另一方面超常发展。"

学员一致认为,"用心"教育特殊学生是特殊教育的前提。特殊教育者要用真心抚慰孩子受伤的心灵。爱心并不是说出来的,而是做出来的。有时候,一个关切的眼神、一个肯定进步的微笑,都可以让他们开心。

2. 参加培训的教师融合教育理论知识显著提高

第一,能使用常见的方法鉴别和了解特殊需求学生的优势及需求:前测没有人"能"、后测58人"能"。第二,能制订和实施特殊儿童个别化教育计划。前测没有人"能"、后测58人全部"能"。第三,能为特殊需求学生创设良好的学习环境。前测10人"能"、48人"不能",后测58人全部"能"。第四,能恰当使用行为矫正的原理与方法,应对特殊需求学生的行为问题:前测有12人"能"、后测58人全部"能"。第五,能根据学生实际选择或调整教材:前测有18人"能"、后测58人全部"能"。通过为期一年的融合教育师资培训,受培教师的特殊融合教育理论知识有所丰富。

新津邓双学校的融合教育老师张燕在参加特教培训后写道:"罗森塔尔效应的研究证实,教师对学生的态度可以影响学生,教师期望变成学生力求实现的自我期望。教师应该以爱心去温暖有退缩行为的随班就读儿童孤独、寂寞、自卑的心灵,这种关爱会转化为学生积极活动的动力。那种不耐烦的冷漠态度,只能加大学生的心理伤害,使他们更加退缩。"

"教师要给随班就读儿童提供一个宽松的学习环境。以积极友善的态度引导他们主动参与各种活动,鼓励各抒己见,师生共同分析问题,寻找答案。对随班就读儿童学习上出现的错误采取宽容态度,对他们多鼓励,多给予关心照顾。这样有利于调动随班就读儿童学习的积极性，从而提高他们的活动水平，减少他们的社会退缩行为的产生。"

新津邓双学校龚建容老师，在参加特教培训学习后，进行了相关探索和实践，并有了较为深刻的认识。"苏霍姆林斯基曾说过：儿童的智慧在他们的手指尖上。的确，剪纸需要双手及五指配合，手腕转动，小臂用力，科学合理的锻炼可以使孩子的手部灵活性、协调性大大提高，同时调动了视觉、听觉、触觉等多种感官参与，可以有效提高他们的观察能力、记忆能力、形象思维能力和想象力、创造力，从而促进其大脑的发展，让孩子们在剪纸世界里找到生活的信心，体会成长的快乐。"

3. 参加培训的教师融合教育技能提升较快

通过对特教教师培训以及在特教专家的指导下，融合教育老师们都基本掌握了特殊教育中的必备技能，熟练地掌握某种特教技能，并能行之有效地进行特殊教育，取得了良好的效果。

特教生小汛（智力严重低下），既不能正确书写 1~10，也不能正确读认。面对此种情况，新津龙马小学的宋倪老师采用了实物认读方法来教学。宋老师认为，对小汛这样的孩子来说，要使其对数学产生兴趣，应该从那些浅显、易懂、有趣并与他生活有关的具体事物开始，即从数数、认数、写数开始。在第一次教学时，宋老师先画了 5 个盘子，每个盘子里分别画上 1~5 个苹果，再在每个盘子旁边画上一个田字格，让他从 1 写到 5。小汛看到这道题时笑道："这是苹果？我最喜欢吃苹果了！""是的，小汛。你看盘子里有几个苹果？有几个就在格子里写上几！"就这样，循序渐进，随读生小汛很快会认读、会写 1 到 10 了。在老师的教导鼓励下，小汛终于战胜了困难，脸上露出了微笑，并找到了学习的信心。

智障生清清，上课不守纪律，经常在老师上课时大哭大叫，影响课堂秩序，有时大小便不能自理，甚至几次在教室里大小便。新津泰华学校特教老师们通过调查研究，并召开了清清个案分析会，确定了个别化教育计划，以培养孩子生活自理能力、适应家庭和学校生活为长期目标。王英老师针对清清的具体情况做了相关教育设计，具体是：（1）生活技能领域。这个领域的基本目标为：继续学习基本生活常识，培养其基本生活自理能力。学习洗手、洗脸、刷牙、梳头等基本生活技能，学习擦桌子等基本劳动技能。（2）游戏领域。孩子出生后，其父母管得很少，直到 3 岁时父母才发现其动作不灵敏，智力发展缓慢。于是，他们设计了生活游戏课程，让孩子认识 6 种颜色，如白、黑、红、绿、蓝、黄等。（3）生活语文领域。针对孩子发展迟缓、吐字不清、无法表达自己的意思的情况，将生活语文领域目标定位为：能在生活环境中认读识别必要的字词，如男、女、出口、进口、上、中、下，左、中、右，能在超市等环境中认识简单的标志，如牙刷、水杯等。（4）生活数学领域。孩子的数钱概念缺乏，为了适应生活，应帮助其建立最基本的数字概念。如在资源室活动中学习唱数 1~50，学习数数 1~100，学习认写数 1~100，在生活环境中运用实物运算 1~10 的加减法。

4. 参加培训教师融合教育教学成绩显著

受培训特教教师经过一年较为系统的培训，将学习的理论知识与教学实践相联系，从而对特殊教育工作有了全新的认识，学习了较系统的特教理论知识，有了一定的特教理论储备，掌握了基本的特教技能，并在特教工作实践中取得了良好的效果。

例如，新津县邓双学校龚建蓉老师把剪纸形式作为特殊教育的切入点，取得了较好的效果。她总结道：（1）剪纸活动发展了随班就读学生的动手能力和动脑协调性，促进了孩子思维的发展，弥补了其身体缺陷。剪纸活动开展两年来，随班就读生晓燕由原来的连剪刀都不会用，到现在能用剪刀剪简单的图形、团花，甚至较复杂的图形，让我们欣慰地看到剪纸活动对孩子们身心发展所产生的积极作用。（2）孩子们体验到成功的喜悦，自信心有所增强。如特教生晓燕的变化不仅表现在手脑的发展、智力的提高，更重要的是其在心理上的变化。活动开展以来，她由原来参加活动胆怯，发展到能积极主动参加集体活动。谁能想到晓燕原来是在班上谁也不理的那个孤僻小女孩呢？（3）收获成功。随读生对事物的感知速度慢，活动范围狭窄，对事物的区分度小，缺乏主动性和积极性，因此，在审美情趣方面与普通儿童相比明显不足。因此，对审美的感觉淡漠，不易获得美的享受，对美的需求不强烈，没有表现美、创造美的欲望和信心。审美能力明显低于同龄儿童。在剪纸活动中，组织学生欣赏优秀剪纸作品，观摩同龄儿童作品，参与作品展评，让随读生在看、听、讲中慢慢形成一定审美能力和审美情趣。班主任还将随读生的剪纸作品用来装饰教室、楼道、橱窗、展板等，并让晓燕参与版面准备工作，为其搭建展示才能的舞台，使其建立起信心，获得成就感。在潜移默化中培养了随读生对美好事物的兴趣和欣赏能力，让他们在充满艺术氛围的环境中受到潜移默化的审美教育，从中获得成功和快乐。

5. 参加培训的教师教育科研能力提升较快

融合教育，实际上就是因材施教的具体化，对于特殊儿童要进行个体特殊教育设计。这个设计实质上就是一个小课题，对于教师来说是一生工作中的一小部分，但对于特殊儿童可是一生的大事，其决定着他们以后生活幸福与否。我们特别强调融合教育师资队伍的教育科研能力。

华润高中何伯芳老师通过学习成功申报了四川省心理协会课题"张扬学生个性，培养良好行为习惯的融合实践研究"，这个课题将融合教育的理论很好地应用于普通学生的培养研究方面了。

培训班学员撰写了60多篇融合教育论文，有42篇学员论文获奖，其中一等奖5名、二等奖13名、优秀奖24名。

以上说明被培训者在接受培训后对融合教育的认识、理论知识和实践操作技能提升较快。在实践中遇到具体问题时，专家会现场指导，从而使他们能从事和胜任融合教育工作，进一步促进新津融合教育扎实、深入、全面地推进。

（二）初步开发了融合教育师资职后培养的教材

编写《融合教育在职教师培训教材》（暂定名）。这部融合教育师资培训教材编写人员以特殊教育理论专家为主，以长期从事特殊教育实践专家、长期从事教师继续教育专家、长期从事普通教育工作的中小学校长、长期从事普通教育工作的优秀教师为辅，结合新津特殊教育的实际编写的，具有较高的理论价值和实际操作价值，经过本次培训试用后准备正式出版。

全书共九章。第一章"融合教育总论"，第二章"融合教育课程调整"，第三章"融合教育教材编选与作业考试调整"，第四章"融合教育个别化教育计划"，第五章"融合教育集体、小组、个别教学活动及案例"，第六章"融合教育一般性教学策略"，第七章"融合教育语文课程与教学"，第八章"融合教育数学课程与教学"，第九章"融合教育教学评量"。本书可供特殊教育工作者，特殊教育一线教师，普通学校融合班级科任教师、班主任、资源教师，教育专业教师、大学生、研究生，教育学、心理学工作者，家长以及关心和对融合教育工作感兴趣的人士作为参考用书及师资培训用书。

（三）探索出了教师进修学校培养融合教育师资的路径

1. 成立培训领导机构协调指挥

领导机构由教育局人事科领导、分管特殊教育的局领导、教师进修学校领导组成领导小组，负责对整个工作的组织和管理。

2. 周密制订培训计划

成人教育的实效性在于计划的周密程度，我们对整个培训计划进行了认真分析，反复论证，做了充分的人性化的设计，让学员学有所成。

3. 精心组建培训者团队

我们课题组根据这个培训项目的特殊性，在调研的基础上，充分考虑了培训者的筛选工作，对于教师进修学校来说这是一个全新的项目，成功与否关键在培训者队伍各方面的专业水平。我们聘请了全国一流的特教专家，整个工作在高起点、高水平的状况下运行。

4. 认真确定培训学员

在确定融合教育骨干教师培训班的学员时，我们主要从这几个方面进行考虑：一是有特殊教育的情结，二是所在学校的教学或管理骨干，三是所在班级有特殊需求的学生，四是学校积极支持。

5. 制定一系列学习组织培训、成绩考核制度

这个项目由于培训时间长、内容多、任务重，关系着随班就读儿童的前途，所以，我们十分重视培训班的管理工作，认真挑选班主任，进行耐心细致的教学管理。

六、研究发现的问题

课题组通过研究发现，以下问题还需进一步解决：

（1）融合教育教师从事融合教育工作比普通教育教师要付出更多的精力，需要政府提供相应的政策、资金支持，以解决融合教育教学中的现实问题。

（2）融合教育师资培训是一个长期的过程，一轮培训只能解决基础问题，所以对被培训者要进行长期培训。

（3）融合教育师资培训对于一个区域来说，一个班是解决不了一个县的问题的，所以要开展大面积的培训工作。

结束语

特殊教育与当年晏阳初博士提出并为之而奋斗终身的平民教育一样具有伟大的时代意义！特殊教育是我国教育事业一个重要的组成部分，是牵一发而动全身、需要众人通力合作的伟大事业。所以，希望大家达成共识，关心和支持特殊儿童的教育。2012年，教育部把研究制定"普通学校接受残疾学生随班就读的政策措施"和"基本普及残疾儿童少年九年义务教育攻坚计划"列入了工作要点，这标志着特殊教育迎来了春天，特殊儿童赶上了一个好时代！我们将和更多关心、支持、热爱特殊教育的朋友们一道攻克难关，为实现普及残疾儿童少年九年义务教育而努力工作。

参考文献

[1] 张文京. 特殊儿童早期干预理论与实践[M]. 重庆：重庆出版社，2010.

[2] 汤盛钦. 特殊教育概论[M]. 上海：上海教育出版社，1998.

[3] 张训诰. 特殊教育的省思[M]. 台北：五南图书出版公司，1977.

[4] 许家成. 资源室的建设与运作[M]. 北京：华夏出版社，2006.

[5] 张文京. 特殊儿童个别化教学设计与实施[M]. 重庆：重庆出版社，2008.

[6] 张文京，许家成. 弱智儿童适应性功能教育课程与实践[M]. 重庆：重庆出版社，2002.

[7] 肖非. 特殊教育导论[M]. 11版. 北京：中国人民大学出版社，2010.

[8] 方俊明. 特殊教育概论[M]. 1版. 北京：人民教育出版社，2005.

[9] 朴永馨. 特殊教育概论[M]. 修订版. 北京：华夏出版社，1999.

[10] 朴永鑫. 特殊教育词典[M]. 2版. 北京：华夏出版社，2006.

[11] 刘全礼. 特殊教育导论[M]. 北京：教育科学出版社，2003.

[12] 华国栋. 残疾儿童随班就读师资培训用书[M]. 北京：华夏出版社，2006.

[13] 刘念丽，苏雪云. 特殊儿童的早期融合教育[M]. 上海：华东师范大学出版社，2005.

[14] 李泽慧. 近二十年我国随班就读教师培养研究回顾与反思[J]. 中国特殊教育，2010（6）.

"融合教育中职高听障生社会适应能力的培养"研究报告

"融合教育中职高听障生社会适应能力的培养"课题组

第一部分　课题简介

一、课题背景

（一）是新津县融合教育事业发展的需要

建立特教资源室，实施融合教育，开展职高听障生社会适应能力的培养研究，既是新津县教育局下达给我校的一项重要工作任务，也是新津融合教育实践探索进行到一定阶段后的必然路径选择。我县于2001年开始将特殊儿童安置在普通学校普通班级随班就读的支持服务探索研究。为了有效安置完成义务教育阶段学习的随班就读学生，我县决定在两类高中建立特教资源室，将随班就读工作向高中段延伸。2008年8月，我县首批9名随班就读听障生完成义务教育阶段学习后，有5名同学选择到我校继续学习。这也是成都市首批进入高中阶段学校随班就读的听障生。《成都日报》等媒体对此做了专题报道。

（二）是新津职高事业发展的需要

近年来，学校在各级党委、政府和教育行政部门的关心、支持下，实现了跨越式发展，办学规模迅速扩大，办学质量显著提高。但是，学校要进一步发展，要实现可持续发展目标，必须加强基础能力建设、专业建设和师资队伍建设，实现由"规模扩张"向"内涵发展"的转变。通过开展"职高听障生社会适应能力的培养"课题研究，思考学校的培养目标，构建学校的主体文化，探索学校的科研机制，锻造一支适应学校发展需要的学习型、研究型教师队伍。

（三）是职高听障生发展的需要

职业高中三年的学习对听障生来说至关重要。这个阶段是他们人生观、世界观形成的最重要的阶段，是他们学习文化知识、提升职业技能最重要的时期。他们从职高毕业后，无论是继续升学还是参加工作，都将面临社会适应性问题。通过开展职高听障生社会适应能力的培养研究，探索适合他们的培养目标和培养机制，以促进听障生的全面发展。

二、课题意义

（一）课题理论意义

通过该课题的研究，探索建立职业高中开展融合教育的途径和方法，构建职高听障生社会适应能力培养的策略和机制，为普通学校特别是职业高中开展特殊教育支持服务研究奠定理论基础。

（二）课题实践意义

课题的研究不仅能促进新津县有特殊教育需求的学生在教育生涯中得到持续良好的发展，为他们进入社会获得有力支持，而且也将促进我县乃至于全国职高融合教育理论基础和实践经验的形成。

三、国内外对本课题及相关领域的研究现状综述

（一）国外的部分研究成果

融合教育的思想根源在欧洲，以西方文艺复兴时期以来的追求平等与自由的价值观念为基础；发端于美国，打上了浓厚的美式理想主义烙印。多数特殊教育专业人士都倾向于认为完全融合的观点过于极端、理想化。西方大多数关于特殊教育发展模式的研究证明，在普通学校设置资源教室的效果优于隔离式特殊学校（班）和完全融合模式的全日制普通班，即传统的带有一定隔离服务性质的教育模式更有效。

20 世纪 60 年代以来，后现代主义思潮在西方迅猛发展，以反对科学理性、尊重多元、拒绝强权叙述、强调对话等为标志性话语对传统的哲学与文化进行猛烈批判。如果说文艺复兴、启蒙运动、美国 20 世纪 50 年代以来的

民权运动等西方追求平等、自由的一系列社会运动奠定了融合教育的社会文化基础，建构主义及后现代主义思潮的发展则孕育了融合教育的哲学理论基础。融合教育论者赞成"异质平等"的后现代观，认为学生的个别差异是普遍存在的，将残疾及其他处于弱势群体的学生边缘化是不公正的做法；强调平等的对话，不赞成对对话中的对立面进行歧视和压制，希望解构传统的"金字塔"等级制特殊教育体系，认为根据残疾程度的不同决定教育环境、根据诊断儿童异常的程度来决定儿童生存环境受限制的程度（即隔离的程度），是不公平的等级制度。

融合教育论者认为，在现代理性与精英文化背景下，残疾是社会政治活动的产物，是由于学校没有能力应对学生多元化的结果。学校应该尊重日趋多样的学生群体与学习需求，多元化带给学校的不应该是压力，而应该是资源，学校应成为每一个儿童获得成功的地方。

（二）我国的部分研究成果

融合教育，在我国主要被称作"随班就读"。随班就读是指特殊儿童在普通教育机构中和普通儿童一起接受能满足他们特殊需要的教育形式，是我国吸纳现代"融合教育"理念而开展的一种特殊教育办学形式，可以说是我国特殊教育界特有的一个术语。随班就读能够在教育经费较少的情况下极大地提高残疾儿童的入学率，可以满足残疾儿童就学的需要，符合我国的国情，也符合国际上"正常化"教育原则、回归主流、一体化教育、全纳教育的发展趋势。自1989年国家教委试行在全国开展随班就读工作以来，我国随班就读工作得到快速发展。

21世纪初，新津县开始了普通学校特殊教育儿童融合教育支持体系的建立与运作研究。研究从听障生的融合教育入手，从小学的融合教育研究延伸到学前和初中。研究内容从特教资源室的支持到普通教育中学校管理、班级管理、课堂教学等全方位的支持服务研究。从2001年至今，先后有近五十多名听障生在我县普通幼儿园、小学、初中接受融合教育的支持服务并获得了健康的发展。2008年，新津县在出色完成"普通学校特殊儿童支持体系的建立与运作研究"的基础上提出了更深入的研究目标，即"融合教育可持续生涯发展支持系统建设"研究方案。方案的主要任务是在普通学校有特殊需求的学生从学前教育阶段到义务教育阶段，再到职业教育阶段的生涯发展中，建立有效的、持续发展的支持保障体系的研究。

四、研究目标、内容和方法

（一）研究目标

通过课题研究，探索建立一套职高听障生社会适应能力培养机制和运行策略，促进听障生个体的发展和学校事业的发展。

学生个体发展的目标是"三有三能"。"三有"即完成职业高中学业，有毕业证书；掌握基本专业技能，有专业技能等级证书；身心得到全面发展，有各类活动获奖证书。"三能"即能进入企事业单位独立承担某项工作，能升入高等院校继续学习，能进入社会有尊严地生活。

学校事业发展的目标，一是完成课题研究任务，形成相关研究成果；二是培养锻炼一支教师队伍，推动学校"内涵发展"；三是建立科研工作长效机制，实现学校教育教学科研工作良性互动发展。

（二）研究内容

职高听障生社会适应能力理论研究；职高听障生社会适应能力现状研究；职高听障生社会适应能力培养机制研究；职高听障生社会适应能力评价机制研究。

（三）研究方法

我们主要运用调查研究法研究现行职业高中融合教育中影响"融合教育中职高听障生社会适应能力的培养"的因素，综合运用行动研究法、个案研究法和文献研究法等研究方法，研究职高听障生社会适应能力的培养策略和机制。

第二部分　课题实施

课题组成员在对国内外融合教育基本理论及支持服务相关研究成果梳理的基础上，特别是针对新津县开展普通学校特殊儿童支持服务研究的具体情况，以影响"职高听障生社会适应能力的培养"的三个基本方面——学校支持、个体改变和家长配合为研究对象，从概念辨析、策略探索和机制建立三个角度入手，采用文献研究法、调查研究法、行动研究法等研究方法，对课题内容做了全面系统的研究。边研究、边实践，边实践、边反思，以理论指导实践，以实践创建经验。

在课题研究实施过程中，我们首先确立了"1234"工作思路，即指导思想上坚持一面旗帜——融合教育思想，理论研究上突破两个关键点——职高听障生社会适应能力的基本内涵和培养模式，实践探索上抓住三个契机——"国重"创建、"单招单考"和"新津特教工作十年庆典"，实施过程中实现PDCA四步循环——Plan（计划）、Do（执行）、Check（检查）和 Adjust（调整）。

按照这一工作思路，我们开展了系列研究活动。

（一）深入开展课题调研，科学制订研究方案

一是对相关特教课题研究的调研。学校资源室教师多次到新津一小和五津中学取经，了解他们开展特教课题研究的思路和方法，熟悉他们研究的内容，以尽可能让我们的研究和他们对接，形成我县比较完整的融合教育课题研究经验。

二是对职业学校培养目标的调研。我们的研究内容和义务段学校的研究内容在资源室运作模式等方面有相同的地方，但更多的是不同，因为职业高中的培养目标和小学初中完全不同。我们主要培养的是"文化合格，理论够用，技能过硬"的新型技能型实用人才。

三是对听障学生基本情况的调研。我们发放了调查问卷，对听障生的初中学业完成情况、家庭情况、社会适应情况等做了调研分析，掌握了大量第一手材料，形成了《职高听障生学校适应能力调查及分析报告》《职高听障生家庭适应能力调查及分析报告》和《职高听障生社区适应能力调查及分析报告》等三个调研报告。

四是对听障生社会适应能力培养的影响因素的调研。我们从学校、家庭和学生三个基本方面对听障生社会适应能力培养的影响因素做了调研分析，最后选取对听障生社会适应能力培养影响最大的三个因素——班主任、教师和伙伴，写出了调研报告。

（二）建立课题研究机制，有序推进课题研究

1. 组建课题研究队伍

学校分别成立了课题领导小组、指导小组和研究小组。成员组成原则如下：

（1）课题领导小组。

组　长	由学校校长担任
副组长	由县教研室主任、学校党总支书记担任
成　员	包括学校分管德育、教学、后勤、招生就业培训的四位副校长，德育处、教务处、总务处、招就处、培训处、科研室、办公室负责人

（2）课题指导小组。

组　长	由县教研室主任担任
成　员	包括特教专家（2人）、教研室副主任（1人）、教研员及课题管理负责人（1人）、县特教中心副主任（1人）、资源室教师（1人）

（3）课题研究小组。

组　长	由学校教学副校长担任
成　员	包括学校资源室教师、科研室负责人、随读学生班主任、随读教师等

2. 建立课题研究制度

为保障课题研究顺利进行，课题领导小组组织制定了本课题的研究工作制度、课题管理制度、研究人员工作职责等制度文件。

3. 分段组织研究工作

按照统一组织、分步实施的工作要求，课题组重点做好了准备阶段、实施阶段和总结阶段三个阶段的相关研究工作。

第一阶段：准备阶段（2008.10—2009.5）

在准备阶段，我们组建了课题研究队伍，初步明确了课题研究方向；完成了课题调研工作，写出了调查分析报告；进一步完善了资源室设施设备和相关制度；开展了课题研究人员培训和随读班级教师培训；形成了课题研究方案。具体而言，在研究准备阶段，我们重点开展了三个方面的工作：

一是课题调研。我们设计制作了《职高听障生学校、家庭、社区适应能力调查表》《职高听障生社会适应能力影响因素（班主任、教师、学生）调查表》等调查表并进行了相关问卷调查，写出了相关调查分析报告，对课题研究的目标和内容有了更深入的认识。

二是队伍培训。学校组织课题组主要研究人员王秀清、熊正平、贾心睿等先后到重庆师范大学、成都市特殊教育学校、新津县五津中学等开展特殊教育教学研究的院校，学习特教一般理论和课题研究方法。同时，学校还邀请特教专家曹照琪、蔡明尚等老前辈来校开展队伍培训专题讲座，努力提高课题组成员的理论素养和实践能力。

三是资源室建设。学校在县教育局领导的关心支持下，在县特教中心和特教专家的具体指导下，制订了学校特教资源室实施方案，确立了固定的场地，添置了教具、图书等设施，建立了基本工作制度。

第二阶段：实施阶段（2009.6—2011.3）

2009年6月23日，经过近一年的筹备，课题通过专家论证，成功开题。与会专家认真听取了课题开题报告后，就有关研究工作进行了针对性提问和技术性指导，一致认为该课题内涵界定清晰、研究目标明确、研究方法多样、措施保障有力，具有时代性、科学性、严谨性、可行性和特色性。同时，专家组也希望学校通过该课题的研究，促进本地区乃至全国中职学校融合教育基础理论和实践经验的形成。

课题成功开题后，课题组根据研究任务进行了人员的分工：

研 究 任 务	责 任 人
职高听障生社会适应能力理论研究	叶丰平 王秀清 熊正平
职高听障生社会适应能力现状研究	叶丰平 王秀清 熊正平
职高听障生社会适应能力培养策略研究	叶丰平 王秀清 贾心睿 何霜 杨丽萍 付文桂 熊正平
职高听障生社会适应能力评价机制研究	叶丰平 王秀清 贾心睿 何霜 杨丽萍 付文桂 熊正平

各研究人员根据自己承担的任务，分工合作，有序开展研究工作，初步形成相关研究成果。一是明确了职高听障生社会适应能力的基本概念和主要方面。二是提出了职高听障生社会适应能力的培养策略。三是初步建立起职高听障生社会适应能力评价机制。

第三阶段：总结阶段（2011.3—2011.4）

按原来的研究方案，本课题定于2011年10月结题。按照"新津特教工作十年庆典活动"工作安排，县教育局在2011年2月25日召开的新津县特教工作会上，要求我校在4月底前完成该课题的结题工作。课题组随即调整了研究进程，开始整理研究资料，总结研究经验，于4月初完成了研究报告初稿撰写工作和成果集资料的收集工作，为课题的顺利结题奠定了基础。

(三)总结课题研究经验,促进研究纵深发展

我们查阅了大量研究资料,咨询了国内一直从事随班就读研究工作的权威专家,得知目前在国内开展职高听障生随班就读支持服务探索还几乎是一个空白。特别是我们开展的"职高听障生社会适应能力培养研究",更是具有极大的创新价值。为有效总结我们的经验,将该项研究工作向纵深推进,课题组组织了多次专家研讨会,先后邀请中央教科所杨希洁博士、重庆师范大学教育科学学院特殊教育系副主任郑璇博士及四川省特教专家曹照琪、蔡明尚等特殊教育研究领域的专家学者来校考察和指导课题研究工作。通过专家指导和引领,课题研究不断向更高的层次迈进。

第三部分 研究成果

一、研究的主要结论

(一)职高听障生社会适应能力的概念初步明晰

1. 社会适应能力

社会适应能力是指个体为了满足社会环境的要求而逐渐学会独立地掌握社会规范、正确处理人际关系、学会自我控制与调节,从而有效地适应社会生活的能力。

2. 职高听障生社会适应能力

职高听障生社会适应能力,指的是在职业高中随班就读的听力障碍学生,适应职高生活环境与学习环境的能力、参加岗位实习的能力和升入高一级学校继续学习的能力(见表1)。

表1 职高听障生社会适应能力

社会适应能力	具 体 能 力	
生活适应能力	独立生活能力	人际交往能力
学习适应能力	专业学习能力	继续学习能力
工作适应能力	岗位体验能力	基本职业能力

(二)职高听障生社会适应能力的培养机制和运行模式初步建立

1. 培养机制

能力培养机制,是指在培养某种能力时,探索其内部组织运行变化的规

律，采用相关的措施手段，以实现特定的能力培养目标。

我校通过课题研究，已初步建立起职高听障生社会适应能力的培养机制。主要包括以下几个方面。

一是确立了融合教育观念。这种融合，既是听障生和普通学生的融合，也是听障生和社会的融合，又是学校内部人、物和管理制度等要素的融合。融合，是一种观念，也是一个目标，更是一种境界。

二是制定了科学的听障生培养目标。我们充分考虑听障生的实际和职业教育的功能，将培养目标确定为：通过培养听障生的生活适应能力、学习适应能力和工作适应能力，使他们在完成职高学业后，能够升入高等院校继续学习，或者进入社会，能够胜任某项工作，能够独立地、有尊严地生活。后来，在实际研究过程中，我们进一步明确了培养目标内涵，将之概括为"三有三能"。"三有"即完成职业高中学业，有毕业证书；掌握基本专业技能，有专业技能等级证书；身心得到全面发展，有各类活动获奖证书。"三能"即能进入企事业单位独立承担某项工作，能升入高等院校继续学习，能进入社会有尊严地生活。

三是建立了一套听障生随班就读工作制度。主要包括《新津职高随班就读工作制度》《新津职高随班就读工作考核评价制度》《新津职高随班就读工作教师考评制度》《新津职高资源室管理制度》《新津职高随班就读班级管理细则》等。

四是建立了一套随班就读教师培养制度。学校把随班就读教师培养纳入学校师资队伍建设总体规划，并在市级以上的骨干教师送培工作中予以优先考虑。学校支持随班就读教师参加各级各类专业培训，除了全额报销相关费用外，还对在培训中表现优秀的教师给予物质奖励。同时，学校建立了随班就读教师激励机制，明确在"评优评先"中优先考虑随班就读教师。学校资源室教师贾心睿、王秀清、熊正平，随读班级教师何霜、付文桂、杨丽萍等同志，通过开展随班就读工作和融合教育课题研究，业务能力不断提高，迅速成长起来，在学校承担了越来越多的工作任务，对学校发展做出了重要的贡献。

五是探索出一套听障生社会适应能力培养方法。学校提出的"培养教师、改变学生、影响家长"的听障生能力培养基本策略和方法，具有一定的创新性。

六是建立了一套听障生学业评价和能力评价制度。学校制定了《新津职高随班就读学生评价制度》和《新津职高听障生社会适应能力评价量表》。

2. 运行策略

（1）创设和谐校园环境，培养听障生的独立生活能力和人际交往能力。

① 学校、班级努力营造出一种平等、和谐的环境氛围，使听障生能够较好地融入新环境中。

一是理解尊重的言语环境。教师、学生在一般场合不提"听障生""聋生"等字眼，最好叫名字。和他们交流时，学会理解和尊重，学会换位思考。

二是和谐包容的生活环境。

三是互帮互助的学习环境。

② 正确对待听障生的生理缺陷，区别对待他们的"特殊"，不放大缺陷，不歧视障碍，不迁就错误，增强他们独立生活的能力。

他们在学习和生活中因为有身体缺陷，所以老师和同学应该帮助他们，但是"特殊"的对待应该是有针对性的。他们听不见，所以时间观念较弱，因此可以安排同学提醒他们时间，如起床时间、上课时间、集合时间等。作业或者一些通知，也可以安排助学伙伴提醒他们。但是，我们不能放大他们的缺陷，给予"优待"，如听障生四肢健全，可以且应该参与卫生扫除和严格遵守纪律要求，不迟到不早退，遵纪守规，参与班级和学校的集体活动，让他们和普通学生一样，完全融入学校、班级大家庭，这样的习惯养成教育对他们以后走入社会都是有很大好处的。行为上不特殊，心理上才不会特殊，这样才能让他们更好、更自信地和普通人一样享受学习和生活的乐趣。所以，我们要正确对待他们的"特殊"，不适当的优待会给听障学生造成负面的影响。

③ 建设和谐班级，开展多种活动，培养听障生健全的人格和人际交往能力。

一是开展主题班会活动，加强班级文化建设，让班级更具有凝聚力，从而加强随班就读学生与普通学生的融合。

开展"学会欣赏"主题班会。"一棵树若花不好看，也许叶子好看；花叶都不足观，也许枝干错落有致；花叶枝干皆不中看，也许它生长的位置很好，在蓝天白云的衬托下，远远看起来流露出几分美感。"只要你肯去欣赏，总会发现美的。开展这样的主题班会让学生学会欣赏自己，树立自信，并且学会欣赏他人，树立"海纳百川，有容乃大"的良好心态，让随班就读学生和普通学生在学习生活中都能有一个良好的心态。学校、班级环境创设是促进学生个性全面发展的重要条件，又是促进学生个体社会化的重要因素。一个团结友爱、积极向上的班集体，才有利于残疾孩子的成长和进步。

开展"学会感恩"主题班会，让学生学会理解、尊重，懂得感恩身边的人，有利于整个班级的友爱和谐。

开展"励志成才"主题班会，可以让孩子们认真思考自己的人生，怎样把梦想变为现实，从而让他们明确学习目的，端正学习态度。

二是适当放大他们的优点，激发他们的学习兴趣。让他们看到自己的成绩，触及成功，憧憬未来。

就读职高的学生主要是爱好专业，或者对九年制义务教育文化知识掌握不是十分全面的学生。职业教育对学生文化要求不是很高，主要掌握基本的文化知识和专业理论知识，更多的是掌握专业技能，而专业技能侧重的是操作，所以随班就读的学生在文化知识方面的压力就相对较小，与同班同学的差距也不会太大。专业技能方面，所有同学都是从零开始，只要多动手练习，是完全能跟上教学要求的。

何老师班上有一个随班就读的邓同学，初中时，她的成绩平平，但刚进这个班，在第一期的半期考试中成绩名列前茅，她很惊讶，并且激动地告诉所有人。何老师当着全班同学对她进行表扬，并给予一定的学习用具作为物质奖励。其他的随班就读学生看到她取得那样好的成绩，都把她当作榜样。对于学生而言，没有比学习兴趣更具有魅力的学习动力了。同时，普通学生也深受鼓舞。

三是鼓励并帮助他们参与集体活动，为他们找到学习生活的乐趣，让他们也享有和其他正常孩子一样丰富的课余学习生活。

鼓励并帮助他们参与集体活动，为随班就读学生找到学习生活的乐趣，让他们也享有和其他正常孩子一样丰富的课余学习生活。如某年的"五四"文艺汇演，班主任何老师让三位随班就读学生和三位普通学生一起学一段手语歌，无论是在练习节目过程中，还是在表演台上，随班就读学生都显得很积极，他们是愿意参与这些活动的，只是他们的表现能力有限，老师应该主动地为他们营造良好的氛围，并让他们融入其中。

（2）发挥资源教室功能，为培养听障生的社会适应能力提供支持服务。

① 指导听障生合理选择学习专业。我校开设了计算机及应用、机械加工技术、学前教育等七个专业。如何帮助听障生选择合适的专业，学校资源室颇费了一番周折。学校资源室咨询了特教专家，查阅了大量资料，联系了相关高等院校，征求了家长意见，最后确定将这5名听障生安置在计算机及应用专业，主要有两个学习方向：动漫设计与制作和办公自动化。

② 建立人头档案，制订个别化教育计划，加强心理辅导和学习辅导。加

强资源教师培训，建立听障生人头档案，制订个别化教育计划，实施听障生心理辅导和学习辅导。

③ 培训随读班级教师。资源教师对听障生的学习支持，应该说只是辅助和补充。最关键的，还是随班就读教师对他们的支持。所以，要着力开展随班就读教师培训工作，增强他们的业务能力，努力为听障生提供学习支持服务。

④ 制定学校融合教育工作制度。要根据国家有关文件精神和县教育局、县特教中心有关通知要求，制定学校融合教育工作制度，从制度上保证学校融合教育工作顺利推进，保证听障生社会适应能力的培养工作有效开展。

⑤ 建立考核评价体系。资源室按照县教育局和县特教中心的要求，负责学校融合教育日常工作。一方面接受上级部门的考核评价，另一方面负责考核本校随班就读教师的工作情况，同时对随班就读听障生的学业做出发展性评价。

（3）改进教学方式，培养听障生的学习适应能力。

一是明确职高听障生的知识学习任务。"职业教育是注重提升个体职业素质的教育，具有鲜明的职业针对性，主要以职业知识、职业技能和职业态度等为教学内容。"从知识方面讲，职业教育以技能和专业知识为主，对文化知识要求相对较浅。所以，适合随班就读学生对知识的掌握要求，不会给他们太大的学习压力。

二是调整改进教学方法。1994年7月21日发布的《国家教育委员会关于开展残疾儿童少年随班就读工作的试行办法》中的第四点，教学要求第15条提道："对随班就读的残疾学生应当贯彻因材施教的原则，制订和实施个别教学计划。应当采取多种形式和方法，激发残疾学生的学习兴趣，挖掘其学习潜力"。

尊重学生的爱好。

每个学生都有自己的爱好，有学习兴趣的引导会事半功倍。职业教育比普通教育更注重尊重和培养学生的爱好，学生可以在职业教育中选择自己喜欢的专业就读，通过专业训练，充分激发学生的潜能，把爱好转化成一技之长。而且每个专业都有细分科目，这些细分科目会让不同的学生在不同的科目中体现自己的优势，从而树立学生的自信心。

如我们的随班就读学生选择的是计算机专业中的动漫方向。当年我校有十三个大专业，计算机是其中一个，而计算机专业中又分为办公自动化和动漫两个专业方向，其中动漫专业所学科目包括计算机应用、汉字输入、各类应用软件（如 PS 等）、线描基础、设计原理、windows2000 等。随班就读学生朱同学对计算机很感兴趣，所以计算机应用、汉字输入这两门科目成绩较好，记忆五笔字根特别快。邓同学喜欢画画，也有一定的素描基础，所以线描科目成绩较突出。

无论是随班就读学生还是普通学生，每个人都有自己优势的和弱势。职业教育就是抓住学生的优势不断培养学生，让学生认识自我，树立"天生我才必有用"的自信，从而激励他们热爱学习。

尊重学生的个体差异。

因材施教不仅仅是抓住学生的优点和爱好来培养他们，还包括接纳学生的不足，并找到帮助他们的方法。

如何老师班上的 3 名随班就读学生都有听障，所以他们与社会交流的方式只有通过肢体语言（如手语）或文字来表达。肢体语言（如手语）的社会普及面很小，如果使用肢体语言，他们只能和具有同样障碍的朋友流畅交流，与其他正常同学的交流的难度较大。这样一来，文字表达对于他们来说显得尤为重要。因此，班主任要求他们 3 个写周记，以加强文字表达能力。其中黎同学的文字表达能力比较弱，句子最基本的主、谓、宾关系都不能正确把握。所以，针对他的个人情况，需要制订个别教育计划。于是班主任又要求他写日记，只需要用简单的句子表达，不用写太多，两三句话就可以了。根据学生的进步情况再调整个别教育计划内容。一学期下来，黎同学写的虽然都是短句，但是他已经能清楚地表达自己的意思了。

采用计算机辅助教学。

针对听障生在融合教育班中的特点，利用多媒体和电子教室进行教学，使听障生与普通学生间相互学习，相互促进。

极域电子教室教学软件是一种多媒体教学网络平台，它代表着一种全新的教学方式，利用一套软件，在现有的电脑网络设备上实现教师机对学生机的广播、监控、屏幕录制、屏幕回放、语音教学等操作来统一进行管理与监控，辅助学生完成电脑软件的学习、使用。此系统融合了数字化、网络化的先进思想，突破传统教室对时空的限制，既实现了传统课堂教学中老师与学生、学生与学生间的交流，又符合电脑教学轻松、互动的自身特点，是一次教学方式的飞跃。

在融合班级中教学，既要考虑听障生的认知特点，也要考虑普通学生接收能力强、心理年龄普遍高于听障生的特点。

例如，在学习 office 办公软件 word 中的图文混排一节时，教师先利用极域电子教室的"班级模型管理"，对班级中的计算机进行管理，实现对班级模型的统一管理；利用"分组管理"，新建分组，管理分组；利用"分组教学"直接使用既有分组信息，老师不需要再临时创建分组。老师可以监控每个分组的教学过程，以了解分组教学的进度；利用"分组讨论"可以使用既有分组信息，老师不需要再临时创建分组，轻松实现分组教学；利用"屏幕广播"功能将制作好的课件或屏幕的某个部分广播给学生，增加教学的直观性；利用"文件分发"功能，将练习的素材轻松发到学生机指定位置；利用"随堂小考"功能，设定考核内容，检验教学效果等。在学生端，学生通过"作业提交"功能，将课堂中完成的作业提交到教师机，教师可以选择接收或拒绝学生提交的文件。

采用此种方式上课，老师讲课时向学生广播，这样所有学生机都将收到教师机的广播。在这种状态下，学生机显示的内容完全与教师机一致，既能有效地将教师授课的内容的关键点展现给学生，又避免了在授课的过程中太多的板书而影响教学进度。在这种状态下，学生机与学生机之间、教师机与学生机之间能够进行文字交流，使整个教学的过程中交互性更强。教师授完课后，学生做练习，通过教师机的窗口可以查看学生练习的情况，若发现有同学在练习的过程中做与课堂无关的事情，如打游戏等，教师可以通过教师机对其进行小小的处罚，如黑屏肃静。老师既可以将学生做好的作品展现给全班同学，也可以让学生做示范操作。学生做完作业后，通过学生端将作业上传教师机等。这些操作，学生只需坐在自己的座位上就能完成，增进了同学间在学习上的交流，使听障生的教育和普通学生的教育很好地融合在一起。

（4）加强实践教学，推动"工学交替"，培养听障生的工作适应能力。

① 适当调整教学内容，提高实践教学和实际操作课程比例，增强听障生动手操作能力。学校根据职业教育以专业教学和技能培养为主的特点，结合听障生学习实际，适当调整了随读班级的课程设置。

一是在高一上期加大了美术课的权重，由正常的每周 4 节增加到每周 6 节，充分考虑了听障生对专业学习的兴趣。

二是在高一年级两个学期都分别增加了随读班级上机操作课的节数。由正常的每周 6 节增加到每周 9 节，一方面，考虑了听障生在教室学习的困难，另一方面，有利于增强他们的专业技能。

②寻求残联支持，密切校企合作，为听障生提供岗位体验机会和实训实习机会，培养听障生的基本职业能力。在县残联、县特教中心及特教专家的大力支持下，经过学校积极协调，多方呼吁，努力争取，一些爱心企业为听障生提供了岗位体验机会和工作机会。

（5）加强家校联系，充分发挥家庭在培养听障生社会适应能力过程中的重要作用。

学校加强和家长的联系沟通，与家长及时交流听障生在校学习生活情况，汇报他们在学习上取得的点滴成绩，分析他们身上还存在的问题，商讨解决途径，共同促进听障生社会适应能力的提高。

学校每学期都要召开一次以上的家长会，进行一次以上的家访。每周给家长打一次电话。每学期给家长做一次学生成长汇报。通过这些制度安排，一方面帮助家长了解听障生在校学习生活情况，另一方面也增强了家长对孩子的关注意识，甚至改变了家长对职业教育的认识。

（6）开展转衔研究，为听障生升入高等院校继续学习提供支持。

学校在指导听障生选择就读专业时，进行了充分调研，综合考虑了听障生就业与升学的需求，特别是加强了与高等院校特教机构的衔接沟通，为听障生继续升学提供支持服务。

高二下学期，学校召开一次有特教专家、随读班全体教师、随读学生与家长及学校主要领导参加的工作会，专题研讨听障生"高二分流"问题。按照中等职业教育"2+1"学制安排，学生在完成高一高二两年的在校学习后，在高三要进入企业顶岗实习。经过深入交流探讨，3 名学生决定继续学习，参加高考；2 名学生决定参加顶岗实习。学校随即加大了转衔教育力度，一是将邓同学等 3 名学生转入高二综合班随读，二是抓紧联系相关单位和企业，为 2 名学生落实实习岗位。

（三）听障生社会适应能力基本形成

5 名听障生中，1 名在高二下学期期末前开始顶岗实习，1 名在高三上学期开始顶岗实习，3 名在高三下学期参加了重庆师范大学的单独招生考试。就目前的情况来看，他们都已初步具备顶岗实习的能力、基本职业能力以及升入高等院校继续学习的能力，"三有三能"培养目标基本达成（见表 2）。

表2 5名听障生"三有三能"目标达成情况

姓名	"三有"			"三能"		
	完成职高学业,有毕业证	掌握基本专业技能,有技能等级证	身心得到全面发展,有各类获奖证书(证书数量)	能进入企事业单位独立承担某项工作	能升入高等院校继续学习	能进入社会有尊严地生活
邓××	有	有(计算机二级)	8本		参加重庆师范大学单独招生考试,并被录取	能
高××	有	有(计算机一级)	6本		参加重庆师范大学单独招生考试	能
朱×	有	有(计算机一级)	5本		参加重庆师范大学单独招生考试	能
李×	有	有(计算机一级)	5本	在五津镇工作		能
黎××	有	有(计算机一级)	4本	在××电子厂工作		能

(四)学校科研工作氛围逐渐浓厚,教师科研素养明显提高

通过课题研究,学校科研工作氛围逐渐浓厚,一部分青年教师在课题组的带动下,开始钻研业务,尝试小课题、微型课题研究,以解决教育教学工作中的实际问题。同时,教师科研素养明显提高,在每年各级各类论文评选和教学科研成果评选活动中,获奖成果的数量不断增加,质量不断提高(见表3)。

表3 课题组成员获奖情况

姓名	获奖项目	获奖等级或荣誉称号	授奖部门	时间
喻毅	学校管理	先进个人		
叶丰平	论文	二等奖	人社部	

续表

姓　名	获奖项目	获奖等级或荣誉称号	授奖部门	时间
王秀清	论文	一等奖	新津县教研室	
贾心睿	论文	二等奖	新津县教研室	
何　霜	论文	二等奖	成都市教科院	
	赛课	一等奖	新津县教育局	
付文桂	论文	三等奖	新津县教研室	
杨丽萍	论文	二等奖	新津县教研室	
熊正平	论文	二等奖	四川省教科所	2010年4月
	论文	二等奖	成都市教科院	2010年5月
	论文	一等奖	新津县教研室	2011年4月
	名师考核	一等奖	新津县教育局	2009年9月
	名师考核	二等奖	新津县教育局	2011年1月
	赛课	二等奖		
	课件制作	一等奖		

二、研究的突破与创新

我们认为，本课题研究有两个突破与创新。

一是研究内容的突破与创新。目前，国内对随班就读的研究主要是在义务教育阶段的研究，部分地区也在进行学前教育阶段的随班就读研究。我校开展的"融合教育中职高听障生社会适应能力的培养"研究，探索在职业高中开展随班就读的支持服务策略，具有创新意义。

二是研究机制的突破与创新。由于各种原因，职业高中的课题研究工作一直比较薄弱，我校建校至今已有28年的历史，但还只有一个县级课题完成研究任务成功结题。这已经制约了学校的发展，更与学校作为"国家级重点中等职业学校"的地位不相符。在本课题研究过程中，学校探索建立了一套课题研究工作制度，这为学校以后的课题研究工作打下了坚实的制度基础。

三、研究的主要成果

一是完成了研究报告、工作报告、大事记等研究文件。课题组对研究工作进行了认真梳理和全面总结，形成了课题研究的大事记和研究报告等研究成果。

二是形成了《职高听障生社会适应能力的培养机制及运行模式研究》等研究论文。课题组成员从学校、家庭、社区、教师、学生、伙伴、班级、课程等角度，对职高听障生社会适应能力的内涵界定和培养策略等问题进行了深入研究，撰写了系列论文，总结了研究经验（见表4）。

表4　课题组撰写的主要论文

序号	论 文 题 目	作 者	备 注
1	《职高听障生社会适应能力培养机制及运作模式研究》	熊正平	县一等奖
2	《资源室在职高听障生社会适应能力培养中的支持作用研究》	王秀清	县一等奖
3	《如何从加强班级管理入手培养职高听障生的社会适应能力》	何 霜	市二等奖
4	《职高听障生社会适应能力培养的家庭策略》	何 霜	县二等奖
5	《多媒体和电子教室在职高听障生社会适应能力培养中的应用》	付文桂	县三等奖
6	《开展转衔研究对培养职高听障生社会适应能力的作用初探》	贾心睿	县二等奖
7	《职高听障生社会适应能力培养中的表扬与批评策略》	何 霜	县一等奖
8	《职业高中开展听障生社会适应能力培养的优势与策略分析》	何 霜	县三等奖
9	《职高听障生随班就读班级管理创新研究》	杨丽萍	县二等奖

三是制定了《新津职高随班就读工作制度》等学校管理制度文件。

四是编制了职高听障生社会适应能力评价量表。

五是编制了新津职高听障生《成长报告》。

第四部分　研究中存在的问题及今后的研究设想

一、研究中存在的问题

课题研究工作在县教育局、县教研室、县特教中心和特教专家的关心指导和大力支持下进展顺利，取得了一定成果。但是，由于我们的理论水平和实践能力有限，课题研究工作还存在一些问题。

一是本课题研究从宏观、中观研究较多，而从微观、细节上以实证为基础的归纳分析较少，需要我们在今后进一步改进。

二是课题研究参与面还比较窄，教师、听障生、助学伙伴、家长及企业、残联等其他社会机构相关人员由于各种原因，没有有效参与到课题研究中来，影响了课题研究的效果。

三是学校科研工作机制还需要进一步改进和完善，部分课题参与人员对课题研究的认识不清，责任感不强，工作积极性不高，研究工作不够深入。如何建立起更加有效的学校科研工作考核奖励制度，也需要我们做深入研究。

二、今后的研究设想

下一步，学校将进一步总结课题研究得失，完善课题研究成果，并将课题研究工作向纵深推进，努力探索中等职业学校开展随班就读工作的一般经验，为我国特殊教育事业发展做出贡献。为此，我们将重点做好以下几项研究工作。

一是积极做好国家级重点课题子课题的前期研究工作。县特教中心正在申报国家级重点课题"融合教育可持续生涯发展支持系统建设"，我校"融合教育中职高听障生社会适应能力的培养"研究将作为该课题的主要子课题。这是一个提升我校科研水平、展示学校办学质量的重要机遇，更是一项关于教师队伍建设、关于学校内涵发展的严峻挑战。我们唯有努力。

二是开展好随班就读学生个别化教育计划研究工作。此次课题研究，由于认识偏差和准备不足，我们没有做好个别化教育计划的研究工作，这是一个遗憾。下一步，我们拟选择2010级计算机3班的杨希同学开展个别化教育计划研究，进一步深入开展听障生社会适应能力的培养研究。

三是建立起学校科研工作长效机制。大力加强学校科研组织建设，多方培养科研骨干分子，建立健全科研工作考核奖励制度，形成学校科研工作长效机制，努力促进学校的内涵式发展。

参考文献

[1] 汤盛钦. 特殊教育概论[M]. 上海：上海教育出版社，1998.
[2] 华国栋. 随班就读教学[M]. 北京：华夏出版社，2000.
[3] 方俊明. 特殊儿童的早期融合教育[M]. 上海：华东师范大学出版社，2005.
[4] 赵锡安. 听力障碍学生教育教学研究[M]. 北京：华夏出版社，2006.

理论篇

新津县特殊教育资源中心的运作实践

张林智

一、新津资源中心的形成

资源室作为提高随班就读教育教学质量的重要设施与保证，成为随班就读支持保障体系的核心要素。新津一小资源室在推进融合教育工作中，专业能力强、功能齐全，为县域内其他资源室提供了大量的技术指导、技术支持，引领辐射了全县的资源室工作。

2001年，为巩固高质量"普九"成果，新津将三类残疾（听障、视障、智障）儿童的教育作为责任目标来落实，聘请曹照琪、蔡明尚为新津县特殊教育技术指导专家，在新津一小建立省内第一个资源室，接纳残障生进行随班就读。2002年，新津一小牵头与县内六所优质资源小学建立资源室，共同进行课题"普通学校特殊儿童支持系统的建立与运作"的研究。2005年，在新津着手进行涵盖学前、小学、初中、两类高中，覆盖全县各乡镇的资源室建设工作，新津一小资源室为其他学校提供技术支持和资源室建设的指导。

新津县教育局先后命名新津一小资源室为"一级资源室""特教资源中心"等，使其发挥着资源中心的作用与功能，辐射引领了我县各学校资源室工作，推进了新津融合教育工作的不断发展与深化。

二、资源中心的功能和作用

新津县目前有15个资源室，涵盖残障学生学前、小学、初中、高中（职高）的学习生涯。

1. 协助新津县特教中心督导我县随班就读工作，对各校资源室工作过程进行检查、评估，促进全县资源室的建设和发展

新津县特教中心从2007年开始对县域内各资源室工作进行检查、评估，

之后每年春季开展对资源室督导，年终开展对学校融合教育检查评比，已经形成常规。资源中心教师是督导和检查评比的主要成员，资源中心拟定了《新津县资源室工作评比细则》《新津县融合教育工作评比细则》。通过检查、评估，指导全县资源室的建设，促进融合教育的发展。

2. 特教中心是全县资源室的技术指导中心，指导全县各个资源室工作

对资源室教师的指导主要采取现场指导、教师培训、咨询交流等，每学期开学初期、半期、期末，资源中心都例行组织集中交流会，强调资源室教师团队建设，让资源室教师间无障碍沟通，以增进交流与学习提高。现代信息技术更增进了教师间的交流沟通，电话、网络缩短了距离，我们建立资源室教师群，教师间的交流更加便捷。

3. 特教中心是全县特教科研中心，配合教研室对全县特殊教育科研进行管理和指导

教育科研的先导作用是促进教育改革与发展、提高教育质量、提高教师素质的有效途径。新津在开展特殊教育的探索过程中，一直坚持开展教育科研，受益匪浅。2001年，新津一小牵头开展"普通学校特殊儿童支持系统的建立与运作研究"的课题研究，该课题在2007年被教育部基教司评为"十五"特殊教育A级课题，之后县特教中心以"融合教育可持续发展支持系统的建立与运作研究"为总课题，统领各特教资源室关于融合教育的课题研究，主要包括以下内容。

（1）新津县幼儿园进行早期干预和融合的实践研究；

（2）五津中学进行小学升初中和进入高中的转衔教育实践研究；

（3）新津职高探索了开展"三项适应六种能力"训练，培养学生社会适应能力的实践经验；

（4）县教师进修学校开展"融合教育教师职后培养"的课题研究，启动了新津县融合教育骨干教师培训，邀请了重庆师范大学相关老师编写教材，培训具有系统、持续、本土化的特点；

（5）花源小学整合社区资源，调动同龄伙伴、同学、退休教师和大学生志愿者，开展农村小学伙伴助学活动的研究；

（6）新津一小在总结教育教学经验基础上，编印了《融合教育家庭支持服务手册》，指导家庭教育。

目前，花桥小学、万和小学、顺江学校等都将焦点集中于融合教育教学活动，积极开展教育科研。

4. 特教中心资源室是全县师资培训中心，积极开展教师的培训和教研，提高教师的专业技术水平和能力

融合教育师资队伍的素质影响着融合教育事业的发展。我县大部分从事融合教育工作的教师都未接受过岗前相关知识和技能的培训，因而加强融合教育师资队伍建设显得尤为重要。

我县特教教师大多是普教教师兼任融合教育工作，融合教育开展初期，特教专家曹照琪、蔡明尚以师傅带徒弟的方式，在六所学校的资源室学校撒下种子，开展了多种形式的培训学习，使资源室教师快速成长为新津融合教育的技术力量。2008年起我们进行教师培训者的培训，为融合教育的进一步发展奠定基础。现在资源室教师团队是新津融合教育的排头兵，引领着融合教育的发展。

2011年4月，进修校和特教中心资源室联合开展了特殊教育师资职后培养的课题研究，开办新津县融合教育骨干教师培训班。这个培训班主要以重庆师范大学为技术支持，编写培训教材，派教师授课。培训班58名学员已经完成了为期一年的理论培训，成为新津融合教育的中坚力量。之后，我们大力开展融合教育校本培训，县教师进修学校把校本培训纳入教师继续教育工作中进行检查考核，全面推进融合教育工作。

5. 发挥家庭辅导中心作用

特教要为家庭教育提供必要的培训指导。我们组织家长培训和交流活动，对家长进行教育技术和教育技能等方面的指导。主要采取召开家长会、开展家长培训、组织家长交流活动、推荐家庭教育相关书籍等方式，并编写了《融合教育家庭支持服务手册》。

6. 特教中心资源室还在社区服务联络中心、设备与信息咨询服务中心、康复训练中心等方面积极努力

在社区服务联络、康复训练中心等方面积极努力，如在职高学生就业、脑瘫学生康复训练方面，我们积极联系残联和相关就业单位；开展短期生理康复训练和生活技能康复训练的尝试；为资源室提供特殊教育教学设备、提供相关信息等。

另外，特教还重视建设资源库，及时收集和提供相关信息，重视储备人力资源、技术资料、工具等。

融合教育背景下的教师专业成长
——基于一名唐氏综合征幼儿的融合教育个案

苏 珠　潘俊菊

摘　要：教师是实践融合教育改革和发展的主要参与者、融合教育课堂教学中的实践者，文章以一名在读的唐氏综合征幼儿所参与的融合教育为个案，探讨行政领导、幼儿教师、家长在参与融合教育过程中的态度、教育方法、评价，从而思考教师融合教育素养的提升方式。

关键词：融合教育，教师专业成长，唐氏综合征

一、引　言

融合教育（inclusive education）又称全纳教育，其内涵是"一种持续性的教育过程，即接纳所有学生，反对歧视和排斥，促进积极参与，注重集体合作，满足不同需求"[1]，这个概念的提出体现了人们对教育公平和教育民主化的追求，融合教育已经成为当今教育研究的一个重大课题和全新的领域。

学前融合教育是指让有特殊需要的学前儿童进入普通幼儿园，与普通儿童共同接受保育和教育的教育模式。新津县五津幼儿园从2001年开始接纳听力障碍儿童，逐渐扩展到脑瘫、唐氏综合征等类型特殊孩子，先后有20多名特殊幼儿在我园随班就读，我园成为我国西部地区率先进行学前融合教育理论和实践探索的普通幼儿园。

在实践中我们发现，教师是实践融合教育改革和发展的主要参与者、融合教育课堂教学中的实践者，他们本身的专业发展已经成为融合教育持续发展、保证融合教育质量的关键。因此，发展教师力量非常重要，合理的、系统的和长期的教师培养是支持融合教育发展的必要措施。2011年12月，教育部颁布《幼儿园教师专业标准》，其中提到，幼儿教师需要有"了解有特殊需要幼儿的身心发展特点及教育策略与方法"的专业

理念与师德;《3—6 岁儿童学习与发展指南》中也提到"尊重幼儿发展的个体差异"的教育原则,这与融合教育"接纳、平等、尊重"的核心理念不谋而合[2]。可见,融合教育的实施与幼儿教师的专业发展不是此消彼长的关系,而是"互利共进"的关系。因此,我们需要持续深入地探讨教师在融合教育中的问题,有的放矢地解决问题,提高教师专业素养,从而为所有学前儿童提供优质的教育服务。本文将采用质的研究方法,以一名在读的唐氏综合征幼儿参与的融合教育为个案,探讨行政领导、幼儿教师、家长在参与融合教育过程中的态度、教育方法、评价等方面的问题,如教师融合教育素养是否缺失?如何干预?怎样实现融合教育质量与教师专业发展的相互促进?

二、研究对象及方法

(一)研究对象

唐氏宝宝小阳所在的中班有三位老师——张老师、方老师以及保育员罗老师,她们在接收小阳之前都没有带过特殊孩子,也没有接受过融合教育相关的培训。研究对象基本情况如下(见表1):

表1 研究对象的基本情况

	性别	年龄	专业背景	学历水平	工作年限	融合教育工作经验
张老师	女	35	学前教育	大专	12	5
方老师	女	28	学前教育	大专	6	3
罗老师	女	46		初中	9	无

小阳 4 岁便到幼儿园,张老师带他至今。张老师有 5 年的融合教育经验,方老师有 3 年的融合教育经验。

选择这三位教师作为研究对象的原因有:

第一,三位老师与小阳相处时间长,已经建立了信任并形成默契,这为教育策略的有效实施提供了有利条件。

第二,两位老师的搭配模式是幼儿园典型的"老带青",保育员年龄较长,这是我园大多数班级采取的搭配模式。该班的保教人员的学历水平、工作经验都具有典型性,能体现保教队伍的普遍水平。

第三,三位老师对融合教育持积极心态,工作上积极进取,益于研究开展。

（二）研究方法

本文采用个案研究法，根据特殊幼儿在班级的相关需要，对个案人员进行深度访谈、观察、问卷调查，收集保教人员对融合教育的态度和认识等相关信息，指导个别化教育计划的制订和实施，提出教育建议。这一系列行动都由融合教育教研组与随读班级保教人员在幼儿园中实施。融合教育教研组由特教专家、资源室教师和随读教师组成，在活动中，他们既是指导者也是参与者。

三、面临的问题

（一）理想与现实

1. 园长的理想

新津县五津幼儿园曾经是新津一小附属幼儿园，从2001年起新津一小开始接收听力障碍儿童，开始了融合教育实践探索工作。2008年，新津五津幼儿园独立出来，仍然陆续有特殊孩子要求入园，园长很欢迎像小阳这样的特殊儿童来园就读，也竭尽全力让每个特殊孩子得到妥善的安置。园长认为："我们幼儿园不仅是普通孩子的乐土，也是特殊孩子温暖的家。"幼儿园的办园思想开放，"宽容、接纳"的校园文化氛围浓厚，这给特殊孩子的心理健康发展提供了非常重要的心理环境。

2. 老师的现实困难

根据随堂观察以及对两位教师的访谈得知，当初因为某些特殊原因才接纳了这个孩子，几年下来老师们也做了各种教育尝试，终于，小阳在自理能力、人际关系、肢体协调能力上都有了很大的进步，并和老师、同学们建立了深厚的感情。老师们虽然知道小阳"特殊"，但他们表示对唐氏综合征并不了解，也缺乏相关的应对训练策略。在对教师教学行为观察中也发现，教师对小阳的问题行为仍按普通的方式来处理，缺少针对性，教育效果也不尽如人意。保育人员认为："我只要看好他，不让他去打扰别人，生活能自理，就行了。"在课程实施上没有针对特殊幼儿拟订个别化教育计划，上课时老师们也试图让小阳参与活动。通过观察和访谈发现，两位幼儿教师认可融合教育的意义，但对于如何进行融合教育缺少专业知识和技能。

在与其他教师的随机访谈中，大多数幼儿教师表示认可融合教育的积极意义，但由于专业知识不足、技术缺失，以及资金、师资等外部支持不够，教师们在实施过程中感到心有余而力不足，没有足够的信心能教育好特殊孩子，有畏难情绪和排斥心理。

3. 家长的愿望

小阳的父母在外做生意，家境比较殷实，为了给小阳提供更好的教育条件，在让小阳在普通幼儿园随读的同时，还带小阳每周进行两次康复治疗。其家长认为："既然生下他，还是希望让孩子接受更好的教育。在普通幼儿园就读能和正常孩子在一起学习生活，这肯定是特殊学校没法实现的，但也离不开专业的特教老师的训练。"幼儿园每个孩子都有《家园联系册》，小阳也不例外，其有效地促进了学校和家长对孩子情况的掌握。从以上情况可以看出，小阳家长对融合教育的期望是希望给孩子一个正常的交际环境，仅此而已，对教育教学没有过高的要求。但在对其他随读幼儿家长的随机访谈中，有的家长仍表示"希望得到老师的特别关注"。

四、实践与探索

理想中融合性幼儿教师应该经过学前教育和特殊教育的双重职业培训，是普通学前教育和特殊教育的双师型教师。[3]融合教育的质量取决于教师，学前融合教育对幼儿教师提出了挑战，具体体现在教育观念、教育知识和教育技术及能力三个方面。[4]从前文中可以看出，幼儿教师多数是学前教育专业出身，职前几乎没有接触过特殊儿童的心理发展与教育的相关知识，因此，在职培训成了提升幼儿教师融合教育素养的有效途径，在实践中我们进行了以下探索。

1. 通过多种途径，建立融合教育观念

通过培训我们认为，对特殊幼儿积极的态度对整个幼儿园的融合教育氛围有很大的促进作用，认为"每个孩子都可能有特殊需求，比如有的孩子会尿床，有的孩子性格胆怯等，遇到这样的孩子，我们要包容和爱护他们，帮助他们进步，以促进他们得到最大的发展。可以说，融合教育不仅适合少数残疾孩子,也适合所有孩子，是促进幼儿个性化发展和教育均衡的手段之一"。幼儿园行政管理应尽可能地支持融合教育，如设立融合教育考核制度，在教师待遇上区别于普通教师，尽量减少班额；发挥教研组的作用，每月开展一次教研会，针对老师们在融合教育中遇到的难题和困惑，分析特殊需要幼儿的发展情况，制订个别化教育计划；资源室老师进入班级，与老师共同观察、分析、家访，与幼儿教师一起制订个别化教育计划，并指导实施。

在访谈中，老师们普遍认可这样的工作推进方式可行，首先解决了老师的观念问题，然后再具体推进操作。随读老师认为："有了考核，工作起来动力更足，有教研组和资源室老师的指导，心里也会更有底。"

在融合教育环境中，不同类型的特殊儿童，更加考验幼儿教师的耐心和爱心。[5]通过开展融合教育演讲比赛、教育随笔比赛、教育摄影作品展览，教师们教育过程中的辛酸、困难以及幸福、满足都得到了充分表达，这个过程培养了老师们对特殊需要儿童的正确态度、积极情感和教育智慧。

2. 综合各类资源，学习特殊教育知识

特殊教育专家不定期来园指导，指导内容包括：新入园的特需孩子的筛查鉴定；特殊需要孩子的安置建议；指导教师了解特殊需要孩子的身心发展特点，提出教育建议；家长培训，指导家长配合幼儿园工作等。教研组开展具有针对性的专题教研活动，如为了了解唐氏宝宝的身心特点，教研组开展了"认识唐氏幼儿"的专题教研活动，包括学习文献、分享案例、教育问题讨论与教育对策的思考，帮助教师们掌握特殊教育知识，改善教育方法与策略。建立融合教育资源库，其中包括融合教育书籍、教育案例、课堂教学案例等，教师们可以随时查阅。

特教专家每次到园，性格活泼的小阳都会热情地和他们打招呼，老师们就小阳爱打人的霸王脾气与专家进行了沟通，专家们分析："小阳性格活泼，喜欢交往，然而本身的语言发展水平较低，所以一着急就动手了。"专家建议：一方面，教师不能一味指责，重在疏导；另一方面，加强与家长合作，帮助孩子改掉不良习惯。张老师受益匪浅："专家对我们的工作帮助很大，听了专家的分析，我们才意识到应该多关心他们，多了解他们的心理特点。看来我们需要学习更多的特殊儿童心理发展知识。"

3. 促进学习和反思，提高培训效益

美国心理学家波斯纳提出了教师成长的公式：教师成长 = 经验 + 反思。他认为，如果教师仅仅满足于获得教师经验而不对经验进行深入反思，那么他的经验将大受限制。"它山之石，可以攻玉"，各类培训学习促进教师进行经验交流，深入反思。如通过县特教中心开展同级资源室的交流、合作与互动，开展融合教育的专业咨询和专家讲座，寻求专业引领，促进专业发展。随读教师还有机会参加县级、市级以及省级特殊教育专业培训，接受更专业、系统的特殊教育知识和技能，拓宽专业视野。

4. 整合家庭社区资源，促进经验交流

社区资源开发利用，有助于减轻教师教育工作负担，有利于形成有效合力，与社区医院、当地残联合作，争取他们的专业支持，互相利用优势资源，达到全面促进有特殊需求儿童的身心发展。小阳定期到康复中心进行康复治疗，幼儿园教师认为："我们对'康复'了解得不多，不敢随便尝试，在幼儿园教育中我们不知道应该注意什么才对小阳的康复更有益。"在当地残联，教师们了解了康复的过程和作用，康复老师对小阳的康复情况进行了简单的介绍，建议小阳在幼儿园可以做一些精细动作的训练。为此，教师们在区角游戏中投入了串珠子、夹豆子等精细动作的游戏材料，让小阳在游戏中康复。

随着融合教育的深入进行，我们越来越认识到家庭教育的重要作用。儿童的大部分时间是在家庭中度过的，家庭是帮助儿童延续学校教育的重要场所，家庭支持质量的高低直接关系到障碍儿童发展的优劣。[6]小阳的家长非常乐意参与幼儿园教育，在每月的《家园联系表》上，都会写上大段的反馈意见，其中有一张写道："感谢老师们对小阳无微不至的关怀，最近小阳在家吃饭表现有进步，不会把饭撒得到处都是，也请老师在幼儿园严格要求小阳。"通过各种渠道交流和反馈，家园之间统一了教育观念和教育方法，形成家园合力，更利于特殊需要幼儿的发展。

五、发现与改变

1. 对特殊幼儿认识发生变化

首先是态度上的转变，特殊幼儿不是"负担"与"累赘"，而是促进教师自身进步和普通幼儿社会性发展的催化剂，所以，应积极地看待特殊幼儿的发展潜力；其次是接纳程度的提高，不单是接纳特殊幼儿，还要在日常生活中更加关注他们，提出具有针对性的教育对策，合理地规划幼儿的未来。一次，老师们收到了小阳的礼物——一幅画，画的是一朵花，尽管不那么精美，但是老师们很感动。方老师说："我从来没有想过会收到他的礼物，一直认为他不会有太丰富的情感，没想到他的心里还感恩我们，不枉几年来我们的付出。"小阳也成为保育老师的得力助手，渴望表现的小阳争当"小老师"为大家服务。

2. 个别教育计划实施能力的提高

研究之前，教师对个别化计划敬而远之，不知道个别化教育计划的内涵，不知道如何制订、怎样实施。通过本研究，教师对个别化教育计划的实施不再犹豫，增加了对个别教育计划制订与实施的信心。学前融合教育个别化教育通过个案会和个别化教育计划达成，[7]学前个别化教育计划需要结合幼儿园五大领域的教育特点，内容包括：评量分析五大领域发展情况，找出优势和弱势项目；制定长期目标和短期目标；主要教育措施；发展性教育评价。为了让个别化教育计划更切合幼儿发展情况，邀请家长、康复医生、社区人员、老师和领导共同参与讨论计划的制订，从不同的角度提出要求，让计划更加完善。张老师以小阳为个案撰写的教育案例在全市的教育论文比赛中获二等奖，案例中详细描述了她对小阳的观察分析、个别化教育计划的拟订和实施效果。

3. 教师教学技术的提高

在教学上，教师能进行特殊幼儿的情况分析，并针对问题给出恰当的教育对策；在日常活动和游戏中，能及时鼓励孩子，根据学生的情况采取不同的互动方式，也会结合个别化教育计划采用多元化的评价方式，让幼儿有更大的发展空间。[8]如在小阳喜欢的唱歌活动中，由于他不能像其他孩子那样完整地唱出歌词，老师为了让小阳积极参与活动，特意在游戏环节设计了"身体打拍子"的情节，邀请小阳为大家做示范，并送小阳礼物鼓励其积极参与。通过研究，教师更关注个别孩子，学会分析不同孩子的学习需求，因材施教，更多有特殊需求的孩子得到了教师的关注。

六、小　结

教师专业的发展正向着我们所期望的方向进行，其中所表现出来的对幼儿个性的关注和认可、对教育教学的反思、个别化教育计划的制订、家庭和社区资源的利用等，都是现代幼儿教师所需的关键专业能力。可见，融合教育的开展对教师的专业发展起着重要的促进作用。

教育专业发展作为整个系统改革过程中的一部分，在很大程度上依赖于整个教育系统乃至社会各界的支持。我们期待融合教育教师培养能得到全社会的关注，也期待教育改革早日实现，培养出拥有融合教育"专业理念、专业智能、专业情怀、专业规范的"融合型幼儿教师。[9]

七、研究反思

本次研究以团队为研究对象,过程详细,但仍然存在许多不足,如没有长期跟踪,缺少数据支撑,研究时间较短。在后续的研究中我们将深入融合教育班级,了解老师们专业成长的需求和问题,探索进一步促进教师融合教育专业素养提升的途径。

参考文献

[1] 赵中建.《萨拉曼卡宣言》摘录[J]. 全球教育展望,2005(2).

[2] 徐素琼,谭雪莲,向有余. 浅谈随班就读中课程与教学的调整[J]. 南京特教学院学报,2008(6).

[3] 叶增编,吴春玉,廖梅芳. 学前融合教育的理想与现实——基于一名自闭症幼儿融合教育个案研究[J]. 中国特殊教育,2009(12).

[4][5] 姬彦红. 全纳教育视野下的幼儿教师培养[J]. 中国特殊教育,2012(2).

[6] 杨久平. 学校教育与家庭教育的有机结合[J]. 教育实践与研究,1999(7).

[7][8] 张文京,高喜刚,曹照琪,蔡明尚. 融合教育与教学[M]. 桂林:广西师范大学出版社,2013.

[9] 孟万金. 全纳教育理念下教师专业素质及专业化标准研究[J]. 中国特殊教育,2008(5).

浅谈农村小学随班就读资源室工作的实践与探索

李 敏

新津县花源小学是一所农村小学。学校自 2002 年开展随班就读的试点工作，截至 2010 年，有 11 名有特殊需求的孩子在校随班就读，涉及的随班就读班级 7 个，随班就读教师 14 名，残疾儿童入学率达 98 %。全校建立了随班就读工作的保障支持系统和教研网络，建立了一系列的规章制度，责任明确，措施落实，建立和完善了每个随班就读学生的个人档案，建立了随班就读教师和学生的评价系统。随着伙伴助学活动的开展，在全校师生的共同努力下，学校形成了关爱随读儿童的良好氛围，随读儿童的支持系统更加完善。现具体介绍如下。

一、资源教室的建设

设立特殊教育资源教室是为了弥补随班就读课堂教学的不足，满足随读儿童的特殊需要，最大限度地挖掘他们的潜能，促使他们健康发展，正常地参与社会活动，能在普通班级与普通学生一起顺利学习，提高随班就读质量。资源室的建设有利于推动随班就读工作的开展。学校在 2003 年正式建立资源教室，当时是与教师办公室合用，功能有限，主要对随读生进行筛查，整理学生个人档案和课题研究资料。2004 年，资源教室的场地独立出来，随着学校随读工作的开展和资源教师业务能力的提高，资源室服务职能逐步增加。其中，开始对随读生进行教育诊断、制订和实施个别化教育计划并进行了进一步的探索。2005 年，我校以科研为导向，开展了随读工作高质量和规范化的探究。着重以资源教室建设带动学校随读工作的深入开展。

现在，我校资源室已成为学习辅导、心理咨询、才艺展示、图书阅览等多种功能的活动场地。学校聘请了心理辅导老师、图书管理员，以及音乐、美术老师作为资源教师,加强了资源教室的师资力量。这样一来,对学生的补偿教育得到了落实。

二、促进随读工作的常规化

随班就读工作是一种探索性的工作,资源室要充分发挥科研导向的作用,加强实践,总结经验,并把实践探索中的经验和方法落到实际的工作中。我校资源室在运作过程中,通过制度化管理、规范化操作、简易化文案,逐步实现随读工作常规化。

1. 制度化管理

制度化管理依靠制度规范体系,构建具有客观性的管理机制。我们制定了系列随读工作制度。如《随班就读管理工作细则》《随班就读研究工作制度》《随班就读教学工作细则》。明确随班就读的岗位职责制度:《随班就读领导小组工作职责》《随班就读教师职责》《资源室教师职责》等。这些职责制度的建立保障了随班就读工作科学、客观、规范、稳定地持续开展。

2. 规范化操作

规范化操作指按照特教规律制度,遵循一致的原则,按统一标准来进行。我们编制《随班就读工作手册》,对随读学生的情况分析、教育起点、个别教育计划的制订和实施、学生发展性评价、助学伙伴、个别辅导、家校联系、普特教联系以及随班就读教师的工作评价等都有了明确的规定。同时还规范了随班就读学生的转介流程。我们在学生个人档案和资料收集整理上进行了规范统一,充分发挥了档案资源的作用。

3. 简易化文案

随班就读的落实表现在教师与学生的交流活动中,简易化的文案尽可能减轻教师的工作量,让教师把精力更多地放到学生教育上。我们逐步对随读工作刚刚起步时繁杂的档案资料进行了整理,在加强教育诊断、个别教育计划的制订和实施工作中,简化老师烦琐的工作记载,如助学伙伴情况表内容比较完备,教师填写简单,能促使教师更好地关注助学伙伴的活动,指导助学活动。

制度化管理、规范化操作、简易化文案,坚持按照我校制定的《随班就读工作册》开展工作,定期检查教师的工作情况,学期结束后收集、整理资料,并进行总结。近年来,随读工作在我校已成为一种常态工作。

三、深入随班就读课堂教学研究,争取多方教育资源

为了满足随读生特殊教育的需求,有效解决农村学校教育资源的缺乏问题,资源教师深入随班就读的课堂教学,与随读老师共同开展课堂教学研究,改变单一的班集体教学模式,采取了以集体教学为主、伙伴教学为辅的教学形式,在集体教学中兼顾学生的个体需要。

1. 发挥随读教师的作用

每学期开始,随班就读教师要和资源室教师一起针对每个随读生的特殊需求做个别化教育计划,这是做好随班就读课堂教学的关键。

随读教师在个别化教育计划中要体现课堂教学正确处理好整体与个别的关系。一是在教学程序上,从开始到结束,都给残疾儿童提供充分参与的机会;二是在课堂提问时,将备课时设计好的问题按难易程度分别提问普通学生与残疾学生;三是在课堂训练中,基本题要求普通学生做,容易题可让残疾学生做。

在教学方法上要求做到"讲解与形象示范相结合""语言表达与态势表情相结合""解释启发与主体获得成功相结合"。教学过程中的各个环节特别是关键环节都照顾残疾学生,关注他们听清了没有、看懂了没有,并针对他们的缺陷进行补偿。

2. 发挥助学小伙伴的作用

助学伙伴是随班就读教学中一支不可忽视的力量。助学伙伴不仅能帮助随读儿童解决一部分学习和行动上的困难,还能使其开阔眼界,增加接触社会的机会,学会适应生活、适应社会。对助学伙伴来说,助学活动也是学会关心他人、促进自我发展的好机会。在随读班中充分发挥伙伴助学的重要作用,可有效补充农村学校教育资源不足,提高随班就读质量。几年来,我们开展了"助学伙伴"的课题研究,总结出了行之有效的方法,如随班就读伙伴助学的组织形式、伙伴的培养、伙伴的选配、伙伴助学的内容和开展活动的途径。

第一,在行动上给予帮助,包括每天陪同残疾儿童上学、放学,协助残疾学生熟悉学校环境,帮助他们在教室中寻找自己的座位,认识操场和厕所,协调残疾学生参加校内有关活动。这对于入校不久的随班就读的盲童非常必要。

第二,在学习上给予帮助,包括在老师的指导下课前帮助随班就读残疾学生预习新内容,课中帮助他们完成练习作业,课后协助他们完成笔记和作业等。

第三,协助教师对残疾儿童进行缺陷补偿,如帮助盲童进行行走及定

向训练，给他们读一些课外读物，帮助他们养成卫生习惯；帮助聋生矫正发音等。

教师在考虑助学小伙伴时，需要注意以下几点：

第一，选派合适的助学伙伴，要遵从自觉自愿的原则，不能强制。

第二，对助学小伙伴进行不间断的培训。培训内容不仅包括书本上的知识，还应包括辅导态度、辅导方式、记录残疾儿童学习情况方法及与人相处的经验等。

第三，定期评估助学小伙伴。表现好的给予表扬和鼓励，表现不好的，可以考虑替换。

第四，教育助学伙伴要注意培养残疾儿童的独立意识，不能一切都代替他们，要教育助学伙伴仅在残疾学生确实需要帮助时才给予帮助，千万不能让残疾儿童养成事事依赖别人的习惯。

四、营造关爱随读儿童氛围

1. 随读儿童更需要爱的滋润

热爱学生是教师的天职。随班就读学生学习成绩差，自卑，缺乏自信，性格孤僻、内向，不愿与人交往。特别是农村随读孩子，其家长大多文化程度低，家庭经济困难，他们缺乏良好的家庭教育，缺乏爱的滋润，学习习惯、行为习惯、卫生习惯等都不太好。因此，是否热爱随读孩子，实际上决定了教师融合教育工作的成败。关爱随班就读学生，是做好随读工作的前提。教师在集体活动中起着重要作用，教师对学生的肯定态度、评价起着积极的作用，教师潜移默化的关爱会让随读孩子得到同学的关心和帮助，能把随读孩子带入普通孩子的群体生活中，让普通孩子更多更好地与随读孩子交往，形成一个互助、互爱的良好班级氛围。

2. 志愿者爱心助学活动，加强共同关爱随读儿童支持系统的建立

志愿者活动是我校利用社区资源形成的特色活动。我们开展了志愿者与我校随班就读建立儿童结对爱心帮助活动。志愿者队伍由青年志愿者和老年志愿者组成，青年志愿者主要是开元学院和旅游职业学校的大学生，与我校学生们一起开展丰富多彩的活动。老年志愿者主要是退休教师，他们到学生家里辅导学生学习，关心学生生活，弥补课题研究中家庭支持的不足。

教师、同学和志愿者共同付出的爱形成一股合力，使随读学生在大家的关爱中认识到自己的价值，树立自尊心和自信心，促使他们乐观向上，奋发

进取。看到孩子的脸上洋溢着灿烂的笑容,听到他们爽朗的笑声,发现他们在集体活动中那么活泼,课间操场上都留下了他们开心快乐的身影……我们诚挚地祝福他们愉快生活、健康成长。

  在资源室工作的探索中,我们取得了一些成果,但我们深感前面的路还很长,还需不懈地努力,继续克服随班就读工作中遇到的种种困难,坚持实践、努力学习,衷心祝愿我们农村小学的随读儿童更加健康快乐地成长。

特殊教育中心教师师德建设浅谈

宋红艳

国运兴衰，系于教育；教育成败，系于教师；教师素质，重在师德。教师的职业道德充分体现了教师特有的职业理想和情操。特殊教育发展到现在，随着我国社会的不断进步发展，政府非常重视特殊教育，先后召开了四次全国特殊教育会议。在2014年的全国特殊教育工作电视电话会议上，李克强总理做出重要批示："办好特殊教育，对于保障残疾人平等参与社会的权利、增加残疾人家庭福祉和促进社会公平正义具有十分重要的意义，也是教育现代化的重要内容。各级政府要高度重视，带着深厚的感情，履职尽责，特教特办，认真实施好特殊教育提升计划，让残疾孩子与其他所有人一样，同在蓝天下，共同接受良好的教育。"目前，我国特殊教育发展还不平衡。随着特教新一轮教改的全面推进，新形式和新任务对特教教师的思想素质和职业道德水平提出了新的、更高的要求。

我县没有特殊教育学校，只有一个特殊教育中心，中心负责全县特殊儿童、少年教育工作。长期以来，中心以"平等、参与、共享"为宗旨，提倡"教育是一种感动"主题，教育学生"自强、自立、自尊、自爱、自信"。中心教师都极具爱心，面对学习和生活有障碍的学生，总是耐心教导和帮助，孜孜不倦、无怨无悔。他们往往身兼数职，同时扮演着教师、父母、保育员、义工、志愿者等多种角色，工作繁重辛苦。面临市场经济大潮的冲击，稳定特教师资队伍，加强特教教师队伍的建设成了新课题。

在这种情形下，如何进行特教教师的师德建设，让特教老师能更加"敬业、爱业、乐业、创业"呢？我认为，中心机制、制度改革、校园文化建设以及特教教师专业素养的提高在特师德建设中都起着重要的作用。

一、机制、制度改革是师德建设的保证

1. 建立全方位的约束机制

根据《中华人民共和国教育法》《中华人民共和国教师法》以及有关的

法规、条例等都对教师的职业道德、责任和义务提出了明确的要求。从职业道德建设意义上讲，这些法律法规是我们进行师德建设的重要依据。但是，如何把这些法律法规落到实处，有效地提高教育成效，才是关键所在。我中心在实际工作中，从增强教师敬业意识、提高教学质量、塑造师德风范入手，制定了一系列具体明确、操作性强的规章制度，明确了从中心主任到每名教职员工的工作责任，使责任落实到具体的人和事上，重点强化教职员工队伍在思想道德、教学纪律、教学风范、教书育人等方面的责任和义务。

2. 充分发挥激励机制的效能

一是用事业的发展激励人，中心尽力为教师创设条件，让教师的教研成果得以丰富，并鼓励教师参与中心建设，为中心工作及发展出谋划策。中心迅速采纳合理建议，教师的能力和价值得到了中心的认同。二是用榜样的力量激励人。中心十分重视组织教师学习先进人物的事迹，通过对先进人物事迹的学习，教师受到了极大的鼓舞和教育，在工作中都能以更高的职业标准要求自己。三是用进步的方向激励人，中心的主力军是青年教师，青年教师的职业道德教育是中心德育工作中的重中之重，中心积极鼓励、引导青年教师向党组织靠拢，鼓励他们在业务上积极发展的同时，在政治上不断成长。四是通过奖励、激励各方面工作突出，具有良好职业道德的优秀教师。近年，我中心民主评选出了多名"优秀教师""优秀班主任""德育先进者"等，对全校教师起到了很大的激励作用。

3. 构建有力的保障机制

一是加强领导，建立相应的领导责任制，把师德建设纳入各级干部的目标管理体系，严格奖惩制度，使师德建设措施的实施有保障。二是创设民主的管理氛围，中心经常在工作上、生活上关心每位教师，工会每年都要开展丰富多彩的工会活动，中心还倡导教师对教师、领导对教师的尊重和信任，形成民主、团结、活泼的氛围。

二、加强特殊中心法规履行，依法执教

特殊教育中心要加强中心办学思想、办学理念的文化建设，要明确特殊教育中心的定位、办学目标，认准自己的办学方向，并将这些办学思路贯穿于办学的全过程，让全体师生达成共识，这样才能形成健康、积极向上的特教中心文化，这在师德建设中起着重要的作用。特殊教育中心的道德和法规建设，是特殊教育中心文化建设的重要方面，特殊教育中心一定要从道德和

法律的角度，要求特殊教育工作者不断规范自己的行为，依法执教。中心应该制定职业道德要求，教师要真诚地热爱学生，认真地教育学生，遵守国家有关残疾人教育的法律法规，用法律法规规范中心的教育行为，形成"一切为了残疾学生，为了一切残疾学生，为了残疾学生的一切"的理念。

三、加强特教教师专业精神的培养

专业精神是高素质教师队伍的重要核心，更是教师专业发展的内在动力，促进特教教师专业精神的形成是特殊教育改革发展的重要保障。根据我国特殊教育发展的现状以及特殊教育教师专业劳动的特性，特教教师专业精神的内涵至少应该包括人道主义的专业理想、甘于清贫的专业情操、坚忍不拔的专业意志和坚强独立的专业个性几个方面。

1. 人道主义的专业理想

特殊教育对象的特殊性和特殊教育教师职业的特殊要求都决定了特教教师必须确立人道主义的专业理想。正因为如此，我国的《特殊教育学校暂行规程》和《残疾人教育条理》都做出了特教教师要"具有社会主义人道主义精神"的从业规定。所以，特教教师就必须以"博爱""人道"为职业追求和理想，特殊教育教师的专业精神也应该以此为核心。从维护人权的高度为改善残疾学生的命运服务，把实现残疾学生的尊严与平等、价值与发展作为职业追求和奋斗目标。努力工作，敬业乐业，并对工作抱有强烈责任感。特教教师要把改善残疾学生的命运作为己任，始终保持对残疾学生未来高度负责的责任心和使命感，始终致力满足社会对特殊教育专业的期望。

2. 甘于清贫的专业情操

目前，特教教师存在两个最大的问题：一是事业成就感的"清贫"，二是职业待遇的"清贫"。

据一些特教教师反映，他们不仅没有培育"栋梁之才"的专业荣誉感，连"桃李满天下"的精神满足都无法实现，他们一直处在一种默默无闻、鲜为人知的尴尬境地，得不到应有的尊重和激励。加上特殊教育教师专业成长机制和专业评价标准不完善，特教教师事业成就感处于"清贫"状态。虽然我国对从事特殊教育的工作者有一定的津贴补助，但和从事普通教育的教师相比，他们在劳动报酬方面还存在一定差距。甘于清贫的特教教师应该具有以下职业情操。首先，淡泊名利，不求回报。一旦从事特教工作，就要正确认识特教工作的意义，正确理解特教教师劳动的特点。其次，具有辅残助学、爱满天下的高尚情怀。极力维护残疾学生的人格、尊严和权利，依法执教。最后，资助残疾学生。在默默无闻中坚持专业提升，于清贫中坚守责任和义务，在平凡的过程里体验幸福和快乐。

3. 坚忍不拔的专业意志

要把一个身有残疾的学生培养成一个残而有为的人，肯定有许多难以想象的困难，因此，特教教师必须具备坚忍不拔的意志：一是有坚定为特教服务的信念；二是能知难而进、百折不挠；三是能锲而不舍、永不放弃。细心、耐心和恒心永远是特教教师的制胜法宝。

4. 积极坚强的专业品质

这里所说的专业品质是特教教师群体的精神面貌和特有的心理品质。特殊教育由于教育对象、专业手段、劳动付出、师生关系及环境的特殊性，要求特教教师特别要具有积极坚强的品质。一是积极向上的竞争意识。从某种角度来说，特殊教育的劳动成果与普通教育相比不太明显，特教教师的职业成就感不强，加上绝大多数特教中心竞争的外在动力先天不足，久而久之，特教教师的竞争意识减弱。面对迫在眉睫的特殊教育课程改革，特教教师首先要具有强烈的成就动机。既要一步一个台阶走向专业成熟，又要立足岗位追求自身价值的最大化，在不断攀登新的专业高峰时体验成就感。二是要有积极的争先创优意识，在教学工作和班级管理中争先，在专业发展和教学研究中创优，在争先创优中展示聪明才智。三是自觉自愿的职业态度。特殊教师要把理想愿望与现实有机地统一起来，始终坚持职业需要至上的态度。四是坚强独立的人格，当专业价值暂时未得到很好的体现时，教师要乐观大度，坚定不移，主动作为。

教师被誉为"太阳底下最光辉的职业"。师德建设任重而道远。让我们大家共同努力，为那些需要特殊教育的学生撑起一片洁净、阳光、灿烂的天空。面对残疾儿童，爱是我们共同的语言，爱是无私的奉献。有了社会的支持，我坚信特殊教育幸福之花将会处处开遍！

浅谈学前融合教育中的同伴交往

胡玉洁

摘　要：关注特殊幼儿，开展融合教育，让特殊幼儿随班就读是目前融合教育的主要形式。在我园开展的融合教育过程中，我们更关注特殊幼儿与普通幼儿的交往，如何让特殊幼儿融入集体生活中，如何改变普通幼儿家长的观念，是我们在融合教育实施过程中重要的关注点。

关键词：融合教育，特殊幼儿，同伴交往

在我们的日常生活中，时常会听到一些带有残疾的宝宝一出生就被抛弃的消息；时常会听说一个家庭因为一个残疾宝宝而破碎的事情；时常有因为发育迟缓而不被社会接受的孩子。特殊孩子更需要大家的帮助，他们一样有受教育的权利，他们有融入社会这个大集体的愿望。所以在学前教育时期，教育者更应该接纳这样的孩子，在实践教学中为特殊幼儿创造平等的机会，让特殊幼儿融入普通幼儿的教育环境和教育过程，促进特殊幼儿将来更好地融入社会。

学前融合教育就是普通幼儿与特殊幼儿的融合，为他们提供合适的环境和活动，让特殊幼儿和普通幼儿一起接受教育，让他们共同成长。融合教育活动的设计与实施需要考虑大多数幼儿的能力水平和发展需求，同时兼顾特殊幼儿的特殊发展需要。在教育过程中尽量满足每个幼儿的教育需要，让特殊幼儿和普通幼儿一起接受最适合他们的教育。曾经有专家指出，社会交往能力是一种综合能力，也是一种实际操作能力。幼儿期是人的身心发展和人格塑造最关键的时期，所以，为保证我们的下一代具有良好的素质，我们应重视幼儿交往能力的培养。对于特殊幼儿来说，同伴具有更重要的价值，因为他们渴望被别人平等对待，渴望和大家一起生活学习，同伴交往在学前融合教育中尤其重要。

我园积极开展融合教育并进行了多年的融合教育实践。我班接纳了一名

唐氏综合征幼儿（奥奥）随班就读。在教育教学过程中，我发现特殊幼儿在与同伴的交往中有很多值得我们研究的问题，在如何促进特殊幼儿的同伴交往方面有自己的一些所思所悟。

一、同伴互助，促进特殊幼儿与普通幼儿平等交往

实施融合教育的前提是对教育对象有一个正确的认识。人们往往容易强调特殊幼儿的特殊性而忽视了他们作为儿童的普遍性，将特殊幼儿与普通幼儿完全分割开来。在一些人眼中，特殊儿童有特殊需要，从而忽视了他们作为一名儿童的身心发展特点，并剥夺了其应有的平等权利，人为地增加了他们的特殊程度。因此，只有对特殊幼儿有一个正确认识，我们才有可能实施有效的干预措施，才能进行融合教育。我们除了在课堂上对幼儿进行教育外，更多的是从生活中、游戏中对幼儿进行潜移默化的教育。

奥奥刚来班上时是那么格格不入，生活不能自理，不会自己吃饭，还挑食，喜欢用手去抓饭，你告诉他这样做是不对的，他就冲你笑，依然不会改变。睡觉时，不会自己脱衣服，喜欢到处乱跑，不是把其他幼儿的衣服扔到地上，就是在其他幼儿睡觉时突然发出奇怪的声音，大家都害怕他，不愿意跟他一起玩。他在班上还算温顺，但有时候也会非常霸道，我会抓住合适的机会让他体会一下不被同伴"接纳"的孤独和受别人"攻击"时的痛苦；有时候他也会表现出胆小、羞怯，我们会鼓励他敢于向老师和同伴表达自己的意愿和需求，并尽量给他提供机会，让他充分展现自己的能力，增强他与同伴交往的信心。

与此同时，我们还鼓励周围的小朋友主动去接近他、关心他、爱护他，让他体验到集体生活的温暖和快乐，增强他参加集体活动的勇气；同时，我还通过游戏等方法，让他体验和同伴合作的快乐，使他在集体生活中与同伴建立起平等友好的关系。经过一年的努力，他在各方面都有了特别大的进步。现在他虽然吃饭、睡觉情况还不是很好（不稳定，经常反复），但和以前相比已有了明显的进步。他现在几乎不挑食了，也学会了自己吃饭，虽然有时候吃饭速度很慢，但是只要对他说一句鼓励的话，他就会加快进餐的速度。虽然有时还是会撒饭，但是相比较以前还是有很大的进步，吃完后还会朝你摇摇碗，表示他已经吃完了。睡觉时也不再到处乱跑了，会找老师帮忙把衣服脱下来，然后自己盖上被子睡觉。他也喜欢参加集体活动，喜欢和同伴一起玩耍。

通过与奥奥接触，我发现融合教育不仅仅是关心特殊幼儿，还要对普通

幼儿进行友爱帮助教育，这也是给普通幼儿尤其是独生子女们提供了一种经验积累和互相学习的可能性。特别是这种特殊幼儿与普通幼儿共同学习、生活、游戏的过程，更有利于培养幼儿的社会交往能力。与此同时，我们还惊喜地发现我班的普通幼儿的交往能力也提高了很多，如学会了谦让、帮助他人和感恩等。

二、转变家长态度，为普通幼儿与特殊幼儿交往搭桥梁

做家长的工作也是融合教育非常重要的工作，普通幼儿的家长对特殊幼儿的了解很少，所以不太容易接纳和理解特殊幼儿的各种"怪异"表现。记得当时班上一个小女孩的妈妈找到我说："胡老师，你可不可以不要让我们孩子跟他接触啊？我真怕我的孩子跟他学呢！"这是当时很多家长都担心的问题，普通孩子的家长觉得特殊幼儿会对自己的孩子的发展产生负面的影响，担心自己的孩子会学习特殊幼儿的某些行为。通常会想："这个孩子表现出来的样子非常奇怪，我家孩子会不会向他学呢？""他横冲直撞的，别撞了我的孩子！""我们交了这么多钱就是为了让孩子接受最好的教育，他不应该和我们的孩子在一起"。在融合教育中，一些普通幼儿的家长对特殊孩子往往持排斥的态度，这样的态度也常常会成为普特幼儿交往的绊脚石，甚至阻挡了他们之间的接触。

家长的担忧源自对特殊孩子的不了解。作为幼儿教师，我们有责任和义务帮助家长走出误区，转变家长们的这些观念和想法。我们会开展一些宣传、讲座活动，让家长更多地了解特殊幼儿的发展特点，并愿意加入帮助他们的行列。我们会开展一系列的活动让家长看到特殊幼儿和普通幼儿的相处和交往不是家长们想象的样子。比如，利用家长开放日向家长展示早操及班级区域游戏活动，家长们看到孩子们在活动中关系非常融洽，许多孩子还会主动去帮助特殊幼儿。这些实践活动让家长们对融合教育有了正向的态度，慢慢了解了特殊幼儿也是一个需要关爱的群体，而融合教育对普通幼儿并不会造成不良影响，反而能培养普通幼儿乐于助人、善良等良好品质。

特殊幼儿是社会的一部分。帮助他们更好地适应社会，需要特殊幼儿家长的努力和教师的特殊教育，更需要社会上所有人的帮助。在我们开展的所有活动中，我们关注特殊幼儿，也平等地对待特殊幼儿。虽然特殊幼儿在心理上或者身体上与我们存在一定的差别，但是他们一样都需要被大家尊重，需要被大家理解接纳，需要被大家爱护。融合教育的老师在教育中的重要地位是不言而喻的，作为一名融合教育老师，我们要多提升自己这方面的专业

能力。生活即教育，传统的特殊教育是把特殊幼儿隔离在特殊学校内，然而孩子们从生活中学到的道理会比老师教授的要多很多，在与正常孩子交往的过程中，他们才会感受到更多的事物。所以，融合教育让特殊幼儿拥有更平等的学习机会和学习环境，虽然他们能够完全参与的活动和课程有限，但是他们依然很快乐。

　　社会在不断进步，国家越来越重视特殊教育，尤其是学前特殊教育。无论是从哪个角度来看，特殊教育都有着举足轻重的意义，我们会一如既往地开展好融合教育。有一句话让我记忆犹新："特殊孩子来到人间的目的，就是考验我们正常人的人性。"所以，如果有特殊幼儿需要我的帮助，我会尽我最大的努力，为孩子们创造一个温暖幸福的环境。

在综合实践活动中提高特殊儿童的社会交往能力

周泽英　刘春胜

社会交往能力是指能觉察他人情绪意向、有效地理解他人和善于同他人交际的能力。儿童则表现为善于体察交往对象的喜怒及心情，懂得察言观色，能识别他人的情绪变化，善于与他人合作等。从本质上来说，人从一生下来既是一个生物的人，又是一个社会的人，被包围在各种社会群体、媒介和关系之中，与多方面发生联系。儿童只有在与人交往、相互作用的过程中，才能逐步发展起其心理能力和社会性，在交往活动中发展自己的语言、情感、社会行为、道德规范、交往经验、人际关系和性格等。

2015年3月，OECD（经济合作与发展组织）发布《促进社会进步的技能：社交和情感技能的力量》报告，分析了社交和情感技能对于个体幸福与社会进步的影响。报告得出重要结论：（1）责任感、社交能力和情感稳定性是影响儿童未来前景最重要的社交和情感技能维度；（2）社交和情感技能的早期干预能够有效提高技能，减少教育、劳动力市场和社会不平等；（3）提供相关信息并制定指南有助于教育利益相关者促进儿童的社交和情感发展。随着社会的发展和进步，人们之间的接触和联系日益增多，合作的范围越来越广，这就要求人们具备善于与人交往的良好品质和能力。有心理学家研究证明："成功等于30%的才能加上70%的人际关系。"可见，当今社会培养儿童良好的社会交往能力有重大意义。

但是，因为身体或智力原因，特殊儿童的社会交往能力明显低于同龄水平。比如，我校现有15名特殊儿童，其中听障生1名、智障生14名。他们虽然渴望与人交流，但是缺乏与人交往的自信心和方法策略。有的以破坏的方式引起他人的注意，有的则少言寡语、消极被动、麻木呆滞。这些势必影响到他们的学习品质和生活品质，以及未来的社会适应能力。我们发现，在学科教学中特殊儿童的学业能力增长相对缓慢，但是在综合实践活动中他们的社会交往能力却能得到有效提高。

综合实践活动以"实践、创新、发展"为主线，把学生在校内的学习同校外生活及其需要、兴趣紧密结合，使学生通过综合性、开放性的实践，获得积极的、全面的发展。特殊教育是基础教育的重要组成部分，在特殊儿童中实施综合实践活动课程，是贯彻落实《基础教育课程改革纲要（试行）》精神的具体行动，也是提高特殊儿童社会交往能力的重要途径。在学校特殊教育工作中，我们不断探索综合实践活动的有效载体，寻求促进特殊儿童不断进步的方法和途径。

一、充分利用本土资源，让特殊儿童走进社会生活

陶行知先生告诉我们，用生活来教育，为生活向前、向上的需要而教育。我校地处有机生态小镇——兴义镇，这里有百亩森林公园斑竹林、岷江村蔬果基地、现代有机农场，这些社区资源都是我们开展综合实践活动的有利资源。

我们树立了一种观念：每一个孩子都是一朵美丽的花，只是他们开放的色彩和打开的方式不同。所以，每一个特殊儿童都有自己美好的心愿。在阳光灿烂的四月里，我们组织了"我和春天有个约会"斑竹林放风筝踏春活动。在斑竹林的大草地上，首先开展了"抢板凳""桃花朵朵开"等热身活动。这些游戏规则浅显易懂，每一个特殊儿童都能积极参与。在"写下梦想，放飞希望"的环节，我们采用的是伙伴"1+1"助学的方式。在小伙伴的帮助下，特殊孩子尝试着在风筝上写下自己的心愿，并且让风筝飞上蓝天。在与普通孩子融洽相处中，他们进行情感交流并获得了成功的体验。

这些孩子虽然都来自农村，许多农作物都是他们司空见惯的，但是一旦将其纳入教育内容，效果便不一样。在"我是小农夫"实践活动中，学校资源室和随班就读教师为每一个特殊儿童制订了详细的个别教育计划，让他们在体验过程中认识植物的多样性，在观察和种植的过程中训练语言表达能力和动手能力，并且增进他们亲近自然、热爱自然的情感。

为了让特殊儿童开阔眼界，更好地融入社会生活中，我们在特教经费充裕的情况下，充分利用新津县的相关场所开展了学生喜闻乐见的活动。在"六一"儿童节到来时，带领孩子们到亚特兰蒂斯游乐园去玩耍。在金秋十月，让他们到花舞人间"AAAA"景区去赏花。在这个过程中，我们还开展了"四个一"活动，即"看一看"，认识不同的生活环境；"说一说"，把看到的、想到的告诉老师和伙伴；"画一画"，把最美的场景画下来；"赏一赏"，

把学生的感言和作品展示出来。

我们鼓励每一个特殊儿童参加有益的综合社会实践活动，扩大他们接触、了解社会的机会，让他们体验不同的角色，不断提高社会适应能力。

二、在活动课程中普特融合，让特殊儿童学会合作

联合国教科文组织在1986年提出了教育的四大目标：学会求知，学会做事，学会合作，学会做人。今天的社会是人与人之间密切联系、必须合作的社会。个人的力量十分渺小，只有通力合作，才能融入社会。

在校内的综合实践活动中，我们开设了多个活动项目。在针对低年级的生活技能训练中，我们开设了系红领巾、钉纽扣、整理书包、包水饺等项目；在特长训练中，我们开设了剪纸、现代陶艺等项目；在传统活动中，我们开设了滚铁环、踩高跷、踢毽子、版画等项目。在这些活动中，特殊儿童很多时候都需要同伴的帮助。我们一般采用四人小组活动的方式，鼓励特殊孩子大胆地说出自己的需求，以寻求伙伴的支持。同时，助学伙伴也要明白"赠人玫瑰，手留余香"的道理，主动指导组内的小伙伴，让特殊儿童学习求助，学会技能，善于相处；也培养了普通孩子的爱心和耐心，让他们懂得与人为善，积极向上。

三、建立鼓励性评价机制，让特殊儿童树立信心

"多一把尺子，将多一批好学生。"教育的任务就是激励、鼓舞和唤醒。对于特殊儿童来说，没有失败的评价。只要他们每天都有一点小进步，我们就应该及时反馈，让他们体验到成功的快乐。在对班上的每一个特殊儿童拟订好个别教育计划后，教师要进行跟踪记录，适时进行鼓励性评价，增强学生的自信心。我们将学生参与综合实践活动的情况纳入对学生的过程评价和期末评价。班级每周二朝会课都将开展"夺星擂台"活动，通过活动组教师推荐、同学评价、小组评选的形式，推选一周的"体验星""礼仪星""诵读星""卫生星""文明星"。期末，对特殊儿童的评价我们采用了自评、互评、师评和家长评的方式，评选出"礼仪标兵""进步学生""五星学生"。通过平时和期末的评价，特殊儿童在参与综合实践活动的过程中既体验到了快乐，又体验到了成功，不断增强他们的自信心，让他们抬起头阳光地面对生活。

玩中生情趣，闲暇生智慧。我们在综合实践活动实施的过程中，感受到了每一个特殊儿童的天性在解放，快乐在增长，他们的社会交往能力也在一点一滴地提高，这就是作为一个教育工作者最大的幸福。

浅谈如何有效开展送教上门工作

杜模君

摘 要：每个人生而平等，每个适龄儿童都有接受义务教育的权利和义务。可现实中却有一小部分特殊孩子，他们因为不同种类的重度障碍，不能到校入读。新津县教育局提出送教上门服务，并做了以下几方面的工作：前期准备，了解重度残疾孩子的基本情况；结合孩子特点制订教学内容和方案；确定送教人员，建立一支固定的师资队伍；针对孩子特点，进行有效教学；对送教情况及时记录，做好档案管理。

关键词：送教上门，残疾儿童，有效

每个人生而平等，每个适龄儿童都有接受义务教育的权利和义务。可现实中却有一小部分特殊孩子，他们因为不同种类的重度障碍，不能到校入读，但他们同样有接受教育的需要和权利。教育部颁布的《特殊教育提升计划》（2014—2016）明确提出："组织开展送教上门。县（市、区）教育行政部门要统筹安排特殊教育学校和普通学校教育资源，为确实不能到校就读的重度残疾儿童少年提供送教上门或远程教育等服务，并将其纳入学籍管理。"因此，送教上门显得尤为重要，不仅响应了国家号召，同时体现了教育公平。

重度残疾人是指持有第二代《中华人民共和国残疾人证》，残疾程度为一级、二级的视力残疾人和肢体残疾人，以及残疾程度为一级、二级、三级的智力残疾人和精神残疾人。由于其特殊性，对于他们的教育自然不同于普通儿童，其受教育难度肯定也大于普通儿童，如何有效开展送教上门工作值得深思。

我有幸参与了学校开展的送教上门工作，对于送教工作也有一些个人的看法。

一、做好前期准备，了解重度残疾孩子的基本情况

为了切实帮助重度残疾儿童，送教上门应是一项长期持续的工作。为了使这项工作真正取得实效，事先的摸底工作便显得尤为重要。学校专门负责特教工作的老师，在送教上门之前明确了文井乡的重度残疾儿童人数，并通过打电话、向乡政府了解情况等方式，及时了解他们的残疾情况、家庭情况等。为了确切地了解情况，为之后的送教上门做准备，我们还利用家访了解了更多详细的情况。例如，A 孩子智力二级，患有严重的多动症。连基本的交流能力也没有，有严重的语言障碍，只能发简单的"爸爸、妈妈"，而且声音很不清晰，连常年抚养他的爷爷奶奶也不会叫。他活动时，家人必须时时刻刻盯着。这个孩子刚出生时并没发现什么特殊情况，只是很迟了都不会说话，家人觉得蹊跷，去大型医院检查才发现问题。爸爸妈妈在外务工，后再生了一个弟弟。B 孩子智力一级，由于出生时缺氧，医治不及时，以致后来无法正常行走，毫无语言交流能力，不会说话，吃喝拉撒睡全部依靠大人。妈妈在家全职看管，弟弟上小学，一家的经济来源全靠爸爸在外务工。

在摸底工作中，通过和家长交流，和孩子接触，我们清楚地知道了他们的具体情况，取得了家长对送教工作的理解和支持。同时，还要确定送教时间，并在了解孩子的前提下确定送教工作内容。

二、结合孩子特点制订教学内容和方案

《培智学校义务教育课程设置实验方案》根据《中华人民共和国义务教育法》《国务院关于基础教育改革与发展的决定》和《基础教育课程改革纲要（试行）》构建符合素质教育要求的新的特殊教育课程体系的要求，设置培智学校课程。其中，一般性课程为必修课，如"生活语文""生活数学""生活适应""劳动技能""唱游与律动""绘画与手工""运动与保健"等七门课程；选择性课程有"信息技术""康复训练""第二语言"等五类科目，课时可弹性安排。

结合两个孩子的具体情况，全体送教老师经过商量、讨论，制订了具体的教学计划和方案。他们连最基本的语言都不会，谈何语文、数学乃至第二语言的教学呢？况且他们从未接受过系统的学校教育，根本不能像学校教学那样规规矩矩地进行。他们需要家长的陪同，现在对他们而言需要的是康复

训练，但对此学校老师又显得有些力不从心，毕竟隔行如隔山，而且老师也不可能每天送教，因此家长的作用就显得尤为重要。我们认为，目前这样的孩子就相当于婴儿一样，他们需要的是最基础的教学，他们像婴儿那样通过耳朵听、眼睛看、手脚接触来感知，来获取知识。到目前为止，还没有发现A同学对什么事情感兴趣，除了吃，就是喜欢看电视，但只有三分钟热度，继而是毫无征兆地敲打电视。而B孩子对音乐很感兴趣，她听到音乐后能跟着哼唱，虽然并不知道她唱的是什么。

针对这样的情况，我们给两个孩子准备了直观的挂图、卡片、故事播放器等学具玩具，让他们从看、听、感中开始学习。但他们的学习能力还不能和婴儿相比，耗时长，成效缓慢。

三、确定送教人员，建立一支固定的师资队伍

送教上门不同于学校的正常教学有固定的上下课时间，要考虑家长和孩子的具体情况。另外，重度残疾儿童情况非常特殊，送教教师要更有耐心，更有责任心。因此，在送教人员的安排上便需要多花心思。学校采用自愿报名和上级领导考察相结合的形式，确定了送教人员。学校专门负责特教的老师通过培训、学习等方式学得理论知识与实际操作技能，回来继续培训学校送教教师，大家坚持为民、利民、便民、惠民原则，不管风吹雨打、日晒雨淋，也坚持送教上门，受到了残疾儿童家长的一致好评。

学校送教老师特别富有爱心和责任心，当第一次了解到两个孩子的情况后心里便久久不能平静，这样的孩子不具备基本的生活能力，他们将来的生活可怎么办？我们不禁为他们的将来感到担忧。父母在世时尚且还有人照顾，可等到父母老去的那一天呢？不知是否有福利院愿意收养他们，可根据两个孩子的自身情况和家庭情况，送他们去福利院似乎不可能。老师们真心想帮助他们，每次精心准备学具、玩具，认真教他们，哪怕取得一点点成绩都高兴得不得了。通过我们的努力，A孩子每次见到我们能模糊地喊出"阿姨"，这可把老师们高兴坏了。

现实的情况是，他们需要更专业的康复训练，但现在文井乡并没有这样的专门机构，另一个镇上有，可也得从小开始康复训练，现在这两个孩子的年龄都已经超过了。双流有这样的机构，可费用却很高，两个家庭无法承受。而我们也只能尽力而为，真有些力不从心。

四、针对孩子特点，进行有效教学

由于时间和空间有限，每次送教上门对孩子和老师来说都很重要，如何才能保证送教效果，是大家非常关心的问题。

（一）和家长再次确定时间

孩子的情况特殊，难免会有意外情况发生。送教上门前，教师应再次和家长确定时间，保证送教工作顺利进行。

（二）争取家长的理解和支持

有一个重度残疾儿童，对于家庭来说是不幸的，对于家长的打击也很大。能够得到学校的帮助当然是好事，可每次老师送教后孩子的进步并不大，家长的要求不能得到满足。再次去时，便有些力不从心。

怎样打破这种僵局呢？我认为相互理解是必须的。作为老师，同时作为一个妈妈，我为他们担忧，我发自内心想帮助他们。当我把这种想法通过我的实际行动表现出来时，家长应该能感受到。当想其所想、思其所思时，获得对方的理解便不再是难事。

（三）教家长一些教育方法

孩子每天大部分时间和家长待在一起，无法适应学校教育。但家长毕竟不是专业老师，他们缺乏相关的教育理论知识和方法。就我们接触的两个孩子的家长来看，他们只希望孩子能学会基本的生活技能，其他的没有过多要求。教师针对这种情况，应教给家长一些基本的教育方法，下面以由爷爷奶奶养育的 A 孩子为例。

（1）从最基本的听、看做起。每天把早教机里的内容放给孩子听一听，在他安静的情况下，固定时间，五分钟、十分钟、十五分钟……逐渐延长时间，让他们去感知。

（2）从家长自身做起，做好示范。孩子具有很强的模仿能力。家长通过自身示范，慢慢教会他们自己擦脸、上厕所、喝水等基本行为。

（3）从孩子感兴趣的做起。B 孩子喜欢音乐，每天固定时间播放音乐，让她在音乐中陶醉、安静。而 A 孩子没有特别喜欢的，那就在"吃"上下功夫，如教会他细嚼慢咽，吃完了自己把桌面收拾干净等。

（4）鼓励家长多带孩子出去走走，感知社会生活。很多家长觉得自己的孩子"特殊"，为了不让他搞破坏，减少麻烦，便把孩子"关"在家里。上面提到的 A 孩子，一出门就到处乱跑，爷爷奶奶根本追不上他，而且他经常搞破坏，看见别人的东西随便拿，家长根本不愿意带他出去。B 孩子行动不便，就妈妈一个人不能带她走太远，于是采取"圈养"方式。这样做不利于他们对于社会生活的感知。所以，送教老师应告知家长这样做的弊端，鼓励他们带孩子出去走走。

（四）教师手把手教学

这应该是整个教学中最核心的一点。教师按照教学计划，有步骤地进行。

1. 拉近和孩子的距离，消除相互间的陌生感

残疾儿童接触的人有限，我们接触 A 孩子时，他第一次看见家里有陌生人到来时，先是好奇，进而就是逃离现场——到处乱跑。B 孩子由于本身行动不便，没有表现出太过激的反应，只是一个劲儿地望着我们笑。因为交流不便，在初步了解的基础上，我们只能"投其所好"。给 A 孩子好吃的，当他靠近后，给他一些小玩具，等到大家熟悉后再慢慢教他认识挂图、卡片等。而和 B 孩子的交流就容易多了，当她听见音乐后就安静了，我们再慢慢教她，不知是对家里一下子来那么多人的好奇还是别的什么原因，她一直笑嘻嘻的，满脸愉悦。

2. 通过多次接触，建立和孩子之间的感情

因为每月固定时间送教上门，加上每次都给孩子带一些小东西，慢慢熟悉后就有了些感情。A 孩子从最开始到处乱跑，到现在围着我们转。上一次，我们带去了画本、水彩笔等，老师还手把手教他画画，看着自己画的五颜六色的画，他既惊喜又惊讶。因为手指不灵活，他常拿着水彩笔使劲戳，弄坏了好几支笔，所以第二次我们又给他带去了彩色铅笔。

3. 多对孩子进行简单的肢体按摩等训练

我们所接触的那两个孩子是重度残疾儿童，他们在手脚运动上极不协调。加上平时只有一位家长陪伴，要进行简单的康复训练比较困难。老师送教时，就可以和家长相互配合，帮助孩子进行肢体训练。

例如，B 孩子个子比较高，本身行动不便，最基本的走都做不到，人多时两个人驾着她的肩膀，还需要一个人帮助其迈步，这样多训练几次，她慢慢有了进步。A 孩子手感差，简单的手指按摩很有必要。在手指训练方面，可以选择小孩子的绕珠玩具，但还需要老师的耐心教导，多训练几次，他便熟能生巧，手指的灵活度也得到了提高。

（五）多进行讨论，探讨更好的送教上门方法

在送教上门过程中，我们也遇到过很多困难，大家群策群力，问题便迎刃而解。如在给孩子买什么学具、玩具上，我们通过讨论，认为要像对待婴儿一样对待他们，把婴儿在成长过程中用过的玩具、学具用在他们身上。实践证明，还真的有效果。

五、及时记录送教情况，做好档案管理

从最开始的情况了解，到后来的具体送教工作，每个孩子或多或少应该都有变化，这就需要送教老师及时记录。记录送教工作中的点点滴滴，记录评估对象的完成情况。一方面，便于观察孩子的进步，进行反思教学，为进一步的送教工作做好准备；另一方面，积累工作经验。

我们在摸索中前进。对于严重残疾儿童，由于家庭经济条件差，他们没有正式接受医生的治疗，而随着年龄的增长，家长们渐渐地任其发展，只能确保他们最基本的生活。我们也只能尽我们所能去帮助他们，希望他们能有所收获。

六、对于送教上门的一些思考

开展送教上门工作已经有很长一段时间了，但从效果上看并不是很明显。

作为老师，在送教上门工作中，更多的是站在教育知识这个角度，可送教上门学生大部分呈重度障碍，部分呈多重障碍，更加需要专业康复技术的支持。而我们在做这些工作时又不够专业。我想，医疗机构（乡镇卫生院或者县级医院）能否也像教育工作者一样，进行一些上门服务？

新津县目前没有专门的康复中心，相关部门能否就此问题进行研究，或

新修，或联系其他区县。加大康复学校"双师型"教师的培养力度，培养专业的言语治疗、物理治疗等康复训练师，建立一支优秀的专业康复团队，更好地针对送教学生开展评估训练等活动，真正解决他们的问题。

送教上门工作是一项长期的工作，在今后的工作中，我们会更加努力，更加负责，让我们的付出有效甚至高效。

为特殊儿童搭建成长的"脚手架"
——谈谈在随班就读班级开设朗读课程的收获

李 萍

吉姆·崔利斯著的《朗读手册》告诉我们：朗读是一种最简单、直接、有效的情感交流和学习、教学方式。我校坚持在随班就读班级开设朗读课程，根据学生年段特点为他们朗读适合的儿童文学作品，用故事拓展孩子们的成长空间，特别是为随班就读儿童搭建成长的"脚手架"，深受孩子们的喜爱。

"对孩子而言，任何投资的回报都比不上投资在阅读上所得到的回报。"（引自《朗读手册》绪论）很多家长苦恼于随班就读儿童的学习、生活能力弱，想方设法对他们进行物质上的投资和弥补，却收效甚微。阅读是门槛最低的提高教育质量、达到教育目标的途径，是最公平的教育形式，也是最受孩子们欢迎的学习方式。随班就读儿童自主阅读相对困难，我们寻找到了协助阅读的最佳途径——朗读，它是撬动阅读大门的"金钥匙"，易于推广，可操作性强，老师家长都可以非常轻松地参与进来。因此，我们尝试在随班就读班级开设朗读课程，为随班就读的孩子搭建成长的"脚手架"。

一、固定朗读时间，养成好习惯

每周我们会固定一节课在有特殊儿童的班级开展朗读。内容包括绘本、童话故事、诗歌、民间神话……每一次朗读课，孩子们都满心期待，沉浸在故事中流连忘返。在固定的朗读时间，教师可以做一些朗读策略的训练，培养孩子们倾听的好习惯。同时，我们要求家长也参与朗读活动，固定时间，或睡前，或餐前，在家中开展亲子阅读，坚持为孩子们朗读，让孩子养成每天倾听故事的好习惯。

通过观察调研我们发现，随班就读儿童的专注力在朗读课上可以达到甚至超过普通孩子。他们在朗读课上，会认真倾听，主动参与互动。难能可贵的是，通过朗读课程的引导，孩子们喜欢上了阅读，所有随班就读儿童都开始主动借阅班级图书角的书，尝试自主阅读。

二、专业理论指导，树立自信心

《朗读手册》列举过多个关于给智能不足的孩子朗读，最终改变那些特殊儿童命运的案例。例如，三岁时卡索拉被诊断为"心智及身体生长迟缓"症，但她的家人从她 9 个月起就坚持为她朗读故事。父母在得到医生的诊断后并没有选择将她送到收容机构，而是持续为她朗读，在卡索拉五岁时，心理学家发现她的智能发展超出了一般孩子的平均水平，且社交适应能力良好。同样，美国的珍妮弗患有先天唐氏综合征，但其父母坚持为其朗读，陪伴她成长，这个女孩在四岁时的智商测试达到了 111 分……

我们用《朗读手册》指导学校的朗读课程开设，也用其指导随班就读儿童的家长开展家庭教育，鼓励家长为孩子们持续朗读。课程开设一年多以来，已经有智残儿童家长欣喜地告诉我们，孩子在"故事时间"格外安静、专注、开始主动交流，词汇越来越丰富。

对于普通文化课程，教师可能会进行分级分层的教学设计，力求让不同层次的学生发挥主观能动性，达到相应的课程标准要求。而在朗读课上，老师面对的每一个孩子都是平等的。特殊儿童可以在朗读课上与普教学生一起参与活动，完成同样的学习任务，这对于提升特殊儿童的自信心、提高他们的学习和沟通能力非常有帮助。

在给一年级的孩子们朗读绘本《孵不出来的小鸡》一课时，我感受到了故事对特殊儿童的吸引力，以及对激发他们思考能力、表达能力的力量。

我从封面开始引导孩子们观察、猜测，预设这个故事的内容，边讲故事边和他们互动。坐在前排的小雅（女，智力障碍学生）一直专注地注视着我，一双大眼睛格外明亮有神。我问孩子们，有哪些动物是从蛋里面孵化出来的？这个话题激发了孩子们的兴趣，很快一只只小手高高举起。

"鸡、鸭、鹅、小鸟、蛇……"孩子们纷纷汇报。

"还有海龟、企鹅和恐龙。"小雅高兴地回答。

这些动物并不是生活中常见的，甚至有的已经灭绝，很多孩子并没有在第一时间回答出来，小雅的回答让我很惊讶，我猜测，家长一定带孩子去过动物园或者海洋馆，便随机采访了她。小雅非常高兴地告诉大家，自己曾经在动物园看到过海龟和企鹅，而且爸爸妈妈给她讲过《勇敢的小海龟》《勇敢的小企鹅》和宫西达也的恐龙系列绘本故事，她非常喜欢海龟和企鹅。这次对话，小雅的声音洪亮，表达流利，身边的同学们不禁给她送上了鼓励的掌声，小雅的笑容更加灿烂了。回想当初开学报到的时候，小雅的家长忧心忡忡地告诉我他们的顾虑，担心孩子会不适应小学生活。我当即给他们介绍了《朗读手册》，向他们推荐了为孩子朗读这种家庭教育方式，还借给他们一些适合低段孩子阅读的绘本，希望他们能从亲子阅读开始，为孩子推开认识世界的另一扇窗户。看来，小雅的父母真的做到了，通过亲子朗读，孩子获得了自信和快乐。

三、丰富课程活动，营造好氛围

朗读课程最终是为了使孩子养成良好的阅读习惯，影响更多的家长在家庭教育中重视孩子的阅读。因此，我们开展了丰富的和朗读课程相关的活动，让孩子随时处于学习氛围中。

1. 建立学校、班级、家庭三级图书室（角），丰富朗读资源

学校的图书室面积有限，不能容纳足够多的孩子在图书室借阅，我们就将图书打包进行班级漂流，把更多的书传递到孩子们手中；我们利用爱心义卖、社会筹款等方式增加班级图书角藏书，丰富朗读资源；我们还利用教育App，开展"晒书橱"活动，征集家庭书橱照片，评选"书香家庭"，引导家庭营造良好的阅读氛围；邀请家长进校担任"故事妈妈""故事爸爸"，为孩子们朗读，丰富朗读课形式。

对随班就读儿童家庭而言，书本更应该成为他们家庭生活的一部分。只有孩子充分接触图书，家长多为孩子朗读，他们才有机会去感觉、品味和浏览图书，才有可能更全面地认识世界、了解世界、融入世界。身体的缺陷带给孩子的遗憾，我们可以用书籍弥补，用故事治愈。作为朗读课程的活动延伸，我们坚持每年为随班就读儿童家庭赠送图书，丰富孩子们的阅读资源。

2. 常态化活动，为孩子提供更多展示平台

我们开展故事会、课本剧表演等常态化的阅读活动，让孩子们走进朗读内容，理解朗读内容。复述故事、参与课本剧表演，可以让随班就读的孩子的想象力、表现力得到充分的锻炼，特别是课本剧表演，还可以让他们更好地与同学进行沟通交流，体验团队合作。每周国旗下诵读、每月班级故事会、每年新年朗诵会和课本剧展演，都是孩子们展示的舞台，随班就读的孩子们和每一位普教的孩子一样平等参与，共同体验阅读带来的精神愉悦。

心理学家大卫·伍德曾说："家长应该充当孩子成长的'脚手架'，为孩子解决问题提供一个框架。"同样，教师也有陪伴孩子成长、甘为人梯的责任。面对特殊儿童，我们怎样充当"脚手架"呢？开设朗读课程，我们可以通过亲切的语言交流，给孩子带来愉悦的情感体验，增进师生、亲子感情；可以通过故事让他们积累词汇，丰富知识背景……通过朗读这个"脚手架"，特殊儿童可以打开认识世界的窗口，从这个窗口走出来，也许他们能获得一个更加美好的人生。

农村小学融合教育背景下送教上门的实践与思考

李 岚

摘 要： 重残儿童由于身心发展的缺陷及需要外在辅助程度较大，难以进入学校接受教育。这种情况在我国西部农村地区尤为严重。我校整合学校、社区、家庭等自然资源，为重残儿童提供送教上门服务，并实行科学评估、纳入学籍、一人一案、多元送教等管理方法，探索农村学校融合教育背景下送教上门的策略与途径。

关键词： 农村学校，融合教育，送教上门

一、前 言

十九大报告提出：努力让每个孩子都能享有公平而有质量的教育。然而对重度残疾儿童来说，由于身心发展的缺陷及需要外在辅助程度较大，他们很难走出家门进入学校接受教育。这种情况在我国西部农村地区尤为严重，大部分此类型的孩子因为家庭经济困难、家长观念滞后等原因未能进入学校接受教育。

为给重残儿童提供公平而有效的教育机会，2014 年，教育部、中国残联等部门共同颁发的《特殊教育提升计划（2014—2016 年）》（以下简称《提升计划》）中明确提出：为确实不能到校就读的重度残疾儿童少年提供送教上门服务，将其纳入学籍管理。为贯彻《提升计划》的文件精神，我校从 2015 年开始对辖区内三名具有基本接受教育能力的重残儿童提供送教服务。本文通过对三年来的送教工作进行归纳和总结，反思目前送教上门工作中的不足，希望对以后的送教上门工作提供借鉴。

二、送教上门的实施

（一）前期准备工作

1. 调查摸底

为了解重度及多重残疾儿童及家庭的需求，以及在送教上门过程中，送教志愿者的态度、方法及可能会遇到的问题，我们根据学校、家庭、社区不同的环境制定出不同的调查问卷和访谈提纲。课题组成员分成3个小组分别对这些重残孩子登门调查摸底，通过问卷向家长了解孩子的致残原因、身体状况、受教育情况及家庭情况；向前期送教志愿者了解他们对送教工作的态度及送教过程中遇到的问题；向社区组织了解他们对于送教工作的态度及可能提供的支持。

2. 科学评估

学校邀请四川省特教专家、特教中心老师和县残联康复员对重残学生进行言语、行为、情绪、感知等评量，结合家长问卷和评估鉴定综合分析学生的基本能力、发展趋势和教育需求。

3. 纳入学籍

学校将送教上门学生纳入学籍管理，不仅提高了残疾学生入学率，更重要的是使他们享受了受教育权。

4. 培训分工

学校选派责任心强，富有爱心、思想、业务水平较高的老师与大学生志愿者两两配对，组成送教上门队伍。我们根据送教教师和志愿者的特长、专业进行分工，并邀请特教专家在送教职责、送教对象特点、送教方法、送教技巧及需要注意的问题上对他们进行培训。要求他们每月定时送教四次，每次都应提前制定教学方案，送教上门后还要小结。

（二）一人一案，量身定制，家校合作

1. 因材施教，量身定制送教方案

综合前期调查评估结果，学校课题组成员和特教专家、残联康复员结合每个孩子的特殊情况，共同评估出几名重残孩子的教育起点，并根据评估结果为每个孩子制订个别化教育计划及康复计划，再把个别化教育计划内容按专业程度及难易程度划分为几个模块任务分配给送教教师、大学生志愿者及

残疾儿童家长，把康复计划的内容分配给残联康复员及家长。送教小组以学生个别化教育计划和自身各个时间段的发展为依据，科学制订每次的送教计划及内容，做好记录，及时反馈，随时根据孩子的特点和接受能力调整送教方案。

2. 设立家长课堂，开展家庭辅助训练指导

在每一个残疾儿童教育康复的过程中，家长扮演着非常重要的角色。他们在对孩子的长期照顾和陪伴中，对孩子的身体状况、行为能力和发展需求了解更多。要想做好送教工作，首先需要家长理解教育康复的内容并能积极配合老师对孩子进行教育和训练。但是，我们大多数家长在面对自己孩子的种种问题时，总是感到心有余而力不足。因此，学校专门设立了家长课堂，每月一次，采取单独授课和集中授课两种方式，帮助家长学会观察、理解、安抚孩子情绪，了解孩子行为，掌握基本的康复训练方法。

（三）多元送教，充分调动社区资源，促进融合

送教上门起初由我校单独实施，独自承受送教工作的人力、物力、财力甚至安全等巨大压力。为此，学校联系了残联、社区及社区医院、电视台、报社等机构作为学校爱心协作单位，将送教上门的范围拓展到家庭以外的"空间场所"，实施更广义的送教。

1. 家庭送教

家庭送教是我们广泛采用的一种送教形式。因为家庭是孩子最熟悉的地方，在这里，他们没有陌生感，有利于孩子和老师建立感情，愿意与老师沟通，为进一步的教学奠定基础。我们的家庭送教主要包括送康复、送技能、送服务、送陪伴、送辅助器材五个方面。

2. 网络送教

重残儿童大多因身体残疾、行动不便而感到自卑，不喜外出。我们鼓励他们利用网络和同学老师互动，老师也会鼓励家长及其他家庭成员参与其中，通过不断的沟通和交流让孩子感受到来自家庭的支持和信任。例如，我校送教对象阳阳和科科都属肌无力患者，两个孩子进入青春期后因自卑不愿出门，不与人交流。为此我们特地为他们建立了"伙伴同行"QQ群和微信群，孩子们可以利用网络与自己的好朋友、老师们交流沟通，畅所欲言。经过一段时间的网络互动，我们再去为他们送教时能明显感受到两个孩子日渐开朗，也愿意和老师交流，配合老师学习、训练了。

3. 回归学校

虽然多数重残儿童是在家接受教育，但这并不意味着他们是被学校隔离的。我校定期会将有一定自理能力、接受能力和适应能力的孩子接到学校资源室接受康复、文化和技能训练，并根据每个孩子的具体情况将其安置到固定班级感受集体生活，培养其与人交往的能力。

三、个案反馈良好，送教成效明显，残疾儿童家庭满意度高

经过三年多时间的送教，三名孩子均有不同程度的进步，其中以欣欣尤为突出。欣欣属于重度及多重残疾，无听力，无语言能力，流口水现象严重，身体协调性差，易摔倒，不能独立上下楼梯，但有一定的认知潜力，乐于交流。父母期望她能自理，减轻家庭负担。在送教初期，学校便联系县残联帮助她到温江的八一康复中心免费做手术，经过两个月的康复训练，欣欣的行走趋于正常，还能扶着栏杆上下楼梯。出院后，我们为欣欣配备了儿童梯背架和水箱凳，为她量身定制康复计划，鼓励她坚持训练，到现在，欣欣已经能随意到处行走，独立上下楼梯，其障碍程度正逐步降低。

在认知方面，送教教师选择了她感兴趣的游戏活动和生活中必需的活动作为教育康复训练内容，利用指令模仿、卡片配对等进行训练。现在欣欣"听"指令进步较大，动作模仿较好，能正确进行卡片配对。看着孩子一天天进步，欣欣的家长也由一开始的不理解、不支持，到积极参加我们开设的家长课堂，学习基本的康复训练方法，全力配合老师完成每一次送教后的训练任务。现在，每次的送教上门成为他们最期盼的事情。

四、困境与反思

1. 现有的师资队伍难以保障送教上门的质量

从已有的送教上门实践来看，学校依然是送教的主力军，社会对这类特殊人群的关心、重视还不够，而且接受送教服务的重度残疾儿童往往有复杂的教育和康复需求。我们学校的送教教师虽有着丰富的教学经验，但毕竟不是特殊教育专业出身，不具备专业的康复技能和知识，对重残儿童施教还缺乏有效指导。虽然我们邀请了残联康复员和专家加入送教队伍，但他们自身工作任务繁重，送教时间很有限，我们还急需社会上更多的具备重残儿童康

复知识与技能的志愿者加入我们的队伍，和我们一起走进孩子的心里，让孩子走进这个世界。

2. 残疾学生家庭缺乏系统支持

在送教过程中，我们深深地感受到残疾儿童所在家庭的经济状况与孩子的康复、教育是息息相关的。特别是农村地区，大多残疾儿童家庭经济都比较困难，由此导致家长将更多精力放在挣钱养家上，而忽略了重残儿童的教育。所以，送教上门的对象不仅仅是学生，也是家庭。家庭支持并不是简单地将教育场所从学校搬到家里，而是围绕家庭和学生的需要提供支持和服务。解决这一问题仅靠学校教师的送教是无法完成的，它需要多方力量的协同合作。如何能从更高一级教育、卫生、医疗等层面针对经济困难的重度残疾儿童家庭实施有效的救助与对应的服务支持，是值得我们深思和亟待解决的问题。

借助多媒体提高小学数学随班就读课堂教学效率的一些感悟

王 滢　彭 爽

在信息技术高速发展的当今社会，课堂教学的形式已出现了革命性的转变，现代信息技术极大地拓展了教育的时空界限，改变着教与学的关系。多媒体教学、计算机教学软件、远程教育应运而生。现代教育技术已渐渐成为课堂教学必不可少的一种辅助教学手段。怎样利用这些优势来提高随班就读数学课堂的教学效率？怎样才能让现代教育技术更好地为随班就读的孩子服务？怎样给我们的教学注入更多活力，让每一个孩子爱上课堂？下面就以我执教的一节一年级下册课文《小明的一天》为例，谈谈我在教学实践过程中借力多媒体提高小学数学随班就读课堂教学效率的一些感悟。

一、借力多媒体，营造情境，激发学生学习的兴趣

夸美纽斯说："兴趣是创造一个欢乐和光明的教学途径之一。"美国心理学家布鲁纳说："学习的最好动力，是对学习材料的兴趣。"每一个老师都明白保护学生学习兴趣的重要性，对学生来说，兴趣的浓淡、心情的好坏，直接影响学生的学习效果。欢乐愉快的气氛、浓厚的学习兴趣，能使人精神振奋，学习效果倍增。特别是对于刚入学不久、年纪小、好奇心强、注意力稳定性差的一年级小学生来说，吸引注意力、激发兴趣很重要。而对咱们班的有听力障碍的孩子来说，怎样在一开始就抓住他的眼球，让他在接下来的40分钟的课堂教学中积极主动地随全班同学学习显得尤为重要。

如何激发并保持孩子们的学习兴趣呢？我利用多媒体技术独特的声、光、色、形、动画等效果，设计了一段小明唱着儿歌"嘀嗒、嘀嗒、个子小，起床、睡觉靠它叫……"的动画，通过生动有趣的画面来刺激孩子们的感官。朗朗上口的儿歌、有趣的画面引发了孩子们的共鸣，孩子们兴趣盎然，随读

孩子也跟着大家摇头晃脑地唱了起来。孩子们这时就已经猜到今天学习的主题和钟表有关。看着大家期待的眼神，我又通过多媒体展示了生活中各种各样的钟表，很快大家就积极主动地进入了今天学习的新课"认识钟面"了。这样的引入既自然有趣，又达到了激发孩子们学习兴趣的目的。

二、借力多媒体手段，突出教学的重难点，提高教学效率

虽然现在孩子们的家中都有挂钟或钟表，他们在生活中也多多少少地接触过一些关于时间的知识，并且每天都要跟时间打交道，孩子们在各种感官上也已经初步感知了时间这一抽象概念。钟表对于他们来说并不陌生，但孩子们年龄比较小，接受能力有限，对他们来说，认识钟表有些枯燥。我在教学之初也感到难度较大，如果照本宣科地讲，一是浪费时间，二是效果不佳。如果不按照书本讲，又觉得好像没有突破难点，学生也不能熟练地通过观察时针和分针的位置来判断所表示的时间。怎样将这样的课教好，并且在处理好普通孩子认知的同时，又兼顾好随读孩子呢？

在教学时，我引领学生进入我根据教材设计的以小明一天的生活场景作为学习线索的 PPT。首先在屏幕上显示一个钟面，请孩子们自己汇报观察到了什么；再根据孩子们的回答，点击闪烁显示钟面上的 12 个数字、大格子、小格子，说明长的针是分针、短的针是时针。通过不同颜色的闪烁，全班孩子很快便认识了钟面，尤其是咱们班的随读孩子可以很直观地观察、区分、了解钟面上的基本知识，从而为接下来的学习打好基础。

接着，出示小明生活的每一幅情境图，让学生初步感知整时和半时，再分别认识整时和半时的钟面。先出示整时的主题图钟面，引导学生观察这些钟面的共同点，明确分针指着几时针指着几，并闪烁分针和时针。孩子们积极主动地去探究，交流后得出：分针指着 12，时针指着几就是几时。在认识半时时，也是先观察这些钟面的共同点，明确分针的位置和时针的位置，通过闪烁分针和时针，孩子们很快探究出分针指着 6，时针走过了几就是几时半。我在教学时分别在屏幕上进行演示，并通过声音、闪烁和颜色的变换顺利地将具体形象的事物转化成抽象的数学知识。多媒体课件教学可以使孩子们，特别是有听力障碍的孩子更直观、形象地观察时针和分针的位置，既省去了教师过多的说教与解释，又能让孩子们一目了然，进行很好的观察和探究。这样不仅培养了孩子们良好的观察力、注意力、分析能力，且充分发挥了孩子的主观能动性，让孩子自主、合作地学习，使他们在掌握知识的同时，获得积极的、愉悦的情感体验，使学习活动成为学生生活经验的总结和升华，

不但调动了学生思维的积极性与主动性，而且有利于重难点的突破，提高课堂效率。

三、借力多媒体，培养学生的观察能力和思维能力

所谓观察能力，就是有目的、主动地去考察事物并善于全面发现事物的各种典型特征的知觉能力。就学习过程而言，独立思考是学好知识的前提。因此，观察不单单对有听力障碍的孩子很重要，而且对普通孩子的思考能力培养也同样重要。

整个教学过程无不渗透着对观察能力的培养。充分利用多媒体手段，设置时针、分针的动画效果，让孩子先观察再归纳总结，升华知识。由于观察了直观、动画的钟面，学生的积极性大大提高了。学生纷纷举手发言，不需老师多讲解，孩子就能很清楚地学会认识钟面、认识整时和半时。让孩子们自己上台来操作，指一指、点一点、认一认，到达了复述方法的效果。教学的重难点迎刃而解，而且在教学过程中还潜移默化地强化了学生珍惜时间的观念，起到了事半功倍的效果，大大提高了课堂教学效率。

通过这节课的亲身实践，我感受到在小学数学课堂教学中采用多媒体技术辅助教学，可以极大地丰富教师教学的表现手法和表现方式，不仅在随读孩子的视觉和听觉两方面进行了拓展教育，还给普通孩子以思维上的启迪，触发了孩子们思维的灵感，为他们积极、主动地学习创造了条件。在一种愉悦、和谐、民主、平等竞争的学习气氛中，孩子们多渠道、多角度接收信息，既扩大了知识面，又加强了感染力，激发了孩子们的创新思维能力，大大提高了课堂教学效率。

四、合理利用传统教学手段

在小学数学课堂的教学过程中，传统的教学手段、教具的使用，以及让孩子们动手实践操作都不能忽视。在本节课中，虽然借力多媒体既直观又形象地达到了教学的效果，但考虑到低年级孩子的思维特点，在教学过程中还应该注重将抽象的钟面回归到具体的钟面实物上来，以进一步巩固认识时间的知识。所以在教学中，我还安排了大量的操作活动来帮助孩子学习知识。例如，摸一摸老师的钟面教具并进行观察；在人手一个的学具钟上操作；同桌互拨互说（让随读孩子与助学小伙伴合作）等。在这些活动中，不仅普通生获得了知识，随读生也将操作与思维联系了起来。总之，在小学低段的数

学课堂教学中，借力多媒体的同时还应与传统的教学手段相结合。这样二者才能优势互补、相辅相成，从而使随班就读的课堂教学效率得到提高。

在今后的教学实践中，我还将继续探索如何进一步将现代教育技术的优势与课堂教学科学、合理地结合起来，发挥其更大的效力，为随班就读课堂教学效率的提高积累更多更好的经验。

培养聋生的主体精神 促进主体能力的发展

岳 丽 王文娟 闵晓岚

摘 要：对聋生实施主体精神教育，培养其自尊自信，发展其兴趣爱好，引导其尝试成功，构建自我，注重意志培养，形成和发挥主体精神力量，促进主体能力的正常发展，让聋生走上自主成功之路。

关键词：主体精神，主体能力，自主成功

在教育实践中，我们观察到聋生适应社会生活的能力弱，在正常的学习交往中主动性不强，在困难和挫折面前，缺乏必胜的信念和勇气，潜在能力和个体优势得不到正常发掘和培养，他们的个性发展蒙上了阴影，影响他们未来生活的质量。从心理学的角度看，聋生的发展固然受生理因素和语言障碍的影响，但真正制约他们发展的是自身的主体精神力量，薄弱的精神力量无法起到推动作用，在困难和紧张的学习生活中，不能促进主体能力的最大发展。课标强调学生的主体性，成功教育注重个性发展，倡导主体精神的培养，最大限度地调动学生的主体积极性，使其释放潜能，从而成功发展。主体精神是成功发展的动力。在特殊教育中，注重聋生主体精神的培养，是促进其主体能力发展的关键。

一、培养自尊和自信

自尊和自信属于人的个性心理特征，强烈的自尊和自信是学生健康心理的表现。聋生最大的心理障碍是缺乏自尊和自信。在健全人面前，他们过分看重别人的长处，时常低估自己，看不到自己的优势与潜质，只看到自身发展中相对薄弱的一面，不能确定自己今后努力的方向，更不能主动寻求战胜自身弱点、超越他人的方法，有不思进取、甘居人后的心理。要培养他们的主体精神，首先应帮助他们找回自尊和自信。

新津一小属于普通小学普通班级接纳残障学生进行融合教育的早期试点学校，设有特教资源室，曾承担国家级课题"普通学校特殊儿童支持系统的建立与运作研究"工作，给特殊儿童的成长提供了良好的环境。学校从领导到教师以及聋生所在班级的普通学生，都以全新的理念、热忱的态度接纳和帮助他们，关心他们的健康成长。

教师经常引导聋生正确认识自己，认识班级其他同学以及周围的环境。从细微处找到闪光点，激励他们，让他们看到自己的长处和优势，帮助他们寻找希望和健康发展的空间，树立他们的主体精神，教育他们具有与普通学生比高低、竞发展的决心，树立正确的人生观和价值观，坦然对待周围环境中的有利因素和消极影响。资源室的教师经常鼓励他们："你们虽然存在着听力与语言方面的障碍，但只要拥有健康心态，普通学生能做到的，你们经过努力也一定能做到！"尽量让聋生挣脱自卑心理的束缚。

聋生朱××曾转入新津一小三年级学习，刚转来时性格内向、自卑，学习随意，不主动，但智商不低，对绘画较有兴趣。教师们通过仔细分析研究，对他实施个别化教育，让他知道了自尊，拥有了自信，确定了努力方向。在师生的共同帮助下，朱××克服了自卑心理，开朗活泼，能主动地投入学习并与班级里的其他学生友好交往，课余自编小品为大家表演，丰富了生活，受到大家的欢迎。后来还上了校报——《家长报》，成了"每月之星"里的一颗特别之"星"。

二、发展兴趣爱好，引导尝试成功

帮助聋生找回自尊和自信，有益于健康心理和健康人格的培养。升华主体精神，还需要发展聋生的兴趣，培养其多种爱好，引导其尝试成功，促进其主体能力的形成和发展。

（1）培养兴趣，发展爱好。心理学家认为："学生学习的最佳动力是对所学内容的兴趣。兴趣是学习生活中的一个重要心理因素。学生对学习有了足够的兴趣，就会产生强烈的好奇心和求知欲，拥有学习的主动性和积极性。"学生是学习的主体，丰富多彩的学习生活无不给他们留下美好而深刻的印象。培养学生的主体精神，发展其多种爱好，激发他们的求知欲望，有助于他们坚定信念。课堂上，教师尽力发掘教材的资源优势，渗透美育思想，激发聋生的情感体验，让他们去阅读，去欣赏，去发现，去玩味知识，将活动、表演、绘画、讨论、观赏融为一体，培养他们学习的兴趣，调动学习的主动性，注重探究精神和创新能力的培养。课后引导他们看书、游戏、做手工，发展优势长项，培养他们乐学、主动学的精神。

（2）引导尝试成功。在平常的教学活动中，教师注意对聋生参与意识的培养，鼓励他们与普通学生一起学习交流，参与娱乐活动。针对他们的特殊情况，营造特殊环境，引导他们克服困难、尝试成功，体味成功的乐趣，增添克服困难的信心勇气，从而发挥主体精神力量，主动学习，培养主体能力。

三、构建自我，重塑对未来的期望

聋生和普通学生一样，有着绮丽的梦。他们渴望成才、渴望被尊重、渴望未来有美好而幸福的生活。在教育活动中，帮助聋生认识自我、构建自我，从我做起、从现在做起，发挥主体精神作用，去实现理想，走成功之路。聋生在尝试成功后，教师应因势利导，提出更高的标准，让他们在现有的基础上，制订出适合自身发展的计划，进行自我构建。计划时间不宜太长，可以订出一期计划、半期计划或每周发展计划。计划中拟出德、智、体、美、劳全面发展的目标，以及切实可行的方法、措施与途径。根据聋生情况开展周评、半期评和期末评。实施多层次的灵活性评价，如自评、同学互评、家长评、师生共评，口头评与书面评相结合，并参照每日随班就读联系本，及时了解每一位学生的动态发展情况，进行客观、科学、公正的鉴定与偏差矫正，让学生及时了解自身发展的情况，调整目标，以期达到更高的标准，促进聋生自主培养、自主发展，走自主成功之路。通过这一构建自我活动，聋生精神面貌有了好转，良好的学习风气逐步形成，行为习惯朝着良性发展。新津一小特教资源室聋生集体的优良发展，得到了学校、家长、社会的肯定，学校对融合教育的课题研究也一步步深入。

四、注重意志培养，发展主体精神

意志品质是克服困难、步入成功的巨大精神力量。居里夫人说："人要有毅力，否则将一事无成。"爱因斯坦说得深刻："优秀的性格和钢铁般的意志比智慧和博学更加重要。"成功的过程是征服困难的过程，一个人要想拥有并发挥强大的主体精神力量，离不开坚强意志品质的培养。聋生虽然拥有自信，体验了成功，构建了自我，自主性得到了一定程度的发展，但严格地说，这只是走向自主成功的开始。聋生只有在实施计划、克服困难中形成刚毅的品质，不断进行知识的探索与创新，变知识为能力，主体精神在创新发展中才会发挥出巨大的潜在能量，促进主体能力的形成和提高。对聋生的意志培养是非常重要的,是对主体精神内涵的丰富和发展。常见的意志培养方法有以下一些。

(1)增强德育意识,发挥道德的精神力量,形成良好的道德风范。

(2)组织学生进行意志训练,如爬山、跑步等耐力锻炼,培养聋生坚忍不拔的精神和持之以恒的品质。

(3)把聋生自我构建和教师的有针对性培养有机结合起来。对意志薄弱者,重点进行自觉性、目的性、原则性培养;对怯弱的人多进行勇敢和开拓精神的培养。

(4)意志培养需要教师身体力行的鼓励和示范。如在长跑中,教师的领跑将给聋生极大的精神鼓励,会收到意想不到的效果。

当聋生的意志品质得到极大的锻炼和培养,形成一种主体精神力量时,他的主体能力就会得到极大发展,从而散发出精明、智慧、能干的人格魅力,从而会主动学习、勇于探索、富于创新,成为命运的主宰,奏出生活的强音。

参考文献

[1] 高鸿惠. 提高写作水平与人格因素的关系[J]. 四川教育,2002(7-8).

[2] 李智慧. 发挥主体作用 培养自主精神[J]. 四川教育学院院报,2002(8).

[3] [美]柯克·加拉赫. 特殊儿童的心理与教育[M]. 汤盛钦,银春铭,译. 天津:天津教育出版社,1989.

[4] 陈德华. 在"自主"学习中创造成功[J]. 现代特殊教育,2002(7).

[5] 吴江碧. 持之以恒培养学生坚强的意志力[J]. 现代特殊教育,2002(7).

[6] 李宝水. 盲童自卑心理的克服[J]. 现代特殊教育,2000(1).

浅述随读儿童自我概念的形成

雷 忠

一、普特不可分，特是普的至高境界

在课程改革大力推进、素质教育全面实施的今天，越来越多的人将视野投向教育。"人"真正成为教育的最初也是最终的关注点。人们认识到"人"的独特性，独一无二的个体让教育需要从最初的"大同"培养方向初步向个性发展转换。

我们既然承认了人是独特的个体存在，因而对人的教育势必应由尊重群体向尊重个体发展。可以说，每一个孩子都是一个特殊的个体，因此对每一个生命个体的教育就应该是特别的、不尽相同的，我们的教育应该是个体教育。这不正是随班就读中针对"特殊儿童"所采用的个别教育吗？或许，这正是我想从融合教育中找到助推随班就读质量提升的原因吧！

"特殊儿童教育的最高目的是教其做人，做一般的、正常的、合格的社会人。而教其做人的前提是教其认识到自己是好人、能人，最终使之成为好人、能人。"不可否认，现在教学过程中对儿童自我概念教育还存在一些问题：一是失败多于成功；二是教师没有有意识地帮助随读儿童形成积极的自我概念，形成自己是正常人的自我概念，形成我有我行、我无我也行的自我概念……在这方面，心理矫正与行为矫正同步，将收到可喜的效果。家长认同、同伴认同、教师认同的环境氛围是随读儿童形成自我并自我认同的最佳途径。

二、关注随读儿童的教学过程应着重做好四个方面

（1）将培养随读儿童积极的自我概念作为首要目的。成校的张×（肢体残疾）写得一手好字；夏闯×（脚残）从没有要求父母送他上学，也从没有迟到过；罗×（弱视）成绩一直名列前茅，并以优异的成绩考上重点中学和大学；张×（聋哑）积极举手发言，按时上交作业……这些随读儿童的成功，一是因为他们融入了班级，没有自己是"特殊儿童"的自我概念，二是他们构

建了积极自我概念的结果。

（2）有意识地强化提高教学过程中随读儿童成功的概率，使之成功多于失败。向×同学能念双音节词，大家赞赏；范××同学能念完一段话，很不简单；金×同学能抄完一篇自己喜欢的作文，确实不错；尹××同学跳绳能拿第一名，真了不起……不经意的成功体验是随读儿童自我积极概念形成的稳定因子。

（3）有意识地强化同伴激励，使随读儿童参与、体验合作，并在合作中体验快乐与成功。让普通儿童用左手写字，看谁写得好，让普通儿童不用手穿衣服……让普通儿童对随读儿童增进了解。

（4）帮助随读儿童正确地对待失败，将失败视为有效教育资源，强化其学习意志品质。随读儿童的失败体验比普通儿童要多得多。但可以从每一次失败中找到成功的细微处：向×同学能念双音节词了（尽管念不完一句）；能喊"老师好"（尽管口齿不清）……每一点细微成功的发现，都可以催生新的成功，坚定积极努力的动机和克服困难的意志。这或许正是残疾儿童令人折服的身残志坚精神的催化剂。

三、关注课改精神与理念，找到实现随读儿童教育教学目标的可行性

新课改更注重人在能力、人格上的发展，而能力与人格不能全靠教师教会，而是在教师影响或群体环境影响下主体自我构建的结果。能力、人格发展有三个基本条件：一定的基础知识；主体自我发展的时空；教师、学生组成的学校群体环境的积极影响。我们要做的就是要让随读儿童在掌握一定基础知识的基础上，提供主体自我发展的良好时空，通过教师、班级、社会、家庭等群体环境的积极影响，让随读儿童形成积极的自我概念，从而自主地实现随读儿童教育在课改精神下的教育教学目标——让其在能力、人格上得到健康发展。

四、融合教育工作者应"拥三心，持三关，给三资，达三融"，实现随读教育工作的常态化，促使普特教相融整合，完整教育内涵

（1）"拥三心"。在随读儿童教育中，教师应更具童心，与随读儿童一道走进学习，走进生活；更具爱心，走进随读儿童心灵；更具耐心，诲人不

倦,百事不厌,静下心来,蹲下身子,扶起随读儿童的心与身。

(2)"持三关"。关注随读儿童的生活与学习的细节,是发现随读儿童成功的放大镜;关心随读儿童的一举一动、一言一行是默化和营造随读儿童群体环境的监控器;关爱随读儿童,是随读教师对完整教育和全纳教育的践行风标。

(3)"给三资(支)"。给随读儿童教育资源,解放随读儿童的手、脑,让体验生活成为必然;给随读儿童支持,家庭支持、教师支持、同伴支持,让随读儿童动力十足;给随读儿童资助,学校助、社会助、同伴助,让随读儿童快乐生活,学会感恩。

(4)"达三融"。"融入":让随读儿童融入一个班级、一个学校,抛开自己固有的特殊性,与普通儿童共同成长;"融合":让随读儿童教育与普通教育互融互补,形成全一的教育整体;"融化",让随读儿童成为教育的有效资源,成为普通教育必不可少的一部分,助推普通教育中普通儿童人格与品质的提高。

五、随读儿童教育教学应关注的几个理论

(1)木桶原理。劣势决定优势,要重视随读儿童在教学中的积极作用,化随读儿童这短板的不良影响为班级管理的积极因素。

(2)冰山原理。随读儿童有看不见的潜能,要善于不断地发现随读儿童的优势潜质,让随读儿童不断成功。

(3)跳蚤效应。随读儿童有不可扼杀的能力,要给随读儿童自由开放的时空,解放其手脑,让其自由地表达,充分地发展。

(4)威士忌效应。摒弃不可重复的愚昧做法,不要在随读教育中犯同样的错误。

(5)沙丁鱼效应。重视随读儿童在班级管理中的积极作用,让普教受到特教的启发而互融互补,完整合一。

(6)善意谎言效应:在随读儿童的自我概念形成上,教师应强调孩子是好的、优秀的。

融合教育应尊重残障学生的心理需求

岳 丽

摘　要：在融合教育中了解并尊重残障学生的心理需求，提倡心理融合，建立精神支撑，发挥精神动力，引导学生进行自主学习和创新发展。树立大融合观，渗透美育思想，丰富残障学生的内心世界，促进其身心的健康发展。

关键词：心理需求，心理融合，精神支撑，大融合观

素质教育的重要特征是以学生为主体，旨在发展学生的主动精神，进行独立性、能动性、创造性的学习。目前，融合教育已形成社会性共识，残障学生在随班就读中与普通学生一起学习。但就其融合教育的质量而言，残障学生存在着交际薄弱、主动性不足、学习兴趣不浓、掌握知识的难度大、知识层面化不深入的问题。融合教育的目的是在发展教育平等观的基础上，通过个人、学校、家庭社会合力化教育，发现残障学生的所能所会，注重优势发展与潜能开发，形成特殊学生自我抉择、自我引导、自我教育的素质和能力，从身心发展的需要出发，促进残障学生素质的全面发展。下面从尊重学生的主体地位、尊重残障学生的内心需求出发，建立精神支撑，发挥心理动力，促进学习发展，提倡心理融合，谈谈自己的看法。

一、尊重内心需求，开发潜在动力，提倡心理融合

学习是一种内在心理需求作用于外部环境，吸收内化为自己知识技能的活动。教育强调发挥学生的主体作用，尊重其主体地位，调动其主观能动性，使之探究知识、创新发展。内心需求是一种欲望和潜在动力。只有充分调动残障学生的潜能，生活和学习才具有质量和实效性。

曾经有一个故事：一个脑部受伤的残障孩子大卫，十五岁还不会阅读和进行简单的乘法计算，但他喜欢看电视，并渴望成为这方面的技术人才。父

母根据他这一心理需求，激励他学好数学，并讲了数学的重要作用。大卫深受启发，产生了求知欲望。父母帮助他学习，学校、家庭密切合作，大卫的潜质得到有效开发，其阅读能力、绘画能力随着数学能力的发展而同步发展。大卫顺利考上初中、高中，在高中期间，期期荣登光荣榜，他设计的数学成果展板得到了全校师生的一致好评。

由此可见，从了解和满足残障学生的心理需求着手，培养提升精神品质，建立精神支撑，形成内心动力，进行融合教育，开发学生潜质，完全具有可能性。

二、途径与方法

始终贯彻教育方针和以素质教育为基础方向的心智教育，在丰富残障学生内心世界的基础上，尊重他们的内心需求和情感体验，帮助他们建立精神支撑，发展其精神力量，培养其高情商，使之具备自主学习、自主服务、自我完善的能力。

（一）强化尊重意识，提倡尊人教育

尊人教育是以热爱生命为主线，尊重人的主体地位，以培养独立人格意识为目的，强调人的道德体验，培养德育自主行为、自主精神和自主能力。尊人必须尊重对方的人格、情感、意识、劳动和学习等。只有尊重对方，在平等的基础上，才有可能了解对方的内心世界和心理需求，通过恰当的交流教育，引起内心共鸣，教师的教育帮助才能起到激励作用，学生的学习才会由浅入深。特教教师在充分掌握残障学生心理的基础上，放下架子，在形式上和心理上真正成为他们的朋友、知己，爱他们所爱，乐他们所乐，急他们所急，了解他们的好恶，掌握他们真正的心理需求，进行正确的帮助引导，就能促进尊人与情商的培养。同时把这种互为尊重扩展到同学、家庭、社会交往中，形成心灵融洽，有利于正常交往和主动精神的培养。尊人需要耐心、宽容和真诚。

（二）注重德育教育、建构精神支撑

毋庸置疑，以残障学生为主体的特殊教育比普通教育更具艰巨性和复杂性。残障学生不仅要承受因生理缺陷造成的诸多不便，而且要面对生活中的种种压力，精神负担远远大于普通学生。他们沉默、孤僻、不合群体，因此

对残障学生的关心和德育教育尤为重要。在融合教育中，普教教师对残障学生持同情态度并接纳他们，让普通学生照顾他们，不计较他们的过失，怕挫伤其积极性，学习上降低目标进行扶持，乍看似乎理所当然，但时间长了，容易消磨残障学生的意志。残障学生必须以良好的心态对待他人，对待困难，勇于在学习生活中铸就自己独立的人格。特教教师要从德育入手，教育他们吸取奥斯特洛夫斯基、海伦·凯勒等强大的人格力量，走出生活学习的困境，用自己的坚强和智慧向真实的生存环境索要高尚而幸福的生活。要让他们明白，残疾人不是不行，只是比正常人多了一些困难，多了一些挫折。其实，困难和挫折本身就是一笔财富。要学会在困难中坚强，在挫折中崛起，找回自信和力量，闪烁自尊、自强的人格魅力。

（三）树立大融合观

教育以人为本、启人心智，必须具备自然、社会、人相互依存、相互吸取、相互作用的大融合观。立足于人，投入自然怀抱，寻觅自然灵性；参与社会实践，找到共性、发展个性，互化互利，促进心智发展。在大融合观指导下的特殊教育，强调美育渗透，强调知识内化，强调潜质开发，强调高情商培养。在认真把握残障学生心理的基础上，家长、教师要引导学生投入大自然，去观察、去遐思、去欣赏、去领略自然的魅力，授以方法，共同参与，用童真童趣去编织故事，抒发感情，描摹自然的真实，满足其求知心理。知识有其内在美。数学知识极具逻辑性、规律性、互变性；语文情感起伏跌宕，主题鲜明，文采优美；体育动作稳健洒脱；音乐旋律优美，舞蹈婀娜多姿；美术塑造美，捕捉灵感……要引导学生去学习、去理解、去鉴赏、去实践，从知识美的内在体验出发，掌握知识的工具性。特殊教育肩负着残疾人职业化教育的责任。要指导学生广泛学习运用书本外的知识，参与社会劳动实践，在实践中发现美、创造美，培养良好的生活情趣，充实内心世界，促进自己的个体需求和个性发展，铸就内心品质，使之在学习、生活竞争中立于优势地位。

融合教育是一种能动性教育，"支持系统的建立与运作"为残障学生进入普通班级就读提供了保障，是随班就读的升华和发展。在融合教育中注重残障学生的心理需求，使之建立精神支撑，发挥内在动力，愉快地接受学习和社会实践，以人为本，发展大融合观，是融合教育真正促进残障学生身心发展的体现。

参考文献

[1] 张宁、陈光华. 再论融合教育：普小教师眼中的"随班就读"[J]. 中国特殊教育，2002（2）.

[2] 吴立平. 重视尊人教育　探讨情商理论[J]. 中国特殊教育，2002（1）.

[3] 汪海洋. 特殊教育与残疾人的精神需求[J]. 中国特殊教育，2002（1）.

[4] 茂军，杨晓龙，黄永龙. 交际口才[M]. 西安：陕西旅游出版社，1998.

[5] 王仕仁. 塑造非常孩子[M]. 成都：四川科学技术出版社，1999.

[6] 李智慧. 发挥主体作用　培养自主精神[J]. 四川教育学院学报，2002（8）.

浅谈初中听障生随班就读家庭支持的重要性及原则

刘光明　付元春

听障生进入初中随班就读后，为了使其顺利适应初中学习、生活的新环境，健康成长，成人成才，为听障生可持续学习生涯的发展打下坚实的基础，必须构建行政支持、学校支持、班级支持、家庭支持、社区支持等多重支持系统。根据我校开展随班就读工作十余年的经验实践，我们认为家庭是随班就读工作开展的核心和关键，家庭支持对随班就读的作用超过其他任何一个方面。

从2005年至今，我校共接纳了22名听障生随班就读。通过对22名随读生家庭支持的分析，我们初步得出以下结论。

一、家庭支持到位，随读生发展良好

通过分析归纳，我们发现发展最好的王×等5名随读生其家庭具有下面几个共同点。

1. 家庭完整和睦，充满爱心

王×、安××、胡××的家庭都是完整的，即使邓××生活在单亲家庭，可她的妈妈和奶奶都非常爱她，而且他们都是独生子女，家长没有再生养第二胎，这样能保证家长对他们始终保持足够的重视。

2. 家长的文化程度较高，素质较高

邓××的妈妈是建筑造价工程师，胡××的爸妈都具有大学学历，王×、安××的家长虽然只有高中学历，但他们在忙碌的生意之余能够有意识地去了解、学习特教的有关知识，并且有比较丰富的阅历和见识。俗话说："父母是子女的样子，子女是父母的镜子。"尤其是听障生，其依从性、归属性、模仿性都很强，家长的文化程度高、素质高，就会对孩子产生正面的积极的影响，从而有利于孩子的良好发展。

3. 干预较早，坚持随班就读

随读生接受过正规的语训，会看口型，并且在有资源室的普通学校学习，可以享受由资源室构建的多重支持。并不是说随便把听障儿童送到一所普通学校就是随班就读，那样往往会造成"随班就座""随班混读"。

4. 积极配合学校工作，坚持家校联系

家长亲自参与个别教育计划的制订与实施，与学校资源老师和随读老师保持密切联系，随时了解孩子的成长情况，根据实际情况调整教育方法。王×和邓××的家长经常向老师了解孩子在学习、成长中的具体困难，咨询教育教学的方法，从而能有效地督促和帮助孩子学习成长。

5. 努力学习，与孩子共同成长

家长能自主学习一些特教理论和技术，并积极参加有关特教培训，从而更加科学有效地教育孩子、帮助孩子。

6. 爱而不纵，严而不苛

爱是健全人格的基础，爱是听障儿童心理健康发展的阳光和雨露。几位家长在孩子的身上倾注了极大的心血，在忙碌的工作之余，他们抽出大量的时间陪伴孩子，与孩子保持密切的交流。即使是在孩子住校期间，他们也每天跟孩子保持短信沟通，让孩子每天都能感受到父母的深情爱护。不过，他们从不溺爱、迁就孩子。对于孩子的懒惰和过失，他们都能及时给予批评教育；当遇到孩子一时不能接受教育，不能马上解决问题时，他们并没有采取简单粗暴的办法，而是寻求学校和社会的帮助，采取温和有效的方法来解决问题。

二、家庭支持缺失，随读生发展受阻

通过对比，我们发现发展比较差的七名孩子的家庭具有以下共同特点。

1. 复杂的家，残缺的爱

贾×、葛××的父母都生养了第二胎，对他们的康复、教育不够重视，孩子从小学起就产生了"混一天是一天"的心态；黎××的父亲是一名军官，常年不在家。即使是探亲在家，他对孩子也往往很严厉，缺乏沟通，导致孩子自卑、畏缩，后来发展到逆反、狂躁，出现了严重的心理障碍。而黄××

的父母则在他刚上小学的时候就离婚了，父亲很快又娶了年轻的妻子，并生育了第二胎。家长对黄××疏于教养，导致他养成了不少坏毛病。

2. 家长文化程度比较低，负面影响大

几个家庭中，只有崔××的父母具有大学学历，其他的家长多数只有高中以下学历，文化程度偏低，而且不爱学习。他们认为把孩子送到学校就已经尽到责任了，没有必要也没有能力去学习如何更好地教育孩子，往往不能主动配合学校的工作。有些家长常常把社会的阴暗面在孩子的面前随意暴露，并且不注意约束自己的不良言行，使孩子不能明辨是非美丑。

3. 主动干预差，放任自流

家长愿意尝试让孩子随班就读，但是对随班就读的意义并不真正理解，往往对孩子的学习没有期望，对孩子心理行为的状况关注不够，认为只要孩子不出事就行了。这样放任自流导致许多随读生"随班混读"。比如贾×、何××的家长从不主动与随读老师、资源老师联系，不了解孩子在学校的学习成长情况。

4. 补偿心理，溺爱迁就

有的家长认为孩子有残疾很可怜，有的则是因为离异后重新组织了家庭，还有的是因为生养了第二胎，觉得亏欠了孩子，于是在物质上给予补偿，在孩子出现问题行为时不忍责备，溺爱迁就，导致他们养成了许多坏习惯。

三、促进家庭成长，强化家庭支持

综上所述，家庭支持在初中听障生随班就读中的作用十分重要，不可代替。对于进入我校随班就读的听障生，我们不能改变他们的家庭结构，不能改变他们的过去，但是我们能够影响他们的未来！十余年来，我们在促进家庭成长方面进行了许多探索，总结出了一系列行之有效的策略和方法。

1. 建立家校互信

在与家长的交流中，我们本着一切为了孩子的原则，以诚待人，平等沟通，建立起互相信任的氛围。鼓励家长积极参与学校教育，保持一致的教育目标，实施有效的教育行为，促进随读生良好成长。切忌埋怨家长、简单指责。

2. 加强培训，建立联系制度

（1）定期组织家长参加培训，使其树立正确的教育观，不溺爱，不苛责。

鼓励家长面对现实，树立自信，不抱怨，不放弃，主动配合学校教育，努力提高自身素质，掌握正确的教育原则与方法。

——一致性的原则

随读生的健康成长是学校、家庭和社会诸方面教育共同影响的结果。如果各行其是，彼此矛盾或互相抵消，教育是不会成功的。家庭教育也是如此，不但家庭成员之间要前后统一、步调一致，而且要密切配合学校和老师的教育，并且经常保持与残联、社区合作，从而形成教育合力，获得最优的教育效果。

——以身作则的原则

身教重于言教。俗话说：欲教子者先正其身，父母一定要严格要求自己，以自己良好的言行影响孩子。家庭是子女的第一所学校，父母是子女的第一任老师，如果父母平常的言行举止不能起到正面的示范作用，自然无法树立权威，甚至令孩子产生逆反心理。

——鼓励性原则

对孩子多鼓励、少批评，不是原则性的问题多宽容。在孩子取得成绩、做对事情的时候，及时进行表扬鼓励，让孩子获得成就感，增强荣誉心。随读生只有在鼓励的环境中才能更好地成长。

——发展性评价原则

重点关注随读生成长的过程，收集成长资料，对孩子取得的点滴成绩给予及时肯定。不以文化成绩的提高为唯一目标，更多关注孩子学习的过程、适应社会的能力以及身心发展的状况。

——实践性原则

家庭是随读生最早的、时间最长的课堂，家庭生活是孩子最早的、经常性的实践活动。因此，对孩子的教育，要贯穿于家庭生活之中，寓教于生活之间，潜移默化地影响孩子，使其养成尊重人、关心人、助人为乐的良好品德。

家长应鼓励孩子尽可能多地参加社会实践活动，包括买菜、购物、旅游等。在活动中家长不可包办一切，应尽量鼓励孩子亲自参与，从而培养各种生活能力，更好地了解社会，发现自我，完善自我。

（2）建立家校联系制度，创建随班就读 QQ 群、微信群，学校和家庭保持在线联系，及时交流信息，商讨教育方法，提供咨询服务，展示孩子成长片段。在共享中经常发布有关随班就读的专题资料，供家长参考学习。保持电话联系，对本地随读生经常家访，接待校访，增进家校之间的了解。使用家校联系本，每天或每周填写随读生在学校的表现，家长看完后再反馈意见，并填上孩子在家中的表现。在使用中应注意实事求是，以表扬为主。

对情绪障碍症学生心理危机干预的实践和思考

晏　清

摘　要：本文着重描述笔者在一位患有情绪障碍症的学生情绪严重失控的突发情况下进行的心理危机干预。笔者再次回顾整理心理危机干预过程，对心理危机干预以及咨询师本人进行了一系列再思考和再认识。

关键词：情绪障碍症　心理危机干预　再思考　再认识

随着我国社会经济的迅速发展，各种竞争压力接踵而至。我国中小学生也面临着更多更大的挑战。在全国9个省（市、自治区）做的针对青少年心理健康状况的社会调查《中国青少年心理健康状况调查报告》显示，青少年的心理健康状况正呈现出不断下降的趋势。城市青少年心理健康状况不良的占总数的12.63%，而农村青少年的心理健康水平同样不容乐观，占11.90%[1]。《2014年中国教育发展报告》指出，2014年我国中小学生自杀率从小学六年级出现攀升迹象，最高的为初中。自杀的首要原因是学业压力过大。[2]

这些数据和事实都不断地提醒社会各界关注祖国下一代的心理健康发展，而同时也对中小学校一线心理咨询师们提出了新的挑战——提高突发性事件的心理危机干预能力。笔者在此将自己在工作中对一位情绪障碍症学生的心理危机干预实践过程加以整理，从而促使自己对心理危机干预的方法和运用进行再思考、再认识。

一、情绪障碍症

情绪障碍症（dysthymic disorder）也被称为儿童神经官能症或儿童神经症，它时常发生在15岁左右的中学生群体中。该病症主要是儿童少年时期以焦虑、恐怖、抑郁为主要临床表现的一组心理疾病。[3]情绪障碍症只要很小的诱因刺激就会引发疾病，甚至出现不可挽回的破坏性局面和损失，因此，要特别留意患有情绪障碍症的学生。

二、情绪障碍症突发性事件的心理危机干预案例报告

鉴于心理咨询行业职业道德操守，报告中凡是涉及学生的个人隐私，均做化名处理，文中以小 A 代替学生真名。

（一）一般资料

小 A，15 岁，女，本校初三学生，住校生。小 A 家庭曾发生了两次大变故，父亲在 2008 年汶川大地震中去世，而后母亲因车祸去世，由爷爷靠低保金抚养至今。班主任和同班同学反映：小 A 学习成绩中等，性格有些孤僻，很容易情绪波动。上学期还因为床位问题和同宿舍另一位女生发生争吵并升级为打架，事后一直哭得很伤心，久久不能平息，后经过同学和宿管员劝阻才得以解决。

（二）突发性事件经过及心理危机干预过程回顾

1. 时间：2014 年 12 月 29 日 23：46 分
2. 地点：本校女生宿舍
3. 事件起因：小 A 放学回到宿舍后，与其他宿舍的同学因为洗澡接水问题发生争执，并感觉自己受了委屈，在关灯之前没有任何异常表现。
4. 突发事件经过

（1）当晚 22：00 熄灯后，据后来同宿舍学生反映，小 A 在床上翻来覆去无法入睡，同学还隐约听到抽泣和用头敲打墙壁的声音。

（2）深夜 23：45 分左右，该生跑出寝室，大吼大叫，不断哭喊，情绪失控。宿舍管理员出面制止，并请求当晚值班教师谢老师帮助。小 A 依旧不断拍打宿舍大门，要求出去，但未得到宿舍管理员和值班老师同意。宿舍楼其他学生已经起床关注，并通过用力关门发出声音来表示对此事的不满。

（3）23：55 分左右，宿舍管理员打电话寻求咨询师帮助，咨询师在电话里请宿舍管理员一定要稳住小 A 情绪，直到咨询师赶到现场（咨询师住在女生宿舍旁）。

（4）咨询师到达现场时，小 A 情绪已经失控，快要崩溃。她身着单薄睡衣，用手大力拍打女生宿舍大门，用头去撞门。宿管阿姨和谢老师均在旁制止安慰。小 A 用力挣脱，大喊："我要出去，你们让我出去嘛！"在此过程中小 A 不停地哭闹、嘶吼，呼吸不畅，全身抽搐，躺在地上。两位老师询问

小A出去做什么，小A回避问题，沉默，或者回答："我就是要出去。"

（5）心理危机干预过程（咨询师与小A的对话）：

咨询师："乖乖，你听得见我说话吗？我是晏老师。"

小A仍侧躺在地上抽泣，嘴里念着："我要出去！"

咨询师："小A，你能听见我说话吗？我是晏老师。"（轻轻用手按抚其胸口，重复动作。）

小A："嗯。"（小声回答）

咨询师："我能帮助你什么呢？"

小A沉默……

咨询师："乖乖，我知道你不是故意要这样的，是真的难受，对吗？"（运用共情和热情关注的方式，稳定小A情绪，并取得接近她的机会和信任。）

小A（点头）："我也不想这样啊，我实在受不了了！"（在说受不了的时候几乎是用嘶吼的声音说出来，伴着强烈的宣泄。）

咨询师："嗯，我能够感受到你很痛苦，很辛苦。慢慢来，咱们不着急。"（对小A的情感反应，引导小A发泄不良情绪。）

小A将头慢慢深藏在双臂中大声哭泣。

咨询师（轻轻地安抚小A，拍打其背）："乖乖，哭出来了就好了，我知道你很累，很伤心，孩子，慢慢来，好吗？"（引导宿舍管理员和值班老师安抚其他学生）

8分钟左右，小A停止哭泣。

咨询师："好些了吗？"（递水）

小A点头。

咨询师："冷不冷？"

小A沉默……

咨询师："喝点水吧。"（递水给小A）

小A缓缓坐起来，喝了些水，头深深埋入双臂中。

咨询师："你现在能告诉我你有没有什么地方不舒服呢？"（确认小A的安全得到了保障，不论是身体的还是心理的安全。）

小A："很累，头很痛。"

咨询师："是刚才撞的吗？"

小A点头。

咨询师："那很累是怎么回事呢，你能告诉我吗？"

小A："想太多事情了，就觉得心累。"

咨询师："哦，你的意思是思考太多了，心累，是这个意思吗？"（运用内容反应，确认小 A 的情绪状态和想法。）

小 A："嗯。"

咨询师："是什么事情让你想太多了呢？"

小 A："太多太多事情了。"

咨询师："压力比较大，是吗？"

小 A 点头。

咨询师："那你愿意和我谈谈这些事情吗？"

小 A 迟疑片刻，沉默，点头。

咨询师："可是你看，大家都睡了，你坐在地上，这么冷，我看了也很心疼，你看，宿管阿姨和谢老师（值班老师）也很担心你。我知道你也不想这样，怕影响大家，是吗？"（为尝试找到能替代小 A 想出去的想法的变通方式做铺垫。）

小 A 点头。

咨询师："那我们到管理室去好不好？"（提出变通建议）

小 A 摇头，小声地说："我想出去。"

咨询师："你想出去做什么呢？"

小 A："我想去操场走走，我好累，好累。"

咨询师："哦，你的意思是你想出去发泄一下，是吗？"（再次确认小 A 想出去的真实原因——散心，而非威胁其安全的行为，如自杀，同时又不会影响其他人休息。）

小 A（点头）："嗯！"

咨询师："可是，你看都这么晚了，大家都睡下了，操场上没有人，外面也冷，我、宿管阿姨、谢老师都很担心你。你看，宿舍的同学也不放心，出来看你了。"（感情沟通，引导小 A 感受大家对她的关心，再次提出变通建议。）

小 A 微微抬头，看到室友。沉默。

咨询师："你看这样好不好，我知道你不想打扰大家，你是一个好孩子，我们先让他们回去休息，我们去管理室，好好谈谈，你愿意告诉我事情的经过吗？或许我能帮你，如果不能，那你说出来，我跟你一起承担，好吗？"（咨询师表达倾听愿，让小 A 更愿意接受变通建议来发泄自己的情绪。）

小 A 迟疑了 1 分钟，点头。慢慢由咨询师搀扶起来，走到管理室，坐下。

（咨询师请宿管阿姨到小 A 宿舍拿一件她的衣服，为其披上。与其交谈了 20 分钟，待其情绪慢慢平复后，通知其大伯将其接回家休息。咨询师建议小 A 的大伯带她去专业医院进行诊断。）

（6）后续跟踪。

小 A 被其大伯带到华西医院心理卫生中心，医生通过诊断，得出的结论是情绪障碍。建议回家休息 1 周，按医嘱服药。

三、对此次心理危机干预实践的思考

（一）非指导性技术的运用在此次心理危机干预中发挥重要作用

此次心理危机干预中咨询师运用了倾听技术、情感反应、内容反应、热情、积极关注等心理咨询中的相关技术来取得小 A 的信任。这些非指导性技术作为心理咨询工作中的基础技术，在关键时刻起了大作用。

（二）坚持心理危机干预六步法

由 Gilliland 和 James 提出的危机干预六步法是学术界公认的。此法步骤为：（1）确定问题；（2）确保求助者安全；（3）心理师给予支持；（4）双方提出并验证变通的应对方式；（5）共同制订计划；（6）确保得到承诺。

以上述小 A 为例。第一，咨询师到场后进行观察，确保小 A 和其他人的安全。第二，咨询师通过各种非指导性技术给予小 A 支持，取得其信任。第三，咨询师不断提出让其宣泄情绪的变通应对方式并提出计划。第四，在小 A 没有同意的情况下，咨询师不放弃，再次鼓励小 A，尝试再次提出变通应对方式：回管理员宿舍交谈，让其他人休息。第五，最后，咨询师也征得了小 A 的同意，承诺，并付出行动。

（三）心理咨询师任重而道远，需各方力量共同完善心理危机干预体系

不论是何种类型的心理危机干预，都是令人担心的。此次心理危机干预只是笔者的一次实践经验，笔者感触颇深。心理危机干预体系的建立十分迫切，需要家庭、学校、社区等共同努力，完善体系，而比完善心理危机干预体系更加迫切的是预防青少年心理健康危机。

青少年心理健康工作应以预防为主，定期筛查，发现问题，及时干预。这样才能为青少年的心理健康成长提供一把安全、快乐的阳光保护伞！

参考文献

［1］ 肖静，李琴.中国青少年心理健康状况调查报告（摘要）[EB/OL].http：//www.docin.com/p-465384134.html.

［2］ 21世纪教育研究院.《中国教育发展报告（2014）》[M].北京：社会科学文献出版社，2014.

［3］ 郭念锋.国家职业资格培训教程·心理咨询师（基础知识）[M].北京：民族出版社，2012.

［4］ 王书荃.学校心理健康教育十年研究回顾与思考[J].中国教育学刊，2007（8）.

［5］ 梁燕.青少年心理健康蓝皮书 [J].检察风云，2006（8）.

戏剧教学法在听障随读生心理健康教育中的应用初探

杨小琴 岳 丽

随着特殊儿童早期康复技术的不断进步，随班就读这一特殊教育模式的日趋成熟，特殊儿童进入普通学校随班就读的需求不断增大，特别是听觉障碍儿童进入普通学校随班就读的人数越来越多，他们的心理健康教育成了随班就读学校密切关注的问题。我校自2001年开展特殊儿童随班就读实验以来，随着实验研究取得成功，在校随读生人数不断增加，大量外地特殊儿童进入我校随班就读，特别是听觉障碍儿童。由于都是外地生，他们平时都借宿在学校，所以他们的心理健康教育成了我们随读工作的重点兼难点。

进入普通学校随班就读的听觉障碍儿童虽然学习、生活环境与专门的特殊教育学校有较大的区别，但他们的心理特点并不会因为这种环境的变化而发生本质的变化。以自我为中心、猜疑、合作意识差、集体观念淡薄等心理问题在听障随读生身上仍然表现突出。由于听障生具有知觉信息加工不完整、视觉和无意记忆占优势、形象记忆优于词语记忆、以形象思维为主等认知特点，传统的说教教育难以很好地深入孩子的内心，很好地解决孩子的心理问题。特别是对于一些抽象的字词、概念等，听障生难以理解或易进行错误、片面的理解，而传统的说教教育又难以有效地解决该问题。在这样的背景下，根据听障生的认知特点，结合我校听障随读生存在的问题，我们对听障随读生的心理健康教育进行了探索，试图将戏剧教学法与传统说教教学法结合起来，并将其应用到随读生的心理健康教育中，从而提高心理健康教育质量。

所谓戏剧教学法，是指运用戏剧与剧场的技巧，从事学校课程教学的一种方式。它是在老师有计划的引导下，以创造性即兴表演、角色扮演、模仿、游戏等方式进行，让参加者在彼此互动的关系中充分发挥想象，表达思想，在实际操作过程中学习的一种教学方式。戏剧教学法的精神是创造经历。戏剧本身也有教育的特质，当一个人在看戏剧的时候，我们都是在感受戏剧中人物的经历，当你看完戏剧之后，通常会有一些领悟。戏剧本身是带着教育任务的；在戏剧教学法中，这个教育的任务强化了。

不过比起传统的教学方式，戏剧教学法又掩盖了一些教育色彩，即它不会明显地教学生一些东西，而是和学生一起去经历，让学生在过程中得到启发。这对于小学阶段的听觉障碍孩子来说存在一定的难度，表现出了戏剧教学的一些局限性。所以，希望通过传统说教教学与戏剧教学进行恰当结合，进行有效互补，从而克服单一戏剧教学或说教教学的局限性。

针对我校听障随读生出现的自私、攀比、猜疑、不懂得感恩等问题开展心理健康教育时，我们进行了戏剧教学与传统教学相结合的教学尝试。试图通过戏剧表演的方式让学生或老师把听障随读生表现出来的问题或生活中的一些情景进行再现。将说教贯穿于说戏、导戏、看戏、议戏的过程中，使说教教学以说戏、导戏、议戏等方式无形或有形地融入戏剧表演，让学生在实际排练、表演及观看表演的互动过程中体验、理解，从而认识自己的不足之处，感受父母、老师劳动的艰辛，增强独立意识，学会关心他人、理解他人，学会感恩，学会对身边的事物、人际关系做出正确的判断和推理，减少焦虑。

如为了让孩子学会体谅他人，懂得感恩，我们开展了关于"感恩"的主题心理健康教育。教学以戏剧《今天，昨天，明天》为载体，通过戏剧表演的方式把父母对孩子的关心、老师对学生的关心、同学之间的关心等情景进行再现。让听障随读生在实际排练、表演及观看表演的过程中，切实体会父母和老师对他们的爱，从中得到启发，学会关心他人，学会感恩。如在情景一——尿床中，听障生毛××同学在扮演"阿姨"这一角色的过程中（如下），在老师的引导下，她反复体会人物在情景中的感受，琢磨人物当时的心情，感受"阿姨"的辛苦和对同学们的关心。由于这种感受得到了内化，所以毛××的表演非常到位，成功地塑造了"阿姨"这一人物形象。因为表演贯穿整个教学过程，传统说教教育又以导戏、说戏的形式无形地融入表演的每一个环节，戏剧教学与传统的说教教学在这种互动的过程中得到无形的结合，表演的成功也预示着教育的成功。

情景一——尿床

  人 物：阿姨（生活老师）（毛××饰）

  人物形象：阿姨（系着围裙，套着袖套）

道　　具：装有床单和被子的盆子一个、洗衣粉一袋

道具安排：（毛××自备）

阿　　姨：（端着装有床单、被子的盆子上）哎呀！那孩子昨晚又尿床了。（捏着鼻子，做出闻到了很臭味道的样子）你看嘛，床单、被子都湿了。哎！不过还好我昨晚发现得早，及时把它换了，要不然那孩子肯定会感冒的。好了，我得赶紧去把这些洗了，要不然那孩子晚上就没有盖的了。

又如针对听障随读生较为突出的自私、攀比、猜疑等心理问题开展主题心理健康教育，仍然以戏剧教学与传统说教教学相结合的方式继续探索。在戏剧《帮帮王小跳》中，考虑到对孩子的尊重，我们把学生身上存在的问题由一个载体——王小跳反映出来。通过老师表演→学生看表演→老师提问题→学生回答问题→老师引导学生提出帮助王小跳的办法→学生上台示范给王小跳看→王小跳看后及时改正错误的流程，让学生在帮助王小跳的互动过程中认识自私、攀比、猜疑等心理问题，并学会解决方法（如下）。

【老师表演→学生看表演】

情景二

时间：××月××日，星期一上午

地点：学校教室

人物：王小跳（唐老师饰）、同学甲（杨老师饰）、同学乙（叶老师饰）、同学丙（张老师饰）

道具：两张桌子、两把凳子、两个学生书包

剧情：

（下课了，同学甲、乙、丙高兴地围在一起议论某话题，王小跳带着猜疑的眼神走近询问。）

王小跳（走近问同学甲）："你们在说什么？"

同学甲："没什么，开玩笑呢！"

王小跳（猜疑的表情加重，转头问同学乙）："你们说什么呢？"

同学乙："没说什么，开玩笑啊！"

王小跳（急躁，不耐烦，说话音量加大，问众同学）："你们在说什么？"

同学丙："没什么，你不管嘛！"

王小跳（做出鄙视的动作）："我知道，你们在说我！你们不好，你们不要我，我不和你们玩！你们……"

（王小跳转而向老师反映）

王小跳："××老师，同学们不理我，他们说我的坏话，他们不和我一起玩，他们……"

【老师提问题→学生回答问题→老师分析、总结并引导学生提出帮助王小跳的办法→学生上台示范正确的做法给王小跳看→王小跳及时改正错误】

师："同学们，你们看完情景二，发现王小跳有什么毛病吗？"（学生举手，老师请一位学生上台回答，老师引导、总结板书：猜疑、急躁）

师："王小跳应该怎么做才对呢？谁来帮帮他？"

（请一位学生上台示范给王小跳看）

师："王小跳，你现在知道怎么做了吗？来，做给大家看看。"

（老师小结，板书：信任、友爱、冷静）

让孩子学习、理解优秀的品质，并指导自己的行为，是教育的最终目的。在互动过程中，学生从看表演的过程中获得了形象记忆和形象思维的素材，而老师的引导、总结、板书，使这些素材与抽象的书面表达得到了结合，促进了学生的理解。整个过程中孩子们积极举手回答问题，可以看出孩子们已经完全融入课堂，进入了角色。在老师的引导下，他们积极地反思"王小跳"存在的问题，以及解决的办法。在帮助王小跳的过程中，谦让、信任、冷静、节俭等品质已被孩子们很好地理解、内化，并开始指导自己的行动。教育的效果在表演的过程中得到验证。

通过实践，我们发现戏剧教学与传统说教教学相结合的方式能有效地提高听障随读生心理健康教育的质量。该教学方式能够较好地契合听障生知觉信息加工不完整，视觉、无意记忆占优势，形象记忆优于词语记忆，以形象思维为主等认知特点。该教学方式有效地增加了教学的趣味性，使课堂变得活跃；提高了教学的直观、形象性的同时，又不乏深刻的理解，从而较好地避免了学生对信息加工不全、认识停留在表面等问题。这是单一的戏剧教学或说教教育不具备的。此外，戏剧教学与说教教学相结合的教学方式，使情景与书面表达、口语表达密切结合，对提高听障随读生语言理解、口语和书面表达能力起到了一定的促进作用。

值得一提的是，在实践的过程中，针对不同年龄阶段、不同心理现象等问题，如何找到戏剧教学与传统说教教学的最佳结合点是重点兼难点，比较困难，需要课前对学生年龄层次、理解水平、问题特点等进行充分的讨论、分析。

参考文献

[1] 方俊明. 特殊教育学[M]. 北京：人民教育出版社，2005.
[2] 毛颖梅. 特殊儿童心理咨询概论[M]. 天津：天津教育出版社，2007.

现代信息技术促进随班就读听障生的高效学习

张林智　杨　静

现代信息技术正在迅速地改变着教育教学面貌，从传统的黑板、幻灯机、录像机等常规模式下的媒体手段发展到建立在计算机和数字化信息技术基础上的多媒体教育手段，使教学方式和教学结构发生着质的飞跃。现代信息技术已经成为随班就读教学支持的重要组成部分，能对听障生的生理缺陷进行有效的补偿，文本、图形、图像、动画、声音、影像等的直观性、形象性和可重复性，使得知识内容丰富多彩，可以刺激多种感觉器官，最大限度地降低生理缺陷带来的影响，促进随班就读听障生高效学习，提高随班就读质量。

一、现代信息技术的运用，使听障生"听"得更多

听障生由于听力损伤，不仅需要借助视觉、触觉、运动觉等感官及各种感官的协调活动来认识世界，而且还需要借助视觉、触觉和动觉等进行语言理解和语言交流。多数听障生的"听"需要读唇来辅助，就是看口型，所以教师要让学生看到自己的口形和表情，"面向学生"。现代信息技术的运用中，许多内容都可以利用课件或展台展现。比如，教师以课件的形式展示要点，而不用板书。这样就降低了教师边讲边板书和学生读课本的频率，学生更多地看教师讲，有利于学生"听"得更全，"听"得更清楚。

二、现代信息技术的运用，让听障生感知的信息更多

听觉障碍儿童由于听觉受损，对事物和环境感知不完整，对外界认识缺失丰富性和完整性。信息加工的整体性和理解性受到制约，学习知识和参与社会活动的深度和广度受到制约。听障生感知活动中视觉处于主导地位，眼睛就成为最主动、最活跃、最重要的感觉器官。现代信息技术通过图像、动

画、视频等,以最适合的渠道给学生传递了大量的信息,提高学生的知觉和学习效率。例如,在教学周长的计算方法时,以动画形式沿着物体边沿而且用鲜明的线条演示,听障生在计算长方形周长中常表现出以四条边相加的方法记忆深刻,而计算公式要在进一步的思考或练习中才会被唤醒记忆。

三、现代信息技术的运用,促进听障生的语言和思维能力发展

听障儿童一般伴随着语言发展困难。听觉障碍儿童的语言一般要通过语训,由于语言的形成环境局限大,感知与语言系统脱节,再加上缺乏口语基础,他们学习语言文字的难度增大。即便佩戴助听器,也比健听儿童学习外语还困难,主要表现为:(1)语言发音不清,发音不好听,发音不灵活。(2)语法比较差,常出现语序颠倒的现象。(3)词汇量少于正常同龄儿童,不能分辨同音异义词,语音的理解能力发展不充分。

现代信息技术能给学生提供更多的语言场景、更多的示范和反馈。例如,在教学《颐和园》《观潮》等课文时,教师让学生观看相关的视频,通过图像、声音、文字相结合理解课文,对语言文字的理解更深。在数学课上,许多课件都以图形动画形式出现;在《时钟》的教学中还展示生活场景,结合语言环境学习,学生在学习语法与语言文字时都有明显提高。

语言是思维的外衣,听障儿童思维受语言沟通和声音信息等影响。感知的形象使得其思维内容具体,忽视事物本质,思维水平发展缓慢,长期停留在直观形象阶段。对概念的理解存在很大的困难,常将概念扩大和缩小,如某学生没征求同学意见就擅自从同学的书包里拿作业来抄,我们一般会说,不问自取便是"偷",但很多听障生都不同意这个说法,认为是"悄悄地"拿,没什么大不了的,对"偷"的指责感到难以接受。老师借助现代信息技术提供更多的信息,通过视频帮助学生理解词语和概念。

四、现代信息技术的运用,培养听障生的学习能力与学习习惯

现代信息技术为学生学习提供各种资源,以便捷的方式和丰富的资源代替了工具书、参考书。例如,在学校资源室的听障生在完成作业、预习和复习时,常常说"老师,我去查一下这个内容",他们不再找工具书,而是在电脑中去查找。现代信息技术为我们提供了最丰富的信息资源,可以让学生在信息海洋中"自主发现、自主探索",在学习过程中不断发展学生的创造性思维和创新能力。学生在获得基本知识的同时,可以培养主动学习、独立

思考等品质，形成独立学习、进行信息处理等技能，养成良好的学习习惯。

另外，现代信息技术还有助于激发听障生的学习兴趣，使其集中注意力，有利于他们记忆和发展想象力，提高书面、口头表达能力，激发内在潜力。

总之，现代信息技术最大限度地减少了听障生生理缺陷带来的影响，既能促进其高效学习、提高能力，又能促进教学效率和教学质量的提高。

整合资源　教康结合　促进学生发展

张林智　李　敏

教康结合是"医教结合"在教育上的具体举措，越来越受到重视，许多地区都在探索"医教结合"与实践。"医教结合"具有一定的政策导向，《国家中长期教育改革和发展规划纲要（2010—2020）》中提出：注重潜能开发和缺陷补偿。我国《特殊教育提升计划（2014—2016年）》提出："形成政府主导、部门协同、各方参与的特殊教育工作格局。"开展"医教结合"实验，探索教育与康复相结合的特殊教育模式，新津县特教中心在花源小学试点，开展教康结合实践探索，提升残疾学生教育水平。

试点教康结合探索主要有两个方面：一是在融合教育基础上，对在校残疾学生教育教学中渗透康复训练，二是在送教上门中开展教康结合探索。

一、以教育为主，渗透康复

"康复"在这里指"康复训练"，以脑瘫孩子桢桢、进行性肌营养不良孩子阳阳为对象。他们本身就需要康复训练，在学校教学和日常活动中渗透训练，长期维持康复训练的状态，更有利于肌体功能的恢复，从而达到治疗效果，促进发展。

1. 康复评估诊断，共同拟订个别教育计划

与残联协同调查学生基本情况，共同进行教育诊断。县残联康复老师杨玲、胡兵到学校为两个孩子做了肢体障碍评估，与学校资源室和随班就读教师一起讨论并拟定个别教育计划，从专业角度提出康复训练的建议，把康复训练融入学生在校的各项活动中。

2. 专业技术支持，协同做好学生康复训练

一是来自学校资源室支持。资源室教师指导助学小伙伴，陪同和督促两个孩子进行康复训练。例如，脑瘫孩子桢桢需要进行站立和行走训练，在课间休息时，她的小伙伴们就陪着她练习站立，一个小伙伴站在她旁边以防她

摔倒，另一个小伙伴会蹲下把她的右脚扶直；桢桢站累了，同伴经常鼓励她多坚持一会儿；后来开始独立行走训练时，同学们就鼓励桢桢多出去玩，同学们会陪着她玩丢球游戏……有意地少去扶她，少去牵她，逐步做到只是在旁边陪同。

二是来自康复教师支持。县残联康复老师经常到校指导，例如，阳阳需要通过锻炼，减慢肌肉萎缩的速度。康复教师指导体育老师在体育课中融入肢体康复训练；指导班主任在阳阳的课桌下绑一个球，让阳阳在下课时练习踢球；指导同伴把阳阳推到操场上做操……

在日常教育中开展这些康复训练，看似简单而又普通，但对孩子肌体功能的恢复起着非常大的作用。由于长期坚持训练，现在两个孩子发展良好，家长非常满意。桢桢不仅能够独立行走，还能自己参加课间活动、做课间操、到办公室交作业，帮老师发作业本……

二、整合资源、相互协同

在送教上门工作中，发挥学校自身优势，整合校内外资源，以教康结合的形式开展送教上门服务。

（一）整合资源，形成合力

资源一：特教专家和特教中心教师

学校邀请了四川省特教专家蔡明尚、曹照琪指导送教工作。专家指出，针对中、重度和多重障碍残疾儿童、少年的送教上门工作，是最近几年才在国内各地开展，目前还缺乏有效的实践经验，建议学校以课题研究引领"送教上门"工作。学校经过多方论证，确立"融合教育背景下的送教上门运行机制的研究"的科研课题。

特教中心的老师们指导学校送教工作，提供相关政策法规、相关理论和技术及别人的经验做法等，同时参与教育诊断、计划拟订、实地指导等，督查和协助学校送教工作。

资源二：伙伴（同龄伙伴、大学生、退休教师）支持

利用身边自然资源为残疾儿童提供支持服务，主要有：孩子周边的同龄伙伴、成都职业技术学院大学生志愿者、学校退休老师。这是学校省级科研课题"农村学校融合教育中伙伴支持研究"成果的进一步深化和延伸。

资源三：医疗康复技术支持

医疗康复对中重度障碍儿童来说尤为重要，学校能做的是督促孩子按时到残联进行训练，联系残联康复员定期到孩子家里为他们提供肢体康复训练并指导家长实施训练，时刻关注残联为孩子们提供免费治疗机会。如送教上门服务对象之一欣欣，学校帮她联系县残联，帮助她到温江八一康复院免费做了手术。术后，经过两个月的康复训练，她由原来身体协调性差、易摔倒，到现在行走趋于正常，其肢体障碍程度正逐步降低。

资源四：学校随班就读教师

学校随班就读教师是资源室教师的后备、支持力量。学校选择了5名学习能力强，认真负责，有爱心、耐心的随班就读教师，通过资源室教师的指导和培训，与资源室教师分工合作，共同开展送教上门工作。学校随班就读和资源室教师共同组成了学校送教上门工作团队，同时，他们也是学校融合教育课题研究组的核心成员。有了学校随班就读教师的支持，学校的融合教育工作才能有序发展。

（二）共同参与，相互协同

试点区域服务对象有三人：洋洋，男，11岁，重度脑瘫，完全不能行走，生活不能自理，没有语言能力，但能根据家长的手势、表情猜测出简单的意思；欣欣，女，11岁，脑瘫，能够行走，先天无听力及语言功能，能根据简单手势理解简单意思；科科，患有肌营养不良，不能独立行走，生活不能自理。学校资源室、特教中心教师、特教专家、残联康复老师共同参与了三名孩子的诊断评估，一起对这三名孩子的教育潜能、认知能力、社会生活适应能力等方面进行具体分析；结合残联康复老师的肢体评估结果，共同确定这几名孩子的教育起点，制订个别化教育及康复计划。

在具体实施中，按专业程度及难易程度，把个别化教育分成沟通交流、生活自理、肢体康复、教育教学几个模块，细化工作任务，分别分配给学校资源室教师、送教上门教师、退休教师志愿者、大学生志愿者、残联康复老师及家长。资源室主要负责指导各个模块的工作，审查送教上门工作的实施计划、内容、措施，督促送教上门小组成员和志愿者实施送教活动。

总的来说，学校的融合教育工作离不开社会各种积极力量的支持，有了专业的支持、行政的支持、社会的支持，学校才能结合实际，整合利用身边自然支持资源，充分保障残疾人受教育的权利，让所有的残疾孩子最终能融入学校随班就读，实现真正的融合教育。

智力障碍儿童注意力的培养

田 玮 郭星平

《中小学教师职业道德规范》提出："关心爱护全体学生，尊重学生人格，平等公正对待学生。"这里的"全体学生"，除了智力正常的儿童，也包括存在智力障碍的儿童。

智力障碍儿童，尤其是中度、重度智力障碍儿童往往有明显的大脑的器质性损伤或同时伴有其他损伤，这就导致他们在生理、行为、认知、情感、意志、语言、性格等各个方面都有自己的特点。教师只有充分了解智力障碍儿童的身心特点，才能有效地开展教育教学活动，让他们在师爱的伴随下健康成长。

法国生物学家乔治·居维叶说："天才，首先是注意力。"注意是指人的心理活动对外界一定事物的指向和集中。具有注意的能力称为注意力。长期以来，学术界对于智力障碍儿童的注意缺陷有两种不同的观点：一种观点认为，注意缺陷是智力障碍所固有的特征之一，也是区分智力障碍与非智力障碍的关键特征之一，这种观点被称为"差异模式"或"缺陷模式"；另一种观点认为，智力障碍儿童所表现出的注意缺陷的根本原因在于其注意发展的速度缓慢，这类儿童如果与智龄相匹配的普通儿童相比较，其注意力水平基本一致，这种观点被称为"发展模式"。从已有的研究证据上来看，发展模式得到了较多的支持。

绝大部分智力障碍儿童注意力都不集中，多动不安，课堂上不能根据老师的指令专心做一件事。例如，让他翻到今天学的课文，他有可能翻到其他的内容就看起来了；即使老师和家长把课本放到他们眼前，他们的眼睛还是在课本的上面、下面等课本之外的地方；如果他专心听讲了，总会管不住自己的嘴巴说出自己的意见；在座位上显得很躁动；上课过程中随意下位，到书柜拿书或者倒水喝；即使强行让他们坐下来，最多也就坐几分钟。

想让智力障碍儿童听话，就要帮助他们改掉多动的坏毛病，集中注意力，强行把他按在椅子上，甚至用绳子捆起来，都是没有用的，只会令他们的脾气更加暴躁。要想增强其注意力,切忌采取强制手段,而要深入了解其注意力不集中的原因,有针对性地采取措施,引导他们改正多动的问题,增强注意力,逐渐培养好的学习习惯。

究竟是什么原因导致智力障碍儿童注意力不集中呢?

第一,临床显示,智力障碍是一种疾病综合征,支配脑部神经元的大脑额叶部分处于低唤醒状态,是一种起源于大脑并引起感统失调的运动感觉、自主神经、语言、学习、意识和精神状态不同程度的障碍。它造成的结果便是来自智力障碍儿童体内外的信息无法及时处理,导致感觉、分析、综合能力下降,从而学习能力差;在完成学习任务时比较吃力,导致基础薄弱——年级愈高,学科知识接受起来就愈难。

第二,与普通儿童相比,智力障碍儿童在感知事物时往往缺乏知觉积极性,缺乏应有的好奇心,没有仔细观察和深入了解事物的强烈意向或愿望,不能更上一层楼,问"为什么",而只是满足对事物的一般了解。

第三,智力障碍儿童在情感控制方面远不如普通儿童。他们的情绪和情感受生理需要和激情所支配,很难按社会道德、行为规范来调节自己的情感。所以,他们在学习上管不住自己,常常被其他事情所影响。

第四,智力障碍儿童首先是儿童,然后才是生理有缺陷的儿童,他们和普通儿童一样有情感需求。无论在家还是在学校或公共场所,都需要他人的保护,生活上需要帮助和关心,学习上需要鼓励和耐心教导,交往上需要大家支持和帮助,更需要尊重、理解和被接纳。为了在课堂上引起老师和同学的关注,他们会故意制造不认真听讲、不遵守纪律的状况来引起老师和同学的注意。

第五,家庭原因。智力障碍儿童的家人因工作繁忙,教育方法简单、不科学,或因孩子情况达不到预期效果而灰心懈怠等,这些都会对孩子的心理产生一定的影响。

那么,怎样对智力障碍儿童进行注意力培养呢?

第一,热爱孩子,满足心理需求。

智力障碍儿童由于缺少与人交往的经验,因此,除了家人,在外特别容易缺乏安全感。教师要用爱去抚慰和温暖智力障碍儿童的心,在生活和学习上,给他们最大的支持和帮助,最好不要批评指责,要消除他们的恐惧感。要在班里树立良好的风尚,教育学生关心他人,不要歧视、嘲弄别人,给他们创造一个良好的、和谐的、没有压力的学习、生活氛围。让他们多和普通儿童交往玩耍,在与同伴交往中模仿、学习正确的行为,培养良好的情感和个性品质。

第二，以"兴趣"促"注意"。

伟大的科学家爱因斯坦说过："兴趣是最好的老师。"一个人一旦对某事有了浓厚的兴趣，就会主动去求知、去探索、去实践，并在求知、探索、实践中产生愉快的情绪和体验。教师一定要抓住学生的心，和学生交朋友，深入他们的生活，了解他们的兴趣。例如，某学生对阅读有着浓厚的兴趣，因此，我在设计课堂教学环节时，尽可能多地加入一些有趣的故事。大多数时候，他总会放下手中的事情饶有兴趣地聆听，虽然当他听到自己已经了解过的内容时还是会无法控制地大喊出声，在这个时候，我会先表扬他看的书真多；但是，如果回答问题能够先举手再说就更好了。这时，他总会埋下头，不好意思地笑。这样，几次训练下来，当他要插话时，只要看到我的眼神，他基本能做到不再喊叫了。

第三，不同感官的注意训练。

实践证明，在学习过程中，多种感官综合运用，协调动作，显然比只运用一种感官学习效果好。特别是智力障碍儿童，他们的感知机能或多或少地存在着一定的缺陷，反应不灵敏，感知活动质量较差，更加需要多种感官协调运用。在设计教学环节时，教师应尽可能多地考虑采取一些直观形象、有声有色的教育教学方式，如教学多媒体、生字卡片、教学挂图等。尤其是课堂教学中教师充分利用多媒体直观性、多样性、趣味性等特点，引导学生边看边听，情绪饱满地投入学习。在实物教学时，条件允许的情况下，我经常鼓励学生用眼看、用手摸、用耳听、用鼻嗅，甚至用嘴尝，尽可能让他们利用所能运用的一切感觉器官去感知事物。通过运用这种教学方法，学生们逐渐获得了比较全面、直观的事物表象，并不断转化为理性知识，从而有效地增强了注意力，基本达到了教学目的和要求，收到了良好的学习效果。

第四，对家庭提供支持，营造有利环境。

教师要密切和智力障碍儿童家长的联系，对家庭提供有效的支持。首先让家长明确：孩子的智力障碍情况一旦确定，就目前来看是很难从根本上改变的，吃药是不可能解决问题的，即使通过训练提高了智商，也不能说明孩子不再有智力障碍问题。家长对此要心中有数，不要一味顺从溺爱，或者丧失耐性，甚至悲观失望、弃之不理。面对智障儿童，家长必须更新家庭教育观念，创设良好的家庭氛围、采用科学适度的教育方法，这是成功的智障儿童家庭教育的基础和保证。在注意力培养方面，家长要着重对孩子进行规范作息时间教育，帮助孩子形成有规律的生活习惯，并为孩子营造安静的氛围，避免外界的干扰。例如，我班某学生，他家里还有一个三岁的弟弟，每次孩子学习时，弟弟总会在旁边，这样极不利于对孩子注意力的培养。因此，我请家长在他学习时把弟弟带到其他房间，并给他布置一定的学习任务，便于及时掌握其学习情况。

第五，多鼓励，树立自信。

当孩子取得点滴进步时，我们对其进行表扬，会正面强化其良好的行为习惯，他满足了被别人注意和关注的情感需要，就会将更多的注意力投入学习中。

虽然智力障碍孩子在语言、动作等方面有障碍，但是他们同样能感知周围的一切，以自己的方式认识外部世界。因此，教师在开展工作时，一定要尊重这类特殊儿童的特点，并给予最恰当的个别化教育服务。

案例篇

绘本带你去"散步"
——洛洛观察日记

杨茗媛

长长的睫毛,一双黑葡萄似的眼睛,一根手指抵在自己的下巴上,毛茸茸的脑袋里似乎写满了对这个世界数不清的问号。

这就是洛洛。

第一次见到他是在一年级新生入学时,我特别喜欢这个萌萌的男孩,连问了他好几个问题。

"你几岁了?""会写字吗?""上一年级开心吗?"每问一个问题,洛洛都要思索很久才慢吞吞告诉我答案,而每一次回答仿佛是从他遥远的世界里传来的回音。我觉得有些不对劲,送他来的妈妈这才略带忧伤地告诉我,洛洛在5岁那年被医院查出有自闭症与轻度认知障碍。

从那一刻起,我知道这是个需要我特别关注的孩子。

9月10日　　星期三　　晴

带一年级总是累得回家后就进入瘫痪状态,而我一合上眼仿佛就看到了洛洛。

今天我教全班同学学习上课礼仪,"静息,起立,老师您好!"当全班在我的示意下安静坐下后,洛洛依然独自不停地说着"老师您好,老师您好,老师您好……"

全班同学愣了一下,随即哄堂大笑。

我严肃地制止了这不太善意的笑声,走到洛洛身边让他坐下。他不知所措地望着我,不知道发生了什么事。

我知道,这仅仅是个开始,如何让全班接受和理解他的行为,如何尽快建立洛洛的规则感和秩序感是一个考验我的难题。

10月16日　星期五　阴

一个多月过去了，每天需要我处理的洛洛的"问题"总是一个接一个：洛洛把蜗牛抓进教室了，洛洛用手抓饭吃，洛洛撕纸弄得到处都是……。当把他请进办公室时，不管问什么，他永远都用一根手指抵着他的下巴，喃喃自语："嗯？嗯？嗯？"我总是要重复很多次，他才搞清楚你问的是什么问题。

这样一个孩子，犹如一个不透风的葫芦，你不知道他的世界里有什么，你辛辛苦苦为他建立秩序与规则，在他的世界是无效无用的。

洛洛妈妈的记录：

入学一个月了，洛洛不像其他孩子那样，一回家就叽叽喳喳地把学校的新鲜事情说个不停。他总是安静地做着一些机械又重复的事情，每天回家就把田字本拿出来，写 1~9，满满的写了几篇。我给他讲道理，他听不懂似的继续写。我把笔拿掉，他就换另外一支笔继续写。

就这样，洛洛就像窗边的小豆豆一样，在自己的世界里自得其乐地游弋，旁人无法理解和接受，他的问题在他的世界里都不是问题，在我们的世界里却成了大问题。

我们既不能特殊对待他，以免阻碍他的发展，又不能像对普通的孩子一样严格要求，只能找到一个动态的平衡。

后来，通过不断观察，我发现了一个契机。

洛洛对其他课都不感兴趣，总是埋着头撕纸，要不就是在本子上写数字，但当我上班会绘本课时，我惊奇地发现他会不时抬起头来看一眼屏幕上的绘本，然后在本子上歪歪曲曲地画上类似于绘本人物的图形。

12月6日　星期四　阴

我特意为洛洛选了一本绘本，名字叫《月亮带我去散步》，为什么选择这本绘本呢？原因就是我觉得洛洛就像书中的男孩一样，对任何事物都有自己的奇思妙想。

我指着书上那个牵着月亮去散步的男孩，告诉洛洛这个男孩晚上睡不着，就叫醒了月亮，让月亮带着自己去散步，遇到了知更鸟、露珠、小狗并发生了一些奇妙的事情。洛洛听了，没有重复以前的"嗯、啊"，他凝视着绘本上的图画，突然说："上次爷爷带我晚上去散步，他是不是把我当成月亮了？"

强烈的欣喜涌上我的心头，终于我和他的对话能在一种可控模式下进行了，以前我用尽了我能想到的所有方法与他进行正常交流，但是每次都以失败收场，他不着边际的回答或者就像放慢了十倍的"嗯、啊"总是会让我不知如何走进他的世界。

我摸摸他的头，说："对啊，你就是那个发着光的月亮，所以你要多出去散散步，好照亮所有人，别人都需要你。"他第一次飞快地点了点头。我趁热打铁："杨老师把这本绘本送给你，以后上课不要撕纸了，好吗？你可以翻翻绘本，上面有好多神奇的故事。"

洛洛妈妈的记录：

杨老师向我反馈了洛洛最近在校的情况，老师发现洛洛对绘本有一定的兴趣，她建议我可以每天给洛洛读一读绘本。

于是，我选了一本《我妈妈》和洛洛一起读。洛洛开始不感兴趣，他老是会用手去搓书角，我没有制止他，只是轻轻拉开他的手，读着这本绘本里的句子："我妈妈是个杂耍演员，……我妈妈是个大力士，……我妈妈是好心的仙子……。"洛洛看了看书中的那个奇怪的妈妈，又看看我，突然摸摸我的脸，说："我妈妈是蜗牛！""为什么？"我赶紧追问。他摇摇头，做了一个"嘘"的动作。

我热泪盈眶，我的付出总算有回应了，我感觉我们之间的交流逐渐深入，而不是我硬要闯入他的世界，却被他硬生生地无视，无视得我想放弃。

我知道洛洛的病情不轻，他的妈妈也带着他去了许多专科医院进行治疗，也花了不少钱去康复中心进行康复与注意力训练。同为母亲，我感同身受，她是多么渴望洛洛能像普通孩子一样学习和生活。可是有时期望越高，失落也就越大。只要洛洛一天比一天有进步，那么所有的努力都不会白费。

4月16日　　星期五　　晴

洛洛已经陆陆续续读了许多绘本了，在这几个月中，洛洛上课时重复与机械性的动作没那么多了，他会翻一下绘本，然后在本子上画一些图案，又拿给同桌看，然后自己盯着那些图案发呆。

当然，他能比以前好一点我已经很欣慰了，我现在担心的是其他孩子似乎都在慢慢疏远他，觉得他很多行为很奇怪。

下午班会课，我特意选了绘本《怪男孩》，主人公是爱因斯坦，他不懂与人相处，对于不喜欢的课程不屑一顾，闹出很大的动静。孩子们听得很专注，很认真，对于我讲的时光旅行也感到新奇，但我的目的是教育孩子们正确看待洛洛的一些行为，并接受他。

当我把爱因斯坦和洛洛做比较时，孩子们都很吃惊，也接受了。我们该如何对待洛洛的行为呢？

当我问："排队时，洛洛使劲挤我们，该怎么办？"小旭回答道："我把位置让给洛洛，这样他就不挤了，晚打一会饭没什么。"当我问："洛洛在教室里一直拍球，影响大家学习，怎么办？"一个孩子说："我邀请他去外面拍球！""对！这样既让他玩得开心，又关心了他，还不影响别人。"我表扬道。

"友情"单元，圆满结束！

当然，绘本不是灵丹妙药，洛洛这颗特别的小种子成长的路还很长，绘本让我和她妈妈找到了一种他能够接受的方式。现在，洛洛的改变是令人欣慰的，在所有人的努力下，洛洛能读一些简单的拼音，能做到两位数的加减法，体育课上跳绳能一次跳 80 多下。他带了一盆水培植物放在班级的窗台上，每天他都记得中午吃完饭去换水，他还在图画本上画爸爸、妈妈、老师、同学……这一桩桩、一件件虽然都是微不足道的小事，却与他刚刚进校时相比发生了翻天覆地的变化。在我们看来，这样的孩子只是和普通孩子有些不同而已，当你用心走近他、帮助他，他是一定能感知、能回应的。

如果可以，我希望能得到一些专业人士的指导，也许以后我会遇见更多的"洛洛"。如果有强大的专业知识做支撑，"洛洛们"一定会更好地成长。

洛洛，让我牵着你的手去"散步"！

中学生心理危机干预实施案例

谢思明

摘　要：近年来，青少年心理问题发生的频率越来越高，甚至演变成了心理危机。而中学阶段又是心理危机的高发期，中学生心理危机干预迫在眉睫。

关键词：中学生，心理危机干预，实施

中学生正处于青春期，是人生发展阶段中一个十分特殊的时期，这个特殊时期被心理学家称为"过渡期""转折期""暴风骤雨期""犯罪高峰期""反抗期"等。近年来，关于中学生自杀、过激杀人及伤害事件的报道屡见报端，逃学和离家出走更是时有发生，中学阶段已成为心理危机的高发期。部分中学生出现心理危机后，如果得不到及时、主动的心理危机干预，其人生将会受到很大的影响。

一、概念阐述

一般而言，危机有两层含义：一是指突发事件，出乎人们意料发生的；二是指人所处的紧急状态。而心理危机是指个体遭遇重大问题或变化，个体感到难以解决、难以把握时，平衡就会打破，正常的生活受到干扰，内心的紧张不断积蓄，继而出现无所适从甚至思维和行为的紊乱，进入一种失衡状态，这就是心理危机状态。

校园心理危机是指在学校校园范围内各种突发的重大危机事件所引起的心理危机。

二、问题的发生

我担任2014级1班班主任，在七年级上学期刚开学时，L同学由于父母

经商，对他关注较少，学习成绩不理想，在老师面前沉默寡言，但是在同学面前则显得过于活泼好动，经常招惹同学，情绪冲动时还会大打出手，其他同学对他都有点反感。

一天，某同学向我反映班上有同学丢钱了，我眉头一皱，班上近来丢笔丢书的情况越来越频繁，本以为是学生粗心大意没有收拾好，但现在居然开始丢钱了。而且班上同学已经炸开了锅，都在议论谁是"小偷"，矛头都指向了L同学，闹得人心惶惶。我决定要好好处理这件事。

事情一发生就有多名学生向我反映L同学有一定的嫌疑，但只是怀疑。据说他小学时经常拿别人的东西。我告诉他们不能乱传，不能冤枉任何人。而且我也想给"他"一个机会。我让班上所有人依次上台就这件事说一说想法。通过观察，我发现只有L同学在说话时虽然面带笑容但是手一直拽着衣襟在发抖，我不禁产生了怀疑。接着，我让所有同学离开教室，然后每个人单独进教室一分钟之后再出来，让"他"将钱放到讲台抽屉里。结果，效果不尽如人意。于是，我开始依次询问，锁定掉钱的时间和地点，通过调查，其他学生都有不在场的证据，唯独L同学的说法前后矛盾，也有同学证实L同学在丢钱的同学座位上待了很久。这样我便基本确认了L同学的"嫌疑"。最后我一一找同学谈话，并告诉L同学，希望他能说出实话。经过一番"论战"，他终于承认了以前拿过别人本子和笔的事，但始终不承认这次拿那位同学的钱，并且情绪激动，委屈地哭了。我赶紧安抚他的情绪，并请来了他的母亲了解了他的一些情况。据他母亲反映，他在小学时特别调皮，老师、同学们都不喜欢他。

了解清楚情况后，我和L谈了很久，知道他并不缺这些东西，只是忍不住想拿，而且他避重就轻地说只拿过东西，没有拿过钱。我想谈话到这里也差不多了，最后，我告诉他，如果想要在初中改变大家对他的看法就要诚实。班上同学议论纷纷，我只好让L的母亲将他带回家，并请她一定要安抚L的情绪，慢慢问清楚情况。

第二天他带来了以前拿的别人的笔和书本等，并带来了"某同学丢失的钱"，我满以为他已经跟母亲交代了事情的经过，并承认了错误，结果他仍然说钱不是他拿的，这样做是为了不让我生气。我很惊讶，怕真的冤枉了他，立即给他母亲打电话。他的母亲在电话那头告诉我，昨晚回家他已经将拿别人钱的事情都招了，钱也被他花得只剩一点了。我把他妈妈的话告诉了他，并和他对证，最后他说的话自相矛盾，终于承认拿了同学钱的事。当我问他为什么要拿别人的东西时，他的回答让我久久不能平静。原来，他之所以拿别人的东西是因为在班上得不到关注，父母亲一心经商很少管他，他感觉自己存在的意义很小，想以此来引起大家的关注，慢慢地就养成了不能控制自己的习惯。

三、问题分析

此次事件中，L同学之前就已经有过很多次拿别人书本和文具的行为，但他本身并不缺少书本和学习用具，他为什么要这样做呢？又是什么使得他反反复复承认或否认这次的事呢？

1. 自身心理承受能力差导致的发展性心理危机

因为该生在小学时的"名声"不好，很多同学知道后对他产生排斥心理，也在语言上对其进行过攻击，导致其心理上产生自卑感，再加上其承受能力较差，久而久之心积怨恨，渐渐便以拿别人东西为手段进行报复。针对这种发展性危机，可以这样处理：首先，在平时的生活中，老师应该多主动观察班上平时寡言少语的学生，倾听他们的声音，站在他们的立场去理解、感受当事人的内心世界，鼓励当事人述说、宣泄自己的感情，在班上可以指定学生和他们交流，主动帮助他，让他们能够更快更好地融入班集体大家庭。其次，在发生了类似事件后，不能对当事人大肆批评教育，而应该进行正确的心理疏导，引导其他同学正确地处理，迅速控制事件造成的不良影响。

2. 父母关注重心缺失导致的存在性心理危机

由于父母经商，平时没有多余精力陪伴孩子，L同学明显感觉自己被忽视。在这次事情后，我与他的交流逐渐增多，他说感觉到自己在父母心中已经不再重要了，因此开始厌烦、焦躁，想以拿别人东西来引起他人的关注，以至于在认错过程中存在反复的情况，其最终目的就是要将事情闹大，从而变相得到更多人的关注，这是典型的存在性危机。L同学在父母忽视、同学们不接纳的情况下产生了孤独、焦躁、抑郁等症状，对自己产生怀疑，情绪沮丧。L同学表现出的沉默寡言不是因为个人性格，而是心理上的压抑与自我否定，久而久之就形成了存在性危机。面对这种情况，老师应当有敏锐的洞察力，善于分辨学生平时沉默少语是性格使然还是心理上的变化，要经常与其沟通，通过沟通取得信任，这样才能发现根本问题，才能及时对学生进行心理干预，预防心理危机的发生。

四、心理干预过程（六步法）、策略及效果

（一）危机干预六步法

1. 明确问题

在本案例中，危机干预者（老师）要积极倾听，如班上同学及时反映的问题和信息，大家对这件事的看法以及 L 同学自己对这件事的认识、这么做的原因和他的感受。只有把所有的信息整合到一起，才能更准确地认识问题，找出解决问题的办法。

2. 保证安全

在危机干预过程中，危机干预者应将保证求助者的安全作为首要目标。这里所讲的求助者安全，简单地说就是将对自我和对他人的生理和心理危险性降到最低。

在本案例中，老师既要关注班上学生的心理状况，也要关注 L 同学的内心感受。比如在事情发生后，老师要保持平静，安抚大家的情绪，提醒大家不要胡乱猜疑，以免造成班级的不团结和信任危机；告诉大家不要恶意攻击 L 同学，每个犯错的同学都应该有改正的机会，给 L 同学创造和谐的班级氛围，以免其压力过大产生极端想法；单独和 L 同学沟通交流，及时安抚他的情绪，保证他的心理安全，同时，专门派同学留意他的状态并及时汇报，以保证他的生命安全。

3. 给予支持

在危机状态，个体往往感到自己是无助的，特别是在面对大家的指指点点和议论时。对此，危机干预者应该采取一些具有针对性的措施。首先，危机干预者要把自己看成一个能及时提供支持的人，让学生感受到支持的力量。在本案例中，事件发生后，我并没有直接批评 L 同学，而是告诉他，老师知道他这样做是有原因的，老师理解他并相信他仍然是一个好孩子，这样会起到很好的共情效果。其次，危机干预者还要和家长取得联系，发挥家庭的支持作用。在事情发生后，我及时联系 L 同学的家长，了解他的情况并请家长配合，多给予孩子关心和爱护，帮助他慢慢改掉这一不好的习惯。最后，要了解其他能够给当事学生提供帮助的人，如比较要好的朋友、学校心理辅导

员，使其获得更多的支持。在这件事结束之后，我请了一个平时和 L 同学玩得较好的同学经常陪他玩耍，帮助他学习，从而分散他的注意力，让他从这次危机事件的阴影中慢慢走出来。总之，危机干预者要让求助者感受到确实有很多人真正关心他。

4. 有效应对危机的方式

危机干预者要鼓励处于危机中的学生或教师个体验证各种应对措施，特别是他们认为自己拥有的、可以做到的选择，引导个体从不同的角度思考他们可以应对的方式。

在本案例中，我先让 L 同学自己选择是自己慢慢尝试改变这一行为，还是需要求助专门的老师和专家帮助他，改正这一行为习惯。L 同学认为自己是自由的，有选择的权利，表现得比较轻松与自信，他想先通过自己的努力慢慢改变，如果还是不行，再求助于老师和专家。我尊重他的选择，并和他的家长一起帮助、督促他。

5. 制订计划

危机干预者要和学生或教师一起制订一个行动计划，帮助其恢复到危机前的平衡水平。危机干预者与个体一起探讨可以应用的应对机制，并确定求助者能够理解和把握的行动步骤、计划应是具体的、切实可行的。

在本案例中，我的主要工作就是鼓励学生回到正常的学习生活中，尽量不让这种情绪影响到学习。对于 L 同学，我们引导他，如果再有类似想法、冲动时，应尽量控制，如果实在没忍住，我们也允许他犯错后改正，但是事后必须默默地把东西归还。如果经过努力，他在约定时间内情况还是没有得到改善，那么将请专门的老师提供帮助。

6. 得到承诺

结束危机干预前，危机干预工作者应该从求助者那里得到诚实、直接和适当的承诺。在本次危机事件结束后，我请来 L 同学的家长，当面得到了 L 同学的承诺，并请他用书面形式时刻提醒自己。

事后我对 L 同学进行追踪随访，了解他最近的表现，从同学和家长那里了解到他现在很少拿别人的东西，和同学之间的相处也变得融洽。

（二）策略及效果

1. 应用关注、倾听、同感、理解与心理支持等技术

在本案例中，我认真倾听同学们以及 L 同学的心声，鼓励当事人进行情

感宣泄，并从这些宣泄出的信息分析出他存在着不正确的观念，了解到他的学习、生活、交友、家庭等情况。

2．启发引导，调节不良认知

认知的改变主要通过以下几个方面进行：（1）一起分析喜欢拿别人东西的原因。（2）一起分析为什么会产生认为自己被忽视的想法。（3）一起分析怎样才能真正体现出自己的价值和存在感。

3．缓解压力，重新自我定位，重塑自信

在本次案例中，我告诉 L 同学每个人都会犯错，但是只要改正依然是好孩子，而且要想别人重新认识自己，那么就要改掉以前的坏习惯，并且不断地通过参加集体活动、乐于助人来重塑自己的形象，通过努力学习、与别人友好交往来重建自信。

五、总结反思

心理危机的产生原因不是单一的，其发展方向也是多面的。对于同时产生了发展性心理危机与存在性心理危机的学生而言，其内心既不愿与人多交谈，又急切地想要摆脱这种与其本性相悖的状况，在得不到家人重视的情况下便想从同学、老师身上得到关注、得到尊重。当这两种心理情绪积压到一定程度时就会爆发出来，就容易走向极端。面对这样的情况，老师应该定期与学生家长沟通，了解学生在家里的情绪状态以及所发生的重要生活事件，平时多注意观察学生的异常举动，多在班上开展健康心理教育班会，引导学生认识正确的交流方式与情绪宣泄方式，鼓励学生遇事多沟通，大胆地将自己内心的想法表达出来，与人讨论，形成正确的态度和认知水平，从源头上防止心理危机的发生。

参考文献

[1] 赵鹏霞.构建心理危机干预体制刻不容缓[J].现代农业，2010（2）.
[2] 吴锡改，胡聪聪.关注心理危机 引领校园和谐——青少年常见心理危机及应对策略[J].教育科学研究，2010（3）.

[3]　马涵. 心理危机干预探讨[J]. 心理医生（下半月版），2012（3）.
[4]　万俊. 中学生心理危机的成因及干预策略[J]. 文教资料，2007(11).
[5]　张璐. 中学生重大生活事件与危机易感性的相互作用研究[D]. 重庆：西南大学，2008.

普通高中如何实现融合教育
——以特殊学生小英融合教育为例

何伯芳　袁建伟

一、问题的产生

小英（化名），女，17岁，高一下期分科进入我班。她在2岁时遭遇车祸，右耳戴助听器，左手写字，左脚有点跛，由于神经被压迫，她走路不注意就会崴脚。由于身体上的缺陷，她产生了心理负担。在编排座位时，大家都想坐前面，没有同学注意到她的特殊性，怎样让她融入班级快乐学习是一个大问题。

2011年5月至2012年5月，新津县进修校组织了融合教育师资培训。通过培训，我理解了融合教育的含义，掌握了融合教育的理念和技术方法。

二、小英融合教育的实践探索

1. 举行主题班会，营造接纳小英的班级文化环境

我在班上召开了"健康接纳　幸福收获"主题班会，营造接纳小英的班级文化环境，让同学们真正懂得接纳是一种美德，在一起共同学习，幸福地生活，共同收获人生。班会结束后，我请同学们都写一写参加这次班会的感言。A同学写道："世间多一份热情，就少一分冷漠，人间就多了许多幸福，向那些残疾人伸出一只手，他们就多了一双翅膀，他们就会飞得更高更远，飞向幸福的天堂。别忘了，赠人玫瑰，手留余香，帮助别人是快乐的。"B同学写道："通过这次班会，我知道了接纳是多么重要，不要排斥那些身体有缺陷的同学，要学会接纳，这对你对我都是一种幸福。"C同学写道："不

是世界上所有的人都拥有健康的身体，有一部分人身残志坚，我们不仅不能嘲笑他们，还要向他们学习。"

小英写道："今天的班会主题很温暖，让我很感动，我发自内心地感谢同学们，我很幸福！在我们成长的过程中，挫折是难免的，我们要学会去面对它，去勇敢接纳它，这样，人生才会越来越精彩。我们的身边有许多残疾人，我们要毫不犹豫地接纳他们，用一颗平常心去看待他们，让班集体的爱浓浓地包围他们，让他们有尊严、有信心。我们身边还有一些平时成绩不太好的同学，我们也要接纳、帮助他们，共同创造一个幸福的班集体。"

2. 成立小组，让小英真正融入班级的和谐氛围

小组长和副组长成绩相对较好，小组成员成绩相对均衡，这样，各组竞争力相当，男女比例、通校生与住校生比例相当，每组6人。成员性格互补。小英分到了1组。

各小组共同制定小组目标和个人目标；小组评价时个人和小组实行"捆绑"制，小组成员加减分既计入个人得分，又计入小组得分。评价的项目包括作业完成情况（是否独立完成上交）、课前预习、上课做笔记、课堂展示、课堂纪律；考试目标达成情况、进步名次；自习纪律（早自习、午自习、晚自习第五节）、卫生（教室、公共区域、宿舍）、体育（体育课、早操、课间操）。小英除了体育活动外，其他项目都和小组同学一起。这样，小英就融入了班集体。

3. 家庭、学校支持促进小英的融合教育

本期开学后，小英每天沉默寡言，很不快乐的样子。我把她叫到办公室，开导她。她说对以后考什么学校很迷茫，而且很多学校肯定不会收她；又说自己想学美术、学设计，将来可以成立设计工作室，但她知道学美术要花很多钱，不忍心再向妈妈爸爸要钱，心里很难受，边说边哭。我问她是否确定走这条路，她很肯定地点头。我答应她，会跟她的家长和学校沟通。她走后，我立马给她妈妈打电话，她妈妈很支持她。妈妈的工作做好了，我马上又联系学校美术老师，将她的实际情况告诉美术老师。美术老师被她的执着感动，很乐意接受她去学画画。她只能用左手画，老师就慢慢地教她怎样握笔、怎样画线等。总之，她比其他同学画画要吃力得多，但她很努力，其他同学也会帮助她。

三、取得的效果

经过一段时间的适应,小英越来越自信,越来越快乐,只是不能参加早操、课间操跑步等体育活动,但她可以自如地在操场上走动锻炼。

结束语

普通高中实现融合教育将是一个漫长的过程,困难重重。不管怎么样,我们都要全方位地支持特殊学生的发展,实现真正的融合教育。

轻度智力障碍儿童融合教育个案研究报告

张林智 杨小琴 岳 丽

摘 要：随班就读让特殊儿童回归普通教育，和同龄的普通儿童一起学习，一起生活。近年来，越来越多的轻度智障儿童进入普通学校随班就读，那么，如何才能为他们提供行之有效的教育服务，促进他们和普通学生的沟通、合作，提高他们的社会适应能力呢？本文以个案形式，介绍特教资源室在学生安置、目标制定、课程设置、教育措施等方面进行的积极尝试与探索。

关键词：智力障碍，融合，个案

随着融合教育的推进，越来越多的轻度智障儿童和中度智障儿童进入普通学校，教育安置的方式逐渐呈现多元化的趋势。如何为普通班级的智障儿童提供有效的教育教学服务，新津县教育工作者做了多种尝试。例如，调整普通班教师在教育教学过程中的策略与方法，固定时间到资源教室接受教育或训练。资源教师针对智力障碍儿童在课堂上学习不足等问题进行额外的辅导或教学，提供特别的学习环境和专门的课程内容。这些内容包括个人生活自理能力训练、安全训练、社会适应能力训练，以及其他对智障儿童个人发展起重要作用的能力训练。

为探索面向智力障碍儿童提供特殊教育服务的行之有效的途径，新津县特教中心组织相关专业技术人员对个案进行分析，希望得到更多促进智力障碍儿童随班就读的经验，促进智力障碍儿童的发展和成长。

一、基本资料

娟娟，女，13岁，出生时大脑缺氧，幼时曾患病长期吃药。后经医学鉴定为轻度智力障碍，先后在成都一些私立学校上学，2006年10月到我校就读。

娟娟家住成都郊区，家庭成员包括奶奶、父母和妹妹。父母均为初中文化,操持小规模的服装生产与销售。妹妹智力正常,在当地就读。住房为自建五层楼房,其中三层为服装生产车间和员工住宿区,另外两层居家生活。

父母与孩子的交流较少,大家都比较迁就娟娟,特别是奶奶,生活上照顾得无微不至,甚至包办代替,娟娟虽形成了一些生活自理能力,但也养成了一些不好的习惯,如好吃零食等。

父母不允许孩子单独在外面玩耍,孩子很少与邻居交往,没有伙伴,缺乏对社会的认知,社会适应能力差;文化水平和认知水平相当于小学低段,口头表达能力差,说话时紧张,语速快且不清晰。

二、诊断和分析

(一)调查诊断

为全面了解儿童的发展特征和发展水平,我们主要通过《家庭访谈调查表》《社会适应性课程评量标准》以及召开个案分析会,对儿童进行调查和评估。

首先,通过《家庭访谈调查表》,了解家庭成员情况、家庭教育情况、家庭环境、社区环境以及家长态度和期望等。其次,运用《社会适应性课程评量标准》进行教育诊断,以侧面图清晰反映儿童在自我照顾、居家生活、社交技能、自我引导、健康安全、休闲娱乐等方面的水平和发展状况。召开个案情况分析会,对其身心发展、文化水平,以及掌握技能技巧等方面进行全面分析,确定教育目标,为确定个别化教育计划打下基础。

(二)教育诊断

(1)娟娟表现出轻度智力障碍的典型特征:语词不清,言语理解表达能力弱,沟通能力弱,难以理解抽象概念,考虑问题逻辑性不强;数的概念掌握困难。注意范围狭窄,难以分配注意,稳定性差,反应慢,动作协调性差,难以完成精细动作。长时和短时记忆都不好,思维和接受能力弱。

(2)心理品质上缺乏高层次情感,情绪紧张、压抑、消极沮丧;缺乏自信心和自制力,意志力比较差,缺乏持久性,做事难以坚持到底;性格孤僻,人格较多出现自卑、自信不足,缺乏自我控制感等,社会适应能力差。

(3)学业成就低,智力障碍限制儿童的发展,影响其与他人的交流和互动,难以理解消化新知识,学习效率低,学习效果差。通过简单测试,其学业仅为小学低段水平。

三、教育策略措施

（一）发展目标的确立

通过前期的调查，召开个案分析会，制订学生的个别化教育计划，根据学生的身心特征和适应普通教育、适应正常社会的实际需要而制订的具体的、具有针对性的教育实施方案。

娟娟有轻度智力障碍，学习能力和水平有限。由于长期处在相对封闭的环境中，社会适应能力明显不足，家长期望孩子具备基本生活自理能力，以满足将来家庭生活的需要。

根据学生的情况和家长的期望，要做到居家自理，涉及自我照顾、社交技能、健康安全、休闲娱乐等方面。为切实达成目标，特结合学生的发展目标制定了短期的教育目标，明确每月的教育目标。

（二）动态的安置方式

学生的安置必须要有利于促进残疾儿童少年的身心发展和与社会的融合。娟娟的生理发育正常，教育目标是培养社会适应能力。考虑到娟娟的心理特点和心智年龄，资源室提出部分时间到普通班级融合、部分时间在资源室接受教育的安置意见，并建议将娟娟安置在五年级。

学校根据资源室的安置意见，将娟娟安置到五年级随班就读。资源室根据个别化教育计划为娟娟提供特殊的教学内容，拟定了娟娟的授课表。娟娟主要在普通班级参加艺术、体育课，而资源室进行知识补偿、心理疏导、行为矫治、社会适应能力的培养以及劳动技能训练等。

（三）课程设置

娟娟的社会适应能力培养的发展目标基于生活所需，培养其适应社会的生活能力，以学生学习、生活需要为主线，选择学习和生活所需要的实用性内容，侧重实用性和实际操作性。教学训练内容包括知识技能、游戏运动、沟通交往、社会适应、生活自理、家政服务、艺术休闲等。

（四）教育实施

1. 班级融合

创建和谐的融合氛围，有利于智力障碍儿童学习、生活，他们能够更好地融入班级，快乐地成长。

娟娟学习态度认真，胆怯害羞，不爱说话，与人交流不主动，缺乏少年儿童的朝气，对社会的认知和认识程度低。根据娟娟的状况，学校认真分析各个班级及任课教师情况，选择将娟娟安置在五年级五班，并为其更好地学习、生活做了充分的准备。

首先，做好娟娟进入新班级的辅导，让她在心理上有充分的准备。做好随班前的心理辅导，告诉她新班级的老师和同学同样欢迎她、喜欢她，消除她的恐惧心理。其次，在班级做好接纳娟娟的准备，让学生了解智力障碍学生的特点，在全班形成关心、同情和友爱互助的良好接纳氛围。

在班主任老师的正确引导下，娟娟与全班同学关系融洽。老师还选出了各方面比较优秀的学生组成小组，作为娟娟的助学伙伴，帮助其解决学习和生活中的困难，养成良好的卫生习惯和纪律习惯等。师生共同营造宽松的环境，让娟娟在班级活动中积极表现自己，为集体和同学做力所能及的事情，并从中体会到快乐，师生关系和同学关系更加密切、和谐。娟娟体会到了集体的温暖与关爱，与同学们建立了深厚的感情，播下了友谊的种子。在与普通儿童的交往中增加了接触社会的机会，排除了心理上的障碍，开阔了眼界，学会适应生活、适应社会。娟娟变得开朗、活泼了，也比原来"聪明"了。

2. 主题教育活动

采取主题教育方式，有利于逐步推动主题的深入。资源室通过主题教育、情境教学，让娟娟走进生活、体验生活，做到了"教、学、做合一"，并培养了其解决实际问题的能力。

首先，关注娟娟的兴趣与经验，密切其与实际生活以及现代社会的联系，以单元教学的方法教会其学习科学文化知识、青春期健康知识、安全知识、沟通交流知识等。其次，进一步开展情境教学，有目地创设并引导娟娟进入具有一定情绪色彩的、形象生动的场景，引起其一定的态度体验，促进其心理机能的发展。通过表演训练，用形象而生动的形式促进娟娟接收、理解和掌握知识。主要包括正确表达求助愿望，包括注意求助礼貌、用恰当的方式交友、掌握求助技能等。例如，娟娟和老师分别扮演顾客和售货员，娟娟在模拟的场景中学会购物，预设了可能遇到的一些问题；老师和娟娟分别扮演乘务员和乘客，进行乘车时的对话交流，模拟生活中可能遇到的问题。通过情景教学，调动她的积极性，让她更多地参与活动，有更多的机会去思考，为她适应以后的社会生活做了比较好的铺垫。

3. 生活实践

实践是学生学习的必要环节，是知识理解的延伸与升华，是创造发明的源泉。学习不仅是为了积累知识，更应在知识应用中强调应用；不仅要让学生主动地获取知识，还要让学生去发现和研究问题、解决问题。积极开展实践活动，有利于发展每个学生的潜能，有利于培养学生的创新精神，有利于学生主体性发展和素质的全面提高。

资源室首先关注学生的生活世界并切入学生的经验系统，安排了购物，包括选择食物的原料、使用炊具、清扫、处理垃圾、洗涤、缝补等居家生活，休闲娱乐……将学生带入精神充实、富有挑战的生活情境。例如，让娟娟到菜市场买菜，老师教娟娟做菜，做完菜后收拾、清洗，处理垃圾。最开始，老师陪同娟娟到菜市场买菜，并且告诉她怎么挑选新鲜的蔬菜，然后老师渐渐地退出来，让她自己一个人到菜市场去买菜。虽然刚开始她很害怕，但是最终还是自己一个人独立完成了。

在内容和方法上基于学生智慧发展水平，着眼于学生成长内在动机的唤醒。例如，娟娟很胆小，不敢与人交往，特别是与陌生人交往。为了克服这一困难，老师让她自己去卖花，开始是在学校里卖给老师，为进一步促进娟娟能力的提高和自信心的增强，老师让她大胆到街上去卖花。刚出学校校门，面对真实的社会环境，娟娟又害怕了，站在那里不敢动，老师及时鼓励她。她小声问路人："买花吗？"踏出了最难得的第一步……之后，老师指导她学会整理，学会计算，学习管理卖花的钱。

陶行知说："生活教育是生活所原有、生活所自营、生活所必需的教育。教育的根本意义是生活之变化，生活无时不变，即生活无时不含有教育的意义。"生活实践让娟娟走进自己的生活，从自由的生活中得到真正的教育。

（五）家校配合

苏霍姆林斯基说过："只有学校教育而没有家庭教育，或者只有家庭教育而无学校教育，都不能完成培养人这一极其艰巨而复杂的任务。"可见家庭教育是整个教育的一个重要组成部分。

家庭是学生的第一所学校，要充分发挥家庭的教育作用。资源室以多种形式与学生家长进行沟通。娟娟在学校寄读，家长每周接送，老师经常通过电话与其家长进行沟通。一方面，交流孩子的情况；另一方面，指导家长进行家庭教育。由于娟娟父母总觉得有愧于孩子，比较迁就她，即使在教师指导下，也无法坚持教育原则。资源室教师在对娟娟进行教育的同时，指导家长对娟娟进行科学的教育。例如，在周末给娟娟布置任务，制定作息时间表，在制作的任务卡片上说明学生任务、家长任务，请家长协助完成或者请家长监督。

为进一步提高家庭教育质量，老师进入孩子的家中，指导家长怎么教育孩子。有一次，老师到娟娟的家进行一日的观察，娟娟和妈妈到街上购物，娟娟要买一条不适合她的裙子，妈妈不给她买，她就在大街上哭哭闹闹非要买，妈妈有点心软了，可是妈妈看见老师还是那么坚持，也就坚定了自己的立场，坚决不给她买。后来，在确保孩子可以自己回家的前提下，妈妈和老师先回家，后来娟娟还是自己回了家。回家后，老师给娟娟讲道理，并让她向妈妈道歉。

五、实施结果

社会适应能力的提高是一项长期的、复杂的工程，不可能凭一次或几次活动就能实现。资源室教师通过一系列训练，让学生形成了适应家庭生活、社会生活的基本技能。资源室教师在节假日进入学生家中，培训家长，给家长提供教育方法上的指导。通过长达一月的观察，学生达到了预期的目标，掌握了基本的技能，能适应所处环境的生活。

为进一步强化和提高娟娟的社会适应能力，父母把娟娟送到重庆姑妈家生活，娟娟很快就适应了当地环境和家庭生活。由此可以看出，学校的安置和教育措施取得了很好的效果。

六、问题及讨论

一年后，娟娟家长反映其家居生活、社会生活等方面表现良好，社会交往能力也得到了提高。娟娟进入青春期，喜欢和异性交往，这让父母很担心。父母缺乏有效的教育方法，只得限制娟娟的社会生活，娟娟也表现出逆反、"不听话"，家长感到无奈。

娟娟的这些问题具有一定的普遍性。如何提升家庭的教育功能，如何给孩子以不同成长阶段的支持，这些都值得教育工作者进行深入探索。

设置个性课程　提高随读生生活质量

王　英　刘　曾　樊艳丽

全纳教育的理论强调：每一个儿童都有受教育的权利；每一个儿童都有不同的兴趣、能力和需要；学校应以全纳教育理论为指导，接纳一切儿童并满足他们的特殊需要。在全纳教育理论的指引下，随班就读成为让具有基本学习能力的有特殊教育需求的孩子在普通学校接受义务教育的一种重要形式。承担随班就读工作的学校建立资源教室作为学校的特殊教育资源中心，为每个有需要的儿童提供满足他们的特殊教育，拓宽有效学习的时间和空间，使学生的潜能得到发挥，个性得到充分尊重和发展，培养他们的自尊心、自信心，塑造健全人格。

目前，许多学校的资源教师都是兼职教师，他们为有特殊教育需求的学生服务的时间和精力有限，因而随读生学习生活的有效性不强，学习质量也不高，这些孩子未来的生活质量让人担忧。为提高随班就读的质量，我校资源教室针对一位中度智力障碍的唐氏宝宝，以提高其生活质量为目的，进行了一些研究和尝试。

一、接案安置

清清于 2009 年 9 月经新津县特殊教育中心转介到我校随班就读。刚到校两天，随读老师就发现她不能遵守课堂纪律，经常在老师上课的时候大吼大叫，影响教学秩序。更为糟糕的是，她大小便不能自理。在就读一年级期间，清清曾几次将大便解在教室里。

虽然清清有着这样或那样的问题，但我们尊重她受教育的权利。我们以清清为个案，组织多方力量进行研讨。为此，我们举行了清清个案分析会，在这次会议上，清清的家长与各科老师针对她的情况进行了有效沟通，并达成了初步的教育意见。

通过一系列的访谈调查、观察，我们对孩子的情况有了比较深入的了解。清清出生时体重 3 千克，母亲孕期无病史。但是，由于家庭的特殊原因，母亲孕期生活环境不是很稳定，情绪经常处于紧张、焦虑的状态，这对孩子的生长发育有一定的影响。清清3岁时，父母发现其与同龄的孩子相比动作不够灵活，不会双脚跳；语言发育迟缓，只能说一些比较含混的词语，父母偶尔陪她玩耍，她也只是不停地笑，大声重复一些简单的词语，很少说句子。清清3岁在普兴幼儿园就读，6岁起在新津二幼就读，到了上学年龄还不能适应学校生活，主要表现为无法听从老师课堂教学的指令。2009年9月，经新津县特殊教育中心介绍到我校随班就读。

清清的家庭成员主要有父母、外婆和姐姐。父亲初中文化水平，母亲高中文化水平，父母均在成都做点小生意。家庭经济水平一般，在成都、新津均有住房。父母很少回新津，姐姐和外婆与清清同住。姐姐智力正常，在县城的小学上学，成绩不错。姐姐对妹妹的生活比较照顾，外出时会带着妹妹一起。外婆只具备一些简单的居家生活能力，缺乏社会生活技能，甚至不会独自到集市买东西。加之年龄大了，外婆对孩子的照顾多是生活上的。孩子不会做的，外婆就包办代替，总认为等孩子长大了就好了，就会了。通过观察我们发现，清清跑步的姿态不是很协调，平衡性较差，尤其在上下楼梯、台阶的时候，显得很笨拙，这与其动作发展的视动控制差、灵活性差有关。孩子掌握的词汇很少，能说一些单词。在学校里遇见认识的老师，会主动上前打招呼："老师好！"为了表达对老师的喜欢，往往重复几遍。老师与之交谈，她却只是笑，没有更多的语言。孩子的思维比较刻板，如在拼玩七巧板的过程中，她每次放置的顺序都是固定的，如果老师给的顺序不一样，她就没有办法继续后面的活动。

经过检查，孩子的生理发育情况基本正常，身高、体重达到同龄平均水平，听力正常，神经系统功能正常；注意力不集中，理解困难，语言表达不清，动作反应缓慢。但是智力及沟通能力方面存在明显的障碍。华西医大附一院心理诊断报告如下：IQ=53，全量表分17，语言分4分，作业分13分，作业分优于语言分。耳语分辨能力正常，语言理解能力明显低于同龄人水平，语言表达能力明显低于同龄人水平。

在充分了解孩子情况的前提下，我们研究了孩子随班就读的可行性。孩子有许多比较好的表现，如对喜欢的老师很有礼貌，能听从大部分指令；生活比较有规律，能够按时上学放学；家庭有能力协助与支持，留下外婆每天照顾孩子，老师有问题可以及时联系。考虑到清清的特殊情况，我们安排其随班就读。

二、教材调整

（一）处理的依据

长期以来，由于各种各样的原因，随班就读的学生通常使用普通学生的教材。但普通学生使用的教材在课程思想、课程内容、课程设计、课程形式等方面都不能很好地适应中度智力障碍儿童身心发展的规律和教育教学规律。具体表现为：学科课程设置单一，过于重视传授学科文化知识，而忽视学生各种实际能力的培养；课程内容强调各学科知识的逻辑联系，忽视各科内容之间的联系以及和学生个人生活、家庭生活、社会生活的联系。课程内容缺乏综合性。由于上述问题的存在，随班就读的整体质量受到了很大的影响。为了提高特殊教育的质量，提高随班就读学生的学习能力，我们有必要对随班就读的课程进行调整，以满足清清特殊教育的需求。

（二）教育策略

针对家长期望与孩子的实际状况，我们利用个别化教育计划来对孩子的学校生活进行课程调整。在个案分析会的基础上，我们确立清清的长期教育目标为：能在学校与同龄孩子融洽相处，从参与伙伴的游戏中锻炼身体基本的活动能力；学习基本的生活自理技能，能够独立照料个人生活，适应学校生活，遵守课堂秩序。为了让个别教育计划具有可操作性，我们将其分化为如下领域，并由相关教师负责。

1. 基本生活技能领域

清清的生活基本由外婆负责，生活技能差。因此，我们在此领域确定其学习目标为：学习基本生活常识，培养基本生活自理能力。学习洗手、洗脸、刷牙、梳头等基本生活技能和擦桌子等基本劳动能力。

2. 生活语文领域

针对孩子语言发育比较迟缓、吐字不清、无法表达自己需要的情况，我们将生活语文这一领域的目标确定为：能在生活环境中认读简单的标志性词语，如男、女、出口等；能在超市等环境中认识简单的标签，如牙膏、牙刷、水杯等，能区别上下、中间等基本概念。

3. 生活数学领域

孩子的数前概念缺乏，为了适应以后的生活，我们要帮助她建立基本的数学概念。我们希望她可以在资源室活动中学习唱数 1~50，学习数数 1~100，学习认数，写数 1~100。能在生活环境中学习添加的概念。学习运用实物运算 1~10 的加法。

三、教育实践

根据各个领域的不同课程要求，我校资源教师和随班就读教师互相支持，针对具体的目标进行了具体的分工。下面以各个领域举例介绍。

（一）基本生活技能领域

该领域的辅导主要由资源室教师负责，辅导的内容以生活自理能力的教学为主，目前我们进行了洗手、洗脸和刷牙的教学。洗手、洗脸和刷牙过程的教学，老师基本遵循观察→示范→指导→口头提示→班级督查→家长督查→资源教室评估的教学步骤来进行。

为了提高随班就读孩子的学习效果和生活质量，生活技能训练过程中穿插进行读写训练，我们先教其认识物品，同时进行识字、写字的学习。比如，说到洗手，我们就先认识洗手液的名称，然后认识洗手的其他物品以及物品上面的文字。根据孩子的情况，选几个词语进行书写练习。通过观察，发现孩子在基本笔画上的错误，语文老师和资源室教师再进行相应的指导。

（二）生活语文领域

该领域的学习主要由该班的语文教师负责，辅导内容以培养孩子的沟通能力为主，重点发展孩子的语言能力。在课堂教学中，老师会有意识地让她来回答一些涉及生活能力的问题，逐步培养她的口语表达能力。结合孩子形象思维发展相对较好的情况，涉及的词汇（如牙刷、杯子、脖子等）读写都会有意识地让她参与，并且关注她的进步。同学们的姓名属于班级中最为常用的名词，老师们总要创造一些机会让她学习这些词汇。在二年级的时候，老师将全班同学的姓名写在纸上，并贴在墙上，方便评价孩子们的表现。老师把清清叫到身边，一边贴名字，一边让孩子读，不会就教读一遍。经过多次练习，现在孩子已经可以帮助老师发作业本了，还可以帮助老师抄写同学的名字。老师把做错作业的同学的本子交给她，她就可以把同学的名字抄在一张纸上，让老师督促同学改错的时候更加方便。虽然抄写的字有些别扭，但是可以看出孩子的能力有所提升。清清体验到帮助别人的快乐，从心里肯定了自己的能力，培养了生活的信心。

（三）生活数学领域

该领域主要由该班的数学老师负责，辅导内容以培养孩子的数感，学习生活中常用的简单计算为主。为了方便教学时创设情境，我们在选用物品时，有意留下物品上的价格标志，用于教孩子认识价格标签，初步建立用钱的意识。为下一阶段的购物练习做一些铺垫。

教师在数学课堂教学中总会找一些机会给孩子练习本段时间的学习内容。比如，在读数的时候总要找机会让她练习；有些时候经常让她数一数收上来的作业本和卷子的数量。虽然，她有时数得清，有时数不清，但老师都会在旁边鼓励她。普通数学教材相关内容对她来说太难了，课堂教学只能以了解常识为主。但是配合资源教室生活数学课程的需要，老师会为孩子提供认读价格、购物计算的机会。由于清清数学逻辑能力发展滞后，数感又不好，其数学能力的培养还是重在资源教室和生活当中进行。

（四）争取家长支持

为了保障孩子的学习质量，让其运用技能以改善生活质量，我们尽力争取家长的支持。资源室教师、随班老师经常联系家长，说明孩子近期的学习目标、学习内容，以及孩子现在具备的能力。清清的外婆固执己见，知识面窄，护短，听不得别人说清清的不是，与随班就读教师沟通不畅。我们学校有一位快要退休的老师，每天回家的时候就和孩子一起走路，经常和孩子的外婆聊一些教育孩子的话题。渐渐地，外婆接受了学校的意见，在与老师交流的时候，态度也有所缓和。

四、学习效果评估

针对清清的特殊情况，我们不以普通学生的标准要求她，而是结合个别教育计划确定的目标对其进行评价。比如在班级管理中，我们重视评价清清基本生活技能方面的情况。我们对她的要求是自己洗手洗脸，保持手脸清洁；不随地扔垃圾，保持座位附近地面的整洁；不弄出噪声，不影响其他同学上课。在班级评价中，只要她做到了，我们就给予肯定和表扬。现在她还是经常弄出噪声，同学和老师都包容她。结合个别的谈心工作，教育其认识到自己不良行为带来的坏处，让她有改正的意识。另外，我们还想办法让她发挥优势，培养信心。经过观察与研究，我们发现她的长处在音乐方面，模唱很准，我们为其提供学习音乐的机会，邀请她参加我校艺术节的合唱表演。经过一段时间的训练，她已经基本适应了学校的生活，能够正常学习和生活了。

经过一段时间的努力，孩子已经基本可以按照正常生活的要求及时洗手、洗脸、刷牙，个人卫生状况较以前已有改善。生活中经常见到的字词、地名等可以在情境中认识；与人交谈的时候，会说一些自己感兴趣的内容，如"妈妈要回来了"等。借助实物可以进行 30 以内的数数练习，完成 10 以内的加减计算了。

　　时光荏苒，孩子在我校就读已经三年了。她变了！从原来随地大小便、在教室里吼叫、影响同学上课，到现在帮助老师抄写同学的名字、参加学校艺术节的演出、与同学们一起快乐地游戏。她的变化令我们欣喜。路漫漫其修远兮，吾将上下而求索。

参考文献

[1] 张文京，许家成.弱智儿童适应性功能教育课程与实践[M].重庆：重庆出版社，2002.

[2] 张文京,弱智儿童个别化教育与教学[M].重庆：重庆出版社，2005.

[3] 牟东棋、张咏梅，潘镭.特殊教育在宣武[M].北京：华夏出版社，2006.

携手扬帆　共做幸福的领航人
——农村小学伙伴支持个案研究

王　陶　李碧霞

新津县花源小学开展省级资助金课题"融合教育——农村小学伙伴支持研究"已经两年有余了。在这两年多来，我们充分利用随班就读学生身边的自然资源，为他们寻求自然支持。自然支持外延不断扩大，不但寻求到了校园支持、家庭支持，还积极为随班就读学生寻求社区支持。通过学校课题组多方面的努力，基本为学校的每一个随班就读学生提供了伙伴支持。那么，随班就读学生的伙伴支持是如何建立的呢？下面就以我班随班就读学生文文为例，进行个案研究。

一、学生基本情况

文文是一个个头不高、文静、听话的女孩子。她的学习能力比较差，表现在理解能力低下、记忆力差、上课常听不懂老师讲的内容，成绩也不是很理想；她的语言表达能力差，无法准确发音，常常是她说什么，对方必须要仔细听，还要联系前后猜测才能明白。举一个例子吧，学校调查每一个孩子放学回家的方式，为了保证准确无误，我要求每个学生将信息报到我这儿。轮到她了，她走上来，轻轻地说了声"挤挤纵"，我愣住了，我知道"纵"是送，那"挤挤"呢？一定不是父母，因为她的父母在外务工，从发音上看，可能是"爷爷"。我又问了一次，是爷爷送吗？她点了点头。因为发音不准，她的表达能力很差，无法说完整、连贯的句子，常常用词语来表达，久而久之，她也变得内向了。但她特别听话，上课特别认真，所以，我们班的老师都很喜欢她。

二、伙伴支持的建立

（1）随班就读学生一般分散在普通班，而普通班的班主任及任课教师都是普通教师，往往缺乏随班就读经验和特殊教育理论支持。所以一开学，资源室李老师便把我们班的所有任课教师召集在一起，召开了针对文文的个案分析会。她向我们介绍了文文的具体情况，并请来了文文的前任班主任，请她向我们介绍文文的具体情况，以及过去的辅导经验。之后，我们所有科任老师分别针对文文的需求制订了个别化教育计划。就语文学科来讲，这一学期，要求她能够认识书中的生字词并且会读，能听写，能够顺利地读每一篇课文。

（2）要想让文文取得进步，只靠资源室教师、班主任、科任老师是不够的，还需要同学、家长的帮助。于是，在了解了文文的情况后，资源室李老师和我一起到文文家进行了一次家访。通过走访，我们了解到文文父母长期在外务工，文文和爷爷奶奶一起住，平时，爷爷奶奶很少和她沟通，几乎没有交流。爷爷奶奶并没有发现问题，在他们看来，文文胆子小、内向，不怎么爱说话，成绩也不是很好，不过这并不是什么严重的问题。这次谈话之后，我们意识到文文的问题并没有引起家长的重视。如果文文一直不能清楚地吐词，她今后的生活会受到很大的影响。于是，回到学校后，资源室李老师和所有任课老师又进行了一次个案交流会。在会上，我们将了解到的情况以及文文实际的困难向所有任课老师做了汇报，也制订了一系列的培训计划。我们决定分两个层面来进行辅导。第一个层面，由资源室教师和我对她进行专门的发音纠错辅导，从声母、韵母开始，一个字一个字纠正发音，反复训练。这学期的目标是能读准拼音。第二个层面，结合我校的省级课题——"融合教育伙伴支持研究"的内容来开展辅导工作。我们认真地为文文挑选伙伴，每一个任课教师都是她的大伙伴。而在班上，我耐心地挑选了四个小伙伴为文文服务。楠楠成绩优秀，特别是语文成绩，课后楠楠和文文一起学习语文，将每天学到的知识温习一遍，帮助文文解决语文学习上的难题。言言数学成绩优异，他帮助文文解决数学学习上遇到的困难。欣欣是文文在班上最好的朋友，活泼开朗，上课特别爱举手发言，欣欣常鼓励文文大胆说话，举手发言。我还精心挑选了朗诵特别优秀的露露作为文文的伙伴，每天早读的时候，露露就陪着文文，和她一起大声朗读，效果非常明显。陪着她一起读，可以让她不再胆小，也更加自信。记得我刚到这个班的第二天，对每个学生都不是很了解。在上第一课时，需要学生朗读，我不清楚每个孩子的朗读水平，于是，我以开火车的形式让每一个孩子读一小段。轮到文文了，她站起来，起码停顿了五秒,当她读了不到十个字时,她哭了。我知道她读得不是很好,但是我并没有责备她,也没有叫她停下来,她为什么哭呢?我疑惑地问:"文文,怎么了?"班上的同学抢着回答:"她就是这样的,一读课文就会哭。"我走到她身边,用手扶着她的肩,对她说:"来,我们一起读,慢慢读。"我和她共同完成了课文的朗读。读完课文后,我走上讲台,再抬起头看她时,她笑了。从此以后,我就让露露陪着她读。虽然她现在读某些字词还是特别困难,不过她的进步是明显的。最重要的是,在课堂上,她敢举手回答问题了,甚至敢举手朗读了。除了班上的小伙伴,资源室李老师还特别细心地根据文文的需求为她寻找了大学生志愿者伙伴,他们每周三、四都会到学校对随读学生进行辅导。文文的大学生志愿者伙伴是学校广播站的主持人,能说一口流利的普通话,声音甜美,说起话来表情特别丰富,每次在给文文辅导时,都逗得文文哈哈大笑。文文也特别喜欢模仿她,模仿她的腔调,模仿她说话,模仿她的动作。每一次,大学生志愿者一来,文文就特别兴奋,看他们互动,旁人也觉得特别开心。在挑选伙伴的过程中,我们发现退休教师伙伴也是特别重要的,因为文文的爷爷奶奶文化程度不高,无法对文文进行辅导,加上和文文缺乏沟通,孩子感到特别自卑。所以我挑选的退休教师志愿者就住在文文家附近,与文文的爷爷奶奶也熟悉,每天放学后,退休教师都会去文文家对她进行辅导。在爷爷奶奶的教育方法上,退休教师志愿者也会给予辅导,让他们掌握文文的成长心理,用良好的沟通方式与文文交流,帮助文文健康快乐地成长。

三、伙伴支持的效果

　　文文在学校得到了很多人的帮助。资源室李老师就像一个纽带,将这些伙伴们联系起来。资源室会定期召开培训会,对伙伴们进行培训和辅导方法的指导。李老师还会进行追踪记录,将伙伴们的帮助过程以各种形式记录下来,不断寻求改进的方法,并针对不同的情况开展不同的活动。作为文文的班主任,我时刻关注她的变化。当文文有进步时,对她进行表扬,让同学们都意识到文文是个优秀的孩子,都愿意与她成为朋友。记得刚入学时,文文给我的印象是文静、听话;现在,她不仅文静、听话,还是我们班勤奋的代表,她勤奋、上进、刻苦、努力,而且变得越来越自信。过去放学时,她总是一个人默默地走在最后;而现在,每天放学,她都和小伙伴们欢快地走出校门。

　　一转眼,一学期就要结束了,学期初制订的计划,我觉得完成得很好。

文文认识了很多字，并且能读准字音。她获得了班级十一月份的"学习之星"的称号，她更自信了，更开朗了，更幸福了。

其实，每个班级都有那么一两个比较特别的孩子——特别调皮，特别好动，特别懒惰……我们千万不要觉得他们"特别"，不要一味地责备他们，甚至动不动就请家长，这样只会让他们更反感，更变本加厉。我们应该找到问题的根源，从根源处入手。我们也不要一个人绞尽脑汁，大动肝火，要学会寻找合力，班级任课教师、学校资源室教师、学校心理辅导室教师、班上的同学、家长都是有力的帮手。每一个孩子都是一个天使，有个性，有魅力，作为他们成长路上的领路人，教师一定不要扼杀他们的个性，要陪伴他们、帮助他们，让他们健康、快乐地成长。

浅谈如何与特殊孩子融洽相处

郭小燕　祝　虎

从事特教工作已有些年头，每每看到特殊孩子，总想走进他们心里。他们的内心世界里有柔和的阳光、碧绿的田野、美丽的鲜花。孩子美丽的笑容，无不展现着人世间最纯净的美。通过和他们交往，慢慢的我发现，他们有着和普通孩子一样的渴望、一样的梦想、一样对未来的憧憬。

一、尊重是人与人心灵交汇的起点

丹丹个头不高，瘦瘦的，让人怜悯。父母外出务工，多年来她与年近80的外公相依为命，祖孙二人仅靠着每月三百块的低保费生活。虽然学校免去了丹丹每月的生活费，但是由于父母不在身边，外公在孩子学习和生活习惯上无力给予正确的指导。多年来，孩子严重营养不良，11岁的丹丹身高仅110厘米，体重25千克左右。看着这样的丹丹，我心里有种说不出来的滋味。

刚接手这个班时，孩子们都不愿意与她玩，一问原因，孩子们都说："她不讲卫生，也不做作业，还拿我们的东西，我们不喜欢和她一块儿玩……"听到这些我眉头紧锁。

我怎么才能走进她的内心世界呢？怎样才能让她相信我呢？虽然有时我觉得压力很大，但我始终坚信每一个孩子都渴望被关注、被认可、被尊重，丹丹更是这样。于是我暗暗决定：用自己的一言一行、一举一动影响她。

考虑到孩子们不了解丹丹，不愿意与她玩，我首先要让孩子们明白：应该关心、包容那些需要帮助的同学。我找到了班干部赵某，她是一个大方、喜欢帮助人的女孩。我制定了帮助丹丹的计划表，让她主动与丹丹交朋友。刚开始，丹丹有些胆怯，在我的鼓舞下，她迈出了第一步，学着整理书包、收拾凌乱的抽屉。其他孩子在赵某的带动下也开始和丹丹交朋友，常常听到孩子们提醒丹丹："丹丹，快上课了，咱们一块儿上楼吧！"

每一位孩子都想得到老师的肯定和同学的赞许，每一次表扬都让孩子们信心倍增。怎么让丹丹对学习、对自己有信心呢？我想尊重是首要的。

丹丹很有礼貌，经常主动与老师打招呼。怎么回应她是我们必须要思考的问题。我和丹丹的科任老师及学校领导达成一致，当她跟老师们打招呼时，对其进行表扬并主动和她交谈，让她知道主动与对方打招呼是一个好习惯，要坚持，同时也让她明白只有尊重别人，别人才会尊重你、发现你、帮助你。

二、关注每次笑脸的绽放

关注每一位孩子的成长是教师的职责所在，特殊孩子尤其需要关注，因为他们更需要别人的关爱，哪怕是一个眼神、一个微笑，对他们都非常重要。

接触丹丹以来，我总喜欢拉着她的手问长问短，尽管有时她显得很拘束，可时间长了，她没事的时候就会跑到我的办公室，告诉我班里某某的事（大部分都是别人犯错的事），我总是耐心地听她说，并告诉她"某某这样不好，你能帮老师提醒她吗？"她每一次都会欣然答应。

发现丹丹的优点似乎成了我每天的必修课。在同学们的帮助下，丹丹改掉了不讲卫生的习惯，每天放学都会主动到办公室找我要垃圾袋，把自己的抽屉整理得干干净净。在与丹丹的相处过程中，我感受到孩子成长的过程是那么的美好！丹丹变了，主动让哥哥姐姐（她叫同班男生为哥哥，同班女生为姐姐）给她出题，主动到办公室背书，让我给她改作业。尽管质量不是很好，但我都会给她画上鲜红的五角星，写上年月日，并补上一句："嗯，不错，字写得越来越漂亮了，加油……"每次丹丹都像一只欢呼雀跃的小鸟跳着走出办公室。

三、倾听孩子的内心世界

丹丹有一个不好的习惯，喜欢拿别人的东西。有一天，丹丹不愿意进教室，外面又下着雨，为了她的安全，我把她叫到办公室，教她读课文，并让她抄写古诗，孩子表现得很积极。后来我让她自己做，然后便出去了一趟。待我回来后，丹丹已不在办公室。到中午时，有同学悄悄告诉我丹丹拿了我20块钱，我才发现我的包没有放在抽屉里，而且里面确实少了20块钱。当时我并没有问丹丹。下午，我叫住了丹丹，也许她知道我叫她的原因，怯怯地走进办公室。为了消除孩子的恐惧心理，我把她拉到身旁，亲切地说："丹丹,老师最喜欢诚实的孩子,这样的孩子最可爱,我最疼她,你在老师的心目中也是最诚实的,诚实的孩子我要奖励她。"于是,我从包里拿出准备给她的礼物。就在这时,孩子做出了一个令我意外的举动,她一下子抱住了我,哭着说:"老师,我错了。"我愣住了,不知如何回应。看她哭得那么伤心,我轻轻地拍拍她的肩膀,安慰她说:"别哭,老师知道你是个好孩子,老师最喜欢你了。"说到这儿,孩子又给了我一个拥抱,她小小的脸蛋热乎乎的,脸上有了笑容。此刻我觉得我是世界上最幸福的老师,我得到了孩子的信任与尊重。"丹丹,拿人家东西是不对的,以后你想要什么、想买什么,可以跟老师说,我们想办法解决,好吗?"见她心情平复,我便引导她改掉拿别人东西的坏习惯。她哭着抱住我说:"老师,我拿的不是20块,而是21块,呜呜呜……"我紧紧地抱住她,表扬她说:"你真是个诚实的好孩子!"

丹丹和我的三次拥抱,我至今记忆犹新,她天真的笑脸时刻浮现在我脑海里。苏霍姆林斯基曾说过:"永远用欣赏的眼光看学生,永远用宽容的心态面对学生。""蹲下来跟学生说话",少一点教育者的威严,多一点慈母般的温和;少一点公众场合的批评指责,多一点两人世界的情感交流,你会发现,收获和感动就在身边。

四、让爱扩散开来

为了让孩子健康地成长,得到更多人的关注,在校领导的帮助下,我们走进孩子的家,走进孩子生活的环境,了解孩子在家的生活状况,并联系社区给孩子帮助。教孩子如何洗衣、叠被……。每次家访孩子都很开心。现在丹丹开朗多了,常常走出家门和邻居家的小妹妹、小弟弟一块玩,邻居都夸她是个懂礼貌的孩子。

对孩子的爱与关怀是一股强大的力量,能使他们成为有理想的人。如果孩子在冷漠无情的环境中长大,就会变成对善与美无动于衷的人。在孩子的成长过程中,老师切不可袖手旁观。要让他们感受到关怀的暖意,感觉老师是亲切的、学校是温暖的、社会是充满爱的。

只要我们多为他们着想,多关心他们,帮助他们找回自信,他们一定会扬起理想的风帆。如果说学生是柳树,是小草,是花朵,那么,我愿化作春风吹拂它们,化作春雨滋润它们,化作太阳温暖它们。用耐心的语言教导他们,用实际行动帮助他们,用真诚感动他们。

参考文献

[1] 苏霍姆林斯基. 给教师的一百条建议[M]. 杜殿坤，编译. 北京：教育科学出版社，2009.

[2] 刘坚新. 教师兵法[M]. 北京：中国轻工业出版社，2011.

[3] 李风云. 让爱为成长导航[J]. 中小学健康教育，2011（1）.

随班生的教育个案

何孟艺

在现阶段,大多数轻度智力落后儿童和部分中度智力落后儿童已成为普通学校、普通班中的一员,与普通儿童一起享受平等的受教育的权利,随班就读这种形式已逐渐被学校、社会、家庭所接受。

学生郑××是我校六年级四班的学生。该生进校五年多来,一直在我班随班就读。刚进学校时,他说话、做事都和其他同龄人不一样,没有什么表情,眼神呆滞,话也不多。通过观察,我发现该生口齿不清,和同龄儿童存在很大差距。之后,我走访了家长,了解了该生的基本情况。原来,孩子的父亲非常老实,年龄也偏大,母亲存在一定的智力障碍,父母经人介绍结合在一起。该生为独生子女,孩子与其母亲的日常生活都靠孩子年迈的奶奶照顾。该生有些情况与他母亲很相似,如口齿不清、很少与别人交流,他的表情、眼神几乎和母亲一样。通过医院检查发现,该生出现这些表现和隔代遗传有关,不是病变,也不是该生不努力造成的。

在了解了郑××的情况后,我没有区别对待他。针对他的情况,我制定了一套适合他的教育方案,并与家长沟通,希望他们积极配合,对孩子进行教育。孩子最严重的问题是语言障碍,首先要解决他对说话的恐惧心理。他平时不和同学交流,也不跟老师交谈,非常孤单。老师和家长都很着急。我觉得应该利用上课时间锻炼他的胆量。因此,只要我上课,就一定会请他回答2~3次问题,但不要求他回答正确,只要他敢站起来面对大家说话就行。刚开始他很为难,不愿说,或是说得结结巴巴的,一些同学忍不住偷笑,他看见了,很难过,就不再说话了。下课后,我常找他交流,鼓励他,时不时给他读一段文章,时间一长,他就知道老师很关心他。在与他交谈的过程中,我特别注意说话的速度,尽量慢点说话,并要求他也说慢一点,说清楚;鼓励他在课堂上多举手,多回答问题,多说话,别害怕同学们笑话,老师会随时帮助他、关心他。一段时间后,他终于能慢慢说话,并且清楚表达了。

语言问题基本上解决了，但是学习上的问题还很多，怎么办呢？针对他的具体问题，如注意力不集中、反应慢等，我安排他坐到离我近的位置，这样便可以随时看到他、提醒他。当别人在做作业时，我就可以手把手地教他写字、做作业。几年下来，他的学习成绩有了明显提高，从不会说到能说、不会做到能做，虽然还不是很熟练，但是已经很不错了。

赞可夫说："个性的发展，在孤独和隔绝中是不可能的，只有在儿童集体的内容丰富而形式多样的生活中才有可能。"因此，我要求郑××的父母平时多关心他，多与他交谈，多鼓励他，认真倾听。另外，我主动接近他，经常与他交流、沟通，引导他参与丰富多彩的活动。刚开始，他有些不愿意，但在我的强烈要求下，他勉强和其他孩子玩。在玩的过程中，我让外向的孩子主动带他，经过多次交往练习，我发现他的性格逐渐变得外向了。除了我之外，其他科任老师也非常关心他，经常鼓励他，肯定他的进步，他变得越来越自信了。

功夫不负有心人，只要肯下功夫，没有什么事情是办不成的。我们应以正确的眼光看待这些特殊儿童，尊重他们，关爱他们，尊重他们的个性，增强他们学习的主动性、积极性，使他们获得更好的发展。实践证明，只要不放弃，一切皆有可能！

特殊儿童随班就读案例分析

何咸悦

张×，男，现年 7 岁。2015 年 9 月经四川大学华西第二医院诊断，确诊为轻度感觉统合失调[①]。2015 年 9 月，开始在新津县花桥镇中心小学随班就读。以张×在校的表现情况为主，结合对该生在家庭生活中表现情况的信息归纳，从以下六个方面对张×随班就读的情况进行分析。

一、个案情况分析

（一）社会理解力与友谊

由于患有轻度感觉统合失调，张×在社交能力和情感表达的完善程度方面较之同龄儿童发育不足。一方面，他不能很好地表达自己的情感，不能完全控制好自身的行为，曾多次无意识地推搡、抓扯同学。因此，他在班级中缺少长期、固定的朋友。另一方面，由于他不能很好地接受、理解来自外界的信息刺激，尤其是任课教师传达的一些课堂教学指令，入学初期，曾多次发生自行离开课堂的情况。

（二）情感的认知与表达

张×在情感认知上有些滞后，他对他人不同的情感和情绪状态难以产生共鸣和移情。而他自身的情感和情绪表达则是不分场合、时间和程度的。例如在课堂上，他会在非特定的时间段一直笑或突然大叫；当老师布置任务时，他会表现出焦虑的情绪，想办法逃避任务，并且伴随着哭泣，甚至会随手乱扔东西。

[①] 感觉统合失调是指外部的感觉刺激信号无法在儿童的大脑神经系统进行有效的组合，而使机体不能和谐地运作，久而久之形成各种障碍，最终影响身心健康。"儿童感觉统合失调"意味着儿童的大脑对身体各器官失去了控制和组合的能力，将会在不同程度上削弱人的认知能力与适应能力，从而推迟人的社会化进程。

（三）特殊兴趣

张×对和汽车有关的事物非常感兴趣。在课堂上，只要提及和小汽车有关的词语，他都会立刻打起精神。从和他家长的交流中也得到了证实：张×家中的玩具都是各式各样的小汽车模型，他可以准确判断各种不同车型的标志，并且画出小汽车。

（四）语言表达

在口头语言表达能力上，张×难以区分人称代词"你""我""他"三者之间的关系。在书面语言表达上，他的能力又超过了很多同龄儿童。他较强的书面表达能力体现在组词构词能力强，而且多数词语都和食物有关，如面（面包）、鸡（鸡腿）、干（饼干）以及火（火锅）等。此外，通过观察发现，他的识字量在班上处于较高水平。

（五）认知思维能力

从认知思维能力中三个重要的维度——观察力、理解力和注意力对张×的认知思维能力进行评价。在观察力方面，张×对事物有自己独特的关注点，只要是自己感兴趣的都具备较强的观察兴趣和动力；在理解力方面，尤其是语文方面，表现出对字形书写规则的把握不到位，多数字形的书写笔顺不按照书写规则进行，出现了"逆笔字"或者以线条绘画的方式书写的情况；在数学逻辑思维的理解方面存在一些偏差，如口算能力较差；注意力方面，张×的注意力难以集中，需要进行专注力的训练。

（六）运动与协调性

张×的专注力较弱，好动。在做集体动作尤其是广播体操时，四肢动作不到位、不协调；与人对话时，难以主动与他人进行对视，眼神飘散，需要他人提醒才会进行眼神交流。

二、个案教育措施

针对该生各方面的实际情况，我校对其开展了多项随班就读的常规工作。为了更好地帮助他，我校邀请了特教专家与其进行交流。特教专家针对张×在专注力、语言表达以及理解能力方面的不足提出了诸多宝贵的建议。

按照专家和特教资源负责教师的指导意见，作为该生的班主任，我在提升张×的专注力方面采取的是"胡萝卜加大棒"的训练模式。在训练过程中，当张×可以安静专注地看一会书时，我会适当对他进行奖励；有所反复时，我也会适当批评他。但总的来说，奖励、鼓励的次数多于批评。渐渐地，张×在课堂上乱跑、大声哭闹喊叫的次数明显减少，专注力有所增强，而且语言表达能力也有所提高。上学期，他记不清同学的名字，不会来"告状"，而下学期他已经能记住部分同学的名字，并且会采用书面形式来"告状"。但是在人称代词的运用上，张×还是存在一些问题。例如他会说："何老师，同学欺负张×（他自己的名字）了。"这个时候，我会反问他张×是他是我还是你？并且一定要他说出来，强化他对人称代词的运用。可喜的是，他明白张×指他自己，但是要求他把人称代词"我"代入到刚才的句子中时，多数情况下仍需要二次纠正。

在对他理解能力的训练过程中，我采取由易到难、循序渐进的模式。考虑到张×患有轻度感觉统合失调，强制性的灌输、机械记忆也许会适得其反。目前，我所采取的措施就是要求他对作为重点的生字笔顺进行记忆。通过重点字形强化他的书写意识，而又不增加其负担。

在学校及教师积极开展特殊儿童随班就读常规工作的同时，该项工作的顺利进行离不开家长和社会的支持。考虑到张×的实际情况，家长带着他前往成都某特殊学校进行专门的感统训练。同时，我也保持着和该生家长的密切联系，每天反馈其在校的表现。

特殊儿童随班就读工作的开展，需要学校营造良好的校园氛围，培养特殊资源教师，需要该领域专家的指导和相关教师的付出，需要家长的密切配合，当然最重要的是需要特殊儿童的参与。总的来说，张×在很多方面都有进步，现在已经有部分同学愿意和他一起玩，他的表达能力渐渐提高，书写习惯逐渐变好……在他身上，我们看到了无限的希望！

特殊的"她"
——特殊教育案例分析

张小芳

某学期开学不久的一次课上,同学们都在安静地听课,突然,一个小女孩大叫了一声。我一眼看过去,她正直溜溜地望着我,我的第一感觉是这孩子的眼睛真漂亮,睫毛又长又卷。我轻声问她:"怎么了?你哪里不舒服吗?"她却依旧直直地望着我不说话。于是,我朝她走过去,想要问清楚原因。我还没到她跟前,她突然就大声哭了起来,眼泪哗哗地流。我赶紧走过去,想安慰她,担心她是不是不舒服,或者是谁欺负她了,想让她不要哭了,有事情可以跟老师说。可是不管我怎么问她,她始终一句话都不说,只是一个劲地哭,而且哭得特别厉害。这时,班上其他同学告诉我:"她就是这样的,上语文、数学课的时候也这样,会突然地大叫或者自言自语,甚至随意离开座位。老师一问她,她就哭,过一会她自己就不哭了,只要老师不再关注她。"不一会儿,她真的不哭了,只是一直低着头,默默地翻着书。

她引起了我的注意。通过观察我发现她有很多"问题"。例如,上课时,别的孩子能按教师的要求遵守课堂纪律,专心听讲,积极回答问题,而她在课堂上总是喜欢把书翻来翻去,要不就干脆丢到地上,喜欢用手抠课桌,自言自语。下课也不很喜欢和别的同学一起玩,喜欢一个人在图书角看书。课后,别的孩子专心致志地写作业,而她偏不写,除非老师一直盯着她,她才磨磨蹭蹭地动一动,有时还拿别人的笔、橡皮擦交给老师,说是在地上捡的,想得到老师的表扬。课间操时,一直站着玩手,不认真做操。班上的孩子时不时要向老师告她的状,都不太喜欢和她玩。通过多次与家长交谈,得知她是名早产儿。我又上网查询了一下,她的症状很像"儿童抽动症",病因尚不明确,可能与遗传因素、躯体因素、器质性因素、精神因素、药源性因素等有关,其中精神因素主要是家庭环境的不良影响和家庭教育功能的失调。

针对以上情况,我决定运用心理学的"增减原则"。所谓"增减原则",

指的是制造一种动态的、螺旋式上升的心理曲线，使学生感受到老师对他们的喜欢程度与日俱增，感受到老师对他们的尊重和自身价值的肯定，这样可使教育工作取得意想不到的效果。首先，我对她的心理、行为、课堂表现等各方面进行客观、中肯的评价，做到心中有数，课堂上尽量多关注她，积极引导她。其次，努力挖掘她的闪光点，经常当着全班同学的面表扬她，让她知道我时刻都在关注她。最后，时刻关注她的情绪变化，尽量不刺激她，适当安抚她的情绪。慢慢地，她开始主动找我谈话，说一些生活中的小事，变得越来越自信，也开始遵守课堂纪律。

苏联教育家苏霍姆林斯基认为："人类有许多高尚的品格，但有一种高尚的品格是人性的顶峰，这就是个人的自尊心。"自尊心是推动学生不断进取的巨大动力，而伤害学生的自尊心无疑会打击他的积极性。因此，针对她性格与自尊心非常强的特点，我从"尊重"二字着手。她开始对我敞开心扉，喜欢在我面前表现自己的能力。

通过一学期的教育，她发生了明显的变化，例如，上课专心学习的时间长了，改变了一些不良的习惯，很少听到她号啕大哭等。同学间互相谦让，互相帮助，关心她的人多了。值得一提的是，家长的教育不可忽视。家长与教师的沟通和配合非常关键。在今后的教学工作中，教师应多与家长沟通，向家长传授一些教育孩子的基本方法，指导家长在假期对孩子加强教育，最大限度地激发孩子的潜能，帮助其克服学习方面的困难，对孩子进行心理疏导和纠正，培养其健康的人格，使其成为对社会有用的人。

我要上小学

苏 珠 杨晓华

第一次见到万万，他皮肤黝黑，眼睛大大的，从妈妈的电瓶车上跳下来，动作灵敏，怎么看都不像一个"残疾"小孩。跟万万妈妈的交谈中我了解到，万万出生时一切正常，但在一岁左右突发高烧，而且持续不退，一直昏迷不醒。就在父母束手无策的时候，他却奇迹般地醒了。但是，持续高烧引起脑膜炎，并且留下了后遗症——癫痫，而后被诊断为智力障碍三级。妈妈谈到这段经历时，眼里噙着泪水。她说："他这是捡回来的一条命，我们怎么能放弃？"2015年，万万进入车灌幼儿园。如今，他就要从幼儿园毕业了，准备上小学。遇见万万的那天，妈妈主要想咨询万万读小学的事情。

一、幼儿情况

1. 妈妈眼里的万万

他特别好动，根本停不下来，生活基本能够自理，但是语言发展不好，有时候妈妈都不懂他想表达的意思。如果别人听不懂他说的话的意思，几次下来他就会发脾气。数数只能数到10，再多就不行了。

他在幼儿园里很调皮，有时甚至会打别的孩子，老师经常会向妈妈"告状"。妈妈在他上学时总叮嘱他："在幼儿园要乖，不能打小朋友。"每次万万都会说"好"。有时候妈妈去接他，别的孩子会到妈妈面前告状，妈妈无计可施，只能嘱咐了又嘱咐。

万万很期待上小学，哥哥正在上大学，万万表示"我也要上大学"。

2. 老师眼里的万万

从小班到大班，他的进步很大，特别是语言方面，以前只能说一两个字，现在基本上可以说一句话了，但表述有时候不太清楚。生活自理能力和运动能力良好。但是，万万交往能力较差，爱与同伴争抢玩具，发生冲突时爱动手打人。

二、情况分析

为了更全面地了解孩子的情况,我们对万万进行了一次家访,通过观察和访谈了解了万万服用药物、家庭环境、家教情况等。结合万万在幼儿园的表现,万万幼小衔接的准备情况分析如下。

1. 心理准备

由于万万哥哥的良好示范,万万对上小学充满期待,甚至希望在更高的学府学习。

2. 能力准备

全美教育目标委员会入学准备研究小组认为:从儿童的角度出发,儿童的入学准备包括五个领域,即身体健康和运动技能的发展、认知与一般知识结构、情绪与社会性的发展、学习的方式、言语的发展。这五个方面的发展水平会直接影响幼儿以后的学习,因此,我从以下五个方面来分析万万的入学准备情况(见表1)。

表1 儿童入学准备五领域

身体健康和运动技能	身体健康,病情已经得到明显的控制,运动能力良好
认知与一般知识结构	语言能力较差,表达不清,汉字和数字认知都不好,数字只能数到10
情绪与社会性的发展	由于语言表达能力不好,在交往中习惯用拳脚表达,同伴都会认为他在打人。情绪自控力不足,稍不满足就会大喊大叫,发脾气
学习的方式	学习自制力差,好动,注意力不集中,不满父母的督促
言语的发展	能说较长的句子,但是表达不清,交流有问题

三、教育措施

张文京教授认为,残疾人的生涯发展同普通人一样,也会经历几个阶段,但是每个过渡阶段对他们来说都是非常重要和相对困难的。学前特殊儿童的转衔教育就是要帮助这些残疾儿童顺利地完成这个基本社会化的进程,这是残疾人生涯发展中最重要的阶段。

学前特殊儿童的幼小衔接需要家庭、学校、社会的共同合作,要彼此沟通,相互衔接,双方既要保持各自的独立性、特殊性,又必须同时保持连续性,共同为特殊儿童一生的发展创造最大的可能性。

1. 教师怎么做

指导教师针对万万的身心特点，制订了相应的教学计划，引导万万对小学学习的美好期待，调动其参与的积极性，加强对万万在语言能力、交往能力、认知方面的个别指导。方式如下：

调整教学活动，因材施教。引导幼儿积极参与集体教学活动，并给予积极评价。

游戏中的个别指导。通过万万喜欢的游戏活动，有机渗透汉字和数学认知，培养万万的专注力和自制力。

与家庭合作，建立家园联系册。对万万的行为打分，明确奖惩制度。鼓励万万用语言与同伴交流，学会和同伴友好相处。

2. 家长怎么做

由于特殊的身心特点，特殊幼儿某方面的能力的获得和习惯的形成比普通儿童所需要的时间更长，因此，转衔也不是一朝一夕就能完成的。所以，需要将儿童进入下一个阶段之前应该具备的各方面的能力分解成不同的层次、水平的教育目标，将其划分到不同阶段的教育中去完成。家长和教师共同制定教育目标，从一个个小目标做起，如能从 1 数到 15，能保持 15 分钟安静地做一件事情。家园加强沟通，及时巩固幼儿行为和知识。

另外，家庭成员必须达成教育共识，不折不扣地完成已经制定的教育目标，不能一个唱白脸一个唱红脸，不然会大大降低教育成效。及时鼓励和认可孩子一个小小的进步，正面强化每一点进步。

尽管万万是特殊孩子，但是教育要"普通"，应对其严格要求。父母可以多安排他做一些家务，这样可以很好地培养万万的专注力和精细动作。

3. 学校怎么做

协调好各方面的资源，为幼儿提供良好的支持服务环境，如通过幼儿园资源室和小学资源室的对接和沟通，提前了解万万的发展情况，为万万目前的教育干预提供小学方面的建议和指导。资源室对万万的个别化教育情况进行定期指导和评估。

与残联协调，对万万开展培养专注力的专业行为训练。

四、教育效果

每个人的一生都会经历各种"转衔"，而特殊儿童每一次转衔都会经历比普通儿童更多的困难。经过一段时间的教育干预，万万的表现有了明显的进步，主要表现在：

第一，自制力和自控力上，对于他喜欢的游戏，如建筑区游戏、歌唱活动、科学实验，注意力集中，持续时间在20分钟以上。

第二，在人际交往上，减少与同伴冲突的次数，遇到矛盾尝试用语言表达解决。

第三，在认知上，能安静地学习，并对学习有了一定的兴趣。

整合资源成合力　共同努力见成效
——小美个案启示

韩娜鹂　杨　洁

普通学校的师资、硬件都是按普通孩子的需求配备的,怎样让在普通学校随班就读的特殊儿童得到更好的发展,一直是我们探索的方向。上学期,我校接收了一名因脑积水而导致智力和肢体障碍的学生小美,为了让她的身心得到更好的发展,我们专门针对小美的个案进行了分析,并结合我校"伙伴助学活动",整合了各方面的资源,填补了学校在特教方面的一些资源空缺。具体做法如下。

一、社区医院的日常保健

我们把小美带到了社区医院,医生为小美做了全面的健康体检,出具了体检报告。医生在体检报告中把小美的身体状况和同龄孩子做了横向比较,分析了小美与正常孩子的发育差距,并提出了具体的保健措施。社区医院从学校方面了解到了小美的家庭环境情况,主动提出定期为小美做免费的健康检查,并指导家长具体实施小美的保健方案。

二、县残联的康复训练

小美的康复训练必须由专业人员来完成,老师和家长只能做一些日常的辅助训练,并且这些日常的辅助训练也要由专业人员进行方法指导。学校里没有这方面的专业人员,于是我们寻求了县残联的帮助。县残联的康复医生对小美的肢体行动障碍的原因和障碍程度进行了分析,并制订了合理的康复训练计划。医生每周都会到学校帮助小美进行康复训练,并告知老师和家长怎样在日常生活和学习中做一些辅助训练,帮助小美康复。几个月过后,我们惊喜地发现，小美虽然走得比较慢，但步子比以前稳了很多，可以不用别人搀扶了。

三、社区大学生志愿者助学

我校地处新津花源镇，镇上有两所大学。两所学校的学生志愿者每周都要到少年宫支教。我们利用这一资源，让大学生们走近随班就读儿童，对随班就读儿童进行助学活动。随班就读的孩子因与普通孩子在某些方面存在较明显的差异，性格大多比较内向。小美就是其中一位。小美的年龄比班上其他孩子大了好几岁，行动又不太方便，因此很自卑，性格较孤僻，脾气还很倔。平常，她不愿意主动和同学、老师交流，遇到一点小事，不是一个人生闷气，就是大发脾气。也许是大学生志愿者少了老师的几分严厉，又比同班同学更懂小美，小美喜欢和大学生志愿者交流。她喜欢和那些大姐姐说心里话，喜欢听大姐姐给她讲道理，喜欢和大姐姐做游戏。而我们也针对了小美的情况，与大学生一起制订了助学方案，让大学生的助学活动更有针对性，也更有效。小美在大学生志愿者的影响下，性格慢慢地变得开朗，开始试着主动和别人友好地交流。

四、退教志愿者的助学活动

小美家长的文化程度不高，又忙于生计，因此无法对小美进行课外辅导。我校退教协会一位退休教师与小美是邻居，在学校的协调动员下，这位退休教师便成了小美的课外辅导教师，帮助小美补习功课。而我校资源室事先对小美的学科学习情况进行了评估和分析，制定了小美的课外辅导方案，并对退休教师进行了培训。这样，退休教师在进行课外辅导时就有了明确的目标，知道怎样对小美进行课外辅导。

五、校内小伙伴助学

小美虽然不爱和同学交流，但在班上也有几个亲近的小伙伴。我们根据这些小伙伴的特长，给他们分配了帮助小美学习的任务。比如，小雪的语文成绩很好，我们就安排她做小美的语文助学伙伴；琳琳的学习生活习惯很好，我们就安排她帮助小美规范行为习惯，当小美的生活小伙伴……由于小美平常就和这些小伙伴亲近，因此很乐意接受她们的帮助。资源室教师同样对这些小伙伴进行了培训，帮他们制订了助学周计划和月计划。每周资源室教师都要查看小伙伴的助学日记，组织这些小伙伴进行一周小结，发现问题就及时纠正。通过小伙伴助学活动，小美进步了，助学小伙伴们也成长了，真可谓一举两得。

  这学期开学初，我们又对小美的情况进行了个案分析，为她制订新学年的教育和康复计划。在个案分析会现场，小美的社区保健医生分析了小美新的健康报告并提出了新的保健计划；残联康复医生分析了小美最新的康复情况，提出了新一轮的康复训练计划；大学生志愿者和退休教师也对小美上一阶段的课外辅导情况进行了总结；各学科教师对小美的教育起点进行了分析，并提出了新学年的个别教育计划。资源室教师汇总了各方面的情况，制订了小美新一学年全面的教育康复计划。小美的家长感动得热泪盈眶，我们也很感动。试想，如果没有整合这些校内外资源并加以有效利用，那么，我们能为小美做的就很少了。

关爱特殊儿童　拥抱太阳花开

何　敏　谢　彬

新学期开始，我们班来了一位特别的孩子——红××。他古灵精怪，可是行动不便，腿部有残疾，身体平衡能力较差，走一段路就要休息一会儿。我们都很心疼他。渐渐地，我们发现他的生活习惯及学习习惯比较差，自控能力弱。融合教育的目的是让特殊孩子能融入普通学校的学习和生活，"进得来，坐得住，跟得上"，我们希望他能和其他孩子一样好好学习。针对他的情况，我们进行了教育诊断，开展了个别化教育，希望能帮助他尽快融入集体。

一、情况分析

红××第一次到学校时是由妈妈陪同的，他有些胆怯、不安。为了让他放轻松，我请他做一个自我介绍。虽然他的声音很小，但小朋友们都很欢迎这位新朋友。考虑到他的特殊情况，孩子们自发成立了一个帮扶小组，负责照顾他，帮助他熟悉校园生活。

在自由活动时，很多小朋友对红××的病很好奇，不停地跑过来问。为了让孩子们理解他，我们进行了情感教育："同学们，红××同学虽然生病了，但是他很幸福，因为有大家的关爱。你们一定要互相帮助，好吗？"同学们都点头，表示一定会好好帮助红××。通过一段时间的观察，我们发现红××自身存在以下问题：

（1）腿部力量薄弱，步态不稳，大动作不协调。

（2）生活不能自理，如不能自己穿脱衣服、解便、喝水等。

（3）沟通交流方面，口齿不清晰，不能完整地表达自己想说的话。

（4）生活习惯较差，做事懒散，喜欢到处乱跑，容易摔跤。

（5）融入集体方面，小朋友一开始只是帮助他解决生活方面的问题，没有过多的交流。

（6）性格倔强，非常容易生气，自尊心强，爱打人。

二、采取的措施

针对这些问题，我们从一日生活常规、主题学习、区角游戏、户外活动、人际交往方面入手，挖掘他的优点和长处，多鼓励多表扬，让他逐渐适应集体生活。

1. 在一日生活中模仿学习

先让他熟悉幼儿园一日生活常规，知道一日活动每个环节的流程，先观摩别的孩子每个环节是怎么做的，模仿学习。注重每个环节的技能培养，如解便、洗手、喝水，由于他身体平衡性差，保育员老师便牵着他完成。帮扶组坚持了一个多月，到目前为止，他已经能自己解便、洗手了，但还不能平稳地端水。

2. 利用兴趣点，促进主动学习

红××对声乐、手工这样的课程十分感兴趣。在一次公开课上，我们都没想到他能率先完成难度较大的小木棒平衡科学小实验，可见红××的动手能力和观察能力都很厉害。利用这个教育契机，我们鼓励红××多动手、多操作，并且在其他同学面前表扬他，初步建立他的学习自信心。

3. 在游戏中发展交往能力

刚开始，红××在美食区只是个静静的旁观者，不与其他小朋友交流。因此，我请他先从普通的顾客做起，去餐厅点一些好吃的，去理发店做头发，去医院看病等。经过一段时间的指导，红××对游戏的兴趣越来越浓，与其他同学的互动交流也多了。在游戏中，我们问他想扮演什么角色，他回答说：我要当服务员，这样可以送菜。第二天，他又要挑战当厨师，他在游戏中体会到了真正的快乐。

4. 适度参加户外活动，逐渐融入集体

考虑到他的身体情况，我们几乎不要求他参加户外活动。有一天，我发现他在生闷气，便上前询问，但他不肯说话，我心想他是不是想和小朋友一起做早操呀？于是，我把早操器械给他，让他站起来试试，没想到他很投入地参与做操，连体能训练也开始逐步跟上了。我恍然大悟，他并不希望我们特殊对待他，他想和普通学生一样参加各种活动。我们一直坚持让他多锻炼，多自己走路。每一次活动都让他参与，让他感受到户外活动的乐趣！

5. 在交往中学会感恩

在小朋友帮助他的时候，他觉得理所当然，没有对帮扶组的同伴说过一句"谢谢"；生气的时候会打旁边的小朋友，但不会觉得自己错了；当老师批评教育他时，他埋着头、紧握拳，大家都有些怕他。我们都在想应该怎么帮助他改正。经了解，原来他的这些行为习惯和家庭环境有关。母亲身体有残疾，而父亲年龄较大，平时只关心他是否吃饱穿暖，在教育方面有所欠缺。红××从来没有上过幼儿园，自我服务能力较差，易和同伴产生矛盾。针对这些情况，我们引导他："当别人帮助了你，一定要说'谢谢'；当你做错了，老师批评教育你时，不能随便发脾气哟。"一次，他误伤了老师，他第一次意识到自己的错误。现在，他已经能控制自己的情绪和行为了，知道小朋友不是故意的，也知道无礼的行为是得不到小朋友的喜爱的。现在他已经学会了说"谢谢""没关系""对不起"。

三、取得的成效

经过一学期的教导，红××各方面能力都有所提高，笑容也越来越多了，我从他的身上看见了很多闪光点。当然，还有很多地方值得我们去思考，去改正。只要红××能健康快乐地成长，再辛苦也值得。作为教育者的我们一定要用心浇灌，静待花开，帮助每一个特殊的孩子健康成长。

中职学校特教学生心理健康教育案例

徐琴廷

心理健康教育即根据学生身心发展的特点，运用各种手段，帮助学生了解自己、认识世界，根据自身的条件建立起有益于个人与社会的生活目标，在学业、职业和人际关系等方面得以充分发展，从而获得最佳的生活适应。中职学校特教学生心理健康教育主要包括适应环境、人际关系、学习意识、情绪控制、自我意识。

特殊学生各种素质的形成与发展都与心理素质的发展水平有密切的联系。了解和掌握特殊学生的心理，及时发现特教学生的心理异常现象，并及时采取有效的防治措施，有助于我们有的放矢地对他们进行教育，从而培养他们健康的心理。

特教学生心理异常的表现主要有以下几个方面：

（1）性格孤僻，不愿与人交流。

（2）缺乏正确的自我意识，易产生自卑的心理。

（3）以自我为中心，对周围事情缺乏兴趣，活在自己的世界里。

（4）脾气暴躁，自控能力差。

这已经是我第二次当班主任了，但是第一次遇到随班就读的学生。其实，到目前为止，我真的看不出他有什么特殊。只是他生下来的时候脚长得不是很标准，但后期已经纠正。可是，他却因为这点特殊真的变得"特殊"了。

刚到学校的时候，他有些不良的行为习惯，如懒散、对学习缺乏兴趣、做事缺乏积极性、性格暴躁易怒等。与同学相处得也不是很愉快，动不动就对其他同学发脾气，甚至动手打人。有一次，我刚对他们进行了安全教育，就听到摔东西的声音。一看，原来是他朝另外一个同学扔板凳。天啊！那是铁制的板凳，还好那个同学没伤着。我立马请他到我办公室，他却理都不理我，完全活在自己的世界里，一直在那不停地骂。旁边的同学见状告诉我是怎么回事，他却恶狠狠地瞪了那些学生一眼。放学后，我请其他同学先回家，但留下了他。我请他冷静，慢慢告诉我事情的经过。原来是一个同学拿了他的手机，他叫同学还给他，但是对方没给他，他就朝别人发脾气、扔板凳。说完后，他似乎有些解气了，情绪也好一点了。见他平静下来，我用心地开导他，帮他分析情况："与人相处要学会宽容大度，易怒的人不仅处理不好事情，反而会使事情变得更加糟糕。你看，你这样做不仅伤了同学之间的感情，自己也很生气。其实，这不是一件什么大不了的事情。他只是跟你开玩笑，不可能真的不还给你。但是扔板凳砸人就是你不对了，如果真的伤了人，后果将不堪设想。"后来，我拨通了他妈妈的电话，请他妈妈到学校来一趟。在等他妈妈来学校的同时，我和他交流了一些与人相处的方式方法。妈妈到学校后，我请他自己讲述事情的经过。他讲得很轻松，仿佛是别人的事情。讲完后，他若有所思地低下头，家长严肃地教育了他，我也和家长好好沟通了他在学校的表现。其实，归根结底，他心里有疑虑没有解开。小时候，他的身体存在某些方面的缺陷，再加上家庭、学校以及社会的原因，他找不到交流、倾诉的对象，从而变得自卑、内向，甚至孤僻。

经过这次事情后，我经常利用班会活动讲解一些心理健康方面的知识，也时常给他们讲解职业生涯规划方面的知识。上课时，我时不时地让他站起来回答问题。当他回答不上的时候试着提醒他，课后也时常和他聊些轻松的话题，关注他的健康发展，帮他规划自己的学习生涯以及毕业后的职业生涯，鼓励他参加一些班团活动，如和同学们一起打球；也时常和他家长联系，关注他在家里的表现情况，请家长配合学校的教育。现在，他基本上改掉了原来懒散的行为习惯，按时打扫卫生，经常和同学一起玩耍，甚至还和几个同学在文艺汇演的时候上台表演了小品；遇到事情懂得先冷静，然后再想办法处理，有时处理不好，会征求我的意见；积极主动要求担任班上的文艺委员，学习成绩也有所提高。

健康的心理对一个人而言非常重要，尤其是受过挫折的人。要使他们健康快乐地成长，可以从以下方法入手。

首先，家长要与学校密切配合。

家庭是孩子成长的摇篮，父母是孩子的第一任教师，孩子从小到大接触最多的就是家长，家庭氛围以及家长的行为举止都会对孩子产生影响。很多中职学生从小学开始就比较调皮或者成绩不很优秀，老师和同学对其或多或少有些看法，这些都会影响他们对自己的评价。在家里，父母要多理解和关心他们，经常与班主任交流孩子的情况，共同教育好孩子，让其感受到他们其实一点也不特殊，和所有人一样。

其次，营造良好的环境，培养其愉悦的心情。

良好的环境能使人振奋，身心愉悦。建立健全班级管理，美化校园环境，营造良好的校风、班风和浓厚的学习氛围，建立和谐的人际关系，这些都会潜移默化地影响他们。我们没有办法改变社会环境，但我们要适应，并且要学会判断善恶，做到黑白分明、扬善惩恶。

最后，关注特教生，用心温暖他们，并采取有针对性的一对一的教育方法。

第一，收集资料，寻找核心问题。

第二，安抚情绪，缓解焦虑（心灵交流法、示范法、故事启迪、热点引导、名人榜样、实践法）。

第三，引导他们通过参加实践活动，广泛接触社会，提高自身心理健康水平。

第四，确定自我探索意愿。

第五，引导、帮助其制定科学的人生规划，并按步骤实现。

参考文献

[1] 李小融. 教育心理学新编[M]. 成都：四川教育出版社，2005.

[2] 吴军莉. 探讨特殊儿童心理健康教育[J]. 教育教学论坛，2013（3）.

特别的爱给特殊的你
——随班就读教育案例

侯仕萍　谭凌斐

人一生下来就处于各种社会关系之中。儿童只有在与人交往、相互作用的过程中，才能逐步发展心理能力和社会性；通过交往活动，发展语言、情感、社会行为、道德规范、交往经验、人际关系和性格等。目前，一些随班就读的孩子面临各种问题，在学校易被老师和同学忽视，这对他们的身心发展有很大的负面影响，致使他们在对待学习和人物关系的态度上更加消极。

佳佳是我班的一名特殊学生，存在轻度智力障碍。还记得刚入学的时候，数学老师教她数数，1～10学了好些天都不会，更不用说写了。我费了一天时间教她读、写基本笔画，可她第二天就忘记了……渐渐地，我发现她有些与众不同：她总是喜欢安静地待在座位上，不与同学、老师交流，哪怕同学主动找她一起玩耍，她也以不说话、不行动拒绝；她的卫生习惯不好，几乎每天都有同学跑来"告状"，例如，她的抽屉里有废弃的牛奶盒和果皮，都发霉了；她动手能力很差，甚至连最基本的打扫卫生都不会。

针对她的这些问题，我认为，在学习上，她接受能力差，可以慢慢来，但是在生活上，必须与家长配合，培养她的自理能力。因此，我们有针对性地采取了一些措施，创造性地开展了工作。

一、因材施教，多加鼓励

我利用课余时间耐心教她认读一些最简单的汉字，等熟悉了之后再让她慢慢学着写。只要她有一点进步，哪怕只是学会一个字，我都会及时表扬她，虽然大多数时候她都面无表情，毫不在乎的样子，但我感觉她内心的情感是有波动的，只是她不善于表达而已。慢慢地，我发现，在我鼓励她的时候她嘴角会微微上翘。对于这个微小的变化，我欣喜不已。经过我不断鼓励，她学习变得主动了，尽管写字还是有很大的难度，但是背诵方面有了很大的进步,以前需要一周才能背诵的古诗,现在只需三天。这些对她来说都是了不起的进步呢!

二、伙伴帮扶,快乐成长

佳佳长得很清秀,特别内向,很少说话。我在班上找了几个性格开朗的同学帮助她。上体育课的时候,同学们有什么活动都会带上她,她虽然从来不主动参与,但也没有拒绝,并且越来越熟练。慢慢地,她愿意说话了,也愿意和同学们一起玩。老师和她交流的时候,她会用一些肢体动作来回应,偶尔会有简单的"是""有"等语言交流了。这已经是很大的进步了!

佳佳的卫生习惯不是特别好,每天抽屉和书包里都塞满了纸屑、果皮、牛奶盒……几位小伙伴非常热心地帮她收拾,而她手足无措地站在一边看着,脸红红的。我觉得这不是长久之计。"授人以鱼,不如授人以渔",我得想办法让她养成整理抽屉和书包的习惯。同学们开始改变策略,不只是帮她整理,还让她观察整理的过程。等观察了一段时间,同学们再让她自己整理,并在一旁协助她。渐渐地,她不仅能整理自己的抽屉和书包,还能在班级大扫除中做一些简单的卫生工作了。

在这些同学的影响下,越来越多的同学加入了帮助佳佳的队伍。就这样,她的朋友越来越多,她也更好地融入了班集体。

三、家校共育,形成合力

从小学一年级开始,老师每一次和佳佳奶奶交流,奶奶说得最多的就是佳佳如何懒散、卫生习惯如何不好,但是深入了解,发现原来是家里人觉得佳佳有智力障碍,不忍心她做事,便什么事都代劳了,没给孩子锻炼的机会,这才导致佳佳什么都不会。因此,我又找来了几位帮扶佳佳的同学,一起和家长交流平时在学校是怎么帮助她的,成效如何……这样,经过家校合作,佳佳的卫生习惯改变了许多,家长和老师都很欣慰。

孩子们最需要的是自信心。随班就读的孩子大部分都有自卑感,觉得自己与众不同,想用冷漠的外壳来武装自己,他们更需要自信心的支撑。同学、老师、家长应该帮助他们,让他们觉得"我能行"。在帮助他们的过程中,爱心、耐心和有效的方法缺一不可,只有这样,他们才能融入学校和社会。

用爱点燃随读生的希望
——随班就读教育案例

徐亚莉　张洪燕

一、个案的基本情况

小豪，男，现就读于我校六年级。他读二年级时，经医院检测，存在智力障碍。他爱笑、爱说、爱闹，待人热情，从表面上看不出与别的孩子有什么不同。小豪最突出的特点是好动，喜欢玩玩具，注意力极不集中，还喜欢发出怪声扰乱课堂秩序。他的家庭条件宽裕，父母在他读幼儿园时离异，对小豪的学习关注很少，对他的学习要求很低，基本上放任自流。家庭教养方式以打骂为主，导致孩子在与同学交往时存在暴力倾向。他虽然有许多不足的地方，但是也有很多优点，例如乐于助人，帮老师做一些力所能及的事。

二、研究目的

第一，深入了解小豪的心理特点，挖掘他的优势潜能。
第二，分析小豪的学习需求，通过制订和实施个别教学计划，培养他专心学习的习惯，促使其学习成绩提高。
第三，充分发挥伙伴助学的作用，帮助其养成良好的卫生习惯和行为习惯。
第四，帮助他树立自信。

三、研究方法

（一）访谈法

（1）通过家访了解小豪的家庭背景、病史和成长发育情况。请家长谈谈平时是怎样教育孩子的,家长觉得他有什么优点,他和别的孩子有什么不同,对他有什么期望,以及在教育孩子方面有什么经验和困难。

(2)和小豪谈心,与他进行沟通,了解他的想法。有意识地与孩子建立起既是师生又是好朋友的关系。

(3)和班上的同学谈心。一方面,了解同学对小豪的看法;另一方面,引导、教育同学正确地对待小豪,确定助学伙伴。

(二)观察法

(1)课上观察。作为小豪的班主任兼语文老师,我在传授知识、提问、组织活动时,都会观察他的表情、动作、眼神和对学习指令的反应,以此来判断他的学习习惯、学习态度和学习能力。

(2)课下观察。我与他在学校接触的时间最长。课下我注意观察他的表现,他下课后经常做什么,和同学们是如何相处的,等等。从他平时的一言一行、一举一动来对他进行分析,为进一步深入研究打好基础。

四、综合分析

根据上述访谈法、观察法获得的资料,我对小豪的心理特征和学习表现印象如下。

(一)具备的优势潜能

小豪非常活泼好动,喜欢热闹,希望得到老师和同学的表扬与肯定。课上,当大家讨论激烈时,他也会积极主动地举手,发表自己的观点;会完成简单的作业,而且乐于助人。

(二)存在的问题

(1)注意力极不集中。十分好动,上课精神不集中,专心参与学习活动的时间少,不爱动脑筋思考问题。

(2)意志薄弱,自控力差。小豪特别喜欢玩具,每天上课时都会情不自禁地悄悄玩,没有自觉性和自控力。

(3)脾气暴躁。由于家庭教养方式的影响,小豪脾气暴躁,和同学之间发生矛盾时缺乏冷静,不是破口大骂,就是大打出手。

（三）问题产生的原因

（1）内因。小豪自身存在智力障碍，学习积极性不强，没有明确的学习和发展目标。

（2）外因。家长对孩子的要求低，没有督促孩子学习，致使他变得懒惰、不思进取。

五、教育目标、教育方法和措施

（一）教育目标

第一，进行注意力的训练，让小豪逐步学会集中注意力，融入课堂教学。

第二，充分发挥助学伙伴的力量，帮助小豪养成良好的行为习惯和卫生习惯。

第三，引导小豪学会遇事冷静，培养他的人际交往能力，学会和同学友好相处。

第四，发挥小豪乐于助人的优势，培养他的自信心。

（二）教育方法和措施

1. 制订个别教学计划

针对小豪的情况，制订专门的训练目标，分阶段进行训练。同时，运用奖励机制，调动他的积极性。

2. 发挥助学伙伴作用

给助学伙伴明确分工，让他们从学习、行为、卫生、人际交往等方面引导和督促小豪，使他在各方面都能有所进步，并能自然和谐地融入班集体。

3. 争取家长的配合

家庭教育极其重要。因此，我采用家访、请家长到校面谈、电话联系等多种方式和家长进行沟通，得到了家长全方位的支持与配合，为促进孩子的转变奠定了坚实的基础。

六、教育效果

经过六年来的培养教育，小豪取得了较明显的进步。

第一，课堂上注意力集中的时间变长了，扰乱课堂秩序的行为明显减少，还能按要求主动参与教学活动。

第二，能够主动和身边的人进行交流，遇到事情时不再像以前那么冲动易怒，人际交往能力有了很大提高。

第三，学习的积极性有所增强，能主动参与听写活动（主要是抄写，但是还是有很多的错别字）。

七、教育反思

著名教育家苏霍姆林斯基曾说："智残生不是畸形儿。他们是世界上最脆弱、最娇嫩的鲜花。"通过对小豪的个案研究，我在如何教育随班就读智力落后儿童方面取得了一些直接经验。我们应该清楚地认识到，随班就读学生也有自尊和人格，他们同样渴望得到教师的关爱，得到同学们的认可和尊重。我们对他们不能视而不见，应该用欣赏的眼光去发现他们的闪光点，关心、帮助他们。我愿做那片陪伴鲜花的绿叶，让那美丽的花儿散发芬芳！

智障儿童融合教育案例报告

宋秀芬　冷　佳

一、儿童基本情况

黄×，女，2000年1月出生。父亲小学文化程度，母亲存在一定的智力障碍。该生从幼儿园起一直在丰田希望小学就读，由于受遗传因素的影响，她与同龄人的智力水平相差甚远。

（一）不良卫生习惯

该生7岁时，我就发现她不讲卫生，成天鼻涕不断，脸、手脏兮兮的，头发乱糟糟的。中午吃饭时不排队，饭量大，而且饭撒得满桌都是。不会收拾书本，书包里掏出的书全是皱巴巴的。

（二）行为习惯差

该生没有纪律观念，自制能力差，爱搞小动作，甚至发出各种声响，以引起老师、同学的注意，对同学学习造成一定的影响。同学都不愿与她同桌，更不喜欢同她一起玩耍。但我发现该生比较尊敬老师，见到老师总是主动问好，有时也喜欢与同学一起劳动。

（三）学习能力弱

该生学习非常吃力。首先，识字能力极差，只能认识笔画极其简单的字，而且写字姿势不正确，不会握笔，写的字比本子的格子还大。其次，数学方面，10以内的加减法都不明白，有时只能借助小棒勉强做一些简单的题。上课时偶尔举手发言，但总是胡乱回答或干脆不答。有一定的绘画能力，能画简单的物体。

二、矫正目标和措施

智障儿童与普通儿童一样，将来也要步入社会。教师应该给予其更多的关爱，帮助他们树立自强不息的精神，尽最大可能使他们身上的某种优势、潜能发挥出来，自食其力。

（一）耐心督促，培养其良好的卫生习惯

开学一段时间后，我左思右想，如何才能使黄×改掉不良的卫生习惯呢？仅靠家长不太现实。其母亲有一定的智力障碍，没有办法教育她。开始，我为了改变她，每天坚持给她洗脸、梳头，找衣服给她换洗，利用班会引导同学们帮助黄×进步，但效果不尽如人意。为了尽快让黄×走出困境，我从其他老师身上吸取了经验，除在课余时间和黄×一起做游戏，告诉她讲卫生的好处外，我还有意识地安排了班上很讲卫生的一个孩子与她同桌。我告诉黄×，每天早上、下午和同桌比一比，看谁的手、脸、衣服最干净。起初黄×还不习惯，通过多次对比，她也觉得不好意思了，渐渐懂得早上上学前在家里要把脸、手洗干净，衣服要保持整洁。现在，她变得讲卫生了，同学们也开始接纳她，愿意与她说话、玩耍了。如今她脸上挂满了笑容。

（二）真心关怀，培养其良好的行为习惯

针对黄×自控能力较差这一问题，我特意安排了班上责任心强、学习优秀、富有爱心的同学与其同桌，督促她。当她坐不住时，同桌便轻轻拍拍她的肩；当她发出声响时，同桌及时制止；课后，他们一起参加丰富多彩的活动，在活动中逐步树立守规则、讲秩序的集体观念。

该生家离校较远，中午只能在校吃饭。有时家里一时半会儿拿不出钱，孩子只得空着肚子。某天中午，我到校组织同学们自习。有孩子告诉我："老师，黄×今天中午没吃饭。"我一听急了，心想孩子本来饭量就大，不吃饭哪有力气，下午怎么上课、活动呢？我没多想，掏钱让她先去吃饭。她吃完饭回到教室，感激地对着我笑。在我的影响下，班上有一部分家庭条件较宽裕的学生也向她伸出了援助之手，孩子中午再也没有饿过肚子。借此机会，同学们之间的沟通交流加强了。过后，我告诉她课堂上遵守纪律的重要性，她想到有这么多老师、同学关心自己，再不遵守纪律那多对不起大家啊！便点头答应了。

（三）细心辅导，培养其良好的学习习惯

黄×在学习上相当吃力，很多方面都不如别的同学，老师不厌其烦地反复讲解，她才能学一些简单的字、词、句。为了照顾她，我将其座位安排在教室前面的过道边。为了让她会读、会写，我常用图、实物教她读、写。如教学"上、中、下"时，我以滑梯图为例，图中往上爬的同学就读"上"，指着站在中间的同学就教她读"中"，然后再用这些词说一句话："我上去了""我在中间"。每上一课，我都这样反复讲解。写字练习时，我走到她身边手把手地教她写，她慢慢掌握了握笔的姿势。课余时间，我给她单独辅导，还安排班上优秀的同学帮助她学习。这样下来，她能认识一些简单的字，组一些简单的词，说一些简单的话。

有一次，我教同学们学《咏鹅》这首诗时，引导同学们观察图画，黄×也高高举起了手，她说："老师，图上画的是一只鸭子。""哈哈哈！"教室里的同学笑开了。我没有批评她，而是和蔼地说："同学们，黄×把图上的事物认成了鸭子也该表扬啊！"同学们听后很纳闷，我继续说："黄×为什么没说成鸡呢？这说明鸭和鹅有相似之处啊！"同学们点点头。我接着说："那我们来说一说怎样区别鸭子和鹅？"同学们你一言我一语地说开了，有的说："鹅的颈项长，鸭的颈项短。"有的说："鹅的身子大，鸭的身子小。"……孩子们说完后，我又问黄×："现在你知道图上的是什么了吗？"她不好意思地说："老师，我知道这是鹅了。我外婆家养过。"我告诉她，以后对身边的事物要仔细观察，她高兴地点了点头。

（四）热心鼓励，培养自信

我除了负责本班语文教学工作外，还兼了音乐课。一次音乐课上，我教孩子们唱《丢手绢》这首歌，可爱的孩子们不一会儿便会唱了。我想让孩子们展示一下自己，于是兴奋地说："哪个小英雄愿意到台上来唱给大家听？"孩子们纷纷举起了手。我看到黄×也胆怯地举起手来。我眼睛一亮，想不到她这么勇敢。我高兴地说："同学们，小英雄黄×举起了手，我们让她先唱，好不好？"孩子们异口同声地说："好！"教室里响起了热烈的掌声。黄×站了起来："丢——丢——丢手巾，轻轻地放在……"她结结巴巴地唱了起来。虽然歌没唱完，她的脸就红到了耳根，但她表现实在勇敢，我给她戴上了一朵小红花。她好高兴啊，不时地瞧胸前的小红花。

一次大扫除，我给同学们布置了分工任务。黄×也自告奋勇地说："宋老师，我擦瓷砖。""她能擦得干净吗？"我有点犹豫。但为了不打击孩子

的积极性，我最终还是同意了。我将她带到阳台前，让她观察我是怎么擦的，然后学着我的样子擦。想不到她还真会擦。

三、效果

功夫不负有心人，在大家的关心、帮助下，黄×的生活习惯、卫生习惯、学习习惯、行为习惯等都有了好转。现在，她不但认识一些简单的字，说话也有条理了，上课主动举手发言，还会数数，进行简单的加减计算。在学校很少乱疯玩了，懂得爱干净了，时常扫地、擦地板，拾到东西主动交给班干部。路上遇到老师、同学主动问好，注意交通安全。回到家里，能帮父母扫地、煮饭。

四、存在的问题

虽然学校方面已经尽力想办法帮助黄×，但由于其父亲文化程度低、言语表达能力弱，母亲又有一定的智力障碍，家庭配合不积极，所以，目前黄×在与人交流方面还有所欠缺，另外，自信心还不够强，学习方面还比较吃力，自我保护意识还有待加强。

特殊教育中教师协作的力量

侯仕萍

特殊教育是一项意义重大且又十分艰巨的工作。残疾学生由于身体状况、家庭环境、社会氛围等原因,往往自卑感过强,自信心不足。我们的教育目的是把他们培养成具有一定知识技能,并且有一定的生活技能,能在社会上立足的人。

由于每个残疾学生身体与心理特征都不同,所以,教育方法不能千篇一律,而应该具有针对性。新课程标准积极倡导自主、合作、探究的学习方式,目的是要改变过去那种被动、封闭、接受性的学习方式,使学生学会学习。它特别强调要培养学生的创新精神和实践能力。要实现这一目标,单靠某一位教师的努力是不现实的,需要团队协作,共同探讨,确定适合本班学生共同发展的基本策略。而融合教育对教师协作的要求就更高了。在平时的教育工作中,很多老师并没有过多地思考怎样进行融合教育,认为就像平时一样,多辅导就行了。老师们没有意识到,他们和其他学生在许多方面是不一样的,比起其他学生,他们更加脆弱,更加需要教师对他们的关爱与帮助。当然,这一伟大而艰巨的教育工程不是哪一位教师能独立完成的,需要学科教师、班主任及行政管理人员等通力协作。只有全体教师团结一致,形成集体的智慧和教育的合力,才能产生良好的教育效果。

我校五年级一班的夏××同学患有癫痫病,行为习惯和学习习惯极差。于是,我们成立了一个课题小组,研究"教师的协同支持"。之前,很多任课老师并不太关注她,只觉得她的行为习惯不太好,而老师们平时谈论得比较多的就是她的缺点,因而大家对她的印象就是行为习惯不好、不爱学习、不讲卫生之类的。平时和她接触最多的是语文和数学老师,但她对这两门功课都不太感兴趣。后来,经过观察发现,她特别喜欢英语,虽然不能认、不会写,但是她特别认真地跟着老师读,还特意做了作业(虽然全是错的),并且会在下课后主动跟老师说"byebye"。美术课也是这样,一幅画画好后,她不喜欢像老师布置的那样把作业交给组长，而是喜欢单独跑去交给老师，想让老师关注她、鼓励她、赞美她……这时我们才发现，夏××居然有这么多的优点。于是，大家决定，多从她身上找优点，赞赏她、鼓励她，帮助她找到自信。老师们根据她平时的表现，分析她在每个学科上的弱势和优势，讨论她在哪些方面需要改进，哪些方面可以发扬。老师们达成了共识，不以成绩为主，重要的是她的发展。教师之间通力协作，旨在激发夏××的潜能，及时解决他在平时学习生活中出现的问题。

　　一学期下来，夏××进步了许多，在学习上更加主动了，上课注意力不集中的情况有一定的改善。以前不怎么感兴趣的语文、数学科目，积极性提高了，总是主动到老师那里去背诵课文，或者到数学老师那里去请教最简单的运算方法。在生活习惯上，在各位老师和小伙伴的帮助下，她自理能力提高了，曾经不爱干净的她，现在也知道饭前便后洗手了，而且还经常承担班上倒垃圾的任务。有什么问题，或者和同学发生什么矛盾，她也会控制自己的情绪，去找老师倾诉，求助老师。在各科老师和全班同学的热心帮助下，她变得快乐了。

　　由此可见，教师的通力合作对孩子的成长是多么重要。每一个教师都不是全能的，只有共同协作，把自己的观察与理解表达出来，才能在特殊教育实施过程中充分发挥作用。只有共同协作，我们才能挖掘孩子们的潜能与智慧，使他们健康、快乐地成长。

没有爱就没有教育

陈启迪

小林同学让所有老师都感到头痛，很多老师都对他束手无策。他的一言一行总是像个小孩子，与众不同。上课时，他经常自言自语，或者做别的事情，有时候拿水彩笔把自己的指甲涂成五颜六色的，有时离开座位，在教室里转圈，直到老师提醒他才回到座位上。他不仅不能像其他同学一样认真听课，还严重影响了正常的上课秩序，老师必须花更多的精力去关注他。有时，他与其他同学发生矛盾，老师多问他一句，他就无理取闹地大哭大闹起来，谁也拿他没办法。幸好班里其他同学都把他当成小弟弟一样让着他，从不跟他计较。

通过调查了解，小林之所以变成现在这样，除了他本身有一定的智力障碍外，其家庭环境也很复杂。孩子出生后，母亲便发现了他的异常，最终与父亲离婚了。父亲长年在外打工，他由爷爷奶奶带大。爷爷奶奶特别宠他，只要他一哭闹，爷爷奶奶就手足无措，想尽办法满足他的要求。如果满足不了他的要求，他就闹个没完没了。由于父母不在身边，小林没有养成良好的习惯，所以上学后行为习惯差，无法静下心学习。

面对他，我必须调整好自己的心态。我不仅把他当作自己的学生，还把他当作自己的孩子一样，用爱去感化，用心去交流，用理去引导，一如既往地给予鼓励与关怀。

首先，营造一个和谐、友爱的班集体氛围。

班级氛围对孩子的成长很重要。为了营造和谐的氛围，我做了不少努力。教育其他学生，让他们认识到小林是班里不可缺少的一份子，他也有不少优点，我们不能嘲笑他、欺负他。他遇到困难时，应主动帮助他；他有进步时，应多鼓励他。当班里有同学和小林发生争执，每次我都会开导他，让他能够开开心心地融入这个集体。我还经常利用课余时间教育他："要想同学爱你，你首先要爱同学、爱集体，要注意自己的言行，不要做伤害同学的事情，这样大家才愿意和你交朋友。"营造良好的教育氛围能收到事半功倍的教育效果。

其次，多与家长沟通交流，让家长担负起教育孩子的责任。

家长是孩子的第一任老师，家庭教育对孩子的影响深远，父母错误的教育方法只会让孩子幼小的心灵受到伤害。多与家长沟通交流，纠正家长不当的教育方法，树立正确的家庭教育观念。在家访的过程中，我站在家长的立场，放下教师的架子，给家长提建议，鼓励他们。每周不定时向家长反映孩子在学校的情况，同时也了解孩子在家的表现，引导家长及时表扬孩子的进步，树立孩子的信心。

最后，在学校多给予鼓励与关注，帮助孩子树立自信心。

每一位学生都希望得到老师的关注和鼓励，都希望自己在老师心目中有一定的位置，尤其像小林这样的特殊学生。我努力为他们提供表现自我的机会，让他们认识到自己的缺点，发现自己的优点。其实，小林也有不少可爱之处。比如，特别爱劳动，每天早上到校后主动打扫教室，可是有始无终，总是把垃圾扫成一堆后就丢掉扫把一走了之。之后，我经常鼓励他，还教他怎样打扫：垃圾扫成一堆后，把垃圾倒进垃圾桶，再把卫生工具放好。慢慢地，小林不但学会了扫地，还扫得很干净。为了进一步增强他的积极性，我还选他当了劳动小组长，他干得更带劲了，期末还被评为"劳动之星"，他的积极性越来越高，学习也比原来更努力了。看到孩子一天天进步，我们都感到很欣慰。

"没有爱就没有教育"，这是我从事教育教学工作的座右铭。教师只要有一颗慈爱的心，再"特殊"的孩子也能转化。

叙事篇

花开虽美，但过程更耐人寻味
——我的特教故事

冯志净

教书十几载，教过各种各样的学生，然而，却是第一次接触特殊学生。黄××让我对特殊教育有了深刻的认识，同时让我明白，对学生的爱不是挂在嘴边的，特别是对心思更敏感的特殊学生，你的一个动作或一个眼神都至关重要。只有用爱为他们筑起一道心灵防护网，才能给他们安全感和温暖。

镜头一：初次见面

认识黄××是在入学报名的时候。为了提高报名的工作效率，学校把我们几个老师分成几个小组，报名地点设在学校的那棵大梧桐树下。临近中午，我发现还有一个同学没来报道，也不知道她还会不会来。正想着，一个走路摇晃的小女孩进入我的视线，她身后还跟着一位老婆婆。小女孩胆怯地看着我，时不时转过头去看看老婆婆。只听老婆婆说："去吧，去老师那儿报名。"我微笑地看着她，说："到老师这儿来，不要害怕。告诉老师，你叫什么名字？"小女孩紧张地两手捏着衣角，小脸更红了，看看我，又看看老婆婆，小心地往前挪了一步，看我面带微笑，又往前迈了一步，就这样，短短十来米的距离，她差不多用了一分钟的时间。最后，她在离我还有两米远时就停下来，再不肯往前，头埋得很低，脸很红，两手不停地搓着衣服，时而偷瞄我一眼。我走到她面前："别怕，跟老师说说你叫什么名字，好吗？"我以为她不敢说，没想到突然一声："……"吓我一大跳，却没听懂她说的是什么。我又问了一遍，她的回答我还是听不懂。我担心再问下去会增加她的心理负担，便看向老婆婆。老婆婆解释说，这是她的外孙女，叫黄××，因为身体原因，有点憨，说话也不太清楚。小女孩从生下来就一直是她带着的，爸爸妈妈都在外地做生意，没有时间管她。听老婆婆介绍黄××的情况，原来她曾经被送去过专门的智障学校，但因为某种原因后来就没再去了。听了老婆婆的话，小女孩似乎更害羞了，但她似乎又想和我说话。看着她那纠结的样子，我的心一下子就软了下来："哦，原来你叫黄××呀！这名字真好听！"听到我的夸奖，她低着的头一下子抬了起来，激动地说："我会背唐诗！""真的吗？！那你给老师背一首，好吗？""quang（床）前明月 huang（光）……"虽然口齿不清，但也能听得出来她背的是《静夜思》，看她那想得到我表扬的眼神，我赶紧说："哇！你背得真好！很厉害哦！能不能再给老师背一首呢？"她高兴极了："quang（床）前明月 huang（光）……"怎么又是这首？！我试着引导一下，于是起个头："锄禾日当午……后面的诗句应该是什么？"她看着我，继续背："quang（床）前明月 huang（光）……"背完便呵呵地笑了起来。那笑，是发自内心的、高兴的、骄傲的笑，带着一丝羞涩，给人一种很纯粹很干净的感觉。这时我才感觉她与普通小孩不同，她的世界很单纯，就像三四岁的小朋友，心里怎么想的就怎么表现出来。

或许是因为她第一次来学校接触的人是我，而恰好我给她留下的第一印象又比较好，没给她什么压力，所以开学以后，她就像小尾巴一样时常跟着我。

镜头二：回教室

某天课间，我正在打扫办公室，而她却在办公室门口不停地晃悠。"黄××，你找冯老师有事吗？"我问道。"呵呵呵……"她什么也没说，笑着跑开了。一会儿，她又悄悄跑过来，一直看着我，上课铃声响了也不回教室。"黄××，上课了，快点回教室去。"她不听，一直靠在墙壁上，怯生生地看着我，也不说话。我从抽屉里拿出两颗糖果（因为她，我随时都准备有各种吃的），笑着说："昨天周老师表扬你了，说你把教室打扫得很干净；黄老师也表扬你了，说你的字写得更好了，所以，这两颗糖是奖励给你的。"她腼腆地看着我，又看看糖果，口水都要流下来了。"只要你表现好，有老师表扬你，我就有奖励。现在就乖乖回教室去，好吗？"她不说话，想把糖塞进嘴里，"上课吃东西是要被批评的，你要是被老师批评了，就得不到奖励了。所以，你现在不能吃糖。你把糖放到包里，下课了再吃，知道吗？"她想了很久，才点了点头。"那现在上课去，好吗？我送你回教室吧。"我牵着她的手，送她到教室门口，想到她平时经常在上课时离开座位，或者大笑，弄得老师都没办法正常上课，我便叮嘱她："黄××，上课时要好好坐着，不能随便离开座位喔，要不然同学和老师都不喜欢你了。好了，自己喊报告吧！"不知道是糖果的魅力还是我的原因，总之，之后很长一段时间，黄××在课堂上随意走动的现象少了，虽然有时还是忍不住大笑，不过她都会用手捂住嘴巴，尽量小声一点。

镜头三：我要去看妈妈了

人是有感情的动物，一旦感受到对方的真心，就会放下心里的戒备，将自己的快乐分享出来。快到国庆节了，我和同事正在谈论这个假期怎么安排，黄××跑到办公室找我，眼神中有掩饰不住的喜悦，她高兴地说："冯老师，我要去看妈妈了！"我愣了一下，"真的吗？""真的！""妈妈在哪里呢？""不知道，不过婆婆说，放（国庆）假了就让姐姐带我去看妈妈。""你上次见妈妈是什么时候呢？""过年的时候，妈妈给我买了新衣服。""你平时想不想妈妈呢？""想，我都梦到妈妈了。"她笑得眼睛眯成了一条线。我还想说点什么，她却转身跑了，边跑边拍手说："我要去看妈妈啦……"看着她离开的身影，我的心像是被什么戳了一下，难受得紧。我在想，如果我与女儿分开那么久，我肯定会很想她！一直以来，黄××和我最亲近，很信任我，自然而然地把我当成了她倾诉的对象，所以才会跑来和我分享她"要去看妈妈"的快乐。不少同事问我："那个女生叫什么名字？经常看她跟在你屁股后面转，看样子很喜欢你哟！"是的，黄××的智力虽然不如同龄人，但她想被爱护的心却是一样的，或者说更渴望得到别人的关怀。或许，黄××在我身上找到了妈妈的影子，或许，她觉得和我相处更安心，就像是一种依靠，所以总喜欢围着我转。

现代社会发展很快，但教育却需要慢慢来。教育就像养花一样，一边养一边看，一边静等花开。尤其在面对特殊学生时，教育需要慢慢地、静静地、悄悄地进行。终有一天，他们的羽翼会丰满。每一次看到他们进步和改变时，我的内心都会被喜悦填得满满的。

你不傻,你只是很特别

罗 艳

"老师,我要订书。"

"好的,你想要订什么书呢?"

"我要订《小学生作文》和《童话王国·文学大师班》。"

"好,我马上登记。"

"嗯,谢谢!"

这是我与你的一段关于订书的简单对话,可是我却记忆犹新。我从二年级就认识了你,到如今,帮你订阅期刊、购买书籍,在阅读课时看着认真看书的你,我知道,这对你来说,实属不易。

有人说教育会创造奇迹,我对此深信不疑。

那天读了你写的一篇日记,如果不了解情况的人,肯定会觉得错别字太多、语句不通顺、逻辑不清晰,很难读懂它。而我,通过近两年的时间,也开始学着懂你。这是你写的日记,我一直保存着,而且会永远保存着:

2017年12月19日 星期二 晴

"在车上,

我仰起我小小的头,

看到好大的雾啊!

我想得很远很远……

看着雾高出了(应该想写雾在飘飞)

看到了,

看到了,

我从来没有看到过的景象。"

还记得,当读到这段话的时候,我脑海里不断浮现你仰起天真烂漫的小脸,望着车窗外漫天白雾的样子。还有什么比这个面孔更可爱的呢?我知道,你这一段是仿写艾青的诗——《下雪的早晨》。你肯定很喜欢这首诗,很喜欢诗里描述的那个发出低低的歌声的小孩吧。你已经用这几句模仿的诗句告诉我——你很认真地学习和理解了这首诗，而且还努力学以致用。其实，你不就是艾青诗歌里写的那个踏着晨露在树林里探秘的小孩儿吗？

没错，你的诗，你的故事，你的成长，于我而言真的是个奇迹！

大概因为父母离异，又没有同伴，你容易偏激，这一面你常常在照顾你的奶奶面前表现出来。在课堂上，你似乎听不懂老师讲的每一句话，你无法理解那些所谓的知识点。你没有大声地对我说过一句话，即使走到我面前想对我说点什么，也如蚊子般嗡嗡几声，我完全听不清你在说什么。你的作业常常是愿意写点儿什么就写，可只要你写了，我就会奖励你"一颗星"。在你不交作业的时候，我就会对你说："你虽然有些特别，但不能特殊，该交的作业还是得交。"虽然你面无表情，可是，下一次，你的作业还是会按时地放在我的办公桌上。

我知道你学习上肯定有困难，可我相信你的感情是充沛和完整的。你和所有的孩子一样，有喜怒哀乐，而时间会证明我没有看错。

忽然间发现，罩在你头顶上的乌云开始消散。你上课时眼睛变亮了，生字本上写对的字越来越多，说话声音开始洪亮了，甚至主动找老师说话，或许只是来报告一声"老师，×××又哭了，×××又没有吃饭。"你愿意亲近我，我也能听清你说什么了。

渐渐地，日记本上的句子越来越完整，终于能读懂一些你写的句子的意思了；语文成绩从十几分提高到四十分，数学成绩也从七分提高到三十多分。我为你有这样的进步而骄傲，甚至惊喜万分。

这次，你是最先订阅《小学生作文》和《童话王国·文学大师班》这些刊物的。我还专门给你的爸爸点赞，因为即使他知道自己的女儿成绩不太好，阅读有困难，可能不完全认得书上那些字，也很难读懂那些文章，可是他依然每学期为你订购，这就是他对你的爱和尊重。或许他早已知道，他的女儿就是一个既普通又特别的孩子。

回想一下，老师也没有特别为你做什么。我们关心你、重视你，在班上给你营造一个相对宽松的环境，不让其他孩子随意给你贴标签，尽量让同学们发现你的一些闪光点。老师也努力和你的家长沟通，鼓励他们不要放弃你的学习。我们想，对于你来说，多认识几个字，会简单的加减乘除运算，拥有独立生存的能力，能够应对未来生活最基本的挑战，在这个班集体中有归属感，健康快乐地成长，对于我们和你来说，都是最美好的事情了。

是的，每一朵花都有自己绽放的时刻，百花争艳时，最不起眼的野草也在努力向上生长，不为和谁媲美，只为生命赋予的神圣使命，而尊重生命的差异是我们必须终身研习的课题。

孩子，你其实并不傻，你只是很特别！

从特教生点滴进步中寻找自信

杨小琴

记得我刚大学毕业到新津工作的时候,一位前辈告诉我:"特殊教育不同于普通教育,不会有桃李满天下的感觉,要耐得住寂寞。"

积累了这么多年的特教体验,我开始慢慢有一点感悟了。特教工作者就像是拓荒者,拓荒者不必埋怨荆棘遍布的前程,因为拓荒者与荆棘是共生体;不必埋怨周遭横生无穷的阻力,我们只有在突破了一个个难关时,才会获得更多的成就感。

小祥具有多重障碍,语言表达能力差,生活不能自理,爱发脾气,特别爱乱扔东西。父亲在成都上班,是一名司机,母亲在家附近的玻璃厂上班,他的主要照顾者是爷爷和奶奶。奶奶觉得代替他完成任务比教他完成更容易,所以生活上的一切事情都由她代劳,包括穿脱衣服、洗手洗脸等。

我国台湾著名的特教专家杨元享教授的《断想》里面有一段话:
老师我什么都不会……
我会不停地流口水,
我会在地板上滚来滚去,
我会活动过多,
我会反穿鞋子与衣服。

小祥不就是这样的吗?喜欢的东西都是用抢的方式获取的。用发脾气和哭闹来表示他的不满,一发脾气就乱扔东西。

作为一位特教工作者,在特殊儿童的教育训练中,总会遇到许许多多的困难和阻碍。针对小祥的情况,我就从不抢东西、不乱扔东西开始对他进行训练和教育。

"小祥,我们今天来玩一个游戏,好吗?老师知道小祥最喜欢吃薯片了,只要小祥举手了,老师就给小祥吃薯片,好不好?"我先训练小祥用举手的方式表示需要,我发"要"的音加上举手的动作示范给他看,刚开始他根本就不看,直接上手抢!当然,这样他是得不到薯片的。反复几次后,他没有得到薯片就开始发脾气,甚至还会来抓咬我。现在,小祥已经会模仿举手的动作了,却不能把举手和得到薯片联系起来。我请家长一起和小祥做游戏,并请一位老师和家长一起扮演学生进行示范。经过一个多月的坚持和训练,小祥学会了举手表达要吃薯片了。之后又慢慢培养他,让他"抢"不到东西,只能用举手这一方式得到想要的东西。

纠正小祥乱扔东西的行为,首先要让他感受到行为的不当,再让他改正。其实,刚开始训练时也是困难重重。当小祥乱扔东西时,老师和家长必须立即制止,并表达出对这种行为的反对态度,告诉他"乱扔东西不好"。当让他把乱扔的东西捡起来并要求表示改正的时候,他会发脾气,甚至会变本加厉地扔东西。有一段时间,家长都要放弃纠正他的这一行为了,可我还是坚持,不想放弃他,无论他怎么发脾气,都必须把自己乱扔的东西捡起来。经过一学期的训练,小祥终于不再乱发脾气和乱扔东西了。

这些改变,对于普通孩子而言微不足道,但对特殊孩子是非常艰难的。

孩子还是什么都不会,但他的进步给了家长和老师信心。特教教师就像一位拓荒者,要从学生的点滴进步中寻找信心,寻找快乐。

孩子，你并不"特殊"

方絮枫　沈　瑶

还记得那一年的9月3日，你牵着爸爸妈妈的手来到了我的面前。爽朗的笑容、俊朗的脸庞，看你第一眼，我甚是喜欢。我笑着问你的名字，在你"咿咿呀呀"地回答我之后，我能感觉到自己的表情那一瞬间是僵住的。我转眼望向你的父母，你的妈妈告诉我，你是一个特殊的孩子，有听力障碍。得知这个情况，我的内心很惶恐，各种可能会因为"听力障碍"引发的混乱场面不断地在我脑海中闪现。在跟你父母了解了你的基本情况后，他们便带着你匆匆离开了。

第二天，你妈妈送你来幼儿园，把你交给我以后便转身离开了。其实当时我还想说点什么的，想要多了解你。你的眼神中透露出不安，你胆怯地一直往后缩。我不知道该如何面对你，感觉无论我做什么都不能让你放松下来。于是，我让你坐在了一个乖巧的女生旁边……

过了几天，我在教室的一角做着手工，你默默地走过来站在我的旁边，我对你微微一笑，你也回我一笑，依然安静地站在我的身旁。直到桌上有了我剪下的小碎片，你一把抓起就往垃圾筐跑去，扔了之后又回到我的身边。我笑着对你说："谢谢！"你凑到我的右耳旁，我再次对你说："谢——谢！"你害羞地低下头转身跑开了。我知道，你是一个暖心的孩子。

慢慢地，你和班上的孩子们熟悉了，他们会找你一起玩，你也会和他们一起玩；有时候你们会玩得很开心，有时候你们也会闹矛盾。有一次，你们闹得不愉快，我了解了情况，发现是你错了，便批评了你，让你跟同伴道歉。之后，你便一直在位置上趴着，我知道你心里难过，可是错了就要承认，要改正。于是，我坐到了你的旁边，学你一样趴在桌子上，望着你。你一下就笑了，我问你："错了吗？"你说："错了！"我又问你："哪里错了？"你摇着手说："不能去拿别人的东西。""会改吗？""会！"说完，你便开开心心地玩去了……我知道，你就是想撒个娇。

转眼这个学期就要结束了，而来我这里告你状的孩子也越来越多了。打人、抢玩具……各种各样的问题出来了。而你对我的回答总是："是他，不是我！"

其实事情的经过很简单，你和另外一个孩子同时想玩一个玩具，当那个孩子拿起玩具时，你一把抢了过去，想要大家一起玩，可是大家没有听懂你的意思，误会了你，以为你要自己玩。同伴之间常常发生误会，你却以打人、抢物等方式表达自己的不满。你说话时，老师会通过你的嘴型猜测你的意思，可是别的孩子不知道啊！我不想告诉其他同学，你是因为听力障碍导致发音不正确，我不想他们戴着有色眼镜看你。可事情总归要解决。

于是，我们一同开启了学习模式，在与你对话时，要求你的眼睛看着我，而我则一个字一个字慢慢地说。在你回答不清楚的时候，我会重复你的话，让你学着说。每一次你取得进步，我都会对你进行表扬和奖励。你变得越来越自信、越来越开朗。在和同伴交往时也不再像从前一样那么冲动，而是认真地看着同伴，面对面慢慢说，还用上了肢体语言，和小朋友的相处也越来越和谐了。看着你的这些变化和脸上越来越多的笑容，我心里真的很欣慰。

孩子，其实你并不特殊，你和其他孩子一样，老师希望你能健康、快乐地成长！

遇见"慢天使"

杨 娇

又是一年毕业季，不知不觉我已经带了两届学生。作为班主任，我见过不同性格、不同脾气的学生，两届学生将近100人，但有一个学生让我记忆深刻：白白净净的皮肤，眼睛大但没有神采，端端正正坐在那里，你不会发现她有任何不同。但仔细观察，你会发现她拿笔很困难，字也写得慢，几乎不能站立，必须扶墙才能勉强走几步。她是一名脑瘫儿童，是2015届5班的一个学生。

我还记得刚刚开学时候，报完名那天我接到她妈妈的电话，她妈妈很腼腆地对我说："杨老师，我女儿和别人有点不一样，你发现没有？"因为是新生，我都不认识，刚报完名我也没有发现什么异常，我困惑地说："我没有发现啊！"她妈妈才不好意思地说："我女儿是一名脑瘫患儿，走路不方便，才刚动了手术。"听了她妈妈的话，我心里有种说不出的滋味。教书十几年，从没有遇到过这样的情况。刚刚开学，事情繁多，碰上这样的情况，我还真不知道该怎么办。我想了想，对她妈妈说："报名时人太多，我没有注意到这个情况，明天我再和你好好沟通一下。"我只在电视上看到过关于脑瘫儿的情况，而自己身边还没有这样的情况出现，于是，我马上搜索了一下关于脑瘫患者的情况："反应迟钝，拇指内扣，手握拳，斜视，身体僵硬，行动缓慢……"我心里有底了，我得好好考虑一下今后该如何帮助这个孩子。

第二天，学生们早早来到了学校，她也在妈妈的陪同下来到了学校。她叫秦×，个头挺高，头发挽起，皮肤很白，眼睛有一点点斜视。她当时还不能走路，是她妈妈背到教室的，她妈妈说她才动了手术，腿还不能动。我们的教室在二楼，她妈妈从学校门口一直背她到教室。我当时就被她妈妈这种慈母精神所感动，赶忙跟学校的保安说明了情况，让她妈妈可以把车开到教学楼门口，这样她可以少背一段路。妈妈把女儿放在教室的凳子上后，和我进行了简短的交流，她妈妈说："她从小就是这样，这已经是第二次手术了，做完手术还要做康复训练，每天都要给她的腿按摩，但是她很爱学习。"我以为她妈妈会让我多照顾她，但是她并没有这样说，只是简单地介绍了她的情况。我的心里真的有一种说不出的情绪，天真可爱的孩子甜甜地叫我："杨老师好！"我真的很感动，很佩服她的妈妈。她妈妈比较担心她中午吃饭的问题，我说："你不用担心，我找个学生每天中午帮她打饭，你给她准备一个饭盒就行。"她妈妈连忙笑着点头。安顿好了孩子，妈妈就回家了。

开学第一节课，学生自我介绍后，我讲了学校和班级的规章制度，并把书发给同学们。我看着秦×，对全班学生说道："同学们，我们有缘来到一起，将要度过三年的时间，你们之间会成为好朋友，是不是？"学生们齐刷刷地点头，一个个笑眯眯地看着我，我继续说："但是呢，我们班上有一个同学，从小就得了一种比较严重的病，导致她的腿走路不方便，她现在又刚刚动了手术，不能走路，我们应该怎么办呢？"学生们马上大声地说："我们应该帮助她。"同学们的目光顺着我的眼光落在了秦×的身上，我接着说："我们给她一点鼓励吧！"大家马上鼓起掌来，秦×腼腆地笑了，和大家一起鼓掌，她的眼中充满了希望。随后有个女生自告奋勇要给她打饭，而且一直坚持了三年。

开学了，一切都有条不紊地进行着，秦×的妈妈并没有让我特别关照她，反而还对我说："杨老师，你不用特别对她，对她就像其他学生一样，做得不对的地方，该批评就批评。"我很佩服她，十几年如一日地陪伴、教育秦×。但我还是很关注她的表现，她上课时比任何一个学生都要专心，笔记做得工工整整。但是她的手反应比较迟钝，握笔的手很僵硬，她总是一笔一画慢慢写，抓紧一切时间学习，她不能上体育课，就一个人在教室学习、看书。为了节省上厕所的时间，她很少喝水，每次看她一个人在教室学习，我都有种说不出的感觉。每次我问她："秦×，你有没有不明白的地方，可以问同学，也可以问老师。"她总是笑着对我说："知道了，谢谢杨老师。"为了她进出教室方便，她的座位一直都安排在第一排靠教室门口的位置，我还安排了性格温和的学生做她的同桌，方便在学习上帮助她。

一年过去了，经过自己的努力，秦×学习上取得了很大的进步，她克服了很多难以想象的困难，成绩在班上是中等，全年级400多名学生，她排到200多名，真是太不容易了。看着班上一些调皮的学生，比秦×聪明但是不用心学习，考试老是垫底，还一副什么都不在乎的样子，真是恨铁不成钢。我经常对他们说："你们要向秦×学习，她虽然身体不便，但是一直努力学习。"开家长会的时候，我给全班家长讲了秦×和她妈妈的故事，其他家长很震撼，但是秦×妈妈很淡定。她这样说道："我已经碰到这种情况了，能怎么办呢？怨天尤人是改变不了现实的，我只有积极面对。"

在妈妈的精心照顾下，秦×可以慢慢地扶着墙壁、楼梯扶手走几步，不用妈妈从楼下背到楼上。在宽敞的操场上，也可以看见秦×慢慢走几步，虽然只是几步，但是意义重大，妈妈就在后面跟着她，鼓励她。刚开始，妈妈开车送她，后来，妈妈和她两个人蹬一部两人座的自行车到学校，妈妈说是为了锻炼她的肌肉。看着她一天天一点点地进步，我每次都鼓励她："加油！"她总是会回报我一个温暖而灿烂的笑容。

初三了，学生都长大了，心思也多了，一些别的班的学生看见秦×，取笑她，还有人学她走路。有一次，我发现班上有几个男生挤眉弄眼地看着秦×笑，我生气地把那几个男生叫到办公室，狠狠地批评了一顿："你们几个是怎么回事？你们是同学，明明秦×腿脚不方便，你们不想办法帮助她，还取笑她，太让人失望了。我们换位思考，如果你是秦×，别人也笑你，你怎么办？"他们低着头，不说话，最后秦×还给他们求情："杨老师，你不要批评他们，我想他们是无心的。"几个男生马上给秦×道歉，秦×开心地笑了，我觉得那是最美丽的笑容。随后，我在班会课上给同学们读了很多关于名人身残志坚的故事，同学们听得津津有味，最后我组织学生玩了一个小游戏，我让参加游戏的同学把自己的两只脚绑在一起走路，体验是什么样的感受。不少同学没走几步就摔倒了，或者只能一小步一小步地走，更不用说跑和跳了，同学们瞬间就明白了我的意思。后来班上再也没有人嘲笑秦×了，那几个男生还积极地帮秦×打饭，和她聊天。

很遗憾，秦×最终没有考上高中，但她并没有放弃学习。她报考了一所卫校，她妈妈说："她去学中医针灸，以后会对她自己的病有帮助，她也能帮助和她一样的人。"我唯有祝福和鼓励她。她做什么都比别人要慢一些，是个可爱的"慢天使"，但是她很坚强、乐观，我相信，她的坚强、乐观、豁达、宽容会一直陪着她走下去。

为特殊儿童筑梦

卢 艺 方 飞

"老师，您好，我家杨××被诊断为语言障碍四级，请您多多关照。"这是五年前一年级刚开学，杨××妈妈跟我说的。

杨××同学生在新津县一个偏远的农村，父母是地地道道的农民，年过半百，体弱多病。

看着杨××妈妈那恳切的目光，我不禁红了眼眶，作为老师，我无疑是同学们最信赖的人。

时间回到 2013 年 9 月，我大学毕业便成为一名小学语文教师。一年级正是孩子们学习的起点，是孩子们语言能力培养的关键时期。我在课堂上教过的生字、课文，都会让孩子们读给我听一听，看看大家掌握的情况。杨××同学每一次读生字和课文都很认真，即使有时读得不太标准，他也没有灰心，而是有礼貌地请教老师。

开始学习拼音时，杨××有些吃力。看着他不服输的眼神，我决定用一种很自然的方式帮助他找回自信。我在班上开启了小组合作学习模式，让孩子们在小组内互当小老师，把你读得最好的拼音教给组员。我发现，杨××也当起了小老师。在孩子们的帮助下，杨××同学的发音也有了进步。这时，我告诉他："你已经进步很多了，你跟着老师再来读一读，一定没有问题的！""谢谢老师！"杨××的信心又找回来了，他开心地融入小组，也融入大家。有时，老师的特意安排会让他们在不经意间变得自信，这种"润物细无声"的教育对他们幼小的心灵来说，是一种最好的保护。

四年级时，每个周三下午都是我们班的语文实践活动时间。我会组织孩子们以小组为单位来进行诗朗诵、课本剧表演等语文活动。我观察到，杨××很喜欢这样的活动，而且每次小组排练，他都积极配合。有一次，演课本剧《包公审驴》，组员们考虑到杨××有语言障碍，所以没有给他安排太多台词的角色。但杨××很渴望扮演有台词的角色，于是，我鼓励他说："孩子，老师发现你最近一段时间诗朗诵不错，我相信，你能够出演课本剧中的重要角色。这样，老师和你合作，排演课本剧，怎么样？"只见他兴奋得跳起来："太好了，谢谢老师！"于是，每天中午我都会和他排练十五分钟，遇到他说起来不太清楚的台词，我就一遍一遍地教他。为了练好一句话，他付出了很多。为这样有上进心的孩子付出，我觉得值得！在后来的表演中，他尽到了自己最大的努力，同学们为他鼓掌，我也对他竖起了大拇指，他热泪盈眶。我对全班同学说："大家要相信每一个同学，因为我们都能一样优秀！"对于特殊儿童来说，心有多大，舞台就有多大！

现在已读五年级的杨××在语言方面的障碍依然存在，我一直是他最好的学习伙伴，帮助他、鼓励他。他坚忍不拔，多次被评为"新津县自强美德少年"，成为同学们学习的榜样。

让我们一起为特殊儿童筑梦，我相信他们都是优秀的。我希望杨××能够一直保持这份持之以恒、坚忍不拔的精神。我相信他的舞台将越来越宽广。

阳光总在风雨后
——记我和随班就读生的教育故事

周 鸥

随班就读生是一个特殊的群体，他们有的反应迟钝，有的天性好动，也有的行动迟缓……他们犹如断臂的维纳斯，尽管不完美，却有另外一种美。

还记得三年前九月的那天，我和一个天真可爱的男孩相遇了。尽管报名前，特殊教育资源室的老师给我说过，有这样一个孩子会来报到，但我完全没有想到他是这样的。他的到来引起了一阵轰动，同学们议论纷纷，有指手画脚的，也有目光异样的。令人欣慰的是，在老师的教育下，孩子们都有所收敛，而我也在新班级上对全班同学进行了课前教育。"虽然他与众不同，但也和我们一样，渴望和同学们玩耍、学习。我们更应该关爱、帮助他……"这样的教育经常贯穿在以后的日常教学中。

陶行知曾说过："爱是一种伟大的力量，没有爱就没有教育。"而要面对小志这样一个因自己的外貌而自卑，因身体残疾而失落，敏感的孩子，我更应该用一颗平常心去守护他。

记得刚开学不久的一天语文课上，我抽小志回答问题，他呆呆地看着我，一动不动，也不站起来。我心里纳闷："这孩子怎么回事？"我顺势问了一句："小志，你怎么啦？不舒服吗？"他还是静静地看着我，一言不发。这时，有同学说："老师，他上幼儿园时就这样。"我轻轻"哦"了一声，继续上课。毕竟这问题一时半会儿也解决不了。可我心里还是久久不能平静，许多疑惑涌上心头：难道这孩子智力有问题？或者受了什么刺激？还是他不喜欢学校生活？这些父母都了解吗？我决定先找小志的父母了解情况。通过与其父母交流，我了解到小志的智力毫无问题，只是从上幼儿园起，就独来独往。可小志在家里却是另一个样，活泼好动，特爱说话。这还真让人头痛。父母也弄不清楚究竟是怎么回事。作为班主任，我有责任帮助他融入集体，感受到集体的温暖，感受到同学的关爱，感受到来自老师的呵护。

我一直思考我该如何帮助小志。一天课间，小志还是像往常一样，独自站在教室门口，望着其他同学玩。我走近他，问："小志，你怎么不和他们一起玩呢？"他笑而不语。我接着说："老师很喜欢你，上课发言有错没关系，只要积极举手发言老师就喜欢，好吗？有什么想法都可以告诉老师。"他点了点头。之后我还特意安排了两个学习较好、性格开朗、乐于助人的男同学坐在他的旁边。我私下特意向这两个男生说明了这么安排座位的原因，就是要帮助他、感染他，希望他们下课后多与小志交流，带他一起玩。可仅仅通过一次的交流，效果肯定不明显。事实证明也是如此。

　　谈话之后，小志在课堂上能开口回答问题了，尽管声音很小，但这对他来说是很大的进步了。我期待小志更好的表现。后来我观察到，原来，小志在小组学习中很被动，不管别人讨论得如何热烈，他都是一言不发，呆呆地坐着。现在的他在小组讨论中偶尔也会说上一两句，脸上也会有浅浅的笑容。我看到了小志的改变。我私下将他的改变告知其父母，希望他们积极配合。父母的性格与家庭环境会影响孩子心理品质的发展。小志父母得知他的变化后也很欣慰。我顺势建议小志父母多让小志参与力所能及的家务劳动，多问问孩子在学校的事情，多与孩子聊天，不要让他觉得自己与别人不同，我相信这样会一步步地让孩子乐意与人交流。

　　著名教育家赞可夫曾经说过："敏锐的观察力是一个教师最宝贵的品质之一。"学生的喜怒哀乐等内心活动都逃不过观察力强的教师的眼睛，对小志这样的特殊孩子，我需要锻炼我的观察力。

　　记得一天早读，我领读课文，孩子们个个神采飞扬，教室里书声琅琅。"小鱼做了个甜甜的梦，摆摆尾巴咂咂嘴。"读出了文中小鱼的天真。此时，一个熟悉的声音令我惊喜，小志正大声地朗读着。课文读完了，我又让孩子们再读一遍。总结晨读时，我问："孩子们，老师为什么让你们多读一遍呢？""我们读得拖拉。""我们没有精神。""这篇课文很重要。"大家七嘴八舌地说着。"不，老师听到了一个好听的声音，忍不住想多听一次。"大家都用好奇的眼神盯着我。我肯定地告诉大家："那就是小志的声音！老师站在最前面都听到了小志响亮的声音。"说完，大家不约而同地鼓掌，这是对小志进步的肯定，也是对他未来进步的期待，小志露出了甜甜的笑容。后来，在课堂朗读环节，我都会让小志来尝试。起初，他也会结巴，也会犹豫，可次数多了，他读得更流利，更有感情了。读完，我都会给他一个肯定的眼神，或者一个点赞的手势，抑或是一个满意的微笑。小志也很享受朗读的过程。

父母的关怀、同学的帮助以及老师的呵护，让小志融入集体。现在的他能敞开心扉，主动与同学打招呼，参与小组讨论……这个曾经自卑而孤独的小男孩终于能大胆表述了，而且能帮老师做事，主动与同学交流。看到他天真的笑容，听到他欢快的笑声，我很欣慰。

　　用我的爱暖化他孤寂的心，用我的爱带他走出孤独的世界，用我的爱让他走向乐观，用我的爱给他的天空洒满阳光。而在这个变化的过程中，受益的不仅仅是小志，还有他的父母和我。在与小志的交往过程中，我学会了包容，培养了敏锐的观察力，懂得理智地、科学地爱护他们，让这群特殊的孩子沐浴阳光风雨，健康、快乐地成长！

精准帮扶是给孩子特别的爱

周泽英

县特教中心聘请的专家来到学校，对即将召开的特殊儿童个案分析会进行指导。个案分析的对象是 10 岁的小伟，他是一名肢残并伴有轻度智力障碍的特殊儿童。届时，除了本校随读教师和普教老师外，县内建有资源室的学校也会派教师参会。个案分析会是对我校教师进行培训的好机会，有助于推动学校融合教育上一个新的台阶。同时，也将为县内同行进行沟通、交流、学习搭建平台。

在这之前，我对于特殊教育的了解很少。毕竟一个学校里的特殊儿童只有为数不多的几个，大部分教师都把精力放在班级建设和教学工作中。在从事特殊儿童融合教育工作时，老师们一般就是去完成一些文字资料，至于这些特殊孩子真正的需求和我们从事此项工作的意义，大家都不是很了解。一位教育专家曾说过："作为学校管理者，我们不只是告诉教师该做什么，还应该让他们明白行为背后的东西，改变对教育的理解和看法。"通过和专家的沟通，我对这一点有了切身的体会，只有理解才能热爱，只有热爱才能创造，我进一步认识到，融合教育中，要对每个孩子进行精准分析才能有的放矢。

通过与专家的对话，我明白尊重是最好的教育。特殊儿童不应该被贴上标签，别人也不应该用异样的眼光看待他们。可是，我们做到了吗？当我们用可怜的眼神看待他们，用同情的语气跟他们说话的时候，我们是否已经对他们另眼相看？没有一个人是完美的，作为一个教育工作者，我们有责任和义务去维护每一个特殊儿童的人格尊严。

特殊儿童需要精准帮扶。"光有一腔热情和同情，那是低水平的爱。"专家的话不无道理。特教专家要求把小伟的家长请到学校，以便详细了解他的情况。刚开始，我还以为这只是程序性的工作，但是，我错了！特教专家在每一个细微的瞬间都有独到的发现，并能给予相应的指导。孩子的妈妈告诉我们："小伟一直用左手拿筷子，右手不能端碗，只能扶着碗。他的右手无肌张力，长期不使用右手，造成了肌肉萎缩。"小伟的右肢需要加强锻炼，他需要家长和老师的帮助。小伟的尾椎上长了肿瘤，尽管四岁时做了手术，可是小便仍然失禁，从此心理上有了阴影，常常感觉自卑，不愿意主动与人交往，课间也不敢上厕所，怕别人嘲笑和欺负。特教专家指出他需要进行个别的心理辅导，而伙伴助学是帮助小伟建立自信的有效途径……我不禁感叹，没有经过专业学习和实践经验，一切都是空谈。

个案分析会的意义何在？除了培训教师、推动学校的特殊教育工作外，我觉得它最根本的意义还在于对生命的关爱，真正做到因材施教，让这些特别的孩子能够更加快乐、健康地生活。

信心对特教儿童成长的助力

汤 宇

　　自信心是一种反映个体对自己是否有能力成功地完成某项活动的信任程度的心理特性，是一种积极、有效地表达自我价值、自我尊重、自我理解的意识特征和心理状态，也称为信心。小学生的自信心是随着生理、心理的逐渐成熟，在客观因素的影响下，以学习活动为中介，通过个体的主观能动作用而逐渐形成和发展的。许多学生学习成绩不好不是因为智力的问题，而是不自信。自信心对于特教儿童的成长尤为重要。

　　三年前我教过一个学生，叫周××，他是我班学习最吃力，也是最不遵守纪律、最调皮的学生。从以前教过他的老师那里我了解到，他有轻度的智力障碍，所以，我对他的要求就比其他同学要低得多。只要求他上课时不影响其他同学听课，不妨碍老师讲课。一些同学欺负他，很少有同学愿意跟他一起学习、玩耍。我从一些同学和家长的口中逐渐了解了周××的家庭情况。他的父亲不识字，为了生活常年在各个工厂打工，很少有时间管教儿子。母亲有轻度的智力障碍，一直在家里照顾他。在与他父亲的几次交谈后我了解到，父亲对于儿子有很高的期望，他希望儿子能学到知识，以后能够通过自己的努力改变家里的情况。我知道，我不能漠视他的存在，即使他不能像普通学生那样完成所有的课业，也要尽量让他学到知识。

　　通过观察我发现，周××表面上看起来与普通学生没有多大区别，只是他说话时发音很模糊，第一次和他交谈的人很难听清他在说什么，也因为这个原因，很多学生都不和他说话。平时，他一个人坐在教室的最后一排，有时用铅笔在书上乱画一通，有时就把本子拿出来在抽屉里撕着玩，甚至直接趴在桌上睡觉。一天下午最后一节课，班上讲话的同学比较多，我很生气地说："放学后没有做完作业的同学不准离校。"教室里顿时安静了下来，我坐在讲台上批改作业。下课铃声响起，很多学生开始着急，忙着排队交作业。我埋着头勾画着，忽然一本田字本出现在了我的面前。我忙抬起头，只见周

××站在我面前，他着急地说：“老师，我写了作业了。”我拿过本子一看，上面密密麻麻地写满了小学一年级的生字。我忽然意识到这个孩子也渴望平等，他渴望自己能够和其他同学一样得到老师的关注，渴望能多学知识。这件事令我感触很深，我告诉自己一定要尽最大的努力帮助他提高语文成绩，使他得到同学们的认可。可他的基础太差，关于怎样帮助他我想了很久，也向许多有经验的老教师请教。最终，我根据语文的学习特点和他的实际情况，制订了详细的计划。

一、建立良好的自信心

他很少和人沟通，而很多人也听不懂他在说什么，慢慢地，他形成了自卑心理，不愿在同学面前说话，以免说错话丢脸。要提高他的成绩，我认为首先要让他说话，这样他的表达能力才能有所提高。于是，上课时我总是注意他。当讲到生活中的常识时，我就会叫他起来回答，只要他能够说出一点，我就会鼓励他，并且告诉同学们其实周××也懂得不少。慢慢地，我发现他愿意听课了，有的时候甚至还会主动举手回答问题。看到他这样的变化我很高兴，下课后还经常找他交流学习和生活上的趣事，并经常"吩咐"他做一些力所能及的小事，例如让他帮忙擦一下黑板、帮我拿本书、帮我找人。他只要完成了我就表扬他，每次表扬他时还有意地摸摸他的小脑袋，他总是露出一副不好意思的表情，但我知道他很高兴。不到一个学期，我就发现他不再自己待在教室里了，而是到处去与人交谈，积极帮助同学和老师做一些事情，即使再小的事情，周××也会拿出十二分的热情，抱着一丝不苟的态度去做。同学们看在眼里，对他的态度也好了很多，甚至可以从同学们的口中听到表扬他的话。

二、制订计划，坚持个别辅导

因为他的情况特殊，我专门制订了教育计划。每天我都会根据计划单独和他一起做一些简单的练习题，当他做对时及时鼓励他；每天利用一节课的时间让他到办公室教他一些简单的生字，逐渐加大难度并设立一些具有挑战性的识字小游戏。在游戏的过程中，我看到了他的成长，每次做完识字游戏，从他那激动的表情和清澈的眼神中我看到了他渴望学习和自我肯定的成就感。

三、实行小伙伴助学

每个随班就读的学生我都会在班上给他找一个助学伙伴。这个伙伴会利用课余的时间和他一起学习，对他不会的作业进行讲解，在学习和生活上遇到困难时及时跟老师沟通。我在班上鼓励全班同学都来当他的小老师。大家有空的时候就会和他一起做作业，课间经过他位置的同学也会很自然地在书上找出生字让他认读。这个小方法我称为"考考他"（这种方法适合成绩中等偏下的学生，通过周××的实践最后在全班推广，并取得了较好的效果）。如果他不认识，那么同学就会手把手地教他写，并且让他记住字音。通过我给他设定的识字游戏和班上同学的"考考他"等，我发现周××很快就认识了大量的生字，学习的积极性和自觉性也增强了，常常拿着书本兴致勃勃地跑到办公室让我"考考他"，每次他将我所指的生字正确地读出来时都会"洋洋得意"地嘿嘿一笑，办公室的老师也夸他进步了许多。

四、家校紧密联系，共同教导

家长是孩子最好的老师，对孩子成长的影响非常大，如果离开了家长的配合，教育效果就会大打折扣。所以，在对周××的教育过程中，我特别注重与家长沟通。例如，每周通一次电话，就他在学校的情况跟家长沟通，同时了解他在家里的情况。每一个月进行一次家访，与家长一起面对面针对孩子最近存在的问题进行讨论，找到合适的教育方法。家校紧密联系，共同教导，教育效果明显。

如何让特教学生学到知识和健康成长是困扰家庭和学校的一大难题。我认为，想方设法建立他们的自信心是首先要做的。努力让他们融入班集体，让同学们接纳他们，并且建立良好的同学关系是必要条件；培养他们的学习兴趣和学习动力是增强自信心的前提。只有这样，他们才能渐渐找回自信心，才能真正愿意与人沟通，才能真正学到知识。

让阳光住进随读孩子的心田

才玲玲　伍晓丽

我非常喜欢一句话："责任可以让自己把事情做完，而爱则可以让我们把事情尽量做得完美。"

作为一名教师，光有责任感还不够，我们还应该有爱心。要做一名学生爱戴的老师，我们就得爱学生，理解学生，信任学生。

班上有个随班就读的孩子叫小江。刚接手这个班级的时候，我发现了一个奇怪的现象：每天总是有不少孩子来告诉我他的种种不是。最初我会找他来问话，可时间一长，我就觉得很蹊跷。于是，再有孩子来告他状的时候，我便问他们在我来之前小江在班里的情况。通过交谈，我发现孩子们对小江的印象很不好，而且一直如此。只要班里出了什么事，孩子们总将矛头指向他，而他似乎也习惯了。这可不是一个好现象，时间一长，他也许会觉得自己一无是处，会自卑，会瞧不起自己。小孩子就应该是阳光的、乐观的，我相信他并没有孩子们说得那么糟糕。

于是，我经常找机会教育孩子们同学之间要互助、友爱。之后，我还找来小江，跟他表明态度：老师是相信你、喜欢你的。随后，我又在班里对孩子们进行了正面引导，及时在全班表扬小江的一点小进步，将他的优点放大，让孩子们能够接纳他，平等地对待他。与此同时，我还找来班里成绩优异、品德优良的孩子，让他们主动跟小江成为朋友，跟他交流、玩耍，帮助他的学习和生活……

功夫不负有心人。经过多次努力，小江发生了明显的变化，孩子们对他的态度也有了很大的改变。每天总有孩子跑过来告诉我小江的闪光点。

小江的事情启发了我：对待班里的随读学生，教师首先要以尊重为前提，接纳他们、信任他们、理解他们，只有愿意和他们交流，愿意理解和信任他们，他们才会愿意亲近我们。

播种爱，收获的又岂止是爱呢？此刻的我，心里盛满了愉悦。

六年级一班的随班就读孩子小章有轻度智力障碍，生活上能够自理，但自我约束能力较弱，无法安静地坐在座位上上完完整整的一节课。谁能相信，眼前这个脸上带着微笑、见到老师能礼貌问好，和同学们也能融洽相处的孩子，曾经竟然自卑、不喜欢与同学交流、性格孤僻、喜怒无常呢？

　　资源室成立初期，各随班就读教师就开始关注这群可爱的孩子们。小章同学的班主任田老师亦是如此。不管是在课堂上、课间活动时间，还是中午就餐时间，她总会出现在小章的身旁，耐心地询问；而作为资源教师的我也常常带他到资源室，让他在这里学习绘画、写字，看课外读物，玩有趣的游戏……种种努力总算没有白费，小章开始愿意和我们交流，说自己的心里话。

　　在语言表达方面，小章吐词发音不够清晰，说话声音小，不能完整地表达自己的意思等。看到这样的情况，田老师便号召班里的学生都来帮助他，和他一起玩，教他认识简单的生字，帮助他矫正发音……只要他取得一点点进步，所有的同学都鼓励他，老师们也表扬他，让他获得存在感和幸福感。

　　教师从细处入手，关爱随读孩子们，让所有的随班就读孩子如沐春风。这样的关爱创造了奇迹，在爱的包围中，小章重树自信，尽管很多时候还是不能完整清晰地表达自己的意思，但他开始愿意跟大家谈心了；尽管在课堂上依然不能百分之百地约束自己，但他可以坐上一节课了；曾经喜怒无常的他，现在更多的是喜形于色了……老师和同学们用关爱融化了小章同学心里的那座冰山，让他的心也温暖起来。

　　就在前不久，我让小章同学亲手画幅画送给老师，他欣然同意了。他还告诉我说要画三张：一张送给我，一张送给田老师，还有一张送给帮助过他的一个同学。听到这些，我感觉特别欣慰。

　　第二天，他果然拿着画来找我了。见了我就笑着说："才老师，送给你的！"我仔细地看了他的画——虽然画面显得有些乱，但在画面上能看到太阳、房屋、花朵、小草和一个正拖着长袖跳舞的人（他给我介绍的）。整幅画色彩鲜艳。我高兴极了，看来，我们爱的阳光已经撒进这个孩子的心田了，老师和同学的爱让他那曾经黑白灰的心田变得色彩斑斓、阳光明媚了……

　　着眼小事，关爱随读孩子，让他们快乐地生活和学习，获得更多成功的体验，这样，才能让阳光永住他们的心田，扬起他们自信的风帆。

特殊儿童教育叙事
——在点滴中成长

程 林

一、基本情况概述

他叫毛×，男，10岁，智力三级残疾，是我们班一名随班就读学生。他的嘴角时常挂着口水，说话口齿不清，表达混乱。平时上课没有时间和纪律观念，经常随意离开座位或者进出教室，偶尔发出怪声引得全班哄堂大笑。没有主动参与集体活动的意识，看见同学干什么他就干什么，总是慢一拍。跑步时，要么踩到前面的同学，要么跑慢了阻碍后面的同学，整个队伍凌乱不堪。经常偷拿同学的学习用品，还不时翻看同学的书包。学习能力不足，已经四年级了，却连一位数的加减法都算不清，认识的字也很少。不管是试卷、作业本还是同学们视作宝贝的教科书，上面都有他密密麻麻的"字迹"，到底是文字还是符号只有他自己才明白。但是，他除了生病请假以外，没有迟到过。

二、原因分析

首先，先天智力障碍导致发育迟缓。毛×的父母在30多岁才迎来这个家里的"独苗"。据家长反映，他在3岁前就表现出与同龄孩子在语言和行为方面的发育都要迟缓。随着年龄的增长，孩子开始步入小学，到医院检查的结果为先天智力发育有问题。

其次，父母对孩子的教育重视度不够。父母都来自农村，知道他属于特殊儿童后并没有对他进行早期的相关教育，对相关部门开设的针对特殊儿童的培训更是一无所知。再加上父母长期外出务工，对孩子学习和生活的照顾不够，对孩子的要求一般是尽量满足。只要提及关于学习成绩问题，孩子的父亲总是一边摇头，一边责骂："他已经这样了，不管了！"家长已经是放弃的态度了。

最后，由于"屡教不改"，一些老师对他采取了放任自流的态度。

三、教育措施

首先，改变家长的教育观念。毛×的父母在外务工，很少回家，家里只有爷爷照顾他的饮食起居。通过电话联系，让他们理性接纳孩子的特殊，不要简单地认为学校教育就只是学习成绩，教育的本质是教会学生做人。他本身是不幸的，父母应该给他更多的关爱。由于生活所迫，家长在家陪伴他的时候很少，我建议至少2至3天就和孩子电话交流一次，了解其生活情况和内心想法。让家长从具体的小事开始培养孩子。通过3次家访，改变了毛×爷爷对孩子一味溺爱的做法。从小事开始锻炼，如通过扫地、洗碗、提水等一些简单的日常生活小事，培养孩子良好的生活习惯。教导孩子要诚信，不能随意拿别人东西。想见父母时，主动打电话问候，学会关心他人。

其次，教师的教育教学方法要有针对性。上课时，我专门给了他一个小本子，让他照着抄写一些简单的字词和数字，培养他的专注力。集会时，他就是监督员，在队伍的旁边监督其他同学的举动，有什么情况必须在集会后再向老师汇报。跑步时，作为领队之一（我们班特殊，两个领队）带领同学们进行锻炼，要求必须与另一个领队步调保持一致，帮助他树立自信。时不时向他了解家里或与同学之间一些有趣的事情，帮助他理清楚事情的起因、经过、结果，并引导他用简单的、正确的句子表述整个事件以及对事件的看法，帮助他进行简单的逻辑思维训练。让他说一说随意拿了同学的学习用具以及其他物品后，同学们会怎么看他，如果是其他同学拿了他的东西他会怎么想、怎么做，通过换位思考对其进行诚信教育，让他明白他的这种行为是绝对不允许的。因为不认识同学的名字，所以，我把抱书本的任务交给了他，不管是什么学科，下课总能看到他在教师办公桌前询问是否有书本要分发，培养了他做事情的积极性。让他引以为傲的是，我在全班表扬他除了生病外从来没有迟到一事，但又批评他拿这事去取笑其他迟到的同学，让他感受到自己并不比其他同学特殊。

为了培养他的时间观念和纪律观念，我安排他值日，让他知道课堂上是严肃的，不能影响老师和同学。

最后，发动同伴的力量。除了家长，陪伴他最多的还是同学。我找到班干部和班上比较活跃的几名同学，私下和他们交流了毛×的情况，让他们换位思考，希望他们给毛×更多的帮助和关爱。他们带头邀请毛×参与班级各种活动，真正融入班集体。比如，体育课自由活动时，安排他或邀请他一起做游戏；每天的值日生教毛×读写一个简单的字；在班级劳动时，认真检查他负责的卫生，培养他认真做好本职工作的态度，坚决做到一视同仁。

通过两个多月一系列的措施，毛×的表现有了很大进步。他没有再随意拿同学的物品；集会、课间操、跑步等集体活动时，他偶尔影响纪律，相比以前有很大改善。积极参加班级劳动，不怕脏，不怕累，打扫得很干净，而且主动打扫教师办公室。上课铃一响，他便早早地在座位上坐姿端正地等着老师。他居然主动申请值日生这个职务。上课时，埋头练习写字，不影响其他同学，完成的量是原来的两倍，书写质量明显提高。体育课上，同学们练习投篮，毛×更多的是帮同学们捡球，偶尔也会"出手"，动作虽有些不协调，但比起以前独自一人坐在一旁"观战"要好，他开始主动参与集体活动，同学们也开始接纳他。

值得高兴的是，向毛×父母反映他在校期间的变化，他们的第一反应是欣慰，而且已经安排好工作问题，由母亲回家照顾他的生活和学习。特殊儿童的教育不是一朝一夕、一蹴而就的，需要老师与家长时时有效地沟通，共同商讨教育孩子的有效方法，用关爱感化他们，坚持不放弃的原则，以寻找最佳教育途径，最大限度地发挥孩子的潜能。

留住他脸上憨憨的笑

王　雅

　　马上要下早读课了，他怎么还没有来呢？难道他又不想来上学了吗？难道他生病了吗？或者是他家里出了什么事情？小杰是我们班随班就读的学生，出生在一个农村家庭，父母年纪较大，是目不识丁的普通农民。孩子母亲有智力残疾，并遗传给了小杰。母亲生活无法自理，日常生活靠孩子奶奶照顾。父亲在家务农，一家人每月基本上靠低保生活，家庭条件十分困难。父母没有受过教育，对孩子的学习不重视，无法给予他学习上的辅导与帮助。小杰性格较内向，平时几乎不与同学接触。口头表达能力极弱，脸上时常有一种憨憨的笑，可笑的语言常引起同学的哄笑。课堂上行为缺乏自控，时常发出怪声，严重影响课堂秩序。他上课从不举手回答问题，当老师让他回答时，他很紧张，手足无措。课堂上，他注意力不集中，自制力、记忆力差，理解和反应迟缓。由于他学习基础差，听课时注意力经常不集中，学习效率低，学习成绩也很差，经常不按时完成家庭作业。他经常迟到，甚至逃学。每次他没有按时来上学，我就非常担心，今天也不例外，我悬着的心几乎提到了嗓子眼儿。

　　我正想着，突然发现了他摇摆的身影。他来了，我心里一块石头终于落地。他慢慢地走到我面前，吞吞吐吐地说："老师，这是小新的课本。""怎么会在你的手里呢？"我问。他回答道："他妈妈让我给他的。"我接着问："在哪里给你的？"他愣了愣说："在学校门口。"我明白了，我为小杰能完成这么重要的事情而高兴，我不想失去这个教育他的好机会，于是说："你能自己把书交给小新吗？"他犹豫了一下，轻轻地点了点头，然后站在讲台前环视全班读书的同学，可是他不"认识"谁是小新。我真的很希望他能找到小新，于是告诉他："在这一列找。"我指着第2列提醒他。他很认真地一个一个地认，我在旁边为他捏着一把汗，多么希望他能快点认出自己的同学啊！可是两分钟过去了，他仍然没有找到。小新是这一学期新转来的同学，小杰想要认出他十分困难。于是我再次提醒他："小新是一个男生。"这时他皱了皱眉头，似乎在思考什么。第2列有3个男生，小新是最后一个。小杰先走到第1个男生旁边，然后他扭头看着我，我对他摇了摇头；接着，他又走到第2个男生旁边，又扭头看着我，我再次对他摇了摇头；顿时，他眼睛一亮，似乎已经找到了答案，大步走向了最后一个男生。呵，他把书放到了小新的位置上，还扭头看着我，我笑着点点头，我悬着的心又一次放下了。大家都用惊喜的神情望着小杰，小新同学站起来看着他说："谢谢你，小杰。""你该怎么说？"我提醒小杰，他低头不语。大家齐声告诉他："你应该说'不用谢'。"最后，在大家的鼓励下，他终于大声地说出来了，我们全班都为他鼓掌。这时，他脸上又出现了憨憨的笑容，我深深地被他憨憨的笑容打动了，那个笑容是多么的自然真实、干净淳朴……

在教育实践中我体会到，特殊教育工作一定要遵循发展规律。随读生同样是祖国的花朵，要学习知识、锻炼能力、塑造人格，只要教师为他们提供适宜的学习条件、机会、环境以及恰到好处的帮助，采用灵活多样的方法，他们就一定会按照自己的方式、速度和特点去学习和成长。总之，我们在教育教学过程中要最大限度地满足随班就读学生的特殊需要，为他们提供融洽、友爱的学习氛围，采用符合其认知特点的教学方法，配合耐心的个别辅导，有的放矢，有针对性地发展随班就读学生的认知领域，平时与他们多沟通交流，关心爱护他们，给他们创造机会，让他们有一个展示自己的空间。我相信，每个孩子心中都有春天，在他们的世界里，迟开的花儿也会芬芳四溢。

你变了 我变了 我们都变了

樊艳丽

生活在地球上的人们总是对月球充满好奇，总想知道上面都有些什么。当我们登上月球的时候，才发现除了荒漠还是荒漠。在我们的生活中，那些隐藏的幸福何尝不是这样呢？在我们不了解的情况下，总是充满各种离奇的想法，然而，此庐山非彼庐山啊！

当我第一次听到"特教"这个词时，满脑袋都是问号：特教？特教？什么意思？经人一解释，才知道是针对特殊儿童的教育。意思倒是明白了，但是总感觉事不关己。我一个一线语文教师，怎么也不会和特教有联系吧？

直到某一个新学期的报名日，学校教导处通知我有个学生将转学到我班。像往常一样，我拿着单子去见她。见到她的瞬间，我愣住了：她的皮肤白白净净的，非常健壮，但她的精神状态却给人一种说不出的感觉。当我和她四目相对的那一刻，她眼睛里充满了兴奋和喜悦。她用含糊不清的声音向我问好，从她那时不时发出的爽朗笑声中，我知道她叫清清，同时也感觉到了她的与众不同。对，她就是一个特教生，先天性大脑发育不全。面对这样特殊的一个孩子，我的脑袋一片空白：以后的日子我该怎么办呢？这样的孩子我该怎么教啊？

在后来的日子里，痛苦与烦恼就像幻灯片一样，一张接一张不停地出现，我简直都要崩溃了：上课时，为了引起老师的注意，清清会不停地制造各种噪声，比如用直尺在桌边来回拉锯；用文具盒敲打桌子；在老师讲课的时候，跑到老师的背后，对着老师笑一笑，转身又跑回去……课间时，她会随意翻动同学的书包，拿走自己喜欢的东西；有时也会将饮水机的水弄得满教室都是……我很无奈，不知该怎么教育她。面对种种问题，我能想到的唯一的解决办法就是躲避！当清清弄出各种声音的时候，我会假装没有听见；当她将教室弄得满地纸屑时，我会让孩子们默默地打扫，不会给她任何评价；当她在课堂上随意跑动的时候，我也会视而不见。就这样，我一直躲避着，好像感觉好了一些，但是清清的脸上似乎慢慢地少了一些什么。

直到有一天，在班级的作文品读课上，我们分享《我的好朋友》优秀作文。突然，一篇特殊的作文闯入我的视线，因为作文里出现的好朋友的名字正是"清清"，好奇心驱使我继续往下看。在文中，写作文的孩子表达了很多因为清清带来的痛苦与困难，甚至曾有过非常讨厌清清的感觉。但是在几年的学习当中，他发现其实这个同学挺喜欢帮助人的，班级的很多事情都喜欢去做，尽管效果不太好！另外，她的性格也很开朗，常常因为一件小事而开心不已，这种开心很容易将周围的同学"传染"。重要的是，他从清清身上学会了忍耐、感恩！朴实的文字透露出真挚的情感。我被震撼了！我为什么没有好好面对她，发现她身上的优点呢？

后来，我尝试着接近她、了解她，甚至有时候会让她当我的小助手，帮我发作业本。她乐此不疲！班上的孩子对我说：老师，你发现了吗？课堂上那奇怪的声音渐渐少了，教室里的垃圾也不见了，课堂上举手回答问题时也多了一个人。是啊，孔老先生说过："三人行，必有我师焉！"清清也成为我们人生道路上的一位老师，教会我们忍耐与感恩！其实，清清不就像那天上的月亮吗？因为她，我们变了，变得成熟了；因为她，我们学会了欣赏，欣赏特教生身上的闪光点；因为她，我们知道了每个人在社会上都有自己独特的价值。我知道，我们都变了！

美丽的谎言

李 政

  我在农村学校当了十几年的老师，做了十几年的班主任，我既感到幸福，又感到隐隐的伤痛。当我看到他们在我和同事们的努力下成了才，那种幸福感是难以形容的，只觉得自己是全世界最幸福的人。但我也常常为一些特殊儿童的处境担忧，下面这则故事是我在班主任工作中亲身经历的。故事中的女孩是个命运多舛的患有自闭症的留守儿童，没有爸爸，妈妈改嫁不管她，甚至见了面都不认她，她与奶奶相依为命。

  2011年8月，我送走了老一届初三毕业生，又接手了一个初一年级新生班。学生刚进校不到两天，班上一个叫吴××的女生便引起了我的注意。她个子高高的，脸色却有点发白。乍一看她和别的女生没什么区别，但一稍留心就会发现她的不同之处：基本上不与同学交流，下课后也总是待在座位上；穿着整齐，但"漂亮"的衣服总是显得不怎么合身。后来我才了解到，吴××是个患有自闭症的特殊儿童。爸爸因早年"犯了大事"，要坐很久的牢，妈妈便狠心撇下吴××离家改嫁，她便由爷爷、奶奶抚养。吴××经不住这一系列的打击，慢慢变得不开口说话了。祸不单行，爷爷患了重病，不仅丧失了劳动能力，甚至连生活都难以自理。支撑这个家的重担便落到了年迈的奶奶身上。奶奶文化程度低，也没有一技之长，只能在农闲时四处打工挣钱。奶奶告诉我，小学毕业后，吴××死活不愿读书了，整天不出门，最后奶奶好说歹说，她才同意。奶奶说因为经济紧张，已经好多年没给吴××买过新衣服了，这些年她身上穿的衣服都是邻居送的。

  我了解了她的情况后，非常震惊，同时我的心也被深深地刺痛了，我发誓一定要帮助这个可怜的孩子！

  所幸我所在的学校一直比较重视对这类特殊儿童的关爱和教育。这几年学校正在努力为特殊儿童打造一个包容、全纳的融合教育环境，给予每一位特殊儿童公平而有质量的教育。我们发动全校每一位老师参与到这类有特殊需要儿童的关爱与教育活动中，尝试构建由班主任、学科老师、社区人员、家长、普通学生组成的对特殊儿童"一对一""多对一"的"立体"式帮扶模式。

学校有政策，我的工作也就好做了。我召集班上所有老师商议帮助吴××同学的办法，希望她能同其他孩子一样健康、快乐地成长。大家对此事非常热心，提出了不少具体措施，如物质援助、定期座谈、勤走家访、建立成长档案等。

特殊儿童需要帮扶，但我觉得他们更需要自信和快乐。为了有更多与吴××同学接触的机会，帮助她慢慢从自闭的怪圈中走出来，我破例在全班推荐吴××同学担任我所任语文学科的科代表。当我在课堂上宣布这一提议时，吴××同学先是一愣，眼睛里闪出了一道光芒。全班同学热烈地鼓掌，一致同意我这一提议。吴××同学腼腆而开心地笑了。

在老师和同学们的帮助下，吴××同学开始尝试与我们交流，偶尔还能看到她甜甜的笑容。在第一学期结束时，吴××同学因进步显著，受到了学校表彰。

不巧的是，第二学期刚开学不到两周，有一天，吴××同学没来上学，我又无法联系上她奶奶，急得我和班上的同学如热锅上的蚂蚁。我很怕吴××有什么闪失，幸好我经常到她家去家访，早已熟悉去她家的路，于是赶紧到她家去探看。还未到她家，我便看见吴××同学瘫坐在路边的田埂上，脸色白得像一张纸，自行车倒在了一边，书本散落一地。我二话没说，赶紧扶起她，直奔县医院。

医院检查的结果是她心脏有点问题，再加上营养不良导致突然晕厥，所幸的是暂时没有大碍，不过要住院治疗一段时间。吴××住院了，我把她的具体困难向学校反映，学校决定尽最大努力解决吴××住院的经费问题。我班的同学和老师们也比较热心，轮流来看望她，并给她补落下的功课。几天后，吴××病情稳定，脸上也有了血色，在征得医生同意后终于出院了。

在吴××生病的这几天里，我班的老师和同学给了她不少真心实意的帮助，这让她很感动，开始主动与老师、同学交流。出院后的第二天，她便来学校上课了。

大概是吴××同学病愈上学后的第三天吧，中午时分，学校门卫师傅给我打电话，说吴××的家长在校门口等我，找我有事。我有点纳闷，怎么今天吴××奶奶跟往次不一样了，不到我办公室？想着想着，我已走下教学楼，到了校门口，原来并不是吴××的奶奶，而是我并不认识的、一个三十多岁的女人。吴××同学在我班读了半年多的书，除了她奶奶，并没有第二个亲人到过学校或同我联系，哪怕是电话。

那个妇女一见到我，连忙问我是不是吴××的班主任老师，我说"是的"。她脸上马上露出愁苦不安的表情，尴尬地说她是吴××的妈妈，听说吴××病了，特来看看。吴××一家的情况我比较了解，但对她妈妈我还是陌生的，因为无论是吴××的奶奶还是吴××本人都极少提及她。我只是知道她在吴××几岁时改嫁了，虽离得不远，但很少回家看吴××。她大概看出了我的想法，又连忙解释她心里仍然是关心吴××的，只不过改嫁他人之后，有她的为难之处。说完，她央求我把吴××喊出了，她要单独看看自己的女儿。

弄懂她的来意之后，虽然我觉得这个当妈妈的对女儿有点狠心，但毕竟孩子是无辜的，她既然来了，我应该尽力让吴××同学感受这迟来的母爱。

我上楼把吴××喊出教室，告诉她妈妈来看她了。我原以为她会很兴奋，结果她先是一愣，然后一脸茫然。或许在多年的孤独、凄苦与等待中，"妈妈"这词已离她越来越远了吧。

吴××随我到了校门口，来到妈妈面前，我在心里为她们高兴。忽然，妈妈大声问我：

"老师，老师，这是吴××吗？"

我连忙说道："是啊，这正是吴××。"

"不是的，不是的，这不是吴××，老师你是不是搞错了？"

那女人一边高声嚷嚷，一边打量着吴××。

吴××挣脱了那女人的手，伤心地哭着跑回了教室。

那女人若有所悟，赶紧问我，这个吴××是不是住在××村7组？我说"正是"。

吴××早已跑出了我们的视线，她尴尬地站在那儿。这一幕，让学校门卫师傅和我吃惊不小，也深深地刺痛了我的心。作为老师，对这样的母亲，我实在无话可说。

过了好一会儿，那个女人终于回过了神。努力向我解释道，她的孩子长高了，长大了，连她也不认识了。

看到她尴尬、落魄的模样，出于本能，我想安慰她几句，但我实在不知道该说什么，我又能说什么呢？

最后，我试着问她是否要上楼去看看女儿。她伤心地说："不了，不了。"一边说一边从口袋里摸出一张20元的皱巴巴的纸币，让我转给吴××。

我拿着她给女儿的20元钱，心里真不是滋味。

当我回过神来，她已转身离开了学校，留下我一个人站在原地，不知所措。

此时正值正午，烈日当头，我却感觉到了从未有过的冰凉，从头到脚。

因为我知道，这件事已深深地刺痛了一个孩子的心。

我该怎么办？

我回到办公室，慢慢平静了下来。是的，我可以有一千个理由去责怪那位母亲，可以有一千个理由去安慰一个被母亲伤害的可怜孩子，但这样做是否能真正帮上这孩子呢？一个孩子的心里一旦种上对母亲仇恨的种子，她这一辈子会快乐吗？

我不能让这个女孩的心里滋生出仇恨，这样只能加重她的病情，甚至会毁了她。我再三思考，决定"欺骗"她，用我的善意。

下午放学后，我把吴××叫到办公室，把那皱巴巴的20元换成了崭新的200元，递给她，说是她母亲给她的。我对吴××说："今天，你挣脱妈妈的手跑了，这是没有礼貌的表现，虽然老师完全理解你，但她是爱你的，她现在的处境非常不好，有她的难处。这几年，你妈妈都在外打工，所以没来看你，但她心里还是很惦念你的。她希望你能好好读书，将来考上大学，她会想办法供你上大学的。"

吴××听得很认真，泪流满面。我明白，她心里非常想亲近母亲，渴望母爱！

在吴××同学接下来两年多的初中生活里，我和班上的老师忍不住一次又一次地想尽办法"冒充"吴××的妈妈：严冬里，"妈妈"及时给她捎来了崭新的羽绒服；当她的学习状态不佳时，我会及时给她传达"妈妈"的关心和鼓励……

在这三年里，发生了太多的事，我和其他老师早已把吴××当作自己的孩子。刚开始，我迫不得已"冒充"吴××妈妈时，心里总有点别扭。但后来，我情不自禁地陷入了这个角色，假戏真做。或许，吴××早已洞察了我们的"伎俩"吧，但我慢慢地感觉到她已经习惯，甚至开始依赖这种特别的"母爱"。

三年的时间就这样度过了。慢慢地，吴××从自己封闭的孤独的世界里走出来了。我们在吴××心里种下的爱的种子终于开了花，结了果。2014年中考，吴××以优异的成绩考上了县重点高中。2017年高考，她又以优异的成绩考上了一所川内不错的师范大学。开学前她到学校来看我，我笑着问她为什么要考师范大学？因为按她的分数完全可以上一所更好的大学。她对我说，她要像我一样，将来成为一名乡村教师，用自己的"爱"去帮助那些像她那样的特殊孩子！

爱，让每一粒种子都开花
——随班就读教育叙事

李　岚　蒋志英

每个孩子都是一颗花的种子，随班就读生就像是迟开的花朵，他们也有自己独特的美，需要别人欣赏。

作为一名从教10年的小学教师，我接触的都是一些活泼健康的孩子，直到有一天，我遇到了两名特殊的学生：桢桢和阳阳。桢桢，脑瘫患儿，智力低于同龄普通孩子，无法独立行走。阳阳，因患进行性肌营养不良，需轮椅代步，且病情持续恶化。这样的孩子，不得不让人感叹：同在蓝天下，她们本应像其他孩子一样快乐成长，有着美好的未来，可命运却如此不公。我感到身上重重的责任和义务。

考虑到桢桢和阳阳的特殊情况，学校对厕所、楼梯进行了改造，安装了扶手坐便器，设置了无障碍通道。同时，为了方便两个孩子进出，学校将我班的教室长期固定在一楼离校门、操场、厕所最近的位置。学校还联系了新津县残联为阳阳免费配备新轮椅，为桢桢配备康复训练器械。学校特殊教育资源室也将她们纳入服务对象，联合各科老师与残联康复员为她们分别制订了个性化教育计划和康复训练计划。作为班主任，我查阅了大量特殊教育方面的资料，并多次与成都市特教专家蔡明尚、曹照琪交流探讨，以便根据她们的具体情况，有针对性地采取措施，创造性地开展工作。

一、营造关爱氛围，建立伙伴互助

阳阳是一个自尊心很强的孩子，因为身体原因，她很自卑，几乎不与人交流，班上的同学也不知该如何和她交往。看到这种现象，我主动和她聊天，争取获得她的信任。开始时，我们的沟通非常困难，她几乎拒绝和我交流。

但我坚持每天和她谈一些她感兴趣的话题，她逐渐放下戒备，敞开心扉，开始主动和我交流，渐渐地也和我分享一些学习、生活中的趣事。趁此机会，我在班上召开了一次主题班会——"爱与你我同行"，教同学们如何去帮助有需要的人，去爱身边的人，效果很不错。课后，我在班上发出"争当助学小伙伴"的倡议，号召同学们一起来帮助桢桢和阳阳，大家都踊跃报名。针对两个孩子的不同情况，我为她们各自选定了助学伙伴。

例如，桢桢学习成绩不太理想，我把她与班中三名品学兼优的同学安排在一个学习小组，当她遇到困难时，小组内的同学就会主动帮助她……渐渐地，桢桢的作业完成得越来越好，上课举手回答问题的次数也多了。每次，只要桢桢稍有进步，我就会在全班同学面前大声地表扬她，她的脸上总是抑制不住兴奋。

阳阳性格内向，我特意选择班上几个活泼开朗的同学做她的小伙伴。他们常在课间推着阳阳去教室外玩耍，帮助她上厕所。孩子们还常把阳阳推到操场，鼓励她自己推轮椅，因为在康复员的培训指点下，小伙伴们知道阳阳需要锻炼手部肌肉，尽量避免病情加重。

在助学小伙伴的影响下，越来越多的同学加入帮助桢桢和阳阳的队列，她们在学校的好朋友越来越多，自然而然地就融入了我们这个大家庭。

二、坚持随班就读，因材施教

桢桢的学习能力弱，但只要她有一点进步，哪怕只是学会一个字，我都会及时表扬她。当我上《谁说没有规则》一课，问"你发现校园里、大街上有哪些不守规则的不良现象"时，同学们齐刷刷地举起了手。这时，我发现桢桢想举手，但又害怕地缩了回去。于是，我走到她的课桌旁，大声说："今天桢桢听课非常认真，我们请她来回答这个问题，好吗？"同学们都大声说好。但桢桢只是望着我，默不作声。我摸了摸她的头，坚定地说："试一试，老师相信你一定能行！"桢桢的眼神中流露出一种自信，小声说道："有人在过马路时闯红灯、翻护栏。"话音刚落，教室里便响起了一阵热烈的掌声，我也及时鼓励她："桢桢回答得很好，看来她平时观察得很仔细。"听了我的话，桢桢开心地笑了。从此以后，她变得积极自信了。

三、整合教育资源，建立支持系统

除了助学小伙伴，我同我校特教资源室老师李敏一起联系了退休教师、在校大学生、社区医生和残联康复员帮助桢桢和阳阳，将"助学伙伴"从同龄小伙伴拓展到了学校教师伙伴、家庭伙伴、专业伙伴、社区伙伴，整合运用学校、社区、家庭的自然资源，构建了伙伴支持系统。

在大家的共同努力下，两个孩子都有明显的进步。桢桢经过康复训练，现在已经能够独立行走，还能积极参与课间活动和部分体育活动，而她的成绩也由 20 多分提升到及格水平。以前沉默寡言的阳阳也变得乐观开朗了，经常积极主动地与同学们交流、玩耍，学习成绩一直保持在班上的中等水平。

2013 年 10 月，阳阳接受了新津县"春兰红十字博爱金"基金会的捐款。学校的帮助、社会的关爱不仅让桢桢和阳阳感受到了温暖，也让她们的父母感动不已。2014 年 10 月，中残联挪威项目参观团到我校参观座谈，阳阳妈妈谈到女儿在学校的成长时，感动得热泪盈眶，泣不成声。会后，她拉着我的手一个劲地说"谢谢"。她的肯定给了我们将这份工作继续坚持下去并做得更好的动力。望着她远去的背影，我的眼眶湿润了，因为我深深地明白，孩子的进步不仅是自己的成长，更是一个家庭"生"的希望。

每一个生命都有自己独特的经历。花开必有时，哪怕是一朵迟开的花，只要用爱去呵护它，它定能华丽绽放。

难忘的特教往事

徐万清

2005年9月，我初次接触特殊教育，面对两名随班就读的听障生，手足无措。怎样才能让他们健康成长呢？我积极思索，不断钻研，聆听专家教诲，向书本寻求良方，终于找到了行之有效的方法。

听障生高××曾在新津县某中学随班就读，她的父亲因意外事故去世，她主要由母亲照料，同时也得到了来自社会各界的无私帮助。

7岁那年，她生病发烧，因药物致残，右耳听力尽损，左耳听力也有损伤，好在早期干预情况较好。

我与她的接触始于2005年9月，当时，我班接纳了两名听障生随班就读。为了他们更好地学习，我将其座位安排在第三排。刚开始，她还循规蹈矩，但随后便出现一系列情况。几乎每天都有同学反映自己的笔不知道掉到哪里去了。我经过细心排查，终于有了眉目，发现高××确实有爱拿别人东西的坏习惯。

对症下药

经过调查发现，她的确有乱拿别人东西的不良行为，并且在小学时就多次发生。据说她家里有200多支笔。我想，她可能有喜欢拿别人各式各样的笔的"怪癖"。通过认真分析、仔细求证，我非常慎重地决定——"软"处理。

我先与她交流，进行暗示，然后让她写情况说明，汇报一下自己的学习情况和思想状况，以便从中寻找解决问题的切入点。可是，结果却令我感到意外，她不但没有认识到自己所犯的错误，还反过来认为老师冤枉了她。遇到这样的情况，我也不敢枉下决断，只好安抚掉笔的同学，让他们管好自己的东西，以免遗失，并没有急着让她承认拿了同学的笔。

但过了几天，类似的事情又发生了。当时，有一个学生向我反映，说她的两支红颜色的中性笔无缘无故丢失了，而这个学生又刚好与高××是同桌。

我迅速做出反应，根据了解到的情况，当机立断，认为"一定"是高××拿了别人的笔。然后我采取与上一次截然不同的方式——"硬"处理，与她展开较量，试图找到解决问题的方法。

当然，我还是很关心她，愿意竭尽所能地帮助她，温暖她的心，帮助她进步。

我找她谈话，但未能达到预期的效果。不过，第二天早晨的一件小事却让我更加坚定，并狠下心实施。

某天早上刚到学校，与高××同寝室的一个女生就告诉我，她的5元钱不见了。丢东西的事件频繁发生，如果查不出结果，势必影响班级的形象，令学生们不安。通过了解，与高××同寝室的女生居然都说她的好话，说她如何帮助她们，爱做好事。但事情的真相并非如此，那天早上她没有出早操，在寝室里帮助室友整理床铺。我想高××大概就是在帮助室友整理床铺的时候，顺手牵羊了。

中午，我到住宿区找管理员了解情况，结果发现，高××的确有一大把各式各样的笔。她要那么多笔干什么呢？这令我们费解。我请她解释，然后告诉管理员，如果她不承认拿过钱，就让她妈妈来接她回去。这一招真灵！午自习还没有结束，管理员便带着她来找我，说她承认拿了同学的钱，而且还承认一个月前拿了另一个寝室的同学的复读机。我顺势求证，她终于承认拿了同学的笔。事情水落石出了，可我的心情却更加沉重了。

取得信任

在纠正高××不良行为的过程中，我注意运用多种方法，帮助她建立正常的行为模式，取得她的信任，这是教育取得成功的必要保证。

我采用了笔谈的方法与她沟通。我写一句，她回答。当时我想，这样既可以了解情况，又可以帮助她提高语言表达能力。久而久之，这种交流让她感觉到，老师是爱她的，她自然会信任老师。这种笔谈的方法一直持续到她初中毕业。

在教育过程中，我充分注意发挥家庭教育的优势，将她一周的表现情况通过打电话或写在家校联系本上告知家长，让家长及时了解她当前的状况，有效地配合学校教育。我常常告诉家长："我们的教育不应该只针对当前，还应该着眼于未来。有朝一日，他们能够真正自食其力，不成为家庭和社会的负担，家长才能真正轻松。"

不怕反复

发生在她身上的一系列事情让我逐渐意识到：她的不良行为已经根深蒂固，绝对不会马上彻底改掉，需要耐心引导，长期坚持。

接下来，我咨询了专家，并与她的小学老师以及家长保持联系，向他们说明，纠正这种行为需要我们大家长时间共同努力，否则就会前功尽弃。

可事情还是发生了。有一次，物理老师利用课余时间收取材料费，每人11元，可核对后发现，少了77元。短短几分钟时间，这些钱就不翼而飞。物理老师马上向我说明了这件事。我当机立断，迅速采取措施，问明当时学生的座位情况，心想可能又是高××拿的。随后，我进入教室，让她带着书包到我办公室。经过排查，这77元钱被夹在她的数学练习册中。

这一次，我并没有严厉地批评她，而是非常耐心地与她用笔交流，说明我的用意——老师并不是针对她，而是保护她，还原事实真相。

从那以后，她的这种不良行为出现的频率明显减少。

教育后记

我对高××倾注了极大的爱心和耐心，她终于有了一些改变。其实，很多老师面临巨大的教学压力，不太可能两头兼顾，对特殊学生投入的时间和精力相对较少，加之她们自身的学习基础较差，这就导致他们体验到成功的机会甚少。如果我们不给予他们更多的关爱，对他们的教育就不会取得成功。

矫正高××的不良行为，我综合运用了多种方法，既采用正面鼓励、奖励和激励的手段，强化她的正确的认知行为，又采用合理的心理疗法和惩戒措施，让她懂得不改正不良行为将会毁掉自己美好的一生。

我有时候会想，虽然现在对高××的教育取得了一定的成效，但将来呢？面对现实生活的压力，她的心理会不会发生变化，会不会再次出现以前的种种不良行为呢？可喜的是，高××初中毕业后顺利升入高一级学校，有完善的教育资源体系帮助她继续成长。经过三年的学习，高××从中职学校毕业，现已参加工作，能够自食其力了。2016年9月教师节前夕，她路过新津到学校来看望我，向我诉说工作中的烦恼以及她如何关爱妈妈和外婆的事情。我明显感觉到，踏上工作岗位后的她，已经有了一份责任感，令人欣慰。我有理由相信，她会有一个光明的未来！

爱是最好的钥匙

杨丽萍　郭　燕

我教的班上有几个学习成绩不太好的学生，随读学生小刚就是其中具有代表性的一个。小刚上课时经常拿一支铅笔画书中的插图，学习上吃力，每次考试都"拖后腿"。我心里特别着急，教好每一位学生是我的责任，我不能不管他，不能让他刚上一年级就"掉队"。我思考着应该如何帮助他。

一、用爱心建立良好师生关系，让孩子亲师信道

我发现他特别喜欢画画，于是决定从这点突破。

一天他值日，我边擦桌子边和他套近乎："小刚，听同学们说，你画画很好，可以给我看看吗？"他惴惴不安地把画本递给我。我仔细地翻看了几页，表扬他："画得还真不错。"他脸上露出了微笑，轻松多了。我说："我也很喜欢画画。"同时，拿出一盒水彩笔和一本《美术初学》给他，问他："喜欢吗？送给你！"他憨憨地笑了，点点头。我说："语文、数学是基本功，只有把语文、数学都学好了，才能更好地学习美术，把你的爱好变成特长。"渐渐地，他有问题能主动找我谈了，也能对我敞开心扉了，学习成绩也提高了。

亲其师才能信其道。教师只有用爱心和耐心才能建立起和谐、亲切的师生关系。在心灵相通的基础上，让他们心灵被关爱的阳光照亮，身染的尘埃被清纯的甘露洗去，像其他同学一样健康成长。

二、用爱心寻求有效教学，让学生学有所获

对于随读学生，仅有爱是不够的，教师对学生最大的爱就是让学生学到知识，提高能力。我立足课堂教学，采用适合的教学方法，提高学生的学习效率。

（一）选用合适的教学方法，兼顾学生个体差异

随读学生在认知、分析、综合、概括、抽象、比较等方面与普通学生相比存在差异，因此，我常根据教学内容有针对性地选择实物演示法、体验法等进行有效教学。

1. 实物演示法

实物演示法需要教师采用实物教具将教学内容生动形象地展示出来，学生通过观察、思考获得知识。在实际操作中，多让学生动手参与更能激发学生的学习兴趣，可以使学生掌握的知识具体化、形象化，也为理解和记忆字、词、句创造了条件。在《丁丁冬冬学识字》一文中，为了让随读学生记住含"艹"的字，我将白菜、萝卜、芹菜等蔬菜，松树、柏树、柳树等树木的图片分开挂在黑板上，将它们进行比较，让学生领会含"艹"的字和含"木"的字的区别，最后将写有字的卡片贴在对应的图片下面，加深他们对词语的印象。

2. 表演法

有的课程适于表演教学，学生通过表演领会课本内容，而且表演能活跃课堂气氛，使一部分内向型同学性格发生转变。在《啄木鸟》一文的教学中，在教小朋友认识生字后，为了让他们更深入地理解课文，我设计了表演环节——让同学们分组上台，轮流模仿猫头鹰、喜鹊、啄木鸟的动作和语言。同学们的表演或惟妙惟肖或古怪滑稽，整个教室气氛显得活泼欢乐。表演完后，几乎每个人都能背诵甚至默写该篇课文了。在教师的鼓励下，小刚也参加了角色表演，朗读这篇课文时特别流利。

3. 现场体验法

接触实物或参与实践活动能给人留下深刻的印象。电视上很多节目（尤其是游戏、魔术、唱歌类节目）表演过程中，演员都会主动从现场邀请一位观众同他一起表演。这种互动表演能激发观众的热情。在教学中，我们可以借鉴这种方法，让同学们同老师一起完成教学。如《画鸡蛋》一文，其教学难点是让学生学会观察，最后通过触摸、掂量，体会没有两只鸡蛋是完全相同的。在观察后，我请同学们轮流发言，谈谈自己是怎么观察这些鸡蛋的。同学们都能从形状、大小、颜色等方面回答。小刚虽然没有举手回答问题，但他听得很认真。

（二）借力现代信息技术，教学过程形象生动

利用现代信息技术，采取多种教学手段，使学习过程更轻松，使知识更

形象。文本、图形、图像、动画、声音等直观形象，且具有可重复性，使得知识内容丰富多彩，刺激多种感觉器官，最大限度地降低学生生理障碍带来的影响，促进随班就读学生高效学习，提高随班就读质量。例如，在教"瓜"字时，我先制作活动投影片，其中四根藤像"爪"，加上一条小黄瓜就成了"瓜"，让学生在黑板上书写，学生印象很深，从而避免了死记硬背，导致学生学习兴趣减退的现象。

三、家校协同支持，让孩子"跟得上"

随读学生要跟上普通学生的进度，就要付出更多的精力。教师还要做好辅导和预习铺垫，以保障他们"跟得上"。

1. 做好家长工作，取得家长的支持和配合。

小刚的家长和其他一些后进生家长一样，面对孩子学习落后，对孩子期望降低，疏于管教，孩子逐渐表现出一些行为和学习问题。我在两次家访后，经常和小刚家长电话联系、交流，家长感受到教师对孩子的关心，出于感动和感激，积极配合，对孩子的学习也越来越重视。

2. 保持家校联系，进行家庭教育指导

许多家长总感到对孩子的教育力不从心，我通过各种途径对家长进行家庭教育的指导，经常给小刚家长介绍学校老师针对孩子的教育目的、内容、方法和技巧等。教师和家长达成了通过作业检查进行每日联系沟通的默契，及时进行学习辅导和预习。

3. 教师加强学生学习的补偿和学习辅导

学校主要采取伙伴、同学帮助的形式和教师抽离进行教学和辅导。针对随读学生和学习后进生建立助学伙伴群，帮助他们提高学习成绩。"小老师"有效减轻了教师的负担，教师针对突出的问题，对学生学习的难点进行抽离辅导和预习。

四年了，小刚各方面都取得了较大进步，成绩越来越好。只要教师处处为孩子着想，具有较强的责任心、爱心和耐心，就一定能找到成功的钥匙，让随读学生幸福地享受学习和生活的乐趣。

一方剪纸种信心

龚建蓉　彭　婷

在多年的融合教育中，我们发现，随班就读的孩子不仅在记忆能力、思维能力、动手能力、语言表达能力上与普通孩子存在差距，更让人揪心的是，这些孩子大都缺乏自信。但可以肯定的是，他们同样对生活、对世界充满好奇。基于此，我校开展的融合教育以剪纸为依托，剪纸将他们带进了全新的生活。

一、剪纸作品激发浓厚兴趣

剪纸艺术源远流长，历史悠久，其刀剪之功被誉为"鬼斧神工"。小小一把剪刀，薄薄一张纸片，手指在不经意间的开合，就能剪出世间众生万物，剪尽人生千奇百态……漫步在邓双学校，教室里、走廊上、功能室，一幅幅栩栩如生的剪纸作品像一颗颗珍珠装点着美丽的校园，又像一块块魔法磁铁吸引着一双双好奇的眼睛，冲击着一颗颗爱美的心灵。置身其中的随读学生也耳濡目染、潜移默化地受到熏陶，情不自禁地产生好奇心，进而激发浓厚的兴趣。

随读学生晓燕还在读三年级时就常常驻足在美术室前，舍不得离去。学校通过多次讨论、研究，决定让美术教师担任资源室辅导教师，让随读学生参加剪纸兴趣小组，希望通过剪纸活动促进随读学生的身心发展。

二、剪纸活动练就心灵手巧

参加剪纸活动能提高学生各方面的能力。例如，使用剪刀需要双手及五指配合，手腕转动，小臂用力，科学、合理地锻炼孩子的手部灵活性和协调性。对智障儿童而言，手指的精细动作训练会刺激大脑的相应区域，而大脑的思维又可以不断纠正并改善手指动作的精细化程度，从而提高智力。正如苏霍姆林斯基所说：

"儿童的智慧在他们的手指尖上。"剪纸可以使孩子安静下来,专心致志地干一件事,可以使他们练出一双灵巧的手,而手的灵巧又会促进智力的开发。

我们认真分析了随读学生身心发展的特点:观察不到位、动手能力弱,精细动作差,手脑不协调。而手指的运动主要是精细动作的发展,其在儿童智能发育中非常重要。为了让随读学生更好地发展,我们根据随读学生特点制订相应计划,每周定时开展剪纸活动,进行有针对性的训练。坚持"系统性、渐进性"的原则,由易到难,由简到繁,从直观、模仿性练习逐步过渡到独立自主性练习。通过剪纸小组活动,随读学生对剪纸艺术有了一定的了解,从学会使用剪刀、纸等剪纸工具,到灵活运用剪刀等剪纸制作工具进行模仿、创作。随读学生由于观察力、记忆力等方面存在缺陷,不能全面、有序地观察教师的教学活动。针对这些特点,辅导教师主要采用"多示范、勤练习"的方法。通过教师多次准确的示范,并加上适当形象的语言讲解,随读学生掌握了动作要领。然后,在学生模仿的同时再手把手指导,及时纠正学生的错误动作。学习以后,每次活动前还要反复练习几遍。在活动开展中,我们还充分利用普教学生的资源,让普教学生和随读学生共同完成一幅作品,教师讲解动作要领后让普教学生在小组内示范讲解动作要领,甚至让掌握较好的随读学生教其他随读学生。在剪纸活动中,我们特别注意随读学生的差异性。由于每个随读学生的智力发展水平不同,手脑协调能力、观察能力、模仿能力、创造力等也各不相同,根据其具体情况实行个别化教学就显得尤为重要。不同的孩子,相同的精细动作,达到的训练目的不同,起到的效果也不同。因此,在活动中训练重点、训练目的各有侧重。例如,同一节剪纸内容,对于"唐氏宝宝"小倩而言,不仅要降低难度,还要教师手把手指导她完成任务。细到剪刀的把握、开合、彩纸的拿捏都需要教师亲自示范、指导;对于轻度智障生晓燕而言,我们对她的要求则是训练手眼协调性和观察能力,重点指导她在临摹时注意观察作品的线条,通过手眼协调使作品线条更流畅;对于剪纸技术纯熟的小祥而言,我们不仅要求他熟练使用剪刀模仿教师的作品,还要求他像普教学生一样能灵活运用剪纸工具独立完成一幅完整的作品。"不积跬步,无以至千里;不积小流,无以成江海。"在师生的共同努力下,奇迹出现了。孩子们认识了剪纸工具,爱上了剪纸,能熟练地剪出一幅幅活灵活现的作品。

三、成功体验播撒信心的种子

曾经,对文化科目的茫然一次次无情地摧毁他们仅有的自信,孩子们在无形中感受到自己的"特殊"。那少得可怜的分数也一次次熄灭辅导教师热情的火焰。剪纸小组活动开展以来，一系列的变化在随读学生身上悄悄发生着：动手能力提高了，手脑协调了，变得爱动脑筋了，偶尔还会认真地对其他同学的剪纸作品"指手画脚"，介绍自己的经验；孩子们变得自信、开朗了，笑容重新出现在孩子脸上；能主动参加集体活动了；上课能长时间安静听讲了；眼睛有神了；能完成老师布置的作业了……看着随读学生晓燕那天真的笑容，课堂上高高举起的小手，没有谁会相信，这孩子曾经是一问三不知、一说上学就哭、在班上谁都不理的孤僻小女孩。曾经失望、已放弃的妈妈又积极主动地配合学校工作，请退休教师辅导孩子学习，帮助孩子重新燃起学习的信心。

　　在剪纸活动中，我们惊喜地发现剪纸成了唤醒随读学生自信的"魔棒"。我们知道，人的能力是有限的，但人的努力却是无限的。人们总是通过不断的努力不断地提高自己的能力。其中信心正是这种努力永不枯竭的动力源泉。"有信心的人可以变渺小为伟大，化腐朽为神奇。"今天，我们在剪纸这方天地间种下信心的种子，让孩子们体验到成功的喜悦，找回生活的信心，就像将一颗颗自信的种子种在他们幼嫩的心房里。虽然剪纸不一定会成为孩子们赖以生存的一技之长，也不会换来清华、北大的录取通知书，但是信心的种子一旦生根发芽，就会茁壮成长！

让随班就读学生扬起自信的风帆

张 燕

每个孩子都是唯一的，每一个孩子都是有差异的，但随班就读学生在我们正常的教学中是最容易被忽视的。其实，这些孩子是最需要我们关注的。作为一名人民教师，我们要因材施教，一视同仁，将每个随班就读的孩子当作自己的孩子对待，给予他们一个宽松、愉悦的学习环境。宽松、愉悦的学习环境是随班就读学生顺利在普通学校就读的重要条件，这里的学习环境指的是"学校、班级都要建立良好的助残环境，接纳残疾学生，亲近他们，给予他们平等的学习权利与机会"。残疾学生随班就读可能会有一些心理障碍，因为他们在过去的学习与生活中受到过种种伤害，他们的心理十分脆弱，承受能力很差。较同龄学生相比明显孤僻、胆小、退缩，也不愿与其他同学交往，更不愿到陌生的环境中去，宁愿一个人待着。有退缩行为的儿童，即使随着时间的推移也很难适应新的环境，有可能持久地影响到他们成年后的社交能力、职业选择等。因此，教师要帮助随读学生，为他们营造一个宽松愉悦的学习环境。

在教学中，我针对随读孩子的具体情况采取了以下教育措施。

一、关注随读学生，用爱贯穿教学

随班就读儿童的心理发育较差，智力存在不同程度的障碍，并伴有一定的适应性行为障碍。在普通孩子面前，他们比较自卑，不愿意与人交往，经常躲在角落里。苏联教育家赞可夫曾经说过："没有爱，就没有教育。"作为教师，我们应该清楚地认识到，随班就读学生也有自尊，他们同样渴望得到老师的关注，渴望得到同学的认可。因此，教师对这部分学生不能袖手旁观、视而不见。我们应该从各方面去关心他们，使他们看到希望。于是，我经常主动接近他们，让他们消除与老师的隔阂，帮助他们消除心理障碍，他们开始愿意与老师交流，并将心里话对老师诉说。

如本班的随读学生晓燕，她的基础较差，又不善于表达，很多学生都不愿意跟她在一起。了解到这个情况以后，平时我就经常和她谈心，了解她的家庭情况。我还找了一个同桌帮助她。只要她取得进步，我就会在全班表扬她。得到了老师的表扬，她的脸上洋溢着幸福的笑容，学习更积极了。在我的带动下，其他同学都争着去帮助晓燕。实践证明，我们在教育教学中一定要关注这些随班就读学生，对他们的点滴成功都要及时肯定，这样他们就会振奋精神。虽然他们也会做错事情，但我们要学会宽容。如果他们在学习上反应迟钝，或者成绩不理想，多次讲解依然不见效果，我们也不能用犀利的言语指责他们，以免挫伤他们的自信心。成功的教育是爱的教育，爱能激发学习的热情，能给学生以勇气和信心。一个人只有对自己充满自信，才会对成功充满渴望，才能去拼搏，去奋斗。

二、耐心期待，传递师爱信息

罗森塔尔效应证明，学生有实现自我的期望，教师应该以爱心去温暖有退缩行为的随班就读儿童孤独、寂寞、自卑的心灵，这种关爱会转化为学生积极活动的动力。而那种不耐烦的冷漠态度，只能加大对学生的心理伤害，使他们更加退缩。

教师要给随班就读儿童提供一个宽松的学习环境。以积极、友善的态度引导他们主动参与各种活动，允许他们各抒己见，师生共同分析问题，寻找答案。对随班就读的儿童学习上出现的错误采取宽容的态度，对他们多鼓励，多给予关心和照顾。这有利于调动随班就读儿童学习的积极性，从而提高他们的活动水平，减少他们的社会退缩行为的产生。例如，让孩子参与值日，让孩子融入班集体。我班随读学生晓燕第一次值日时一个劲地说"我不行"，缺乏自信。怎么办呢？我找来几个班干部商量，提前一周就引导晓燕做好值日生。她值日前一天，我不放心，把她叫到办公室，鼓励她。在老师和同学的帮助与支持下，晓燕顺利完成了第一次值日工作。她的表现也让同学们刮目相看。从这次值日开始，她慢慢走出自卑的阴影，渐渐融入班集体。

三、帮助获得成功，培养自信心

每个学生都有获得成功的需要，并希望得到他人的认可和信任。在教育教学活动中，教师应及时、充分肯定随班就读儿童的点滴进步，从而使他们获得成功的喜悦，逐步克服其自卑的心理，激发其学习动机，改善他们对学校和学习的消极态度，使他们树立自信心，产生好学、乐学、上进的动力。我还根据每个随班就读儿童的优势、长处，给他们安排一定的工作，使他们有表现和发展自己能力的机会，有为集体和他人服务的机会，从而逐步产生参与各种学校活动的兴趣与积极性。晓燕同学的识记能力和思维能力差，但在绘画、剪纸方面却有一定的优势，喜欢剪纸、绘画。因此，我在建设班级文化时，特意安排她做我的小帮手，剪一些花边，贴几张图片，还把她的作品展示在墙上。在同学们羡慕的目光中，孩子自信、快乐的笑容浮现在脸上，同学们游戏的队伍里有她的身影，讨论绘画时能听到她的声音。就这样，成功的喜悦滋润着孩子脆弱的自信，他们不再退缩。只要他们一方面的潜能被激发出来，其他方面的潜能也会凸显。因此，我们要创造机会让他们表现自己的才能，发挥其特长，及时发现他们身上的闪光点，减少他们学习中的挫折，尽可能多地给他们以肯定和赞扬，从而使他们在不断成功中培养自信，激起他们对成功的追求。

四、树立榜样同伴支持，走出自我

按照班杜拉的社会学习理论，个体通过观察别人的行为表现及其结果，可以模仿被强化的榜样行为。所以，应安排个性积极、主动、自信的普通学生与随班就读儿童共同学习，使随班就读儿童可以模仿普通学生，学习适当的社会行为，减少不必要的退缩行为。鉴于晓燕胆小、内向，我特意安排洋洋同学做她的助学伙伴。洋洋性格外向，和同学关系融洽，喜欢和同学交流，敢于表达自己的意见。我让洋洋无论在学习还是游戏活动中，都带上晓燕，有意识地帮助晓燕和同学相处。晓燕在洋洋的带动下变得开朗起来。

此外，我还注意引导晓燕调节自身情绪。情绪调节是通过改变情绪的表达方式或者面对负性情绪时使儿童的情绪处于控制状态，从而使行为处于被控制状态。进行情绪调节，应将重点放在情绪体验而不是环境因素上，目的是帮助行为问题儿童理解与控制自身的情绪，获得正确的情绪体验与表达方式，进而调节产生符合社会要求的行为方式。随班就读儿童的情绪往往受到压抑，因此，情绪调节前要让学生进行适度的情绪宣泄，让他们淋漓尽致地发泄自己的委屈、不满、忧愁和怨恨等情绪，达到心理平衡。运动会上，在进行迎面接力时，晓燕掉棒了，结果我们班得了第三名，有同学就责怪晓燕，她委屈地哭了。看得出来，她比谁都希望我们班能赢，比谁的压力都大，我真怕她又回到从前。怎么办呢？我任由她哭，待她心情平复后，再对她进行引导。通过引导晓燕进行自我暗示，建立现实与理想之间的桥梁，改变她对自己与环境的看法，进而建立合理的情绪反应机制，使晓燕悲观失望的消极情绪发生变化，进而充分调动她的积极性，发挥其潜能。

总之，在教育教学过程中，教师要根据学生的发展，采取相应的教育措施，给予随读学生帮助、支持，让他们的童年少一些退缩、胆怯，多一份自信、进取，助他们健康、快乐地成长。

我想抱你摘"桃子"

周　静　罗继伟

生命是最值得尊重的，正如世界上没有两片完全相同的树叶一样，每个人都是独一无二的，有自己独特的风格。你就是你，是任何人都无法替代的。他十年前降临这个世界的时候，就和别人不一样，没有绚烂的烟花作礼，没有络绎不绝的亲朋恭贺，只因他降生在一个特殊的家庭。

环境决定了他生活的状态。上帝为什么不赐予他智慧呢？至少可以让他有先天的禀赋，能和别的孩子一争高低呀！经过诊断，他存在认识事物障碍和学习障碍。

四年前，妈妈牵着他的小手来到学校，他却不知所措，只是依偎在母亲的身旁。在他的眼里，母亲是保护伞。后来，他来到了我的班。

他比别人矮一头，身材纤瘦，我安排他坐在教室的前排。了解了他的家庭情况后，我忍不住想要呵护他。

首先，给他温暖的爱。

爱是一种最伟大的力量。还记得刚入学两个月，秋意渐退，冬天如约而至，穿着单薄的他开始畏难了，不懂如何教育和规范他的妈妈就只有任由他耍小性子，早上不起床，等来到学校的时候几乎是上课时间了。接着就是隔三岔五地旷课，等我抽空赶到他家里的时候，他还躺在床上看电视。而院子里能下脚的地方找不出几平方米来。他的妈妈继续洗着几件衣服，反复说着："他不起来，我喊他也没用。"甚至连招呼我入座的基本礼节她也欠缺了。顾不得和她客套，第一次，我亲自照顾一个学生起床、穿衣，可他还是不肯去学校。我开始鼓励他打扫院子，手把手教他握扫帚。那个冬天，他来学校的次数很少。找他的父亲沟通，他也只是叹气："我也没有办法，我每天很早就到工地了，他妈妈喊不动他，我也只能有时间的时候亲自送他去学校。"

我和校领导多次去他家，给他送去文具、衣服。春天来了，他也回到了学校。我没有责怪他，怕吓着他。上课时，我尽量选一些简单的问题请他回答，给他展现的机会。课后，我让孩子们邀请他一起游戏，一起背书上的儿歌。在我和孩子们的鼓励下，他一天天大方起来。来学校也不再牵着妈妈的手了。也不知道是因为春天的温暖，还是因为他感觉到了我和全班孩子给他的温暖，反正他再没有旷过课了。

其次，抱他去摘"桃子"。

马斯洛认为，只有低层次的需要得到满足以后，高层次的需要才有可能成为行为的重要决定因素。他在接受事物方面存在障碍，要想达到普通孩子的水平比较困难。其实，在课堂上他总是会认认真真地听讲，一笔一画写得特别规范，但他就是连最基本的生字词都记不住。在征求班上孩子的意见后，我让他们自愿组成两个帮扶团，轮流在学习上帮助他。

课堂教学中，只要是生字词的基础知识，我会故意请他跟同学读，请他教读能认识的词语，请他朗读简短的自然段。我会在同学们面前夸他读音真准确、声音真响亮。短短的一句表扬常会吸引孩子们赞赏的目光，看得出他心里乐滋滋的。渐渐地，他越来越大胆了，现在，在练习和表达句子时，他还能大胆地举手发言。还记得一次练习（填上适当的词语）：（　）的雪梨、（　）的小路、（　）的溪流，交作业时，他这几个地方是空缺的。我看了看他的作业，没有评价，只对他说："你认真想想，试试看，我相信你一定能做好的。"他拿着本子回到教室。几节课后，他把本子交给我，上面没有了空缺，写上了这样的答案：（香甜）的雪梨、（洒满月光）的小路、（细细）的溪流。我问他怎么想到这些答案的，他说："我吃过梨子，知道它的味道很香甜。我还翻了书，课文里有'洒满月光的小路'。"我高兴极了，原来，只要引导得当，他也可以摘到"桃子"。

在打扫卫生时，我要求他和其他孩子一样完成任务；班队活动谈到自己在家里的孝道行为时，我也请他起来说一说，明确告诉他怎么成为一个讲卫生、爱劳动的孩子，怎么去帮助妈妈做力所能及的事，让他明白不能使小性子，要学着去做一个懂事的、能干的孩子。现在，他除了在学习上和别的学生有差距之外，其他方面几乎没有什么差别，也没有一个孩子用异样的眼光来看他。

我衷心希望，他们能健康快乐地成长！

陪伴花开

殷玉萍

清晨，我悄悄走进教室，同学们手捧着书，在小干部的带领下专心致志地读着。其中，小吴的声音最洪亮，我欣慰地笑了。

小吴有轻度的智力障碍，由于智力上的缺陷及成长的经历，有些胆小、孤独、自卑，不愿与人接触。还记得我刚到这个班的时候，一进教室，同学们都很兴奋地看着我，热情地同我打招呼，而他却坐在角落里，怯生生地看着我。上课时，他的注意力不能较长时间集中，学习积极性较差。喜欢发呆，或者东张西望。我刚教过的词语，他都不能准确认读。他的记忆速度慢、遗忘快，机械记忆多。请他造句，语言简单贫乏，缺乏连贯性。做题时，不善于分析、概括，无法理解事物的内在联系。他思维不够灵活，适应能力、应变能力差，刚讲过的题，换了个说法就不会了。不能将字写入格子中，总是写得很大，歪歪斜斜的。缺乏自信心，易沮丧，不太接受别人的建议，很固执。

经过一段时间的观察，我觉得如果他再这样下去，肯定无法融入班集体，无法健康成长。

每个孩子都有一个独特且丰富多彩的内心世界。我决定先与他接触，走进他的内心。《学记》有云："亲其师，信其道。"孩子一旦信任老师，就会听老师的话，按老师的要求学习、生活。如何才能走进孩子的内心呢？只有爱护他、包容他，才能走进他的内心，让他变得自信、阳光。一开始，他不愿意与人接触，我就主动邀请他和其他同学玩，担当一个积极的游戏伙伴，引导他释放自己的天性。在共同游戏的过程中，他逐渐亲近我。我还像母亲那样关心他。早上，我一见他，就主动和他打招呼，帮他理理衣服和红领巾；课间，和他聊聊天，说说家里的事、学校的事；当他需要时，送他一支笔或一个本子。在交往中，他感受到我的爱心，我渐渐获得他的信任。我们建立了信任和合作的关系。

在我们的关系稳定以后，我有意地帮他正确认识自己，树立自信心。

孩子的自信心像金子一样可贵，有了信心，他们将会坚持不懈地去奋斗。那天，他上课状态不好。放学时，我拦住他。他看到我时，愣住了，头深深地埋下去，以为我要批评他。我轻轻地拉住他的手，微笑着对他说："老师来和你聊聊天。"他放松了许多。我问他："今天发生了什么事吗？我发现你的心没在课堂上呢！"他脸红了，告诉我："我有些听不懂，觉得自己很笨，再怎么学成绩也不会提高。"我摸了摸他的头，告诉他："每个人都有许多不足和遗憾，要学会欣赏自己，正确对待自己。五根手指各有长短，它们都有自己的用处，何况是人呢？只要你努力，比别人多下功夫，老师相信你一定会取得很好的成绩。你也要有信心喔！"他静静地听着，若有所思。

找他谈心以后，我反思了很久，也找到了自己的不足——没有做到因材施教。我忽视了他与普通学生之间的差异。针对他，我应该特别注意在课堂上下功夫。于是，我在备课时，在多媒体课件中多加一些直观的音像资料，激发他的学习兴趣，调动他的学习积极性，使他能主动地掌握知识。几天后，他有了很大的改变，课件一放出来，他的眼睛就亮了。看得出来，他努力把注意力集中在课堂上。虽然还是有走神的情况，但进步是明显的。我尽量让我的语言形象、具体、生动、有趣。介绍新知识时，我会做形象的描绘，有时还用手势或身体动作示范，帮助他理解和掌握所学的内容。看着他那专注的样子，我很高兴。我还尽量找一些简单的问题，请他回答，并及时鼓励他。他越学越有信心。在讲解生字、课文时，我考虑到他的接受程度，在某些环节有意放慢速度，便于他掌握。他一有进步，我就及时表扬他。我利用这些方式吸引他的注意力，同时激发他学习的兴趣，增强他的自信心，使他奋发向上。从此以后，他对学习非常感兴趣，学习态度也很好。渐渐地，他的字写好了，成绩和各项能力也有了明显的提高，人也变得大胆、开朗了很多。虽然他与其他孩子比起来还有很多不足，但是我相信，春风化雨，在我的耐心陪伴下，他一定会长成最美的样子。

每个孩子都是一朵花，有的稍微培育一下就美丽鲜艳，有的却需要你付出更多的爱心和耐心。陪伴、等待的过程虽然很累，但很幸福。

难忘的圣诞夜

蔡明尚　曹照琪

根据新津县教育局的要求，我们作为融合教育专家指导组的成员，对该县的融合教育进行了三天的视导。今天是圣诞夜，下午我们拒绝了资源中心领导的好意款待，提早回到了宾馆。晚饭前，天上飘起了小雨，寒气袭来，在夜幕中我们去了附近一家大众化的汤锅饭店，决定吃点热饭热菜，去去寒气。

很快我们吃完了桌上的热汤热饭，准备付钱离开。服务员来到桌前，她告诉我们："你们的饭钱已经有人付过了。""谁啊？""就是你们对面桌吃饭的人。"顺着服务员指的方向，我们看见了正在吃饭的一家三口，其中那个孩子看见我们，兴奋地站了起来，手舞足蹈用不清晰的语言对着向他走去的蔡校长说："我—认—得—你。"这是一位曾经为了能够读书，被家长带来向蔡校长咨询和求助的那位智障孩子，我们回忆起前段时间，在孩子所在的学校听课时，还在课堂上与他见过面呢！家长见我们有些为难，赶忙说："你们为了我们孩子的学习费尽心血，我们只是想表达一点谢意。"家长的盛情让我们无法推脱，只好向热情的孩子和他的爸爸、妈妈道了谢，在夜色中离开了饭店。如果说饭店的一幕是偶然，那接下来的事让我们在这个圣诞夜里感受到了更加强烈的难以忘怀的温暖。

在回宾馆的路上，路过一家还在营业的水果店，我们走进水果店，准备买点水果。我们挑选了几个柚子和一点零食，到前台付款，老板笑眯眯地告诉我们："已经有人为你们预付了200元钱了。"这突如其来的情况，让我们来不及多想，赶紧寻找那位付款人。见面才知道，这是一位融合教育农村学校的老师，她和她的家人也来店里买东西，是她悄悄为我们付了款。这位穿着朴实的中年老师说："你们为了开展融合教育好辛苦啊，每次来学校指导我们工作，连一顿饭都不吃，就匆匆忙忙地离开，一直想表达对你们的谢意，但总是找不到机会……"我们被这位老师和她背后热情的家人所感动了，不知道用什么语言来表达此时此刻的心情，是激动、感激还是融合教育为我们结下的情结……一股暖流温暖着我们的全身，让我们的心在这个难忘的圣诞夜中久久难以平静。

我们是特教战线上的老兵，十几年前，分别从特教学校各自的领导岗位退下来。为了让每一个孩子都享受教育的权利，共享同一片蓝天，我们来到教育资源贫乏的新津县，努力开拓融合教育。这是一项既艰辛又充满阳光和希望的事业，我们风雨兼程，不离不弃。虽然在这条路上我们也常常感到力不从心，我们也不断提醒自己停下脚步，去享受生命留给我们有限而美好的时光，可一看见孩子们那灿烂的笑容、家长们那求助的目光，感受到教育工作者们已被激发起来的热情，我们犹豫了，我们卸不下肩上的担子，我们只能义无反顾地走下去。

后 记

《涧底苔花》集科研项目报告、论文、叙事等为一体，展示了新津特教人多年的工作积累和成果，凝聚了新津县特殊教育资源中心相关领导、专业人员的心血，体现了各资源教师及普通学校教师在残疾儿童随班就读工作中的辛勤付出。

本书是四川省教育科学研究院批准的 2015 年度四川省教育科研课题"新津县融合教育支持系统可持续发展研究"（课题批准文号：川教函〔2015〕310 号）的研究成果之一。在这些作品中，有对特殊教育规律的探索，有对融合教育实践的研究；有特教老师的专业体现，有资源室老师在工作中的感悟，更多的是随班就读教师与特殊孩子相处的点点滴滴。相信读者们在阅读这些作品时能感受到作者们对残疾孩子的那份爱心，以及那份专注。

本书在编辑、出版的过程中，新津县教育局、成都市名师工作室——王友强工作室给予了大力支持，原中共四川省委宣传部副部长、四川省晏阳初研究会扈远仁会长，重庆师范大学徐素琼博士，新津县教育研究培训中心吴明琪、谢燕琼、高喜刚老师对文稿进行了修正，西南交通大学出版社对本书出版给予了帮助，在此一并表示衷心的感谢！

"谁喻苍苍造物意，苔花也向牡丹开"。新津特教人将以实践促科研，以科研强实践，在"敬业+专业"的共同作用下，努力促进残疾儿童真实的生命成长。我相信，米小苔花也会兀自绽放！在特殊教育漫漫的探索路上，我们还有许多不足之处，敬请同仁指正，我们不胜感激！

杨键君

二〇一九年十二月十日